国家社科基金青年项目（15CJL057）
成都市哲学社会科学研究基地
——中国特色社会主义政治经济学研究中心

精准扶贫的瞄准机制与施策效率

——中国证据及启示

贺立龙 等 ／著

CHINA

TARGETING MECHANISM AND
IMPLEMENTATION EFFICIENCY OF
TARGETED POVERTY ALLEVIATION
—Evidence and Enlightenment From China

中国财经出版传媒集团
经济科学出版社
Economic Science Press

前　言

　　精准扶贫一词并非中国"首创"，早在 20 世纪 80 年代国际减贫文献中就出现了精准转移支付（targeting transfers）、扶贫地理瞄准（geographical targeting for poverty alleviation）等相关概念探讨，但是精准扶贫作为一种系统减贫方略，只在社会主义中国取得了巨大成功，这充分彰显了"中国之治"的独特优势。新中国成立以来，中国共产党带领全国人民为摆脱贫困而不懈奋斗，在 21 世纪头十年解决全民温饱之后，却遭遇了"贫困人口减到 3000 万左右就减不动了""戴贫困县帽子的越扶越多"的困境，直到实施精准扶贫并注入可持续政治动能与行动效率，才从根本上扭转上述趋势，历史性地解决了困扰中华民族几千年的绝对贫困问题。事实证明，扶贫须讲究效率，精准扶贫是打赢脱贫攻坚战的制胜法宝。

　　在中国共产党成立一百周年之际，中国脱贫攻坚战取得了全面胜利，区域性整体贫困得到解决。脱贫攻坚取得举世瞩目的成就，靠的是党的坚强领导，靠的是中华民族自力更生、艰苦奋斗的精神品质，但在道路与方略上则离不开"坚持精准扶贫方略，用发展的办法消除贫困根源"。尽管中国已全面建成小康社会并开启全面建设社会主义现代化国家新征程，但对精准扶贫方略的研究仍未过时：一方面，通过对中国精准扶贫历程及演进逻辑的总结与回顾，发掘与建构中国特色精准扶贫的行动逻辑与学术范式，有助于丰富与发展中国特色反贫困理论体系；另一方面，对新发展阶段贫困治理新的"精准方略"进行前瞻思考，既是巩固拓展脱贫攻坚成果与乡村振兴有效衔接、防止发生规模性致贫返贫的客观需求，又是缓解相对贫困、推动城乡区域协调均衡发展、扎实推进共同富裕的关键命题。

精准扶贫重在精准、贵在有效，前者关键是贫困瞄准机制，后者体现于扶贫施策效率，瞄准机制与施策效率自然成为中国特色精准扶贫的研究内核。但是，瞄准与施策毕竟是以政府或社会为主体的外在帮扶，根本上消除贫困就是最终要实现以穷人或贫困地区为主体的内生脱贫；外因通过内因起作用，内因起决定作用，精准扶贫只有以精准脱贫为发力点才能做到真正瞄准与有效施策。中国贫困具有区域性、群体性特征，表现为各种贫困陷阱的结构化分布与异质性存续，精准脱贫本质上作为各类异质性贫困陷阱的自我摆脱，往往限于市场失灵或地区起飞失败而无法自然实现，精准扶贫就要瞄准其异质贫困陷阱进行结构化施策，通过提供必要的知识赋能、资源输入与制度供给，驱动"脱贫革命"——只有实现"扶贫"与"脱贫"的结构化耦合，才能全方位保证扶贫的精准性与效率。

上述是笔者关于中国特色精准扶贫认知的一些基本观点。应当看到，针对中国精准扶贫实践及理论探索，相关研究成果已大量涌现，其涵盖精准扶贫的意义、内涵、方式、路径、策略，涉及从"何为精准"的理论解析到"是否精准"的政策评估，以及"六个精准""五个一批"的大量区域调查研究。这些文献视角多元、观点不一，但鲜有从中国精准扶贫的历史、理论和现实的三重逻辑出发，提出一个系统完备、逻辑自洽的研究范式。笔者尝试在新时代中国特色社会主义政治经济学视域下进行精准扶贫的经济学释义，以精准为内核，发展一个中国特色精准扶贫的结构分析框架：（1）从本质与机理看，贫困发生与摆脱是一个致贫（扶贫）外因与贫困（脱贫）内因共同作用的结果，扶贫与脱贫精准耦合是一种结构的动态锚定，只有"以脱定扶"地瞄准与施策，才能激发主体脱贫动能，提升扶贫精准性；（2）从目标及量度看，扶贫精准性可解析为瞄准精确性与施策有效性的辩证统一；（3）从路径与载体看，精准有效的扶贫方式不是单方援助或边际改良，而是集产业培植、基建再造、环境升级，以及要素输血、智志塑造、社保兜底于一体的现代生产方式再造与人力资本赋能，是"五个一批"的系统性脱贫革命；（4）从动力及支撑看，精准扶贫在中国的成功，根源于强有力执政党集中统一领导的政治优势和社会主义制度优越性。只有解码"中国之治"，才能找到扶贫瞄准与施策的效率之源，展现中国减贫智慧、讲好中国减贫故事。"性质—目标—路径—制度"，是笔者在本书中探讨中国式精准扶贫的逻辑进路。

实践是检验真理的唯一标准。经济理论无法如自然科学那般进入实验室检验，而只能由社会实践印证。笔者写作本书的用意，不只是为了阐述一个精准扶贫的经济分析框架，更在意的是，尽量客观而真实地观测与记录2015年到2020年这一时段在中国发生的一次精准扶贫"伟大实验"，为学界探讨扶贫何以精准有效提供一份经验证据，为后人回溯中国全面消除绝对贫困的理论探索与实践征程留下一段历史剪影，为人类发展及国际社会解决绝对贫困问题提供一些有益启示。基于此，本书不仅梳理了精准扶贫的学术史脉络与研究进展，聚焦瞄准与施策进行了精准扶贫中国范式的结构性解析，而且提出一个直接关系瞄准与施策效率的问题——穷人更能从帮扶中受益吗？为回答这一问题，笔者团队五年间利用寒暑假及周末时间，先后前往大小凉山彝区、甘孜藏区等"三区三州"地区，秦巴山区、乌蒙山区等"集中连片特困地区"，以及"云贵川渝陕"等中西部贫困地区的20个县80余个乡村，开展村户调查，录入建档立卡贫困户及边缘户样本信息1900份，采集村户扶贫与脱贫案例120个，拍摄调研现场不同场景照500余份。基于这些一手数据与案例，本书从产业扶贫与农户生计方式、金融扶贫与小额信贷、易地搬迁安置、社保兜底等方面对精准扶贫"五个一批"工程的瞄准与施策效率进行了实证检验，考察了土地制度改革、信息扶贫、上市公司扶贫的精准性与成效，由此得到的结论是多元的：有些达到了政策目的而有些偏离了精准初衷，有些是符合自觉的但有些是令人惊异的发现，如相比留乡经营，外出务工产生了更为显著而稳定的脱贫效应；小额信贷扶贫成效不足更多是与贫困户缺乏经营动能而"慎贷惜贷"有关；苛求"一户一策"式精准未必总是有效的，普惠性的基建扶贫要比"到户到人"的形式救济更具实效，等等。古人云："读万卷书，行万里路，胸中脱去尘浊，自然丘壑内营，立成郓鄂。"笔者五年间踏足的每一寸乡土，所见所感所思，也许难免拘囿细节，但亦可见微知著——它们为观点提供了丰富的经验证据，为叙事注入了鲜活的场景灵魂，惜因篇幅所限而不能在本书尽现。

全面消除绝对贫困是中华民族发展史上的大事件，也是人类减贫的历史壮举。作为一名教师和社科工作者，笔者虽未能像数百万扶贫工作者那样扎根一线，将岁月年华直接挥洒在脱贫攻坚的乡土大地上，但有幸以纸笔及文字为工具、以课堂和研究室为阵地，在日常教书育人、科研创作、社会服务中，确立了贫困研究的职业初心及学术使命，参与到这场造福人民的伟大事业中。2015

年笔者申报获批了国家社科基金青年项目"精准扶贫的瞄准机制与施策效率"（15CJL057），这是国家社科经济学科首次以精准扶贫为题的立项，最终成果一次性结项，鉴定为"良好"；阶段性成果《精准扶贫的经济学思考》《中国解决绝对贫困问题的制度分析》两次获中宣部、国务院扶贫办"学习习近平总书记扶贫工作重要论述征文活动"优秀论文奖，受邀参加了在京专家座谈会；决策咨询成果被教育部采纳，《决胜全面建成小康亟需重视化解五大隐性风险》被四川省社科联《重要成果专报》刊登，获省委副书记批示；笔者 2017 年至 2019 年间四次受四川省脱贫攻坚领导小组委托，带队前往甘孜藏区、川南山区开展脱贫攻坚第三方评估。近十年来，中国共产党带领中国人民实施精准扶贫并创造了全面脱贫奇迹，这也正是笔者致力于精准扶贫理论与政策研究的一段学术盛期。以脚步丈量乡土、用笔尖书写事理，本书是上述研究成果的一次系统总结，也是笔者参与扶贫光辉事业的一段心路记载。

本书是团队研究和集体智慧的结晶。朱方明教授作为笔者求学时的博士生导师和工作中的研究合作者，对本书做出了不可或缺的指导性贡献，也是重要作者之一。感谢蒋永穆、张衔、胡乐明、姚树荣、赵峰、蒋和胜、龚勤林、邓国营、骆桢等教授的指导、支持与帮助，以及刘丸源博士等作者团队成员的努力和贡献。一些博硕士生、本科生参与了调研及写作，在书中对他们的贡献做了不尽全面的标注。特别感谢经济科学出版社齐伟娜、初少磊、杨梅、赵蕾、齐杰、江月等老师，向他们专业而耐心的编辑工作表达敬意。将本书献给脱贫攻坚一线的最美奋斗者们，并向伟大的中国共产党、中国人民致敬，愿脱贫攻坚精神赓续传承、发扬光大。书中可能仍存疏漏，请同行和读者们不吝指教，本人对之承担全部责任。

贺立龙

于四川大学

2021 年 8 月

目 录 / *Contents*

第1章 | CHAPTER 1

导 论

1.1 中国特色精准扶贫研究：
历史意义、时代价值与全球影响

精准扶贫、精准脱贫是党的十八大以后中国共产党领导中国人民推进脱贫攻坚事业、解决绝对贫困问题的基本方略。习近平总书记指出："中国在扶贫攻坚工作中采取的重要举措，就是实施精准扶贫方略，找到'贫根'，对症下药，靶向治疗。"① 事实充分证明，精准扶贫是打赢脱贫攻坚战的制胜法宝。

精准扶贫并非严格意义上的中国独创，国际上已有"精准转移支付""扶贫地理瞄准"等相关概念，但中国共产党将之转化为决战脱贫攻坚、全面建成小康社会的系统方略，充分释放了中国特色社会主义的减贫制度优势与贫困治理效能，直接推动了中国绝对贫困堡垒的攻克，最终发展形成了中国特色精准扶贫的独特理论范式、实践模式与操作方案。

在脱贫攻坚取得全面胜利、绝对贫困问题得到历史性解决之际，亟须对中国特色精准扶贫的实践与理论探索进行学术总结。

第一，在中国反贫困进程中，精准扶贫具有极其显著的历史意义。精准扶贫方略的实施——从粗放式扶贫开发转向集约性脱贫攻坚，"从大水漫灌"、平均发力转向"精准滴灌"、到村到户，扶贫精准性和脱贫实效得到提升，从根本上打破了"贫困人口减到 3000 万左右就减不动了"② 的困境与"戴贫困县帽子的越扶越多"③ 的悖论，打通了脱贫退出"最后一公里"。从应然（为什么）和

---

① 习近平：《携手消除贫困 促进共同发展》，引自中共中央文献研究室主编：《十八大以来重要文献选编》（中），中央文献出版社 2016 年版，第 720 页。

②③ 习近平：《在决战决胜脱贫攻坚座谈会上的讲话》，新华社，2020 年 3 月 6 日。

实然（是什么）视角，分析党的十八大以来中国扶贫为何精准（意义）、何为精准（界定）、是否精准（测度）、何以精准（因素）、如何精准（对策），这是对中国特色精准扶贫方略及其成功经验的历史回溯与经济学阐释。

精准扶贫反映了中国共产党对社会主义建设与社会主义减贫规律的最新科学认识，是以习近平同志为核心的党中央坚持以人为本的核心发展理念和治国理政新方略在经济发展与贫困治理领域的集中体现。探索与揭示精准扶贫方略透射的内在规律和承载的历史意义，有助于精准把握中国特色社会主义脱贫攻坚事业成功推进的关键节点，科学研判中国贫困问题演化趋向，推动中国贫困治理走向现代化。

第二，反贫困的精准方略并未过时，它在当前乃至未来的贫困治理中将会彰显新的时代价值。一方面，精准扶贫仍是中国攻克剩余隐性贫困痼疾，补短板、提质效，使脱贫攻坚从全面胜利走向全面巩固战果的有效方略。从"三区三州"深度贫困地区最后个别的贫困堡垒、疫情和灾害对生计脆弱的脱贫人口的突发影响，到因脱贫质量低与扶贫政策不稳定导致的脱贫短板弱项以及返贫致贫风险，再到结构性分布的各类隐性贫困、边缘贫困，这些剩余贫困痼疾与返贫风险、脱贫隐患的全面破除，都需要进一步应用精准有效的扶贫治贫方略。另一方面，能否实现精准识贫（风险）、分类治理（防控）、长效赋能对后脱贫时代脱贫成果巩固、返贫风险防控、相对贫困治理至关重要，从精准扶贫走向精准治贫，将是中国贫困治理能力和治理体系现代化的必然路径。

精准扶贫方略不仅是中国历史性解决绝对贫困问题的法宝和智慧，也是在新的历史条件下补齐扶贫短板、增强脱贫质量弱项、管控返贫风险和相对贫困，推进贫困治理现代化的有效武器。马克思主义的活的灵魂，就在于具体问题具体分析，[1]中国特色精准扶贫方略是马克思主义立场、观点、方法的科学运用，研究这一方略在贫困性质转化与贫困治理矛盾变化情况下的创新应用与转型升级，可推动其在解决具体问题中获得理论生命力和时代价值的持续提升。习近平指出，精准扶贫是打赢脱贫攻坚战的制胜法宝，开发式扶贫方针是中国特色减贫道路的鲜明特征。只要我们坚持精准的科学方法，落实精准的工作要求，

---

[1] 《列宁全集》（第2版），中共中央编译局译，人民出版社1995年版，第128页。

坚持用发展的办法解决发展不平衡不充分问题，就一定能够为经济社会发展和民主改善提供科学路径和持久动力。①

第三，中国特色精准扶贫的成功实践与理论探索，不仅为全球减贫事业贡献了中国智慧、中国方案，创造了减贫治理的中国样本，而且向国际社会展示了"中国之治"的政治优势与制度优势。精准扶贫方略体现出全球减贫的一般规律和共性标准，但中国共产党的领导与中国特色社会主义制度背景又赋予其强大的政治动能与治理效能，使中国提前十年实现减贫的联合国可持续发展目标，在全球贫困治理领域中彰显"中国之治"的比较优势和制度生命力。从制度比较视角来看，审视扶贫精准性与脱贫效率得以实现的动力源泉、制度支撑和机制保障，阐释中国特色精准扶贫方略推进 1 亿多人脱贫的"成功之钥"，可以更自然、更令人信服地向全球展示中国特色社会主义减贫制度的优势与文化影响力，全面增强中国在国际减贫事业中的话语权与主导力。"西方世界特别是美国，对中国的行动和动机有疑虑，而脱贫正是打破这种刻板印象的最佳途径。"②

中国特色社会主义最本质的特征和中国特色社会主义制度的最大优势是中国共产党领导。③ 坚持党的领导，为脱贫攻坚提供坚强政治和组织保证，坚持发挥我国社会主义制度能够集中力量办大事的政治优势，形成脱贫攻坚的共同意志、共同行动。中国共产党领导和我国社会主义制度是抵御风险挑战、聚力攻坚克难的根本保证。④ 在一个坚持以人民为中心的执政党强力政治领导与统筹协调下，将扶贫作为一个持续过程和优先事项，通过市场与政府作用相结合，实施精准扶贫方略，系统解决绝对贫困问题，这是中国带给世界各国的关于消除贫困的宝贵经验启示。正如联合国秘书长古特雷斯所言，中国精准扶贫是"帮助最贫困人口、实现 2030 可持续发展议程宏伟目标的唯一途径"，中国的成就显示，减贫要有精准意识、长期战略规划，以及跨部门领导下的协同推进机制——统筹兼顾、步调一致是中国减贫事业取得成功的重要原因。⑤

---

① 习近平：《在全国脱贫攻坚总结表彰大会上的讲话》，新华社，2021 年 2 月 25 日。
② 严玉洁：《美国专家罗伯特·库恩：中国脱贫成果丰硕 值得全世界赞赏》，载于《中国日报》2020 年 8 月 4 日。
③ 习近平：《决胜全面建成小康社会 夺取新时代中国特色社会主义伟大胜利——在中国共产党第十九次全国代表大会上的报告》，人民出版社 2017 年版，第 7 页。
④ 习近平：《在全国脱贫攻坚总结表彰大会上的讲话》，新华社，2021 年 2 月 25 日。
⑤ 林鄂平、高原：《联合国秘书长盛赞中国精准减贫方略 期待中国持续发挥领导作用》，载于《经济日报》2017 年 10 月 9 日。

1.2 瞄准穷人与有效施策：扶贫"精准"的经济学释义

精准扶贫方略何以提出？作为党的十八大以后中国脱贫攻坚与贫困治理的基本方略，"精准扶贫"由习近平总书记于 2013 年 11 月 3 日在湖南省十八洞村考察时首倡，他提出"实事求是、因地制宜、分类指导、精准扶贫"的重要指示，要求十八洞村探索"可复制、可推广"的脱贫经验，从此全国开启了精准扶贫、精准脱贫攻坚战。

提出和实施这一方略的原因包括两方面。一方面是经济高速增长转向高质量发展的宏观形势约束以及确保贫困地区和人民同步进入全面小康的要求。一般性经济增长带动贫困人口增收难，地方财政收入增速放缓，扶贫投入大幅增加难，使精准扶贫成为新时期扶贫开发主要战略选择。加快贫困地区同步小康，必须提高扶贫精准性、针对性和有效性，瞄准最贫困乡村、最困难群体、最紧迫问题。另一方面是粗放型扶贫方式边际效果衰减，亟须由传统的粗放型扶贫方式向精准高效型扶贫方式转变。过去的形式主义、官僚主义扶贫作风与方式，对促进 1 亿多贫困人口脱贫已无边际实效。扭转扶贫停滞不前困局，推动脱贫攻坚取得实在效果，"关键是要找准路子、构建好的体制机制"，"好路子好机制的核心就是精准扶贫、精准脱贫"，"在精准施策上出实招、在精准推进上下实功、在精准落地上见实效"，"这是贯彻实事求是思想路线的必然要求"[①]。

如何理解中国特色精准扶贫方略的含义？贵在精准、重在精准，坚持用发展的办法消除贫困根源。可从五个维度把握：第一，本质是找到"贫根"，对症下药，靶向治疗；第二，制度和治理基础是坚持中国制度优势，构建省市县乡村五级一起抓扶贫、层层落实责任制的治理格局；第三，目标导向是"六个精准"，即扶持对象精准、项目安排精准、资金使用精准、措施到户精准、因村派人（第一书记）精准、脱贫成效精准，确保各项政策好处落到扶贫对象身上；第四，实现路径是分类施策，因人因地施策，因贫困原因施策，因贫困类型施策，通过扶持生产和就业发展一批，通过易地搬迁安置一批，通过生态保护脱贫一批，通过教

---

① 习近平：《在中央扶贫开发工作会议上的讲话》，引自中共中央文献研究室主编：《十八大以来重要文献选编》（下），中央文献出版社 2018 年版，第 38 页。

育扶贫脱贫一批，通过低保政策兜底一批；① 第五，战略意义是以精准扶贫、精准脱贫为主线，分类施策，真抓实干，"吹糠见米"，确保贫困人口如期实现脱贫。②

精准扶贫，要义是精准，何为精准？从经济学视角看，一是瞄准穷人；二是有效施策。前者是精准的目标导向，后者是精准的操作内涵。

瞄准贫困人口，即区分性地准确识别"处于真实贫困且需要帮扶"的地区（片区、县、乡、村）与人口（到户到人），自动锚定和动态瞄准其致贫成因、贫困症结、贫困程度与脱贫需求，以便靶向施策。瞄准穷人或者说精准识贫是一个持续递进的"聚焦"过程，从贫困县瞄准到贫困户瞄准，再到家庭内部贫困儿童老人瞄准，"焦距"不断缩小和精准化。通常而言，精准扶贫是指"到户到人"的瞄准。此外，扶贫瞄准的对象除了村户、人，广义上也可以是产业。

瞄准贫困人口作为扶贫"精准"的目标导向，是坚持以人民为中心的发展思想，坚定不移走共同富裕道路的本质要求，既体现以人为本、关注底层人民福利这一"公平"取向，也体现稀缺扶贫资源定向配置这一"效率"基准。中国实施精准扶贫方略，精准到人到户，确保到贫困地区和贫困群众同全国一道进入全面小康社会，既是社会主义公平正义的价值诉求，也是经济发展与贫困治理效率基准的内在要求。习近平总书记指出，扶贫必先识贫，解决好"扶持谁"的问题，把真正的贫困人口弄清楚，才能做到扶真贫、真扶贫；把贫困识别、建档立卡工作做实，提高统计质量，既不要遗漏真正的贫困人口，也不要把非贫困人口纳入扶贫对象；紧盯扶贫对象，实行动态管理，应该退出的及时销号，符合条件的及时纳入，定期"回头看"；要把贫困人口、贫困程度、致贫原因等搞清楚，以便做到因户施策、因人施策；思考穷在哪里，为什么穷，哪些自力更生可以完成，哪些需要依靠上面帮助和支持才能完成；打好脱贫攻坚战，关键是聚焦再聚焦、精准再精准，瞄准特定贫困群众进行精准帮扶。③

① 习近平：《携手消除贫困 促进共同发展》，引自中共中央文献研究室主编：《十八大以来重要文献选编》（中），中央文献出版社 2016 年版，第 720 页。

② 习近平：《二〇一七年春节前夕赴河北张家口看望慰问基层干部群众时的讲话》，载于《人民日报》2017 年 1 月 25 日。

③ 习近平：《在中央扶贫开发工作会议上的讲话》，引自中共中央文献研究室主编：《十八大以来重要文献选编》（下），中央文献出版社 2018 年版，第 38~39 页；习近平：《在河北省阜平县考察扶贫开发工作时的讲话》，引自中共中央文献研究室主编：《做焦裕禄式的县委书记》，中央文献出版社 2015 年版，第 21 页；习近平：《在东西部扶贫协作座谈会上的讲话》，新华社，2016 年 7 月 20 日；习近平：《在中央经济工作会议上的讲话》，新华社，2017 年 12 月 18 日。

有效施策，即瞄准异质性贫困地区或人口及其脱贫需求，按经济效率（即成本收益）准则进行靶向性的帮扶施策，为贫困主体进行短期纾困和长效赋能，使之实现内生性的物质脱贫、精神脱贫和能力脱贫。能否瞄准贫困人口并进行有效施策，决定精准扶贫是否具有施策效率，关系到扶贫精准要求能否切实满足。

有效施策，作为扶贫"精准"的操作内涵，反映出扶贫施策的经济性、实效性、市场化、内生化考量，标志着扶贫资源由粗放型投入向集约型配置转变：从经济性看，摒弃不计成本不看收益、"手榴弹炸跳蚤"式的施策方式，寻求预算约束下节约扶贫资源、控制行政成本、"用在刀刃上"的精准施策；从实效性看，打破过去政绩主义、形式主义导致的扶贫"形象工程""文本业绩""项目泡沫"，追求到户到人、"吹糠见米"的真实脱贫，帮扶措施求精求实，找准症结把准脉，开对药方拔"穷根"；[①] 从市场化看，强调市场培育，发挥市场机制在发展脱贫中的决定性作用，避免政策干预对市场动能的损害；从内生化看，由外在输血的短期纾困向内生造血的长效赋能，发挥脱贫主体作用。提升施策效能效率，是中国扶贫方式向精准化、集约化、高效化的转变，是国家贫困治理体系走向现代化的显著标志。

1.3　瞄准机制与施策效率：研究命题的提出

精准扶贫不单是预算限制下的被动选择，更是摆脱僵化低效、政绩导向的扶贫方式的要求，只有通过扶贫方式革新、机制创新，瞄准贫困人口致贫机理及脱贫需求进行长效施策，才能真正"拔穷根"。

瞄准贫困人口、有效施策，提升施策效率，不是权宜之计，而应是一套适应性制度安排和操作机制。施策效率取决于瞄准精度、施策效力与执行成本，施策效率可持续实现，需要机制化保障：一是甄别贫困人口及其需求的瞄准机制；二是脱贫实效高、执行成本低的施策机制。围绕施策效率要求，构建好的瞄准贫困人口与有效施策的机制，形成以之为核心竞争力的精准扶贫制度体系，

---

① 习近平：《在东西部扶贫协作座谈会上的讲话》，新华社，2016年7月20日。

支撑扶贫"精准"的长效实现。瞄准机制与施策效率是精准扶贫研究的核心命题,其中,施策效率是核心主题,决定精准度的瞄准机制是考察重点。

精准扶贫方略在现实运行中特别是在实施之初面临一系列突出矛盾与问题。

第一,从脱贫精准性及成效来看,包括以下几点。一是部分资金或项目"扶强难扶弱",贫困户"越扶越贫";二是"到人到户"政策增多,农民"争贫困""轮流坐庄"现象凸显;三是救济的长效性不明,有些村户"透支资助又返贫",或安于"吃贫困粮";四是有些未进入扶贫名单的"边缘贫困户"产生悲观预期和不公平感。

第二,从瞄准与施策的难点与困境来看,包括以下几点。一是贫困识别面临两难。规模控制的指标分配引发"贫村不足、富村凑数",自主申报又易导致"优亲厚友";指标少影响识别率,指标细则统计难。二是精准施策遭遇现实约束。从建档立卡到一户一策,扶贫越精细,项目落地越难、执行成本越大,政策协调、配套要求越高;多头管理、本位主义、素质缺陷扭曲政策功效。三是制度设计有短板,存在执行困境。穷县"摘帽减政策"可能导致其因脆弱返贫;干部驻村帮扶方向不明确、较依赖个人资源;扶贫资金缺口大、融资难,财政贴息到位慢,个性信贷产品少,金融扶贫难;扶贫资源配置失衡,出现福利效应和悬崖效应。

瞄准机制不善,帮扶施策欠缺适宜性、治本性、长效性是上述问题与困境的症结所在:一是"扶强难扶弱""争贫困",反映贫困甄别失灵,说明扶贫供给未能"精准契合"个性化脱贫需求,成为"夹生饭"或"唐僧肉";二是"等救济""脱贫又返贫"意味着扶贫制度、政策未能"找穷因、拔穷根",破解贫困陷阱;三是"过度锁定""扶贫不公""悬崖效应"呼吁瞄准与施策的动态优化与相机调整。

优化瞄准机制、提升施策效率,成为解决问题的关键。为此应基于效率导向,进行精准扶贫瞄准机制与施策方式的动态考察。

从系统构成与作用过程来看,精准扶贫是"瞄准机制、施策方式、动态治理"的功能耦合体,其施策效率是"对象精准度、需求满足度、执行经济性、脱贫长效性"的多维综合。因此,我们以施策效率为内核,以瞄准机制与分类施策方式为重点,构建"贫困识别—需求瞄准—分类施策—成本管控—动态治理"的系统分析框架,探讨瞄准机制与贫困陷阱破解的结构原理、思路设计与效率评价（见图1-1）。其中，基于精确瞄准的施策效率分析是核心内容，具体包括五个模块的分析与设计：真实贫困的有效识别；脱贫需求的动态瞄准；贫困陷阱的分类破解；施策成本的最优管控；贫富转化的追踪治理。

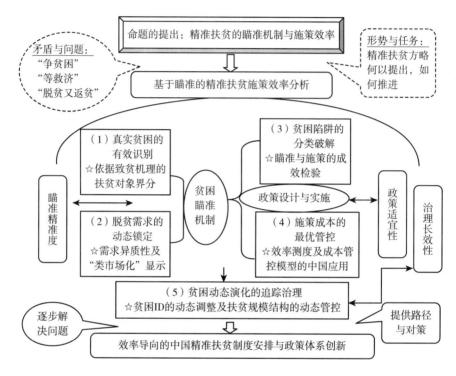

图1-1　瞄准机制与施策效率：研究命题的提出

围绕精准扶贫的瞄准机制与施策效率，我们将研究与讨论的重点、难点集中于"系统性决定精准施策效率"的六大功能模块（前三个模块构成瞄准机制，后三个模块涉及有效施策及动态治理）。

第一，真实贫困的有效识别。真实贫困，是指处于"贫困陷阱"、需要借助外部帮扶才能脱贫的状态。解决真假贫困的甄别难题，可以从入口管控"争贫困""扶强不扶弱"现象，有助于从源头提升扶贫施策的精准性与成效。首先界定达到什么标准的贫困人口属于特定帮助对象，然后识别现实中哪些人达到此类标准。贫困人口的分类与界定可基于贫困信息调查，从整体上划分为不同门类。"致贫机理"是尤为重要的划分维度（如地理型、病残型、经营失败型等），可按致贫原因初步划分为保障型与开发型扶贫对象，据以进行需求瞄准与分类施策。在对贫困人口的现实识别方面，适宜的检测手段是关键。可运用"成本分析、分类设计"思路，针对不同扶贫对象，选择自评、社区识别、指标检测等工具组合创新。例如，针对地理致贫型帮扶对象，引入地理信息系统（GIS），绘制贫困地图，① 结合社区自评进行贫困人口识别。随着精准扶贫向更"精准"层次推进，贫困识别难度也将增加。例如，脱贫攻坚收官阶段，亟须研究如何做好对非稳定脱贫人口的精准再识别，补短板、找弱项。一方面，因地制宜，选择多维指标，甄别"真实贫困"人口。除了"看房""看劳动力"，还可增加"收入—资产—风险"多维标准；除了可支配性收入贫困线，还可考察"地理环境、基础设施、社会资本、住房、田地、技能"多元致贫维度；还要考虑家庭长期生计风险，构建"资产—风险—能力"的多维动态贫困评估指标。另一方面，强化对边缘贫困村户、隐性贫困人口、压线脱贫而易返贫人口的动态精准识别。针对非贫困家庭内部的留守儿童、失养老人等隐性贫困人口进行再识别，建立对精神贫困的有效甄别机制。考虑上述贫困人口的隐匿性、复杂性、多变性，可采用主动申报、官方识别、第三方监督结合方式，提升识别的精准度与效率。

第二，脱贫需求的动态锁定。明确"贫困人口缺什么"，找准"核心需求"，才能避免帮扶上的"夹生饭"、救济上的"唐僧肉"，解决扶贫"供需脱节""越扶越贫"难题。穷人接受精准帮扶的目标归宿是走出"贫困陷阱"，但因致贫机理、贫困类型不同，贫困村户走出"贫困陷阱"的目标函数各有不同，起决定作用的技术系数（扶贫模式）、要素因子（资本或劳动）、政策变量（财政、金融或社保）各有不同——表现为异质性"脱贫需求"。关键是找到其中主导性的、能显著激发脱贫活力与潜力的"核心需求"。例如，生存条件恶劣型村户的核心需求偏重于"整体搬迁或居住改进"，人力资本弱质型村户核心需求偏重于"技能培训及社保兜底"，产业贫瘠型村户核心需求偏重于"就业及增收渠道拓展"。其中，实现可持续生计与稳定增收的需求，作为稳定脱贫的核心需求，能否得到关切与有效满足，从根本上关系到"贫困陷阱"的破解与否。一是可设计一个多层次、动态化的需求瞄准模型。多层次，即短期生计需求、中期脱贫需求、长期发展需求；动态化，即随着脱贫进程演进，"目标需求"变

---

① 甘肃省在建档立卡的基础上绘制贫困地图，全面掌握贫困人口规模、分布以及居住条件、就业渠道、收入来源、致贫原因等情况，挂图作业，按图销号，做到一户一本台账、一个脱贫计划、一套帮扶措施，倒排工期，不落一人。这样的探索符合精准扶贫要求。参见习近平：《在中央扶贫开发工作会议上的讲话》，引自中共中央文献研究室主编：《十八大以来重要文献选编》（下），中央文献出版社 2018 年版，第 38 ~ 39 页。

化，瞄准也要动态调整，如除了满足贫困户的短期纾困与增收要求之外，更要致力于满足脱贫能力提升和可持续生计需求（创造就业机会），为之提供"有助于发展能力培育"的资源及条件（如基建、教育、公共服务），使之走出"贫困陷阱"。二是发现脱贫需求的异质性。脱贫需求异质性可理解为不同贫困程度或致贫类型的穷人脱贫需求有差异，如病患家庭急需医疗保障、生计艰难村户需就业创业机会。需求异质性意味着脱贫需求曲线（受助成本—帮扶产品需求量曲线）异质性。构建个性化需求显示机制，有助于更好地需求瞄准。三是重视脱贫需求的系统性。例如，高山移民除了住房需求，还有农耕或就业便利化的需求。

第三，瞄准机制的经济优化。识别"真实贫困"，找准"核心需求"，一般采用自上而下的贫困识别方式，但也可探索自下而上的贫困自我显示或帮扶争取机制。长期以来，扶贫指标分配一度遭遇"选拔标准不一""执行成本高""争当贫困户"等实践难题，引发"瞄准误差"，诱发扶贫资源分配中的"悬崖效应"，甚至使得一些精神贫困的劳动力人口陷入"福利陷阱"。如何使"真实贫困"自发显示，"非真实贫困"不再造假或干扰？这是构建贫困（需求）瞄准机制要达到的目标功效。一是政府或社会应提供有扶贫特性的资源或制度，对真实贫困者有益、于非贫困者无用，避免出现富裕者争抢扶贫资源现象。例如，提供有条件的现金转移支付（CCT），削弱非贫困者"争贫"动机。可进行相应的市场化瞄准机制设计，引入市场决定的扶贫资源供需机制，创建扶贫资源或制度的供需平台：一方是政府或社会供给"扶贫资源或制度"，另一方是贫困村户发出"扶贫资源或制度"需求。基于此供需平台，"真实贫困"村户自动发出帮扶需求信号，以争取"受扶"，但承担"受扶"成本，如接受以工代赈机会；"非贫困"村户因从中受益不大，自动退出"贫困显示或资源争取"。二是构建异质性脱贫需求的"类市场化"脱贫需求显示机制，激励穷人显示个性化的脱贫需求，寻求相应帮扶资源，客观上实现更好的需求瞄准。针对脱贫需求的系统性与多维性，设计"一揽子"扶贫脱贫方案。

第四，贫困陷阱的分类破解。通过"找穷因、拔穷根"，解决"先脱贫又返贫""因为穷所以穷"的顽固性贫困的痼疾，瞄准异质性的脱贫需求，分类施策。一是鉴于"一户一策"的施策成本有时过高，可讨论提出"一因一计"、分类施策、供需契合的政策设计思路：依据致贫原因对扶贫对象进行归类，对致贫原因趋同的村户群体，瞄准趋同的脱贫需求，进行趋同的政策设计及应用，视情况再进行"一户一策"细分。政策目标基准，应从救济、脱贫转移到贫困陷阱破解上，最终使之融入乡村产业发展与乡村振兴。区分地理型、制度型、个体素质匮乏等各类型的贫困陷阱，精准施策。二是可引入自然实验法，考察典型贫困地区的精准扶贫实践，检验相关帮扶机制、政策在不同受灾村组农户"贫困陷阱"破解中的绩效差异。探索以政策试验方式，检验不同贫困农户接受扶贫政策的生计反映。例如，开展田野调查及社群测试，识别与筛选好的扶贫政策因子，找出扶贫政策传导的个体影响因素（如受助者个体素质及其文化背景）。

第五，施策成本的最优管控。回答"如何提升精准施策效率"，通过全流程"成本—效率"管控，化解"落实难""扶贫泡沫"、形式主义困境。一是基于精准扶贫效率（成本）理论，设计一个施策效率评价与成本管控模型：精准扶贫效率，反映为既定帮扶资源产生的特定贫困群体长短期减贫成效，取决于"瞄准精确度""政策有效性""执行成本"等多元变量；通过优化瞄准机制及分类施策，可提高瞄准精确度、政策有效性，如何管控政策执行成本成为研究的重点。二是通过精准扶贫的现实案例考察，找到政策执行成本的关键影响因子（尤其在体制机制、政策路径层面），探讨合理管控方式。三是研究"最优精准度选择"与"施策效率评价与成本管控"的应用模型，绘制施策成效的产业、群体、空间图谱，通过全流程"成本—效率"管控，节约扶贫成本、提升施策效率，解决资源浪费、无效投入问题。

第六，脱贫返贫的追踪治理。研究如何通过扶贫对象动态调整和脱贫对象的追踪治理，规避"不愿摘穷帽子""一劳永逸吃救济粮"的过度救济或福利陷阱。有两个研究重点：一是建立健全大数据手段的贫困进退动态监测系统，基于对帮扶对象的 ID 信息观测，构建贫困群体长期监测与动态管理体系，实现其在精准帮扶体系中的进退调整；二是对贫困群体内部及群体之间的贫富转化进行追踪观测，提出精准帮扶对象规模与结构的动态调整准则，探索构建各级政府、第三方机构、受助群体及个人共同参与的协同治贫体系。

1.4　性质—目标—路径—制度：
扶贫与脱贫结构化耦合的研究框架

如何构建好的瞄准机制，提高施策效率？这需要预先对特定地区贫困的性质与成因、发生与演化规律进行精准分析与研判。

按照马克思主义唯物辩证法，外因必须通过内因起作用，贫困的发生与摆脱也是一个致贫（扶贫）外因与贫困（脱贫）内因耦合作用的结果，从扶贫到脱贫是一个外在帮扶力量推动贫困主体内生脱贫的动能触发过程。精准扶贫应以精准脱贫为成效、精准脱贫要以精准扶贫为驱动——只有"以脱定扶"的瞄准与施策，才能激发贫困地区（人口）发展脱贫的主体动能，提升扶贫精准性和效率。

扶贫与脱贫的精准耦合不是单维、静态和同质的锁定，而是一种结构性的动态锚定。在中国，贫困是一种增长不足及发展失衡所致结构性贫困与市场不平等所致排斥型贫困交织的混合贫困，呈现区域、群体、致贫成因、贫困深度等层次上的结构性分布，带有强烈的异质性"贫困陷阱"特征。对于这些异质性贫困痼疾，必须考虑其脱贫需求、脱贫方式和脱贫路径差异，进行结构性动态瞄准与施策。

因此，研究精准扶贫方略，无论是对瞄准机制还是施策效率探讨，首先要对特定贫困地区（人口）的贫困异质性进行结构性分析。只有科学认识这些异质性"贫困陷阱"发生与摆脱的基本规律，才能进行有效的扶贫瞄准与帮扶施策，推动精准脱贫的实现。

基于对贫困结构化属性的认识，可遵循"目标导向—实现路径—制度支撑"的线索，审视中国精准扶贫方略的施行及其成效、经验，即首先界定与度量"何为准确瞄准和有效施策""施策效率是什么"（涵盖"六个精准"），进而分类探讨瞄准机制与施策效率的路径实现（涵盖"五个一批"），[①] 最后揭示瞄准与施策的"中国之制"。

从目标与成效来看，精准扶贫与精准脱贫所追求的"精准"，首先是方向意义上的"瞄准穷人"，即从扶贫瞄准、施策到脱贫效果都要体现"穷人脱贫"导向——既是绝对意义的穷人脱贫，又是相对意义的穷人脱贫；其次是成效意义上的有效施策，即通过科学帮扶、精准施策帮助穷人成功脱贫，并实现扶贫资

---

① "六个精准"：扶持对象精准、项目安排精准、资金使用精准、措施到户精准、因村派人（第一书记）精准、脱贫成效精准。"五个一批"：通过扶持生产和就业发展一批，通过易地搬迁安置一批，通过生态保护脱贫一批，通过教育扶贫脱贫一批，通过低保政策兜底一批。参见习近平：《携手消除贫困促进共同发展》，引自中共中央文献研究室主编：《十八大以来重要文献选编》（中），中央文献出版社2016年版，第720页。

源最优配置，节约扶贫预算成本和执行成本。

从路径与载体来看，能否通过精准扶贫推动精准脱贫以及精准扶贫的瞄准机制与施策效率的高低，最终要通过一系列适宜的路径和具体载体来实现。中国精准扶贫"五个一批"实践，提供了对这类路径与载体进行扶贫"精准性"分析的经验基础与样本范例。通过对产业扶贫、搬迁扶贫、社保兜底、信贷扶贫等主要扶贫方式的脱贫精准性与有效性进行实证分析，考察中国扶贫瞄准机制的成效与施策效率，为中国攻克剩余贫困以及新时期贫困治理，提出优化改进之策，为精准扶贫方略在全球的推进提供中国证据与启示。

从制度支撑来看，精准扶贫方略在中国的成功实施、绝对贫困问题的历史性解决，离不开中国共产党领导的政治优势与中国特色社会主义制度优势的充分发挥。只有系统解析精准扶贫"中国之制"功能原理，揭示其制度层面的比较优势，才能真正认识扶贫"瞄准与施策"的效率之源，向全球展示"中国之治"的减贫智慧与道路。

余下章节将在梳理精准扶贫相关文献基础上，聚焦扶贫瞄准机制与施策效率进行精准扶贫范式的结构性解析，进而选择产业扶贫、搬迁扶贫、信贷扶贫等几种典型扶贫方式，进行中国精准扶贫方略之瞄准精确度与施策效率的实证考察，找到扶贫有效的关键影响因素，为新时期贫困治理瞄准机制优化与施策效率提升提出方向、路径与对策，为全球精准扶贫提供中国智慧，彰显"中国之治"制度优势。

第 2 章 | CHAPTER 2

精准扶贫的学术史脉络与研究动态

2.1 贫困的经济本质与有效解决：基于经济理论考察及流派比较

古典经济学将贫困视为市场经济的自然衍生物，认为救济极贫人口应避免削弱市场动能。新古典经济学以资源配置的市场有效性为内核，将与市场失灵相关的不平等与收入分配纳入研究范式，从对效率与公平的权衡中，认识与解决市场经济伴生的贫困问题。马克思在对资本主义生产方式的批判中，提出并建构了无产阶级贫困化理论体系。资本主义工业化中的劳动者严重贫困，不仅是生活资料或货币商品数量的贫困，更是经济地位的贫困，这是由资本主义条件下的经济剥削与阶级关系所决定的。要彻底消除无产阶级劳动能力与经济地位的贫困，除了发展生产力，更重要的是通过生产关系革命，消灭生产资料占有的不平等，打破资本积累的"贫困积累"，扭转无产阶级贫困化趋势。诞生于20 世纪 40 年代的发展经济学，以发展中国家经济增长为研究内核，关注的是发展中国家的严重贫困现象。全球贫困研究的重心逐渐由欧洲成熟市场经济国家的经济不平等与底层贫困，转向亚非拉欠发达地区增长滞后引发的饥荒或绝对贫困。发展经济学者在结构主义与新古典范式的交锋融合中，提出了"贫困陷阱"理论及其投资性阻断的主张，并分析地理气候、社会文化以及政治因素对长期贫困的影响，在市场与政府的功能权衡中，寻求精准、有效的发展战略与减贫策略。

2.1.1 从古典到新古典：市场经济伴生的贫困现象及其抑制

贫困与反贫困研究的学术史可追溯到古典政治经济学对贫困的关注。古典政治经济学将贫困视为市场经济的自然衍生物，认为救济极贫人口应避免削弱市场动能。亚当·斯密（Adam Smith, 1981）提出经济发展不足产生严重贫困，"劳动工资减低到极悲惨极贫困的生活水准"，应通过生产性活动增进国民财富，建立最低工资制度，使劳动工资维持一定标准，并对极端贫困者进行慈善帮扶。大卫·李嘉图（David Ricardo, 1962）指出，国民财富增加包含致贫风险，机器使用导致"劳动需求减少，劳动阶级的生活状况就会陷入贫困"，但他认同工人长期只能得到最低工资的"工资铁律"，反对济贫法，认为救济穷人会加剧贫富分化。托马斯·马尔萨斯（Thomas Malthus, 1992）将贫困视为人口增长快于生产资料及食物增长的结果，是下层人民未能控制生育的自然惩罚，甚至肯定贫困"这一伟大的限制性法则"对抑制人口的作用，认为给穷人金钱和实物救济，将纵容人口增长、弱化自立精神，主张取消济贫法，但可建立济贫院，他的思想影响了 19 世纪英国的济贫制度。詹姆斯·穆勒（James Mill）综合李嘉图和马尔萨斯的观点，将普遍贫困归结为人口与资本增长比例的失衡，即或者是人口具有比资本增长得快的趋势，或者是人们以某些方式阻碍了资本具有的增长趋势（吕梁山和潘瑞，2013）。

作为古典经济学向新古典发展过渡的重要引领者，约翰·斯图亚特·穆勒（John Stuart Mill, 1991）认为自发市场必然出现极端贫困，进而肯定工会在保障贫困阶级福利中的作用，提倡以公平收入分配为中心的社会改革，并提出有效扶贫的一个合理准则，即一方面给予穷人最大数量的必要帮助，另一方面又须让穷人对它的过度依赖最小。他认为，要实现"最大多数人的最大幸福"，政府应进行有限的干预，如"救济穷人、初等教育、帮助社会弱势群体、举办社会公益事业"等，"可以而且也应该让私人慈善团体……分辨哪些人应该需要救济"，但是济贫法的实施必须有一个限度，即一方面保障穷人的生活水平，另一方面不能高于穷人自食其力水平。

在古典政治经济学晚期，资本主义发展中的不平等问题已引起学者们反思。作为市场不平等的直接后果，贫困不再被认为"理所应当"，调整社会经济关系，缓解严重贫困成为政治经济学的应有之义。西斯蒙第（Sismondi, 1989, 1997）等对自由放任政策持有批判意见的经济学家，基于人本主义经济伦理，反对无限度生产与市场不平等，主张以制度改革、政策干预来解决收入分配失衡。他提出，政治经济学研究"人人分享财富"，"人是为了使人能够休息而劳动的……如果剥夺短工夜间的休息时间而让他劳动"，"这种劳动就会成为可怕的灾难"。他将生产过剩归结为小生产者破产和工人贫困造成的需求不足，根源是竞争驱动的扩大再生产及机器运用。西斯蒙第看到自由放任导致极端贫困的必然趋势，为公共政策减贫赋予了伦理正当性与实证必要性。他提出"国家的利益要求劳动所生产的国民收入，由各个阶级来分享"，主张政府对极端贫困者进行人道救济，以劳动立法保障贫困工人利益，取缔童工，保持一定数量的小农经济。约瑟夫·熊彼特（Joseph Schumpeter，1992）评价西斯蒙第为"社会政策的最重要的先驱者之一；他的一些建议，例如，关于雇主应当负责保证工人在失业、疾病和年老穷困时的生活的建议——是属于他真正最富有创造性的贡献之列的"。

20世纪初发展起来的新古典经济学，开始在市场运行与市场失灵的框架内审视劳动力失业与贫困问题，并在市场与政府功能结合中寻求对贫困的有效管控之策。阿尔弗雷德·马歇尔（Alfred Marshall，1890）观察到19世纪中期以来英国严重的社会不公现象，将政治经济学阐释为增进福利、消灭贫困的经济科学，在劳动力市场范式下，研究收入分配和贫困问题。他分析指出，供给与需求将非技术性劳动的工资维持在很低的水平，缺乏技能和谈判力量的工人得到较低的工资，穷人及其子女的健康和教育水平无法提高。他认为资本主义制度是合理的，贫困是一种可以进行技术修复或政策矫正的市场失灵，解决贫困的希望在教育。他主张限制非技术工人的家庭规模和建立累进税制度，但不支持最低工资保障和工会。福利经济学代表人物庇古（Pigou，2007）提出用经济学作为"改善人们生活的工具"，在"保证不伤害人们主动性"前提下，"制止环绕我们的贫困和肮脏"。他以马歇尔的均衡价格作为依据，构建社会福利分析框架，提出实施社会保障计划的准则与措施。现代宏观经济学的开创者约翰·梅纳德·凯恩斯（John Maynard Keynes，2005）将收入分配不公、严重贫困与有效需求不足联系在一起，从宏观经济运行层面，揭示贫困对资本主义危机的影响机制。

此后，主流经济学以资源配置的"市场有效性"为内核，将与市场失灵相关的不平等与收入分配纳入研究范式，从对效率与公平的权衡中，认识市场经济伴生的贫困现象，探讨贫困问题的有效解决。[①] 正如阿瑟·奥肯（Arthur Okun，1987）所言，公平名义下的再分配有可能伤害效率，从"既要注意解决

---

① ［美］保罗·萨缪尔森、威廉·诺德豪斯：《经济学》，萧琛译，人民邮电出版社2007年版，第382~393页。

一部分人的贫困问题，又要发挥好市场机制对效率的促进作用"的目标出发，解决底层贫困的方案应"在平等中注入某些合理性，在效率中注入某些人性"。[①] 长期以来，作为财产分配不平等、劳动能力不平等、失业甚至懒惰的副产物，英美国家亦存在的极端贫困问题引发西方国家关于收入再分配、福利制度、减贫政策的探索与争鸣，[②] 如何在不削弱市场活力的前提下保证贫困人口生存与发展，是迄今未完全解决的经济学命题。

2.1.2　马克思：无产阶级贫困的经济关系本质、制度根源及消除

对于资本主义世界的贫困深化，马克思在对资本主义生产方式的批判中，对无产阶级贫困化进行了一系列论述。无产阶级贫困的形成与加剧——经济地位和生活状况的极端恶化，是资本主义制度矛盾的集中体现。

马克思和恩格斯在早期著作中揭露了英国工人阶级"普遍处于可怕的贫困境地"，"从相对的舒适转到极端的贫困"，"绝对的赤贫，……完全丧失了物质财富"。按照马克思的论述，雇佣劳动者作为"最贫困的商品"，陷入"累进的贫困"，"慢性的贫困"，"劳动替劳动者生产了赤贫"，"劳动者越是生产更多的财富……反而越来越贫困"，"他们并不是随着工业的进步而上升，而是愈来愈降到本阶级的生存条件以下，工人变成赤贫者"，"机器的改进，科学在生产上的应用……都不能消除劳动群众的贫困"。19 世纪 40 年代以后，资本主义产业工人生活水平有所提高，马克思认识到，无产阶级实际收入上升，相对收入下降。他开始"研究资本的增长对工人阶级的命运产生的影响"，在《资本论》第一卷"资本主义积累的一般规律"章节中，论证了无产阶级贫困化的必然性，即资本积累伴随劳动力绝对量和生产率提升，但资本有机构成提高，劳动力相对需求减少，导致失业人口增加和就业人口贫困化。他写道，"产业后备军的相对量和财富的力量一同增长。但是同现役劳动军相比，这种后备军越大，常备的过剩人口也就越多，……工人阶级中贫苦阶层

---

① ［美］阿瑟·奥肯：《平等与效率——重大的抉择》，王奔洲、叶南奇译，华夏出版社 1987 年版，第 105 页。

② ［美］格里高利·曼昆：《经济学原理》，梁小民、梁砾译，北京大学出版社 2012 年版，第 421～436 页。

和产业后备军越大，官方认为需要救济的贫民也就越多"，"开头是创造出相对过剩人口或产业后备军，结尾是现役劳动军中不断增大的各阶层的贫困和需要救济的赤贫的死荷重"。

对无产阶级贫困化的认识，有"绝对"与"相对"之分。马克思指出，"工资双重地下降：第一，相对地，对一般财富的发展来说。第二，绝对地，因为工人所换得的商品是愈来愈减少"①。绝对贫困一般被理解为，劳动力价值降到底线或工资降到这一价值之下。马克思认为，"资本主义生产的总趋势不是使平均工资水平提高，而是使它降低……使劳动的价值降低到它的最低限度"②。列宁在《资本主义社会的贫困化》一文中提到，"工人的贫困化是绝对的，他们简直越来越穷，生活更坏，吃的更差，更吃不饱，更要挤在地窖和阁楼里"，"生活费用不断高涨……工人工资的增加也比劳动力必要费用的增加慢得多"③。应当指出，工人陷入绝对贫困或赤贫具有个体性；劳动力价值趋于最低限，实际工资跌破劳动力价值，不等于劳动力价值绝对量下降（马克思意识到，维持最低生活水平的工资会上升）——这类似于，生活水平跌破贫困线，不等于贫困线下降（现实中贫困线是上升的）。萨缪尔森和罗宾逊（Samuelson and Robinson，1982）以资本主义国家实际工资在上升、劳动收入份额未下降为依据，对"劳动者绝对贫困化"的质疑，④ 有待商榷。相对贫困，可理解为无产阶级经济地位的下降——不限于劳动收入份额减少。马克思1865 年在《工资、价格和利润》中指出，"虽然工人的生活的绝对水平依然照旧，但他的相对工资以及他的相对社会地位，即他与资本家相比较的地位，却会下降"，"比起一般社会发展水平来，工人所得到的社会满足的程度反而降低了"⑤。马克思承认"工人阶级的生活条件可以也必然得到改善"，但不能改变资本积累导致"（相对）贫困积累"的规律性，他指出，"资本的积累通

---

① 《马克思恩格斯全集》（第 6 卷），中共中央马克思恩格斯列宁斯大林著作编译局译，人民出版社 1972 年版，第 646 页。
② 《马克思恩格斯全集》（第 23 卷），中共中央马克思恩格斯列宁斯大林著作编译局译，人民出版社 1972 年版，第 196 页。
③ 《列宁全集》（第 18 卷），中共中央马克思恩格斯列宁斯大林著作编译局译，人民出版社 1985 年版，第 430 页。
④ ［美］保罗·萨缪尔森：《经济学》（下册），高鸿业译，商务印书馆 1982 年版，第 311 页。
⑤ 《马克思恩格斯全集》（第 16 卷），中共中央马克思恩格斯列宁斯大林著作编译局译，人民出版社 1972 年版，第 158 页。

过使资本家及其同伙的相对财富增多而使工人的状况相对恶化，此外，还通过使工人的相对剩余劳动量增加使总产品中归结为工资的份额减少的办法使工人的状况恶化"①，"生产力提高的结果是工作日中一个越来越大的部分为资本所占有。因此，想通过统计材料证明工人的物质状况由于劳动生产力的发展在某个地方或某些方面得到了改善，以此反驳这个规律，这是荒唐的"②。列宁强调，"工人的相对贫困化即他们在社会收入中所得份额的减少更为明显"，"劳动生产率提高和社会财富增长的技术改进，在资产阶级社会却使社会不平等加剧，使有产者和无产者贫富更加悬殊，使越来越多的劳动群众的生活更无保障，失业和各种困难加剧"③。

无产阶级贫困的加剧，表现为物质状况与劳动条件的恶化、精神贫困与社会贫困的加剧，但本质是生产资料与劳动能力的持续贫困。马克思用维持最低生活水平的工资确定工资下限，这种最低生活水平具有生物与文化的双重含义。他一方面指出，"大部分农业工人家庭的饮食都低于'防止饥荒病'所必须的最低限度"，特别是专业化分工提升劳动生产力，也造成劳动者生活质量恶化，使之"因终身重复同一种琐细的操作而被弱化"，"最残酷的地狱也赶不上这种制造业中的情景"④；另一方面强调"资产阶级世界在物质上和道德上的贫困"，"在把自己的产品作为资本来生产的阶级方面，是贫困、劳动折磨、受奴役、无知、粗野和道德堕落的积累"⑤。他将无产阶级被奴役、剥削的地位归结为"一切社会贫困、精神屈辱和政治依附"⑥，这种贫困的制度根源在于：一是再生产条件丧失；二是剩余劳动被剥夺。无产阶级绝对贫困是"丧失所有权"，"劳动能力是工人唯一能出售的商品"⑦。他认为，"在自由劳动者的概念里就包含着他

　　① 《马克思恩格斯全集》（第 26 卷），中共中央马克思恩格斯列宁斯大林著作编译局译，人民出版社 1972 年版，第 389 页。

　　② 《马克思恩格斯全集》（第 32 卷），中共中央马克思恩格斯列宁斯大林著作编译局译，人民出版社 1998 年版，第 284～285 页。

　　③ 《列宁全集》（第 18 卷），中共中央马克思恩格斯列宁斯大林著作编译局译，人民出版社 1985 年版，第 430～431 页。

　　④ 《马克思恩格斯全集》（第 23 卷），中共中央马克思恩格斯列宁斯大林著作编译局译，人民出版社 1973 年版，第 275～276、745 页。

　　⑤ 《资本论》（第一卷），郭大力、王亚南译，人民出版社 1975 年版，第 708 页。

　　⑥ ［德］卡尔·马克思：《政治经济学批判大纲》（草稿），刘潇然译，人民出版社 1978 年版，第 182～183 页。

　　⑦ 《马克思恩格斯全集》（第 47 卷），中共中央马克思恩格斯列宁斯大林著作编译局译，人民出版社 1998 年版，第 40 页。

是贫民"，"彻底的贫困，使他的劳动能力缺乏实现劳动能力的客观条件"，"被剥夺了劳动资料和生活资料的劳动能力是绝对贫穷本身"①，"劳动能力表示绝对贫困，即物的财富被全部剥夺"②，"这种贫穷不是指缺少对象的财富，而是指完全被排除在对象的财富之外"③。马克思将生产资料贫困与劳动能力贫困视为贫困再生产的基础，他认为"劳动能力不仅生产了他人的财富和自身的贫穷，而且还生产了这种作为自我发生关系的财富同作为贫穷的劳动能力之间的关系"④。

无产阶级贫困并不因劳动生产力提升而消失，甚至与之正相关，这种贫困产生于结构化的资本主义经济关系即雇佣劳动制，是资本主义特有的贫困。⑤从贫困的直接成因看，资本积累及有机构成提升导致劳动力相对需求下降，引发失业与现役劳动力工资压缩；生产资料剥夺与剩余价值剥削导致必要劳动时间相对减少，引发劳动者收入、经济地位相对下降。从形成与演进历程看，无产阶级贫困作为一种自然历史现象，是"资产阶级社会经济基础的必然的和自然的结果"⑥，呈现一定的规律性，"最勤劳的工人阶级的饥饿痛苦和富人建立在资本主义积累基础上的粗野的或高雅的浪费之间的内在联系，只有当人们认识了经济规律时才能揭示出来"⑦。贫困发轫于资本主义社会的劳动异化，"工人的毁灭和贫困化是他的劳动的产物"⑧，在资本原始积累时，是伴随着对农民的土地剥夺和无产阶级化而实现的，"多数人的小财产转化为少数人的大财产，广大人民群众被剥夺土地、生活资料、劳动工具——人民群众

① 《马克思恩格斯全集》（第32卷），中共中央马克思恩格斯列宁斯大林著作编译局译，人民出版社1998年版，第44页。

② 《马克思恩格斯全集》（第47卷），中共中央马克思恩格斯列宁斯大林著作编译局译，人民出版社1974年版，第193页。

③ 《马克思恩格斯全集》（第32卷），中共中央马克思恩格斯列宁斯大林著作编译局译，人民出版社1995年版，第253页。

④ 《马克思恩格斯全集》（第32卷），中共中央马克思恩格斯列宁斯大林著作编译局译，人民出版社1995年版，第444页。

⑤ 王峰明：《悖论性贫困：无产阶级贫困的实质和根源》，载于《马克思主义研究》2016年第6期。

⑥ 《马克思恩格斯全集》（第8卷），中共中央马克思恩格斯列宁斯大林著作编译局译，人民出版社1978年版，第419页。

⑦ 《马克思恩格斯全集》（第23卷），中共中央马克思恩格斯列宁斯大林著作编译局译，人民出版社1973年版，第721页。

⑧ ［德］卡尔·马克思：《1844年经济学哲学手稿》，中共中央马克思恩格斯列宁斯大林著作编译局译，人民出版社2000年版，第13页。

遭受的这种可怕的残酷的剥夺，形成资本的前史"，"资本关系以劳动者和劳动实现条件的所有权之间的分离为前提。资本主义生产一旦站稳脚跟，它就不仅保持这种分离，而且以不断扩大的规模再生产这种分离"①。在资本主义生产方式占统治地位的时期，它是在资本主义生产方式的内在规律和竞争的外在的强制共同作用下实现的。资本主义生产方式是贫困形成的基础，资本的积累就是无产阶级的增加。竞争恶化了工人贫困，机器"给同它竞争的工人阶层造成慢性的贫困，他工作得愈多，他给自己的工友们造成的竞争就愈激烈，……这些竞争者也像他一样按同样恶劣的条件出卖自己"②。此外，资本家通过工资延期支付、实物工资制、计时工资与计件工资制，降低工资水平，加剧工人贫困。从形成的制度成因看，资本主义雇佣劳动制是无产阶级贫困化的根源，"工人的奴役地位所依为基础的经济关系本身"，"工人阶级处境悲惨的原因不应当到这些小的弊病中去寻找，而应当到资本主义制度本身中去寻找"③，"这种贫穷无非是说，工人的劳动能力是他唯一能出售的商品，工人只是作为劳动能力与对象的、实际的财富相对立"④。资本积累中资本有机构成的作用机制是无产阶级贫困化的直接原因。"只有在以资本为基础的生产方式下，赤贫才表现为劳动自身的结果，表现为劳动生产力发展的结果"⑤，"增长了的劳动生产力表现为劳动之外的力量的增长和劳动本身的力量的消弱"，"不管工人的报酬高低如何，工人的状况必然随着资本的积累而恶化。最后，使相对过剩人口或产业后备军同积累的规模和能力始终保持平衡的规律把工人钉在资本上。这一规律制约着同资本积累相适应的贫困积累"⑥。

　　资本主义工业化进程中的劳动者严重贫困，不仅是生活资料或货币商品数

---

　　①《资本论》（第一卷），中共中央马克思恩格斯列宁斯大林著作编译局译，人民出版社 2004 年版，第 855、873 页。

　　②《资本论》（第一卷），中共中央马克思恩格斯列宁斯大林著作编译局译，人民出版社 2004 年版，第 495~496、708~709 页。

　　③《马克思恩格斯选集》（第 4 卷），中共中央马克思恩格斯列宁斯大林著作编译局译，人民出版社 1995 年版，第 42 页。

　　④《马克思恩格斯全集》（第 32 卷），中共中央马克思恩格斯列宁斯大林著作编译局译，人民出版社 1998 年版，第 44 页。

　　⑤《马克思恩格斯全集》（第 32 卷），中共中央马克思恩格斯列宁斯大林著作编译局译，人民出版社 1995 年版，第 253 页。

　　⑥《资本论》（第一卷），中共中央马克思恩格斯列宁斯大林著作编译局译，人民出版社 1975 年版，第 708 页。

量的贫困，更是经济地位的贫困，这是由资本主义条件下的经济剥削与阶级关系所决定的。无产阶级贫困，除了关注贫困的生理和自然边界，更应重视贫困的社会意义和历史特质，机会平等不同于实际平等，个别工人通过打拼而改变贫穷，但处于无产阶层的绝大多数工人难以改变相对贫困。消除无产阶级贫困，除了发展生产力，更重要的是通过生产关系革命，消灭生产资料占有的不平等，打破资本积累的"贫困积累"，扭转无产阶级贫困化趋势。

马克思从生产关系层面剖析了资本主义工业化及社会化大生产中的无产阶级贫困化的经济本质、制度根源，将其归结于资本主义私有制与劳动雇佣关系支配的生产剥夺、经济剥削、分配不公以及贫困积累。马克思对无产阶级贫困本质与规律的精准分析，不仅为社会主义条件下消除贫困的制度安排、路径与机制设计提供了原理性指导，也为资本主义世界如何从制度变革层面开展有效的精准扶贫提供了启示。

2.1.3 结构主义与自由主义：发展经济学中的贫困陷阱及其破解

诞生于20世纪40年代的发展经济学，以发展中国家经济增长为研究内核，关注的是发展中国家的严重贫困现象。

早期发展经济学学者大都从结构主义视角，剖析欠发达国家市场不完善导致的增长失衡与"贫困陷阱"，主张通过资本积累、工业化、进口替代实现结构改进与增长减贫，强调计划手段与大推进式战略对阻断贫困循环的作用。纳克斯（Nurkse，1966）、纳尔逊（Nelson，1956）和缪尔达尔（Myrdal，1957）分别提出"贫困恶性循环"、"低水平均衡陷阱"和"循环累积因果"理论模型，主张增加储蓄、全面投资与实施平等主义政策，打破落后国家收入低、资本不足和贫困的累积性恶性循环。莱宾斯坦（Leibenstein，1957）认为，发展中国家要阻断"恶性循环"，跳出"贫困陷阱"，应让投资率达到一定规模、国民收入增长超过人口增长、人均收入水平提高，即以临界最小努力使经济摆脱极度贫困。罗丹（Rodan，1961）基于基础设施、储蓄与消费"不可分性"，提出平衡增长理论，主张以"大推进"投资克服有效需求和资本供给不足双重障碍，推动发展中国家工业部门的全面增长，摆脱贫困恶性循环。刘易斯（Lewis，1990）提出二元经济模型，将发展中国家农村贫困深化归结为传统部门"零值劳动力人口"累积以及"二元结构转型"阻梗，主张以工业扩张主导的经济增长破解二元困境与农村极端贫困。

20 世纪六七十年代，发展经济学迎来"新古典主义的复兴"，基于对重工业化与物质资本、忽视农业与人力资本，以及强调计划与政府、淡化开放与市场的结构主义倾向的反思，纳入人力资本与农业发展、"干中学"与内生增长、制度与经济增长等新理论内涵，并修正新古典经济学内核，突出市场与价格机制、制度与产权激励以及技术与人力资本投资在发展中国家资源配置扭曲矫正以及深度贫困破解中的作用。这一时期的重要代表人物舒尔茨（Schultz，2006）提出，人力资本匮乏是贫穷国家增长受限的原因，摆脱贫困陷阱离不开人力资本投资。他纠正穷国农业是增长负担的偏见，认为技术停滞导致了传统农业落后与农民贫困深化，通过制度创新、引入先进生产要素、对农民进行人力资本投资，激励农业生产潜力发挥，可以将传统农业改造成现代农业，为经济增长与减贫作出贡献。

20 世纪 80 年代，新古典主义与结构主义的论战推动了发展经济学的繁荣，对增长与减贫的研究沿着多元、综合方向发展。一方面，结构主义者重构其理论构架，形成结构主义—制度主义思路，探讨以需求、贸易、生产、就业为中心的全面结构转变，[①] 认为各国制度和经济相互作用差异导致不同的增长减贫路径。另一方面，新古典发展经济学承认欠发达国家存在市场不完善、信息不对称与资源扭曲，不再苛求市场均衡的帕累托最优，探索通过政策工具实现"次优"状态，并认为"大推进""平衡增长"命题"在理论上仍然有效"。[②]

发展经济学者从全球不同地区的增长与减贫实践中，探索建立适合发展中国家实际要求的新型发展经济学，如新增长理论被认为是受东亚增长经验激励而做出的理论化总结。宾斯旺格（Binswanger，1989）研究不发达国家农民及农业部门对价格激励的反应问题，得出农业部门短期内价格弹性低，但在长期价格弹性会增大的结论。发展中国家的家户行为以及非正规市场也得到关注，斯蒂格利茨（Stieglitz，1998）提出，"决策单位并不是个人而是家庭"，这是"理

---

① Chenery, H., "Introduction to Part 2", in Chenery, H. and Srinivasan, T. (eds.), *Handbook of Development Economics*, North Holland: Elsevier Science Publishers, 1988: 199 – 200.

② ［英］狄帕克·拉尔：《发展经济学的贫困》，刘泸生译，上海三联书店 1992 年版，第 122 页。

解不发达国家经济行为的关键",发展中国家的市场联结现象,在道德危机环境中,具有资源配置和收入分配效应。古典政治经济学、新贸易理论、信息经济学、新制度经济学也被广泛引入发展领域。奥斯特罗姆(Ostrom,2012)等发展经济学家强调制度在经济社会发展中的决定性作用,扩展了发展与减贫的制度分析视野。① 贫困、教育、就业、社会分配等发展中国家具体问题被纳入研究框架,消除严重贫困、提升人民生活质量成为经济发展研究的核心内涵。联合国开发计划署(UNDP)于 1990 年提出了人类发展指数(HDI)的概念,以此全面地度量经济发展。治理贫困、追求公平、以人为本的可持续发展成为经济理论和政策制定的共识。

2.1.4　贫困研究的趋势特征:走向更为精准的微观与实证探析

近二十年来,以人为本、消除严重贫困已成为全球反贫困的核心现实命题,发展经济学从宏观与微观两个方向对贫困的本质、特征及其消除展开精准研究。发展经济学者对贫困研究的宏观方向主要涉及增长、贸易、宏观政策、发展战略与绝对贫困的消除,微观研究集中于小额贷款、教育、健康以及其他社会项目的减贫效果。值得关注的是,随着制度经济学与经济计量学的引入,全球反贫困研究逐渐细化到贫困的微观机理层面,并且向制度比较研究、政策实证检验方向发展,聚焦贫困者微观行为的随机分析与政策评估显露活力。

第一,对发展与减贫的认识沿着多维、动态方向不断深化和细化。阿马蒂亚·森(Amartya Sen,1976)和古斯塔夫·拉尼斯(Gustav Ranis,2004)等提出,评价贫穷国家的发展时,不能仅看人均消费增长,还应考虑健康、预期寿命、入学率、成人识字率和妇女独立性等人的发展因素,对贫困的考量既要看生存必要收入,又要看非市场因素。② 森提出可能能力(健康、教育、文化等)的概念,将绝对贫困从收入贫困推进到能力贫困层次,并深入制度与社会关系层面,建构了以剥夺、社会排斥、无发言权为内涵的权利贫困理论。通过森

---

① [美]埃莉诺·奥斯特罗姆:《公共事物的治理之道:集体行动制度的演进》,余逊达、陈旭东译,上海译文出版社 2012 年版。
② [美]保罗·萨缪尔森、威廉·诺德豪斯:《经济学》,萧琛译,人民邮电出版社 2007 年版,第579 页。

（1976）、阿尔基尔和福斯特（Alkireet and Foster，2011）等的共同努力，贫困的含义已经从收入延伸到能力、权利、脆弱性、社会地位等多层次，涵盖了生计、政治、经济、文化、教育多个维度，贫困测度也由 S 指数、SST 指数发展到 A–F 多维指数和 MPI 多维指数，以对全球发展中国家贫困进行统一监测与评估。20 世纪后半叶，长期贫困、慢性贫困、代际贫困等概念被提出，用于对顽固性贫困的动态度量。马丁·拉瓦雷（Martin Ravallion，1988）将"在一定时间内一直经历贫困的家庭或个人"定义为持久性贫困。休姆和谢普德（Hulme and Shepherd，2003）将贫困细分为永久贫困、经常贫困、胶着或偶尔贫困。

第二，更为注重研究贫困陷阱的复合成因与微观机理，探寻精准破解的路径及策略。有愈来愈多的文献分析贫困陷阱的多元形成机制，如门槛效应、邻里效应、制度失灵，考察自然资源、地理环境、疾病灾害、教育文化、政治制度、犯罪腐败等多种致贫因素，针对不同国家和地区的贫困陷阱进行实证检验，从而克服了传统研究仅对贫困的恶性循环作宏观、抽象性理论阐释的缺陷，将各类异质性贫困现象的研究推进到微观层次与特定机制，以及对特定地区或情况的研判。松山等（Matsuyama et al.，2007）的研究表明，由于信息不对称和风险的存在，穷人因财富贫乏而受到保险与信贷约束，陷入长期贫困，完善保险市场和信贷市场有助于摆脱贫困陷阱。

第三，贫困地理、随机对照实验等研究范式与工具的应用，推动了基于实践经验的精准扶贫实证研究。由于数据普查体系的完善、地理信息技术和遥感技术的应用，贫困地理研究在空间"贫困陷阱"存在性检验、地理致贫因素识别、区域贫困测算及贫困地图绘制、区域瞄准及效果评估方面，取得新的进展。随着贫困干预理论的深化、发展中国家大规模贫困人口调查的推进，关于扶贫政策评估的文献日趋多见，相关方法也从自然实验拓展到随机对照实验。阿米特（Amit，2011）基于自然实验数据检验了小额信贷对缓释农户贫困脆弱性的作用。布鲁特、徐丽鹤和张晓波（Bulte，Xu and Zhang，2013）基于自然实验方法考察了外部援助扶贫方式的减贫效果与区域增长效应。随机对照实验越来越多地被应用于反贫困和发展政策评估研究中。作为使用随机实验进行减贫评估的知名机构，贾米尔贫困行动实验室（J–PAL）着重从微观行为层面探究"穷人为何难以脱贫"，验证扶贫施策的实践效果，既为一些主流观点寻找经验支撑，也为全球贫困治理提供了更为精准适宜的研究思路。

2.2 从普惠到精准：
精准扶贫理论命题的形成与国际进展

国际上对精准扶贫的研究始于20世纪80年代，瞄准机制与施策成本是核心命题。扶贫的精准性与经济效率，主要取决于贫困识别与瞄准的精确性、扶贫施策的成本与效率、脱贫质量与成效。

2.2.1 扶贫精准性与经济效率

1. 贫困的识别与瞄准

找到好的贫困识别与瞄准方式是实现扶贫精准的关键。尼科尔斯和泽克豪斯（Nicholls and Zeckhauser，1982）指出，家庭生计指标检测是较为有效的贫困识别手段。贝斯利和坎伯（Besley and Kanbur，1990）认为，精准扶贫旨在将稀缺资源有效用于最需要它的穷人——这是贫困识别动机所在，构建瞄准机制的核心是找到"便于检测又反映收支"的识别指标。20世纪90年代以来，学者们探讨了多种贫困识别与瞄准方式（Grosh and Baker，1995；Conning and Kevanne，2002；Coady et al.，2002，2004），主要分为两类：一类是扶贫方主导的指标瞄准（如收入代理指标检测）、分类瞄准、地理瞄准、社区瞄准；另一类是贫困户的自主瞄准、主观自评。现实中并不存在完美的贫困识别方式，只能选择相对合理的方法，尽可能识别"谁是穷人"。收入代理指标检测（PMT）被认为是有效的识别方法，使用较多，但其识别的精准性逐渐受到质疑。布朗等（Brown et al.，2018）收集非洲九国的数据，对收入代理检测法的识别效果进行实证考察发现，标准的收入代理检测法有助于减少贫困错评率，但提升了漏评率，与之相比，贫困线性分位回归法减少漏评率的效果更好，甚至简单的最低收入统计或人口计分法也可以达到相同的识别效果，但是，即使信息透明、预算充分，目前各种识别方式仍不能足够精确地瞄准穷人。基德等（Kidd et al.，2017）运用国际证据评估代理均值检验方法的识贫有效性，发现这一方法不准确且武断，存在内部设计误差，加之数据调查滞缓，无法对家庭收入的动态性质作出反应。

他们认为，收入代理指标检测植根于新自由主义范式中，倾向于低税收和有限的社会支出，更好的扶贫方式是增加社保投资。

随着贫困识别技术的发展，借助地理信息系统的贫困绘图与识别方法受到关注。贝格曼和福法克（Bigman and Fofack，2000）阐释了地理瞄准在小范围地区贫困识别中的应用价值，提供了贫困刻画的方法。费利西亚（Felicia，2001）介绍了地理信息系统在贫困瞄准机制中的技术应用。埃尔贝斯等（Elbers et al.，2007）使用贫困地图模拟发现，瞄准范围缩小到村级单位时精准识别度最高，地理瞄准与社区瞄准可有效融合。爱伦斯坦等（Erenstein et al.，2010）提出，贫困地图描绘了贫困的空间分布，可用于对深度贫困的精准识别与靶点干预。通达拉等（Thongdara et al.，2012）讨论了地理信息系统、空间自相关分析对泰国贫困检测的作用，发现地理信息系统能识别环境致贫因素，空间自相关分析能检测家庭贫困同异性。兰舟等（Lanjouw et al.，2017）运用小块区域评估技术，重新描绘越南贫困分布地图，发现地理瞄准方式可以实现对深度贫困人口的区域识别与施策瞄准。

从贫困维度与识别指标来看，收入贫困与物质剥夺引发的识别误差问题受到较多关注。汤森（Townsend，1979）最早提出物质剥夺的测度指标，修正收入贫困指标，识别那些"社会获得感不足"的贫困群体。但是，物质剥夺指标识别的贫困人口，有时会处于收入贫困线之上，这种识别差异在近几十年得到相当多的关注（Bradshaw and Finch，2003）。希克（Hick，2015）基于英国家庭面板数据的分析发现，剥夺性指标侧重贫困风险测度，可识别那些身心不佳、物质匮乏、生计脆弱的贫困家庭；收入指标测度物质贫困变化的趋势，两类指标识别的是不同维度的贫困。格林纳达（Geranda，2016）分别运用收入贫困与物质剥夺两类指标，对各类贫困人口进行比较性的识别，评估住房帮扶与转移支付的减贫效果，发现识别结果总体相同、微有差异，因而主张两类识别指标融合共用。阿卡尔等（Acar et al.，2017）遵循从货币化到非货币化、从相对收入到物质贫困的线索，系统回顾贫困测度与识别方法的发展演进，对收入贫困与物质剥夺的识别重合与偏差进行探讨，将结果分为真实贫困、收入贫困、剥夺贫困与非贫困四类；在发展中国家以及福利型国家，收入识别容易低估贫困，物质剥夺的识别相对合理。他们对土耳其的实证考察表明，正规就业、非农就业有显著的脱贫效果；贫困识别应重视剥夺指标。此外，对于某类特定收入贫困群体，基于某些简单物质剥夺指标的贫困识别方式可能更为经济有效。基德（2011）观察指出，亚洲一些扶贫小额贷款机构如凯士坡（CASHPOR），更注重以成本效益原则选择贫困识别方式，如为了甄别处于资产财富线以下的穷人，CASHPOR 找到一个非常划算的方法，即运用房屋指数，在这个指数中，主要查看房屋的三个维度——大小、物理条件、建筑材料和屋顶材料。

一些文献论及了贫困者的自我瞄准机制。尼科尔斯和泽克豪森（1982）指出，相比现金救济，实物支援对非贫困者无吸引力，由此可让有实物需求的真实贫困者"自行出列"。贝斯利和科特（Besley and Coate, 1992）、贝斯利和坎伯（Besley and Kanbur, 1993）认为，提供就业岗位之类的有条件帮扶，更能契合贫困者的脱贫需求，促成穷人的自我瞄准行为。穆尔盖等（Murgai et al., 2015）研究了印度就业帮扶制度的自我瞄准成效。相比一般的扶贫援助，扶贫岗位提供未产生更好的自我瞄准效果，这是因为，除非是严重过剩的劳动力市场，否则贫困者接受岗位也面临着就业机会成本，削弱其受援动力。一些非生产性的扶贫岗位不能给贫困者带来可持续生计及资产，且社会投入极大，扶贫效果还不如健康、教育方面的转移支付。

2. 扶贫施策的成本与效率分析

普惠与精准均衡的效率基准。坎伯（1987）确立了靶向援助的效率基准：只考虑资源约束，扶贫对象越精准，扶贫绩效越高，即无执行成本时，在预算约束下选择精准扶贫是最有效率的；考虑精准识别与政策运行成本，扶贫对象精准，整体效率未必高，即存在识别成本与传导成本时，精准扶贫是否有效率还有待对收益与成本的权衡。贝斯利和坎伯（1990）提出扶贫的"精准原理"，即"完全精准"不现实，最佳策略是处于完全精准与普惠之间的折中点，应基于效率准则，选择"统计指标瞄准""自我评价"等识别工具。史密斯（Smith, 2001）提出，从普惠到精准，预算成本减少但施策成本会增加，应在两条成本曲线交点处确定"最优精准度"。坦迪卡（Thandika, 2007）基于扶贫政策的成本收益分析，探讨发展中国家反贫困政策从普惠到精准的转化动因，其中，精准帮扶的执行困境与施策成本是权衡普惠与精准的核心考量。基德（2009）发现，贫困研究大多以家户为单位，忽视了家庭分配不均衡导致的老年成员贫困问题，考虑到老年人贫困带有隐蔽性和多变性，精准施策变得困难，普惠性公共养老金等社会养老支持是更好的应对之策。布雷迪和伯罗威（Brady and Bur-roway，2012）提出，在对美国贫困单身母亲的扶持方面，普惠政策比精准援助更有效，并且也不影响家庭结构与就业动力，普惠有时是相对有效的扶贫策略。基德（2016）分析指出，在对贫困人口的教育、医疗、低保等政策支持上，普惠比精准更有效率，这是因为，在部分发展中国家，精准识别与施策机制难以建立，制度运行与项目执行成本非常高；帮扶资源可能流向品行不端的懒惰人口，引发社会不公，产生对工作的负向激励，滋生"等靠要"思想。

瞄准与施策的成本分析。霍迪诺特（Hoddinott，1999）提出，行政成本会削弱精准施策成效。考迪等（Coady et al.，2002）认为，扶贫精准化的诉求源自预算限制，精准扶贫成本涉及帮扶穷人成本、误济富人成本、行政成本、隐性成本。鲁克和弗里兰德（Rook and Freeland，2006）提出，精准会减少政府直接的资源供给成本，但未必降低总的扶贫成本。关于扶贫对象识别，达特里（Dutrey，2007）强调要从精准施策总成本而非直接预算限制来考虑问题。豪苏和泽勒（Houssou and Zeller，2011）认为不存在完美的精准扶贫机制，各种选择均会出现遗漏与误济带来的成效损失，在执行中又会出现识别中的计算、检测成本，施策中的输送、传递成本，以及行政人员成本；扶贫越精准，执行成本与隐性成本越高。识别方式关系到精准扶贫成本，成本将影响到贫困识别与扶贫瞄准机制选择。贝斯利和坎伯（1993）指出，代理工具检测可以用较少的指标实现对贫困的低成本识别，且能避免较多的错评与误济，实现同样预算下的成本最小化。基德（2009）指出，扶贫小额信贷机构往往倾向于选择最节省成本的方法识别贷款发放对象。豪苏和泽勒（2011）的实证研究表明，运用生计指标识别贫困，相比社区识别方法更为精准，更具有成本节约优势。祖和鲁斯巴（Cho and Ruthbah，2018）认为，与公共保障安全网相比，工作福利制（领取福利金的失业者须参与公益工作）减贫有效性面临证据不足，他们对孟加拉国一项大规模工作福利计划（为最穷的人创造就业机会）进行了实证研究，即以当地银行可及性作为工具变量（该项目工资直接转移到个人账户）确定影响受益人，通过时间固定效应模型分析发现，该计划有助于增加家庭总消费和减少未偿贷款。但是较高的项目实施成本以及公共资产质量的不足可能会破坏该计划的实施效果，还需进一步证明工作经验对后续劳动力市场回报和公共资产价值的影响，以及与无条件现金转移相比是否有更好的减贫效率。

政策效率的实证检验。范和哈泽尔（Fan and Hazell，2001）设计了精准扶贫效率评价模型，检测印度公共投资在灌溉区与旱作区的绩效差异，发现区域因素、扶贫方式、目标排序都会影响扶贫的边际效率。豪苏和泽勒（2011）运用指标化瞄准的成本评估模型，对非洲马拉维（Malawi）进行实证分析发现，基于代理指标检测瞄准的扶贫施策更有效率。巴希瓦（Bahiigwa，2005）基于乌干达的扶贫实验指出，施策机制影响精准扶贫实效，强化中央监控的同时应适度分权。杜特里（Dutrey，2007）认为，精准扶贫未必能瞄准穷人，未必节约成本，未必能有效执行，未必有长效的机制。扎罗科斯塔斯（Zarocostas，2010）认为，定向救济并非脱贫良方，应瞄准根源，借助于制度改进与经济发展，创造公平就业机会；国家战略干预，如能力培育及分配改进，有利于打破"贫困陷阱"，抑制市场在减贫中的负面影响。布尔库（Burcu，2012）研究了土耳其最低收入保障对缓解家庭贫困、调节收入分配的政策成效，发现这一计划比一般社保更精准、有效，受益对象一旦集中（从中间收入60%以下群体，减到40%以下），预算成本迅速下降（GDP的2.69%~0.33%）。施里瑟（Shrestha，2016）对菜农样本的实证分析表明，扶贫政策可通过助益产业发展获得更高的扶贫效率。扶贫小额信贷运行效率近年来备受研究关注。扶贫小额信贷兼具经济效率与社会效益，前者是指补贴之外的成本可补偿性，后者反映扶贫广度与深度（Azad et al.，2016；Wijesiri et al.，2017）。扶贫小额信贷只有获得经济效率，打破对补贴的依赖性，才可长期运行（Khanam et al.，2018），其经济效率与可持续性受资本资产比例、运行费用、注销率等因素的影响（Hossain et al.，2016）。监管可强化信贷成本约束，提升小额信贷运行效率（Khalily，2014）。

2.2.2 施策成效与脱贫质量

从贫困研究与反贫困战略运用实践看，尽管减贫率、脱贫率、脱贫规模一直被视为主要的成效衡量指标，但是，对脱贫规模、进度的过度重视，会形成脱贫攻坚重数量轻质量、重投入轻效率的认知偏向，并使得扶贫走向为追求脱贫结果而不计施策成本的误区。

从精准扶贫与精准脱贫的动态耦合看，精准扶贫的成效最终要落实到精准脱贫的效率和质量上——无论是瞄准机制效能，还是扶贫施策效率，在收益和成效层面都直接表现为脱贫精准性与质量，即最为贫困的人口群体接受精准帮扶后实现了高质量的、稳定的脱贫。

1. 脱贫质量的提出及其测度

罗林和泽夫（Roling and Zeeuw，1983）提出了"减贫质量"的概念，主张以有效的政策干预提升农村减贫质量。伯索尔和隆多诺（Birdsall and Londono，1997）反思世界银行的扶贫实践指出，有效的脱贫应该体现为资产不平等的消除。齐丹戈尼（Tshitangoni，2011）等考察南非扶贫工程时指出，脱贫质量主要体现为生计的可持续性，这与贫困人口能否获得教育，以及农业发展情况密切相关。世界银行（2015）报告指出，贫困不再只是收入过低的单维概念，大量扶贫干预缓解了收入贫困，却没有解决非收入意义上的权利剥夺，如高质量教育与医疗服务的匮乏。哈德娜等（Hadna et al.，2017）认为，高质量脱贫应该是教育脱贫，表现在合格教师储备量与教学设施完善度两个指标上。

在脱贫质量测度上，克拉森（Klasen，2005）指出，贫困缓解不单是收入提升，还包括教育、健康、营养状态的改进，益贫式增长更能提升深度贫困人口的福利水平和脱贫质量。诺顿（Notten，2016）用收入贫困与物质剥夺两个指标，评估深度贫困人口的脱贫质量。查克拉瓦蒂和丹布罗西奥（Chakravarty and D'Ambrosio，2013）提出了脱贫失败指数（PRF）这一概念，用以测度减贫成效的不足与减贫质量的低下。

2. 脱贫生计的可持续

埃利斯·琼斯（Ellis Jones，1999）提出，保护土地、促进可持续生计是消除贫困的应有之意，一些边缘山区居民表现出生计脆弱、获得感差、成因复杂的深度贫困特征，相应的脱贫制度设计、技术选择以及政策干预应追求可持续生计与土地保护的统一。诺顿和福斯特（Norton and Foster，2001）探讨了可持续生计方法在减贫战略与理论中的运用，将资产贫困、生计脆弱的概念引入脱贫质量分析中，将可持续脱贫阐释为：在脆弱的经济环境中，深度贫困人口获得人力、物质、金融等各类生计资本，实现生计可持续。卢迪和斯莱特（Ludi and Slater, 2008）基于生计的脆弱性理解贫困的性质与成因，认为深度贫困人口高质量脱贫，不是弱势群体被动寻求救济，而是落后经济主体及其贫困人口取得可持续生计的必要资产与能力。

索尔塔尼等（Soltani et al. , 2012）将贫困与环境退化视为资源型经济的双重产物，认为农村脱贫的本质是可持续生计的现代转型，包括经济作物种植和非农业生产，政府应提供公共品投资、增加穷人信贷可及性、保护环境、提供非农就业机会。史密斯（2004）评估发展中国家灌溉工程的扶贫效果时指出，应树立以可持续生计为中心的脱贫目标，水利扶贫应注重生计可持续而非简单农业生产。赞库（Dzanku, 2015）提出，贫困农民常见的多元生计行为具有暂时性，不能像固定职业那样有稳定的减贫效果，应对贫困农民进行职业或创业培训，使之获得足够固定就业机会，实现生计多元化、可持续与稳定脱贫。萨蒂和旺吉亚（Sati and Vangchhia, 2017）认为可持续生计是脱贫分析的内核，政府主导发展普惠金融、基建网络，在深度贫困人口脱贫与可持续生计中起到支撑作用。

3. 脱贫的稳定性与返贫风险

埃尔伍德（Ellwood, 1986）探讨了贫困的发生与退出问题，他对农户样本的动态观察表明，收入减增只是致贫或脱贫的成因或标志之一，除了劳动力市场，还应关注更多的致贫脱贫因素。奥尔加（Olga, 2002）认为贫困带有周期性特征，深度贫困具有顽固性与反复性；脱贫后的返贫风险、脱贫人口的发展稳定性反映了脱贫的真实性与脱贫质量；收入超贫困线持续一年以上，意味着脱贫稳定；受教育水平较高、有配偶的脱贫家庭更能实现稳定脱贫；脱贫后的收入配置影响返贫可能性。博科希（Bokosi, 2007）对非洲马拉维的贫困动态分析表明，家庭人口、畜牧价值、区位条件以及公共福利可及性等因素，对贫困家庭 1998～2002 年的贫困变化起到重要影响。

关于脱贫后的返贫风险，比格斯顿和谢默斯（Bigsten and Shimeles, 2008）提出，相比脱贫规模，返贫风险大小更适合作为脱贫质量结构性度量指标，他们对脱贫后农户生计脆弱性的实证分析发现，家庭人口数量、户主受教育水平、市场可及性都是返贫风险的影响因素，增加教育与就业显著降低了返贫风险。伦纳德（Leonard, 2014）研究家庭脱贫之后的金融稳定性与返贫风险，认为资产建构政策有利于防止脱贫家庭返贫，使之维持较高的收入资产门槛（超贫困线 75%），限制债务、增加生产性资产，有助于增强资产积累的可持续性，降低返贫风险。鲍姆斯塔克等（Baumstarck et al.，2015）对贫困者居住条件与生活质量关系的实证分析表明，住房资产积累及其资产质量会影响脱贫稳定性。

4. 脱贫的内生性与经济动能

贫困内生性及破解。迈克尔·萨德勒（Michael Sadler，2000）强调均衡增长模型中"贫困陷阱"的内生性，将贫困归结为信息不对称下的金融市场失灵，提出一种"自愿冒险型"的内生脱贫选择机制。莫妮卡·费舍（Monica Fisher，2005）对农村贫困空间内生性的研究表明，贫困的发生是资源环境与家庭因素共同作用的结果。运用马拉维南部三个村庄的数据，分析森林活动与贫困的关系，发现资产贫乏的家庭更依赖森林活动，但活动回报取决于成年男性劳动力以及空间资源可用性，因此，增强人力资本、改善生存条件的共同作用，有助于贫困人口内生脱贫。

脱贫的内生动力。巴纳吉和纽曼（Banerjee and Newman，1994）研究了贫困、脱贫动力与经济发展的关系，指出穷人陷入"贫困陷阱"与生活偏好、生计能力等行为因素有关，脱贫动力形成有赖于激励约束机制的建立。斯库菲亚斯和马罗（Skoufias and Maro，2008）提出，有条件的现金支付（CCT）为农村特困人口提供了资金靶向支持，使之增加健康和教育投资，但应考虑转移支付是否会削弱穷人的工作动力，总体而言有条件的现金支付增加了深度贫困人口的脱贫动力。

脱贫的主体能力。巴罕等（Barham et al.，1995）基于跨代际的家庭决策模型研究教育支出与贫困传递的关系，发现父母能力差异在很大程度上关系到教育资助差异，从而影响子女的脱贫能力。佩恩（Payne，2009）针对基因决定论与社会决定论，提出适应性学习的概念，认为穷人可通过提升学习能力适应现代知识社会，走出"贫困陷阱"与代际传递。特罗姆列罗夫等（Trommlerova et al.，2015）对穷人脱贫能力的影响因素进行了实证分析，表明身体健康、精神面貌好的贫困人口更有动力和能力脱贫。

脱贫的经济基础。扶苏（Fosu，2010）对收入分配、增长与反贫困关系的实证分析表明，相比收入调节，经济增长在区域脱贫中起基础支撑作用，但是城乡分割对农村脱贫形成很大制约，减贫战略要考虑城乡不平衡的调节。卡瓦尼等（Kakwani et al.，2000）认为，相比增长涓滴效应，益贫增长更具有减贫脱贫成效，但其最终效果仍受制于资产配置的初始不平等。富兰克林（Franklin，2016）从增长减贫视角，研究外部支援的扶贫成效，发现援助未必总能促进内部增长与减贫，良好的经济制度、受援者内生发展动力关系到援助对贫困人口的减贫赋能效果。

2.3　瞄准与施策：
中国精准扶贫问题的研究进展与趋势

2.3.1　改革开放后中国扶贫史的结构性审视：模式探索与分类施策

1. 改革开放以来中国扶贫的模式探析及经验总结

马丁·拉瓦里昂和陈少华（Martin Ravallion and Shaohua Chen，2008）研究了中国改革开放以来的减贫历程，指出改革开放释放了农村农业生产力，极端贫困率在 1980～2001 年间大幅下降。其经验是，农业农村发展对低收入发展中国家的增长减贫至关重要，农业税减免、农产品价格支持、公共支付有助于减少贫困与不平等；宏观稳定与避免通胀冲击有利于减贫。其问题是，不平等因素制约了中国减贫边际效率，省际减贫不平衡性在增强，内部发展不均衡的省份增长率和减贫增长弹性较低。何塞·蒙塔尔沃和马丁·拉瓦里昂（Jose Montalvo and Martin Ravallion，2010）利用省级面板数据的实证分析表明，中国经济增长带来大规模减贫，但这是在部门增长不平衡的情况下发生的，农业等初级部门是减贫的主要动力源，这与服务业优先的印度形成鲜明对比；改革中的政策选择是关键，中国比印度更为公平地分配农业用地，围绕农业资源对农户分散赋权，引入"家庭责任制"，创造了良好的减贫机遇。马丁·拉瓦里昂（2011）比较了中国、印度和巴西的减贫，指出经济增长有助于减贫，再分配政策也发挥了重要作用，印度有增长但增长减贫效果不佳；巴西缺乏经济增长，但 20 世纪 90 年代中期以来进行有条件现金转移的再分配干预取得减贫效果，中国可从中得到启示，将市场化改革与再分配社会政策结合，解决贫富差距与深度贫困难题。范等（Fan et al.，2004）利用 1953~2000 年的省级数据，检验中国不同类型政府支出的减贫效果，发现农业研发、灌溉、教育和基础设施投资有助于农业增长和减贫；不同类型、不同区域的投资支出减贫的边际效应有差异，其中扶贫贷款减贫回报率较低，贷款未全部流向贫困人口，因此农村减贫应统筹考虑制度改革、公共支出优化、精准扶贫。徐月宾（2007）分析了农村贫困人口的结构与成因，发现对因病残而丧失劳动力的贫困人口，开发扶贫边际效益几乎为零，应重构社保、救助与开发扶贫协同的反贫困政策框架。

2. 暂时贫困、长期贫困以及贫困脆弱性的成因与施策

马丁·拉瓦里昂和陈少华（2000）运用半参数方法和农户面板数据，检验中国农村暂时贫困与长期贫困的成因差异，发现二者决定模型不同，如暂时贫困受身体因素制约，长期贫困与医疗、教育以及家庭结构有关，在医疗教育条件差的地区，成员多、受教育少的家庭容易陷入长期贫困，对两种贫困的破解应分类施策。格劳本等（Glauben et al.，2012）运用中国三个省份的农户面板数据，考虑贫困"持续时间"，分析长期贫困的决定因素，结果表明，贫困持续时间影响到脱贫机会的大小，相对贫困的云南省存在较多的长期贫困，家庭规模大、非工作成员多、生计依赖种植业等因素会强化贫困的持续性，因此，应针对严重贫困的省份和长期贫困家庭精准高效施策，尤其要增加最贫困家庭的收入机会，拓展非农就业、提升教育水平，以摆脱长期性质的深度贫困。帕特里克·沃德（Patrick Ward，2016）研究经济改革对中国农户长期贫困及脆弱性变化的影响，发现 1991~2006 年间所调查的农户很多由长期贫困转为暂时性贫困，脆弱性下降，但这种转化在不同时期、不同区域不尽一致，他将贫困脆弱性归因于收入可变性，严重贫困往往发生于高度依赖农业生计、与外部市场脱节的地区，因此促进劳动力转移有助于减少家庭贫困脆弱性。许等（Xu et al.，2017）基于对三峡库区遭受地质灾害威胁的农户调查数据，研究外来风险以及务工收入等多种因素对农户贫困脆弱性的影响，结果表明，相比农业收入损失，地质灾害、住房建设才是贫困脆弱性的主要影响因素，储蓄和外出务工收入可缓解外部风险对加剧农户贫困脆弱性的影响。

3. 劳动力转移、生态移民、易地搬迁的精准减贫效应

杜等（Du et al.，2005）利用贫困地区家庭数据，对中国劳动力转移的脱贫效应进行实证分析，发现低收入家庭劳动力转移在增加，贫困线附近的农村人口转移倾向更为明显，劳动力转移增加了 8.5% ~ 13.1% 的人均收入。但是，深度贫困家庭受制于劳动力不足，成员转移少，减贫效应有限，因此，在短期内不能靠自发劳动力转移解决深度贫困难题，应将深度贫困破解纳入中国的结构改革过程。与上述研究结果不同，朱和罗（Zhu and Luo，2010）基于对中国湖北山区农村劳动力转移脱贫的反事实分析表明，劳动力城镇转移为边际劳动生产率低的贫困农户提供了一种脱贫生计选择，贫困程度更深的农户更能从转移中受益。曹等（Cao et al.，2009）研究了中国可持续发展政策的减贫效应，指出若不重视贫困居民的生计可持续性，将自然资源赋权于当地居民，反而会导致资源过度使用，不利于生态恢复。协调贫穷、环境退化和贫穷治理关系，发展益贫的绿色产业，对居民环保行为给予可持续的生计补偿，有助于减贫与环保结合，摆脱贫困陷阱。范等（Fan et al.，2015）针对生态移民能否实现减贫与环保相容提出质疑，他对内蒙古阿拉善左旗游牧民族生态移民效应的实证分析表明，移民安置增加了水资源使用，降低了用水效率，尽管移民后收入有所增加，但水资源短缺增加了生产成本和风险，因此在贫困的干旱草原地区，生态移民减贫未必可持续。卢等（Lo et al.，2016）肯定了易地搬迁在改进贫困人口生活条件、基础设施、公共服务中的作用，他们通过对山西、陕西两省的家庭调查发现，搬迁的空间导向影响减贫效果，相比就近村庄安置，远程城镇安置费用更高且非农就业困难更大，脱贫满意度更低，应在村民和政府之间建立搬迁安置的双向沟通机制，完善后续帮扶计划。

4. 多维贫困理论与方法在中国扶贫瞄准与施策中的运用

童星和林闽钢（1994）在收入贫困线的基础上，提出了特困线、温饱线、发展线等多项贫困测度标准，主张根据家庭、地区、年份的差异，实施贫困线标准的微调。李实和古斯塔夫森（1996）运用相对贫困线观测农村贫困地区差异，发现非贫困地区的贫困人口总量更大，初期教育与养老保险的完善有利于提升减贫质量。王祖祥等（2009）设计了贫困分布的洛伦兹曲线模型，用以进

行各类型地区、行业、人口的贫困测度与脱贫质量分析。

凯利和弗洛伦特（Kelly and Florent，2011）较早地将多维贫困方法引入对中国农村贫困的动态考察中，选择收入、健康与教育三个维度，测量 1991～2006 年 7 个省份农户贫困结构的变化。结果表明，不同贫困群体获得不同的增长减贫效果，尤其是 1997 年以来，深度贫困人口并未从社会扶贫项目中充分受益，还有待进一步的教育帮扶与医疗救助。于（Yu，2013）利用 AF 多维测度方法，评估中国多维贫困及减贫的区域差异，发现贵州和广西等欠发达省份的多维贫困程度最深。教育外流拉大了城乡和区际的人力资本差异，加剧了边远地区教育剥夺，使之发展边缘化。因此，强化教育维度的扶贫支持，有助于缓解边缘地区的深度贫困。齐（Qi，2014）利用中国健康与营养调查数据，基于 AF 方法分析 1989～2009 年中国儿童多维贫困的区域动态变化，发现中部省份儿童贫困率下降幅度最大，地区间儿童贫困差距在缩小，对深度贫困地区的儿童贫困应加大帮扶力度。刘和徐（Liu and Xu，2016）在可持续生计框架下探讨中国农村多维贫困的地理识别，建构"基于多维识别结果"的贫困县概念，刻画中国西部地区深度贫困，研究成果包括：第一，建立了一个反映穷人可持续生计的多维发展指数（MDI），对中国农村多维贫困进行县级地理识别，并与官方贫困县比较，以助益贫困识别与减贫施策；第二，655 个县（1.41 亿农村居民）被识别为多维贫困县，主要分布在青藏高原、南疆地区、西部黄土高原和滇西、四川的高山峡谷地区，其共性特征为地理集中、分布连片、自然条件恶劣，是造成剩余贫困人口遭受多维剥夺的主因；第三，与官方（收入）贫困县相比，多维贫困县不仅是收入贫困，而且存在多重劣势和剥夺，一些西部高原山区县尽管在官方贫困县名单之外，但属于多维贫困县；第四，多维贫困县的识别与确定，有助于瞄准多维剥夺的精准施策，补齐穷人生计"短板"。破解西部深度贫困地区的多维贫困，除克服自然地理条件约束，还应提供个体化的可持续减贫计划。王和陈（Wang and Chen，2017）构建了针对县乡空间的多维贫困评价模型，采用村级贫困指数（VPI）刻画中国贫困乡村的贫困结构性分布，并引入 LSE 模型来检验乡村致贫成因。研究表明，贫困村贫困水平呈现正态分布的"橄榄型"结构，不同县的贫困水平由东向西增加，存在贫困异质性；深度贫困的形成源自地理环境与生产生活条件恶劣以及劳动力贫困。

2.3.2 精准扶贫方略的实施成效与问题：围绕"瞄准"的文献解析

1. 精准扶贫方略的形成、制度创新与绩效

刘等（Liu et al.，2018）将新中国成立以来的扶贫开发历程划分为六个阶段，其间经历了扶贫方式由救济型向发展型转变，扶贫对象由贫困县、地区扶贫向村、户扶贫转变，扶贫的精准性与成效不断提高，逐渐形成了中国特色的精准扶贫模式；新时期的扶贫开发，应聚焦于极端贫困人口居多的深度贫困地区，考虑特定的地理自然条件，区分不同劳动力类型，实施精准有效的脱贫战略；为响应联合国2030年可持续发展的目标，应加强对贫困地理分布、减贫驱动力、扶贫方式和效果以及中国减贫经验的总结研究，并研究2020年贫困退出之后新的减贫问题。周等（Zhou et al.，2018）以河北省阜平县宋家沟村为例，探讨了2013年以来中国精准扶贫的制度创新，阐释了以土地政策创新促进精准扶贫的经济机制。他们认为，精准扶贫的深入推进可能面临劳动力、资本和土地的困境，土地政策创新与易地扶贫搬迁相结合，有助于打破体制障碍，但也需要防范其潜在风险，这些发现为中国与全球新一轮的扶贫事业开展提供了参考。葛等（Ge et al.，2017）利用层次分析法，建立贝叶斯时空模型，分析中国贫困地区减贫绩效及时空变化趋势，发现13个贫困地区2010~2012年的扶贫绩效均有提升，但均表现出对中央政策的高度依赖性；空间分析表明，西部地区扶贫绩效小于中东部地区，这与其地形封闭、复杂，气候极端恶劣有关，下一步应基于贫困地区自然、人文环境，选择适宜的扶贫方式，尤其是改进交通通信条件，提高应对极端气候和农业灾害的能力，推进新时期深度贫困地区脱贫攻坚。

2. 贫困地理分布与扶贫区域瞄准

乔兹纳·惹兰和马丁·拉瓦里昂（Jyotsna Jalan and Martin Ravallion，2002）探讨了中国地理"贫困陷阱"的存在成因，即为何总体经济增长强劲，但某些区域仍有持续贫困。他们运用南方农村家庭数据的实证分析表明，地理效应暗示了"贫困陷阱"，一些地理资本指标对贫困农户的消费有显著影响，地方公共物品或私人捐赠形成的地理外部性影响到民间投资回报，农户生活在贫困地区

影响其自身投资及消费增长、限制资本流动，造成贫困的自我延续。发展当地基础设施，帮助劳动力向外转移，有助于克服地理外部性，破解区域贫困。帕克等（Park et al.，2002）基于县级面板数据，评估中国 1986 年以来的区域精准减贫效果。他们通过对贫困县名额指定、扶贫资金配置进行模型分析，并运用瞄准距、瞄准误差的测量方法，发现县级瞄准受制于地方干预、资源博弈，可能产生执行误差，导致真实贫困者遗漏，削弱了扶贫项目惠及穷人的精准性，认为以乡为目标的瞄准可能更有成效。罗杰斯（Rogers，2014）研究指出，中国以贫困县为地理瞄准目标，为之安排贷款、援助和公共工程投资的扶贫战略模式，存在执行的操作扭曲，尤其是随着财政约束趋紧，县级政府可能产生"押强轻弱"倾向，将扶贫资源集中于"样本"易脱贫村，忽略"边角"深度贫困村。秦等（Qin et al.，2018）研究了中国聚焦贫困县的精准扶贫战略，检验了新设贫困县的减贫效果，发现山区县与非山区县存在减贫成效差异，县级瞄准的扶贫战略难以改善基础设施和卫生条件。埃姆兰和侯（Emran and Hou，2013）利用中国农村家庭消费数据，研究农户与市场距离、农户对接市场的程度对其贫困状态的影响，发现农户接入国内外市场后消费提升，特定贫困区域接入市场产生显著的减贫效应。

3. 反贫困战略的目标瞄准与贫困人口的精准识别

国内精准扶贫的理论研究起步较晚，瞄准问题是研究焦点。郑长德（1997）在探讨民族地区的贫困与反贫困时，提出了区域性瞄准和人群瞄准的双目标反贫困战略。进入 21 世纪，开始有较多的学者探讨反贫困的目标瞄准机制。刘冬梅（2001）提出应在县、乡单元之间寻找"瞄准精度与管理成本"结合点，确立贫困县、乡以及跨区贫困带三类瞄准目标。李棉管（2006）以 J 县为例探讨了扶贫资源漏出现象，通过构建制度、组织和行动一体的社会学解释模型分析指出，帮扶资源传递中各级政府、代理人、农民的选择冲突导致瞄准误差。翟振芳（2008）提出建立动态的扶贫瞄准目标识别系统和科学的分类瞄准体系。郭佩霞（2007）主张融合地域特性建构民族地区反贫困目标瞄准机制，即提高贫困线标准，引入土地指标、性别敏感指标，建立容纳穷人参与的识别机制。王韬等（2010）探讨了财政分权对减贫政策瞄准机制选择的影响，认为任命制下大规模减贫瞄准效果好，选举制下小规模减贫针对性强。小额信贷、支农资金的瞄准效果受到较多关注。熊惠平（2006）揭示了小额信贷扶贫瞄准的技术偏差所蕴含的制度性偏差，主张保障穷人参与权。熊惠平（2013）进一步指出，在瞄准偏差的利益博弈中，只有通过制度创新和技术创新以抵消高成本的压力，构建利益表达—协调—解决的良性机制，才能使农村小额信贷"真扶贫""扶真贫"。王建康（2010）分析了支农资金使用的需求瞄准机制，认为支农资金使用效率取决于其使用是否符合农村农民发展需要，考虑到决策者信息不足和动力局限，行动主导下支农资金配置脱离农民需求，农民作为资金受益者与信息主体参与支农资金使用管理，才能提升资金瞄准效果。李艳军（2011）调查发现，农村最低生活保障目标瞄准的偏误源自信息失灵、人情因素，需建立新的家庭收入审核机制。李艳军（2013）选择户主、家庭、住房和耐用消费品特征等与家庭收入和消费相关的核心指标，构建了一个新的目标瞄准体系——代理指标检测体系，通过农村居民最低生活保障（以下简称"农村低保"）目标瞄准效率检验发现，该体系对农户家庭经济状况具备较好的识别能力。汪三贵等（2011）的实证分析发现，宣传动员、家庭资产、信誉以及项目管理方式都影响农户对互助金项目的参与及使用，需改进村级互助金的瞄准机制。王增文和邓大松（2012）针对社会救助体系对贫困家庭的瞄准机制与实施效果进行实证分析，发现中国社会救助存在"遗漏"与"瞄偏"，应建立涵盖隐性收入指标的多指标识别体系。吴雄周和丁建军（2012）指出，中国扶贫瞄准经历了从普遍瞄准到县级瞄准、再到村级区域和人口瞄准相结合的历史变迁，这一变迁是由瞄准成本和瞄准收益的对比变化决定的，是瞄准成本和瞄准收益非平衡增长的结果。

随着精准扶贫（脱贫）战略的实施，关于贫困识别与扶贫瞄准的研究逐渐增加。王和钱（Wang and Qian，2017）基于中国整村推进减贫计划和人与环境互动的视角，提出了利用地理信息系统"量化、整合"村级致贫因素的"参与式"识贫模型，并通过重庆市黔江区贫困农村的实践应用证实了其有效性，可用于贫困干预政策优化参考。邓维杰（2014）针对精准扶贫中的"贫困排斥"，主张采取自上而下和自下而上融合的贫困户识别和帮扶机制，并购买独立第三方社会服务来协助和监督。吴雄周和丁建军（2015）以及吴雄周（2018）认为，精准扶贫本质上是单维瞄准向多维瞄准、单步瞄准向多步瞄准的嬗变，体现出多维瞄准和多步瞄准的高度融合，要提升瞄准精度，必须均衡配置行政权、有效抑制精英控制权和着力提升群体话语权。李棉管（2017）考察了"瞄准效率"

或"瞄准偏差"的三类困境，即个体、类型和区域瞄准机制面临的技术难题、社会福利诉求和国家治理诉求的冲突困境、福利污名化导致的贫困排斥，主张综合考虑技术手段、政治和文化因素，建构精准扶贫的瞄准机制。朱梦冰和李实（2017）对农村低保瞄准的实证分析表明，基于收入标准的农村低保瞄准率低于多维标准，应推动低保户识别标准从收入标准向多维贫困标准转变，增加低保覆盖面和低保金投入，发挥低保兜底作用。周扬等（2018）利用 BP 神经网络模型测度县域多维贫困压力指数，识别出 2020 年以后需国家帮扶的几类县，据以优化精准帮扶机制。高明和唐丽霞（2018）利用修正的 FGT 多维贫困测量方法进行多维贫困的精准识别，发现收入依然是多维贫困的主要识别标准，但非收入因素是农户贫困的主要影响因素。杨龙等（2019）建立了一个"精准识别—农户参与—影响效果"的多维贫困瞄准分析框架，研究农业产业扶贫的多维贫困瞄准，发现产业帮扶对不同贫困深度农户影响不同，应探索建立利益联结机制和要素入股方式，发挥农村集体组织的联系作用，改善产业扶贫多维贫困瞄准成效。何欣和朱可涵（2019）基于分权制社区瞄准方式下基层政府的效用函数，构建农村低保瞄准分析框架进行实证分析发现，在信息贫困或精英俘获严重的村庄，农户信息水平提升能显著减少瞄准偏误、提升瞄准效率。

　　一些学者从产业扶贫、金融扶贫、旅游扶贫、搬迁扶贫等方面对扶贫施策效果或效率进行了研究评估。黄薇（2017）研究医保政策精准扶贫效果发现，城镇居民社会养老保险政策对低收入者的扶贫效应随时间延续，通过影响家庭教育培训和健康支出，这种效应进一步增强，但其对中高收入家庭影响更大，出现了"目标上移"。孙春雷和张明善（2018）选取大别山区 16 个县市区样本，构建 DEA 模型分析旅游扶贫效率，检验其精准扶贫效果，提出了进一步的分类施策建议。李伟和冯泉（2018）对山东省 140 个区县的金融扶贫调查发现，产业扶贫贷款带动贫困户的效率高于扶贫小额信贷。孙群力和朱良华（2017）以广西 54 个贫困县为研究对象，对财政专项扶贫资金使用效率进行分析评价，发现国定贫困县财政扶贫资金使用效率要高于省定贫困县，验证了扶贫资金的边际效用递减规律。一些学者对中国精准扶贫方略实施中的问题和经验教训进行了总结反思。例如，贺雪峰（2020）讨论了精准治理与因地制宜之间的辩证关系，认为在非贫困地区对贫困户的最佳帮扶是采用普惠性的特困救助和低保政策，若一味套用精准扶贫政策反而可能因追求过度精准而造成治理资源浪费——标准化的自上而下督查评估与因地制宜贫困治理构成了精准治理悖论，在非贫困地区强调标准化精准扶贫政策反而造成治理绩效损失。

2.3.3 聚焦深度贫困研究：针对结构化贫困痼疾的瞄准与施策分析

随着精准扶贫方略的推进，中国区域脱贫攻坚逐渐向以"三区三州"为代表的深度贫困地区聚焦。深度贫困破解成为国内研究热点。大多数文献是从一般逻辑分析视角，探讨中国深度贫困地区的贫困特征、成因与破解之策。李俊杰和耿新（2018）提出，"三区三州"贫困面广、贫困发生率高、区域发展位次差、人均生活水平低，高度依赖于国家政策，其成因是薄弱的基础设施、脆弱的自然资本、封闭的文化观念、低层次的市场化水平和特殊的政策规划限制。破解之道应强化区域协调发展，实施专项扶贫规划，发挥宗教文化正能量，加大内生动力培育。左停等（2018）认为，深度贫困具有长期性和代际性，贫困交织现象突出；贫困人口的内在局限性之困，加上自然、经济、社会制度之困，导致了贫困人口的"可行能力贫困"。常规的开发项目扶贫遭遇挑战，基本公共服务供给成为适应性更强的减贫路径，即通过提供基本公共服务和精准的社会服务，帮助贫困人口打破内外困境，拓展可行能力。应完善基本公共服务供给机制，使之在深度贫困治理中发挥更大的作用。牛胜强（2017）认为，资源短缺、环境恶劣以及非竞争性公共物品和服务供给严重短缺，构成深度贫困地区的多维成因，导致常规的经济扶贫方式成效不足。应把生态环境持续改善和有发展能力的劳动者培养视为深度贫困地区的脱贫动力和依托，推进非竞争性公共物品和服务的有效供给，实现区域发展与脱贫的协同推进。张明皓和豆书龙（2018）认为，群体和个体双重因素导致的"贫困再生产"、时间和空间弱势累积形成的"生存性均衡维持"、结构与行动内向强化产生的"经济性贫困陷阱"，构成深度贫困的再生产逻辑，其破解有赖于以"超时空"和"超市场"强制为形式的超常规精准扶贫战略，这需要发挥中国特色社会主义扶贫的体制优势，构建贫困综合治理框架。吴乐（2018）认为，深度贫困地区面临资源禀赋约束、基础设施建设短板、精神贫困突出、基层干部能力薄弱等困境，应构建政府主导、多方协作的市场化脱贫机制。他分析了各主体之间利益联结以及协作扶贫动力机制，认为深度贫困地区应走开发特色产业、实施生态保护与易地搬迁的减贫道路。李小云（2018）认为，深度贫困的发生不单是外部因素所致，还存在超越国家或个人能力、约束穷人市场机会的"贫困陷阱"。束缚发展动力的"贫困陷阱"是深度贫困致贫机制中的内生要素，要从区域发展、社会发展、社会文化重塑、扶贫组织发展等角度出发，冲破深度"贫困陷阱"。

国际上一些文献研究了彝族聚居区和藏族聚居区等民族地区以及疾病高发地区的深度贫困问题。曹等（Cao et al.，2016）以凉山彝族自治州为样本，研究中国西南民族地区农户贫困脆弱性的影响因素，实证结果表明，彝族农户的贫困脆弱性与劳动力规模及受教育程度、家庭规模与房屋价值、疾病成本与灾害损失等因素密切相关。应将贫困脆弱性分析与可持续生计研究结合，加强对家庭及村级教育、健康、基础设施的投入，缓解民族地区深度贫困。华等（Hua et al.，2017）对青藏高原东部地区大渡河上游 357 户居民生计资产与生计策略的关系进行了逻辑回归分析，发现农户生计选择因资产而异，人力资本、自然资源和金融资产影响到脱贫生计策略，随着劳动力和人均现金收入的增加，生计策略向非农化转型，"非农依赖型"生计策略成为藏族聚居区农牧民的脱贫生计选择。对此类地区的减贫干预，应当重视生计资产的作用。刘等（Liu et al.，2017）调查了中国农村时空贫困格局，发现其带有长期贫困和暂时贫困的混杂性，呈现空间集聚特征，集中在西部偏远深山、边疆和少数民族地区。自然禀赋不足、地理条件差、生态环境脆弱造成民族地区增长动力不足，贫困孤岛效应显著。患病是农村个人贫困以及暂时贫困的主因。应充分发挥贫困地区后发优势，继续推进精准脱贫战略，破解民族地区深度贫困。杰克逊等（Jackson et al.，2006）基于河南省结核病患者数据，就结核病与贫困关系实证分析发现，除收入损失外，自付治疗费用占到贫困家庭年收入的 55.5%，引发高负债和严重贫困。结核病等传染病防治是疾病高发地区的首要减贫策略。

国内学者对西藏、四省（青海、甘肃、四川、云南）藏族聚居区、凉山彝族聚居区、甘肃临夏州等典型的深度贫困地区进行了针对性研究，并从产业脱贫、搬迁脱贫、技能扶贫、健康扶贫、绿色减贫、金融扶贫等各个方面，探讨了深度贫困地区脱贫攻坚的多元化路径与对策。其中，渠鲲飞等（2018）基于能力贫困视阈，考察了深度贫困区技能扶贫运行的结构性困境，认为，"显性技能扶贫"脱嵌于贫困户的"深层能力贫困"，导致贫困户的能力建设不充分，以致扶贫功能式微，因此应把技能扶贫工作纳入可行能力建设中。盛伟和廖桂蓉

（2019）以西藏和四省藏族聚居区为例，研究了深度贫困地区增长的空间关联与减贫的外溢效应。他们运用空间统计工具构建减贫潜能指标，分析 2000～2015 年深度贫困地区 146 个县经济增长与减贫的空间相关性，结果表明，各县采取减贫措施，对本地经济增长产生正向作用，也联动作用于邻近县，减贫潜能指标每增长 1%，人均经济增长水平将会提高 0.738%，但减贫外溢效应也呈现出空间衰减态势。因此，深度贫困县可实施产业差异化、多元化发展战略，抑制减贫成效的空间衰减；增强县域间的通信服务水平，削减"信息壁垒"；加强县域间医疗卫生机构能力建设与合作，削减"医疗壁垒"；优化县域市场环境，促进内外市场联通，构造一体化金融体系，削弱"经济壁垒"，去除贫困的区域性、片区性根基。

深度贫困的多维测度与脱贫质量得到关注。蒋南平等（2017）基于多维返贫识别及测算方法，研究中国农民工多维返贫问题，发现健康状态、城市融入对新老农民工返贫风险的影响大。郑长德（2018）将脱贫质量阐释为"各项指标稳定持续超过贫困线"的质效情况，据此构建多维脱贫质量指数，探讨深度贫困民族地区的高质量脱贫路径。他认为，深度贫困民族地区具有自然条件差、经济基础弱、贫困程度深、贫困形态及成因复杂的特性，要提高脱贫质量，应实现持续高速和包容的经济增长、禀赋结构的升级，提高产业益贫性，建立激励相容的长效机制，完善多层次社会保障体系，构建 2020 年以后深度贫困民族地区的可持续发展援助体系。贾玉娇（2018）借鉴森的能力贫困理论，构建深度贫困地区高质量脱贫的阐释框架，主张精准分析导致深度贫困发生的系统性因素，精准把握深度贫困地区的脱贫需求，精准补偿深度贫困地区的功能性缺陷和发展短板，区分连片深度贫困区、深度贫困县（村）的贫困特点与脱贫资质，选择不同的高质量脱贫路径。刘俊文（2017）的实证研究表明，专业合作社可发挥益贫效应，但入社农户的脱贫质量与增收稳定性有待观测。

2.4 本章小结与本书的研究起点

反贫困作为一个跨学科研究的经典命题，有很长的学术史传承。精准扶贫研究正处于探索前沿。如何有效反贫的理论与文献成果，为中国开展精准扶贫解决绝对贫困问题、夺取脱贫攻坚全面胜利的实践及理论研究，提供了可借鉴的思想观点、理论范式、方法论与分析工具。中国贫困发生与破解，有国情背景、发展阶段、时空分布、人文结构的独特性，应基于对全球减贫一般规律的科学认知，探索中国特色的反贫困道路和精准扶贫方略，开展中国精准扶贫的政治经济学研究，丰富精准扶贫理论范式，为全球减贫事业、减贫理论作出贡献。

第一，中国精准扶贫是世界减贫的重要内涵。中国以精准扶贫方略破解绝对贫困作为全球发展中国家解决绝对贫困问题的典型命题，具有精准扶贫的共性本质与一般规律。借鉴吸收多维贫困、地理瞄准等理论范式及分析工具，有助于从贫困发生与减贫演进的一般性与特殊性两个层面，认识中国贫困现象的本质、成因与动态变化，进行贫困的结构化测量与瞄准，探寻以精准扶贫推进精准脱贫的动力、路径与机制。例如，阿尔基尔和桑托斯（Alkire and Santos，2014）选择健康、教育与生活水平三类指标，构建多维贫困指数，测量发展中国家贫困现状，发现中国多维贫困发生率低于收入贫困发生率。沈扬扬等（2018）基于 AF 方法与全球 MPI 标准进行全球多维贫困可比测量发现，中国多维贫困程度并不高，贫困发生率持续下降，2010～2014 年下降了 50%，但是西部地区贫困程度更深，健康营养剥夺与教育剥夺问题突出，存在一些收入达标但健康教育剥夺严重的隐性贫困人口。相比收入贫困线，多维贫困方法可以测量结构性贫困，精准剖析深度贫困的本质，可用于未来贫困治理中的扶贫识别、瞄准与施策。随着贫困县、贫困村"摘帽"退出，地理贫困理论、地理识别方法，以及贫困地图绘制、地理信息系统应用，将在深度贫困地区"贫困死角""扶贫暗区"的检测与识别中，发挥重要的技术功能。

第二，中国精准扶贫是世界减贫的实践引领。党的十八大以后中国精准扶贫方略的提出与实施，应体现模式与理论探索的自主性与独创性。一方面，与全球其他国家和地区的贫困现象相比，中国的贫困是一种发展滞缓因素、市场失灵因素、不平衡因素、文化差异因素叠加交织形成的复合型贫困，兼有极端贫困、慢性贫困、深度贫困的多重含义，表现出成因复杂多变、贫困分布广、蔓延久、程度深、类型各异的结构化特征；中国贫困问题的解决，需要精准识别、靶向瞄准、精准施策，又需要综合施治，对增长益贫、市场化、战略干预有较强的依赖性。应在吸收国际反贫困前沿成果的同时，自主进行新时代中国特色的精准扶贫理论研究。另一方面,与过去的扶贫开发相比,党的十八大以后的脱贫事业重在"攻坚",扶贫方略旨在"精准",以精准扶贫推进绝对贫困问题的历史性解决,关系到全面小康的如期实现。长期以来国内外对中国减贫的研究,缺乏对贫困的结构化解析与高质量脱贫的长效机制思考。随着精准识别转向精准施策,脱贫速度转向脱贫质量,攻坚区域向深度贫困聚焦。从结构而非规模数量的视角,剖析贫困性质,有利于厘清其复杂多元的致贫因素,揭示其非均衡、多元化的演化过程,针对不同区域及人口的贫困深度与特性设计精准识别与分类施策机制,实现贫困高质量退出。贫困识别、扶贫施策、脱贫赋能的有效性,取决于对贫困结构性的动态考察与深层次成因的诊断。从追求脱贫规模与减贫率,转向保证脱贫稳定性、提升贫困退出质量,成为脱贫攻坚取得全面胜利之后巩固脱贫成果与未来贫困治理的紧迫命题。

第三,中国精准扶贫是全球贫困痼疾破解的创新探索。以精准扶贫方略解决绝对贫困问题作为中国特色减贫道路与理论的前沿探索,应积极创建中国范式,作出全球贡献。中国减贫的成功实践赋予国内学者的研究使命是,聚焦新时代中国脱贫攻坚战略急需,总结中国减贫的制度优势与行动经验,进行中国特色的精准扶贫政治经济学研究,建构中国特色的精准扶贫研究范式,完善中国脱贫攻坚制度体系,为新时代打赢脱贫攻坚战提供理论指导与行动策略,为全球减贫事业提供中国方案,为国际贫困研究作出学术贡献。例如,中华人民共和国成立以来,中国减贫经历了社会主义建设解决温饱问题、改革开放大规模开发扶贫、"八七"扶贫攻坚计划与农村扶贫开发、党的十八大之后推进精准扶贫精准脱贫、2017年以来深度贫困地区脱贫攻坚的发展阶段,呈现从全国减贫到地区扶贫、从一般贫困到深度贫困、从普惠到精准、从数量到质量、从进度到效率的演进特征,最终实现绝对贫困问题的历史性解决。中国扶贫成就的取得,依托于社会主义国家政治优势、制度优势与政府功能的发挥,源自发展中国家全面推进现代化、市场化与增长减贫、兜底脱贫的内生融合,体现出中央顶层设计与社会力量协同的双重优势,是政治动员、政策集成、干部考核、高效行动的共同结果,是超常规扶贫与内生脱贫结合、开发与保障并举、普惠与精准结合的战略及策略成果,这与撒哈拉沙漠以南地区的"援助式扶贫"模式失败形成鲜明对比,相比巴西、印度等发展中国家表现出更显著的减贫成效。因此,极有必要总结与提炼中国以精准扶贫解决绝对贫困问题的成功模式与制度优势，为全球提供中国智慧与方案。再如，中国倡领了"六个精准""五个一批"的精准扶贫方略，将瞄准与施策之精准作为扶贫要义，这是发展中国家第一次对贫困异质性和结构性特征作出科学认知，对其精准解决方案进行系统探索。据此构建中国特色的精准扶贫研究范式，可引领发展中国家精准扶贫理论发展。中国在开展建档立卡、精准扶贫以及贫困退出验收与脱贫考核的实践中，提出"一超过两不愁三保障""三有、五有"等多元贫困标准及指标，构成了多维贫困理念、方法的独立先行实践，尤其将"两不愁三保障"作为消除绝对贫困底线指标，开拓并丰富了多维贫困理论与方法，据此可构建中国特色的多维识贫与减贫方法论体系。

以上述文献为起点，基于中国精准扶贫实践，我们尝试以瞄准与施策为内核提出一个精准扶贫结构性解析框架，揭示中国精准扶贫赖以成功的制度优势。进一步地，通过对产业扶贫等几种精准扶贫典型路径的瞄准与施策效果的实证分析，找到以精准扶贫推进精准脱贫的效率之因，据以推动中国贫困治理现代化与全球影响力提升。

第3章 | CHAPTER 3

瞄准与施策：精准扶贫中国范式的结构性解析

中国选择精准扶贫方略解决绝对贫困问题，源自中国贫困问题的多元和复杂特性。对中国精准扶贫方略的研究，需进行结构化视角的剖析与阐释，重点是对异质性贫困陷阱的瞄准与施策分析。

3.1 异质性贫困陷阱发生与摆脱：精准扶贫的结构性释义

本部分从结构视角阐释贫困性质、异质性及演变，结合中国贫困性质与反贫困矛盾变化，回答"扶贫为何精准、何为精准"问题。

扶贫与脱贫作为一个多学科概念，历来有各种理论解释，通常被理解为通过政府资源、政策干预或社会力量，帮扶贫困地区或贫困人口摆脱贫困状态。中国实施精准扶贫方略取得重大成效，但实践历程并不长，学界对精准扶贫的理解大多处于政策阐释层面，如"识真贫、扶真贫、真扶贫""精确识别、精确帮扶、精确管理""六个精准""五个一批"。我们认为，精准扶贫不仅是一种特定方略，更是一种深刻的经济学思想，有着明确而严谨的经济学内涵与外延。相比传统的粗放式输血型扶贫，精准扶贫是一种以脱贫为内核的扶贫方式革命，即通过现代化、市场化的制度供给与要素支持，推动贫困地区（人口）发生资源配置或发展方式革命，实现发展能力提升。

3.1.1 异质性贫困陷阱及其形成与演化：对贫困发生的精准认识

贫困陷阱，作为一个经济学概念，在新古典视角下是指经济增长存在一个低水平人均产出和资本存量的稳态均衡，即某一经济体或人口群体因某种自我强化机制而出现增长停滞，陷入低水平均衡。诸如极端贫困、慢性贫困、贫困代际传递都是贫困陷阱的现实用语。贫困陷阱本质上是一种落后资源配置方式与虚弱经济发展能力导致的"经济发展滞后与福利水平低下"状态。

特定地区或人口群体的贫困陷阱的形成，源自资源配置方式的封闭与陈旧——这种封闭与陈旧受限于客观的发展阶段拘囿、资源技术困境与体制机制束缚，如区位偏僻、地理气候条件恶劣，物质资本与人力资本欠缺，市场因素缺乏，开放性不足。贫困陷阱表现为一种"因为穷所以穷""低水平均衡"的贫困持续状态，具有循环累积和代际传递性。一旦形成贫困陷阱，除非受到外生力量冲击，否则难以摆脱这种贫困强化机制。某一经济体贫困陷阱的存在，意味着这一经济体与其他经济体差距的拉大，处于"非收敛"状态。

贫困陷阱成因各异、类型多元，各类型之间既有一定的同质性，如资本不足，也有一定的异质性，如产业匮乏型贫困陷阱、环境恶劣型贫困陷阱、人力资本不足型贫困陷阱、老弱病残型贫困陷阱等。贫困陷阱的同质性反映贫困的共性本质及其根源，这要求整体推行脱贫攻坚，给予普惠式帮扶，如基础设施打造、公共事业发展。贫困陷阱的异质性要求对各种贫困痼疾应给予精确识别、精准施策、综合施治。进一步讲，异质性贫困陷阱的多元存续表明，贫困特征存在异质性，脱贫需求存在异质性；贫困成因存在异质性，脱贫路径存在异质性。上述异质性的存在，要求实施精准扶贫、精准脱贫。

从贫困的发展与演化逻辑来看，异质性贫困陷阱的形成、存续与蔓延，呈现出时空与群体等多个维度上的结构性演化特征。从经济发展的阶段演进看，随着工业化、市场化和经济起飞，发展滞后型普遍贫困逐渐转为不平衡发展下的结构性贫困（区域贫困），到了工业化后期和成熟市场经济阶段，仍会出现市场不平等所致弱势群体贫困；从时间维度看，一些顽固性贫困长期存续或消减，但会有一些暂时性贫困突发的情形；从空间维度看，随着地势海拔从低向高、区位分布由城镇近郊向偏远乡村、经济地理由开放市场中心向远离市场的封闭区域延伸，贫困的深度、广度与复杂性都在增进；从群体维度看，根据人力资本素质和劳动能力的高低，贫困家庭可分为能力缺失型、能力贫瘠型和能力受限型（即经济环境与市场机会导致发展能力受限），相应的贫困症结与贫困程度也有不同。贫困的结构性分布及演化，造成异质性贫陷阱的结构性存续与蔓延。具体如图 3 - 1 所示。

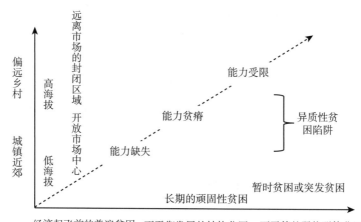

图 3 - 1　异质性贫困的结构化存续与演化

3.1.2　异质性贫困陷阱的跳出与摆脱：精准脱贫的本质及实现

特定贫困人口跳出异质性贫困陷阱，形成精准脱贫的过程。精准脱贫，一是对象在于"精准"，即特指处于"异质性"贫困陷阱的贫困地区或贫困人口；二是实效在于"脱贫"，即这部分人口"跳出"贫困陷阱获得可持续发展；三是途径在于"赋能"，即通过现代化、市场化的资源方式与政策兜底，形成内生发展动力与生产消费能力，达到更高水平的可持续生产与福利状态，贫困脆弱性得到根本缓解，从而彻底摆脱贫困陷阱。精准脱贫可以理解为，那些发展最为滞后的经济单元（区域或人口），通过技术创新与制度变革，资源获取、配置与利用能力得到提升，产生更强的内生发展活力，跳出异质性贫困陷阱，进入平均甚至领先的经济发展状态。通俗地讲，相对最穷的人进入现代化、市场化、有保障的生产生活状态，打破贫困的代际传递，向平均状态"收敛"，进入小康。

跳出异质性贫困陷阱，从绩效看，表现为贫困人口群体彻底摆脱贫困陷阱，实现生计的可持续改进，在整个人口群体中相对经济地位上升，即向一般水平收敛；从过程看，是贫困者主动改进创业、就业与生计状态，优化生产、生活资源配置，实现经济活动的高水平均衡；从方式看，是贫困者改进资源配置方式，进行制度优化、要素改良与技术创新，实现发展方式转型提升。在跳出异质性贫困陷阱的意义上，精准脱贫的绩效测度有两个重要维度：一是脱贫的有效性，即是否真正跳出贫困陷阱，脱贫目标不仅表现为货币收入增加，还表现为住房医疗教育保障、生计资产占有、风险管控，以及社会福利分享水平的提升；二是脱贫的精准性，即脱贫主体是否为那些陷入异质性贫困陷阱的特定贫困人口，既要认定其为真实贫困者，又要考虑到贫困陷阱的异质性。在定量指标上，精准脱贫绩效既是特定贫困人口生计指标值的绝对增加，也是生计指标值的相对增加——贫困人口的生计改进程度高于其他非贫困人口群体；就某一个贫困发生地区的全体人口看，精准脱贫表现为全体人口生计的均值提升与方差减少。

精准脱贫即特定贫困人口跳出异质性贫困陷阱，从作用过程到实现机制，都体现出主体内生性与市场决定性。主体内生性表现为，贫困人口有内生动力与自生能力，主动寻求就业机会，走出贫困陷阱。市场决定性表现为，贫困人口主动或被动地选择由市场主导的资源配置方式，进入现代化、市场化的经济社会发展体系，获得发展能力，走出贫困陷阱。异质性贫困陷阱的形成，源于贫困人口的先天资源禀赋缺陷（如地理偏僻、病残等），或后天的权利贫瘠、市场排斥或文化束缚（如小农经济、少数民族地区贫困）。因此，脱贫不是对穷人的救济，而是穷人发展能力的再生。通过制度改进与机制设计，修复资源禀赋缺陷，重建发展型的产权结构与市场机制，是特定贫困群体跳出异质性贫困陷阱的根本路径。道格拉斯·诺斯（Douglass North，1971）将增长滞缓归结为制度不良以及由此造成的市场失灵。阿马蒂亚·森（2001）提出，穷人获取必要"权利"与"能力"才能脱贫。精准脱贫的本质及其实践表明，精准扶贫必须将重心由"扶"调整到"脱"，强调异质性贫困人口在市场体系的重建中，主动获得内生的、可持续的生存发展能力，彻底跳出贫困陷阱。

由异质性贫困陷阱发生的结构性存续转向异质性贫困陷阱摆脱的结构性实现，这一过程表现出精准脱贫的结构化逻辑。

不同阶段、不同存续类型贫困（如长期性贫困、顽固性贫困、突发性贫困），脱贫方式与路径不同。

不同区域，从相对零散分布的贫困县村到边远民族地区（"三区三州"）和集中连片地区（如秦巴山区），从城市近郊到偏远乡村，从远离经济中心和市场中心到接近中心，脱贫方式与路径不同。

不同劳动力群体（如能力缺失型、能力贫瘠型、能力受限型），致贫成因和贫困症结不同，脱贫方式与路径不同。

从中国精准扶贫方略的实践逻辑来看：就帮扶秩序而言，短期内先帮贫困户修房子纾困，给钱、给鸡和牛羊以进行生计赋能(参与种养或务工)；长期通过发展教育阻断贫困代际传递，通过社保兜底与市场融入，使贫困户获得稳定脱贫与能力自生；就分类实现而言，无劳动力家庭靠"兜底脱贫"，半劳动力家庭靠"半兜底半自营"，全劳动力家庭则由市场和产业解决脱贫发展问题。

3.1.3　推动异质性贫困陷阱的摆脱：精准扶贫的含义与功能

精准脱贫，即特定贫困人口跳出异质性贫困陷阱，是指贫困主体获得内生的脱贫动力与发展能力，走出贫困恶性循环的过程。某一个落后地区或贫困人口受限于地理、资源、文化先天禀赋或制度惯性，形成了与现代文明脱节的陈旧生产方式，造成异质性贫困陷阱存续，很难通过自发市场化、工业化和生产方式的现代化跳出或摆脱，只有通过外部的冲击、干预或帮扶，才能融入现代开放市场体系，并获得发展脱贫的内生动力与发展能力。

中央政府、地方政府、社会力量或外来援助，可以通过市场化、现代化理念、制度的有序植入，科技、信息、资本、管理、教育等先进要素的输入，改变贫困地区或人口的资源配置方式，将其纳入现代市场经济或社会大分工体系，实现要素升级与制度创新，最终推动贫困人口的生产生活方式进入现代化、市场化发展轨道。这是一个以小的"增量"扶贫因素，激活大的"存量"脱贫体系，实现扶贫"乘数"效应与"扩散"效应叠加作用的过程。

因此，精准扶贫在经济学意义上可阐释为，政府与社会力量以及外部支援，通过理念、制度、政策以及资源要素的有益影响，冲击贫困者所在的经济社会系统，使之创新资源配置方式、提升经济发展能力，实现更高水平的经济均衡，并促成特定贫困群体参与经济增长并分享发展成果，跳出异质性贫困陷阱。简而言之，即政府及外部力量通过政策帮扶与物质支援，推动穷人主动"脱贫"。

简而言之，精准扶贫是指以外生力量冲击某一经济系统，使之实现更高水平均衡即内生发展，促成这一群体中相对贫困者走出异质性贫困陷阱。基于对上述本质的理解，可从以下几点认识精准扶贫方略：一是以效率为导向，即

"有成本、讲效益"；二是以精准为要义，即"识真贫、扶真贫"；三是精准扶贫本质有效，不只"救济"，更要"拔穷根"；四是离不开政府引导，但根本依赖市场机制；五是产出增长是基础，成果分享是关键；六是不能一成不变，要"有进有退"。

精准扶贫驱动内生精准脱贫，其冲击路径与作用过程表现为以下几个方面。

第一，现代要素与新技术的引进与扩散。马克思指出，农业接入大工业将引发生产力革命，"最陈旧和最不合理的经营，被科学在工艺上的自觉应用代替了"[①]。纳克斯、纳尔逊等发展经济学家主张以外部资本输入，破除"贫困恶性循环"或"低水平均衡陷阱"。

第二，市场经济的先进制度与理念的冲击。经济史学者格申克龙（Gerschenkron，1987）提出，贫困区域发挥后发优势，首先是发展理念与精神状态的革新。诺斯（2013）认为，贫穷向富裕的演进依赖于有效率的产权制度与交易规则，落后地区居民通过政府主导的开放准入秩序进入"现代社会"。

第三，现代分工协作与市场交易合作体系的导入与影响。马克思辩证地指出，资本主义交换经济及其社会化大生产"创立了巨大的城市……使很大一部分居民脱离了农村生产的愚昧状态"。发展经济学家刘易斯（1991）的二元经济理论表明，现代部门吸纳传统部门的劳动力并使后者脱离贫困。

第四，基础设施外部援建带来的经济生态改善。罗森斯坦·罗丹（1943）研究指出，落后地区追求经济赶超有赖于基础设施的先行建设，这需要大规模筹集不可分割的社会分摊资本，他主张实施"平衡增长的大推进"战略。美国经济学家赫希曼（Hirschman，1958）提出，应优先发展生产部门以积累基建资金，但是贫困区域人口由于处于"资本与基建匮乏—收入与储蓄不足—资本与基建匮乏"的低水平均衡中，难以通过自发积累完成基建投资，从而使得外部帮扶成为必要，大量事实验证了政府转移支付与外部援助在贫困区域公共产品供给与经济生态建设中的重要作用。

从结构性视角看，精准扶贫就是基于异质性贫困陷阱的结构性分布，瞄准结构性脱贫目标，进行结构性的扶贫干预。

具体而言，就是通过扶贫制度安排（如市场机制）、资源供给（如科技赋

[①]《资本论》（第一卷），中共中央马克思恩格斯列宁斯大林著作编译局译，人民出版社 1975 年版，第 551 页。

能）、政策支持（如微观和宏观的结构性调控与主导）结合，形成效率导向、精准与普惠均衡的政府扶贫功能运行与政策框架，包括：总量与边际结合的理念，研究结构性扶贫干预的政策效果，提出精准扶贫的施策改进建议；基于不同时间、空间、群体的精准脱贫，提出定向、精准的结构性干预之策；基于结构性脱贫与高质量退出的界定与测度，进行结构性扶贫施策成效的界定与测度；基于不同成因与不同路径的脱贫，进行定向、精准的结构化干预施策。

3.1.4 以扶贫促脱贫的精准化：中国贫困性质与减贫方略的演化逻辑

脱贫与扶贫的动态耦合成为贫困治理的结构性实现，精准扶贫是政府、社会、贫困者多元参与、双向互动的贫困治理过程。穷人只有从被动受扶转为主动、平等参与，行为权益受到保障，才能实现贫困治理公平与效率的目标。扶贫不是救济，而是破解贫困陷阱，推动隐匿的贫困者从隔离于现代文明、受主流社会排斥的状态，进入现代化、市场化、开放化的经济发展体系。

异质性贫困陷阱形成的根源和起点在于，特定地区或人口因其自然地理资源禀赋、经济发展模式、历史文化因素以及人口素质所限，落入落后制度环境和封闭陈旧生产方式的窠臼和惯性轨道，导致社会文明发育与内生发展能力严重滞缓，形成贫困恶性循环。

精准脱贫的本质即发展最为滞后的某些特定经济单元，产生内生发展能力，跨越异质性贫困陷阱，进入平均化甚至领先的现代经济发展状态。通俗地讲，就是使相对最穷的人，走出贫困的代际传递，成为相对不穷的人，甚至相对富裕的人。

精准扶贫的本质是，通过制度、政策与资源、技术供给，冲击某一经济系统，使之实现资源配置方式创新、更好水平的均衡即内生经济发展，推动其中发展最为滞后的特定经济单元跨越异质性贫困陷阱。打破贫困陷阱，要借助政策外力或资源外生供给，形成内生发展能力的乘数效应。通俗地讲，即政府及外部力量通过物质、政策，推动穷人实现"精准脱贫"。

一个国家或地区贫困性质与扶贫战略一般会经历三个阶段。第一阶段，针对国家层面经济发展与社会文明发育不足导致的普遍大规模贫困，应开展经济增长与公平分配双逻辑主导的全国性的大规模开发扶贫，走向由结构主义与自由主义均衡、国家战略与市场运行共同推动的，以市场化、工业化与现代化为动能的增长脱贫道路。

第二阶段，针对特定区域或群体经济发展失衡、涓滴效应衰减或社会文明、市场经济发育失灵所致的结构性贫困，应进行集中性扶贫开发与脱贫攻坚，实施超常规的精准扶贫方略，实现开发脱贫与保障扶贫结合、普惠支持与精准施策均衡，走向聚焦特困地区的政府基建功能先导、扶贫战略驱动的区域市场化、现代化发展脱贫之路。

第三阶段，针对成熟市场经济国家因经济波动、市场失灵与不平等所致的相对贫困与弱势群体贫困，应开展社保安全网构筑、弱势群体救助与劳动力就业帮扶，走向以不平等调节为主的贫困治理之路。

中国贫困性质、反贫困矛盾与扶贫战略演化，经历了从解决国家普遍贫困问题的增长脱贫，到面对结构性贫困的扶贫开发，再到围绕特定区域与村户的精准扶贫、精准脱贫，聚焦"三区三州"等深度贫困地区及人口的脱贫攻坚阶段（见表 3 - 1），在历史性解决绝对贫困问题之后，将迎来脱贫攻坚成果巩固拓展与解决相对贫困问题的贫困精准治理阶段。

表 3 - 1　　　　　中国贫困性质与反贫困战略演进的历史进程

阶段	任务	区域	目标	方式
大规模开发式扶贫（1986 ~ 1994 年）	2.5 亿贫困人口解决温饱	全国确定的 331 个国贫县	数量进度脱贫（解决温饱）	救济/整体开发：（1）全国范围的扶贫资金投入；（2）扶持政策
集中性扶贫攻坚（1994 ~ 2010 年）	8000 万贫困人口解决温饱	国家重点扶持的 592 个贫困县由全国逐步向中西部"老少边穷"集中	数量进度脱贫（解决温饱、巩固温饱）	区域开发：（1）贫困县专项扶贫资金（财政、信贷和以工代赈）投入；（2）到户、到区的财税和开发优惠政策
连片特困地区扶贫攻坚（2011 ~ 2013 年）	9000 多万贫困人口绝对脱贫（约 3000 万人解决温饱）	14 个连片特困地区；重点县和村	数量进度脱贫（稳定温饱、脱贫致富，"两不愁三保障""一高一近"）	区域开发与社会保障衔接、专项扶贫路径：（1）集中性的中央财政专项资金（财税、投资、金融资金）；（2）产业土地生态政策
精准扶贫/脱贫（2013 ~ 2017 年）	8000 多万贫困人口摆脱绝对贫困	贫困农村（贫困县/村）；"插花"贫困村户	数量进度脱贫（"一超过两不愁三保障""三有"）	精准性的开发与保障结合，"五个一批"：（1）精准性的财政专项资金；（2）各类精准开发与保障的扶贫政策

续表

阶段	任务	区域	目标	方式
深度贫困脱贫攻坚（2018～2020 年）	3000 多万深度贫困人口摆脱绝对贫困	"三区三州"、深度贫困村	高质量脱贫（稳定、返贫风险小、可持续，融入乡村振兴）	特定区域的精准开发与保障结合，"五个一批"、内生脱贫：（1）特定区域精准性的财政专项资金；（2）各类精准开发与保障的扶贫政策
脱贫攻坚成果巩固拓展（2021 年开始）	持续推进巩固拓展脱贫成果与乡村振兴有效衔接	全面脱贫区域	巩固脱贫，防止返贫，解决相对贫困	巩固拓展脱贫成果与乡村振兴的有效衔接机制：（1）返贫监测与帮扶；（2）脱贫产业内生产持续发展；（3）扶贫政策过渡；（4）乡村振兴巩固脱贫路径

进入 21 世纪以来，中国发展与减贫面临的历史使命与根本任务是通过以人为本的发展，历史性地解决绝对贫困问题，实现共同富裕，确保贫困地区与贫困人口同步进入全面小康社会。尤其是近十年来，中国贫困性质与反贫困目标是经济发展不平等不充分这一主要矛盾支配的区域贫困与弱势群体贫困交织的结构性贫困痼疾。超常规脱贫攻坚战略与精准扶贫方略的实施、开发扶贫与保障扶贫结合的脱贫道路，正是这一时期破解矛盾诉求的内生抉择。

从结构性贫困的发生来看，特定自然地理、资源禀赋与民族宗教因素，以及传统的制度与技术封闭与锁定，造成中国集中连片地区、"三区三州"等特定区域与村户群体陷入自发市场化发育不足、现代化发展长久滞后的局面，最终导致区域性贫困蔓延、发展机会减少，农户人力资本贫瘠，贫困脆弱性增强。

从结构性贫困的摆脱来看，只有通过政府战略先导作用的发挥，推动贫困地区市场化、现代化因素的后发培育，实现区域超常规赶超发展、村户人力资本提升，才能使之获得发展脱贫机会，跳出收入与能力贫困陷阱。

从结构性贫困的干预来看，在区域和个体两个层面，既要有外在帮扶下的"输血"纾困，又要有市场化、现代化的"造血"发展，并通过政府功能发挥，克服市场失灵，实现地区起飞与村户精准脱贫。

处理好市场与政府的关系是中国成功实施精准扶贫方略的核心动能。在精准扶贫推动精准脱贫这一主体化和内生化的减贫过程中，市场机制一方面通过有效配置资源起到正向减贫作用，另一方面也可能产生负向致贫作用——无论是市场波动带来的周期性衰退与失业，还是市场造成的经济不平等，都可能加剧贫困，因此政府功能不可或缺。

中国从整体扶贫发展到精准扶贫，脱贫质量与成效不断提升，体现出以下几条精准化推进与演化的线索。

一是从行政化推进的常规扶贫工作，升级为政治动员、超常规战略驱动的精准扶贫。政治动能弥补了市场动机的不足，发挥了举国扶贫的强大功效，避免了"面上扶贫、形式脱贫"现象，做到了"真扶贫"。从国家推进、战略主导、政治动员，到组织保障、人员投入、资源集成、制度安排，精准扶贫有强大的动能保障。

二是从纾困到赋能，扶贫趋于内生化和长效化；从物质赋能到精神赋能，贫困主体的动力、行为、习惯发生内生脱贫导向的根本性革新；从要素赋能到机制赋能，从给实物到产业奖补与贷款、岗位培训与务工创业，将小农户纳入大市场、融入企业契约网络。

三是从全面识别到动态双向识别，构建扶贫者与受扶者共同参与的动态贫困识别机制，应对更为复杂、隐蔽的深度贫困识别。这包括以下几个方面。其一，对边缘贫困村户（如处于边缘贫困但未建档立卡）的精准识别。边缘贫困村户不受关注，识别信息成本高，可鼓励这类边缘贫困群体在落入贫困状态时自主申报为贫困户，进行建档立卡和必要帮扶。其二，对"压线"脱贫户的多维贫困识别。"压线"脱贫户因赶进度而被动脱贫，存在脱贫短板指标，如一些半（或弱）劳动力家庭或抚养比较高的多孩家庭，其生计依赖政策兜底或公益岗安置，发展能力弱，亟须脱贫巩固。其三，对因疫情冲击或因产业失败而返贫的贫困脆弱户的识别以及对隐性贫困户的识别（如因房、因病负债，儿童因病或客观条件不能入学，老年家庭成员贫困）。对这两类潜在贫困群体，须建立健全监测与识别机制。

3.2　异质性贫困的结构化度量与精准扶贫的瞄准机制

3.2.1　"识真贫、扶真贫"：贫困识别与扶贫瞄准的含义与机制

精准扶贫贵在"精准"，即瞄准"最贫穷的村户与人口"。在贫困识别和帮

扶上，要体现有限目标、核心群体，做到"识真贫、扶真贫"。如何才能找准贫困户的"核心需求"，并给予"精准施策"，这是精准扶贫方略实施的首要问题，需要通过构建瞄准机制来解决。

第一，识别真实贫困，找到掉入贫困陷阱的人。真实贫困，是指处于贫困陷阱，借助外部帮扶才能脱贫的状态。以收入贫困线识贫，尽管操作方便、易于比较，但存在指标单一、数据失真，难以全面反映能力贫困的现实痼疾。精准扶贫方略实施初期，在大规模建档立卡工作开启之际，一些地区也探索形成了"看房""看劳力"等做法与经验，[①] 也有些地区通过考察地理环境、基础设施、社会资本、住房、田地、技能多元致贫维度，构建资产类家庭贫困评估指标，以分配区域扶贫名额，判定贫困村户。但是，生计脆弱性、投资失败等引发的家庭生计风险等动态致贫因素，由于操作不便，始终未进入贫困识别的考量范围。

第二，找准核心需求，锚定异质性的脱贫需求，尤其生产、就业及增收需求。走出贫困陷阱是贫困者接受精准帮扶的目标归宿。但因致贫机理、贫困类型不同，贫困村户走出贫困陷阱的目标函数各有不同，起决定作用的技术系数（如扶贫模式）、要素因子（如资本或劳动）、政策变量（如财政、金融或社保）各有不同——表现为异质性"脱贫需求"。关键是找到其中最具主导意义，能显著激发自身发展活力与脱贫能力的"核心需求"。一般而言，生存条件恶劣型村户的核心需求偏重于"整体搬迁或居住改进"，人力资本弱质型村户核心需求偏重于"技能培训及社保兜底"，产业因素贫瘠型村户核心需求偏重于"就业及增收渠道拓展"。尽管"搬迁需求""教育需求""社保需求"相对紧迫，但是稳定的生产和就业机会与贫困陷阱的破解更为紧密，也是更难满足的需求类型。整体而言，贫困人口参与度高的新兴产业的培植，是受帮扶者较为普遍的根本需求。

第三，优化"瞄准机制"，提升扶贫政策供求契合度。作为一种政策目标，识别"真实贫困"，找准"核心需求"，实践中一般是通过政府"自上而下"的

---

① 贵州省威宁县迤那镇总结出"四看"识贫法，即一看房、二看粮、三看劳动力强不强、四看家中有没有读书郎。宁夏回族自治区将"四看"升级为"五看"，即一看房，二看种植和牛羊，三看劳动力强不强，四看儿女上学堂，五看信用良不良。这些"四看""五看"都是精准扶贫建档立卡中贫困识别的生动实践。参见林鄂平：《精准扶贫先识贫 建档立卡扶真贫》，载于《经济日报》2017年11月3日。

"贫困"指标配置来完成，也可由特困村户"自下而上"的机会争取以实现。如何使"真实贫困"自发显示，"非真实贫困"不再造假或干扰？这是构建贫困（需求）瞄准机制要达到的目标功效。可以从两个方面应对甄别难题：一方面，政府或社会提供有扶贫特性的"资源或制度"，对"真实贫困者"有益但于"非特困者"无用，如提供有条件现金转移支付（CCT），削弱非贫困者的"争贫动机"；另一方面，创造"扶贫资源或制度"供需平台，即一方是政府或社会供给"扶贫资源或制度"，另一方是贫困村户发出"扶贫资源或制度"需求。基于此供需平台，"真实贫困"村户自动发出需求信号以争取"受扶"，但承担受扶成本，如以工代赈机会；"非贫困"村户因从中受益不大，自动退出"贫困显示或资源争取"。

中国精准扶贫方略实施中的瞄准机制构建及其成效，主要体现为"建档立卡"贫困识别。国家统计局抽样统计调查显示，截至 2015 年底，全国农村贫困人口为 5575 万人，随着全国性建档立卡工作的推进，按国务院扶贫办扶贫开发建档立卡信息系统识别认定，截至 2015 年底全国农村建档立卡贫困人口为 5630 万人。① 全国性的建档立卡使中国扶贫识别与瞄准第一次实现"到村到户到人"，以往统计抽样测算的贫困数字第一次精准落到具体家庭，明确了谁是穷人、在哪分布、有多穷、为何穷等几项核心贫困信息。尽管耗费一定的工作成本，但扶贫预算与施策成本大幅降低，综合成效明显提高。

作为中国精准扶贫的一个历史性创举，全国性建档立卡工作得以完成，近 1 亿的贫困人口被精准找出，离不开以下几方面因素。

第一，信息技术的运用。长期以来，扶贫开发进行村户识别的最大障碍就是技术障碍，包括技术性瞄准、记录与汇总。现代信息技术，包括计算机和互联网，尤其是大数据技术的运用，使得大规模的"到村到户到人"贫困瞄准、信息记录和全国系统建构成为可能。首个全国统一的扶贫开发信息系统的设计，为扶贫从区域瞄准到村户瞄准转变提供了技术支撑，具有全球性的瞄准技术典范意义。

第二，系统性的顶层设计。2013 年底中共中央办公厅、国务院办公厅印发《关于创新机制扎实推进农村扶贫开发工作的意见》，要求制定统一的扶贫对象

---

① 国务院：《关于印发"十三五"脱贫攻坚规划的通知》，2016 年 12 月 2 日。

识别办法，对每个贫困村户建档立卡，建设全国扶贫信息网络系统。国务院扶贫开发领导小组办公室（以下简称"国务院扶贫办"）统筹顶层设计，按照"一年打基础、两年完善、三年规范运行"的总体思路，制定《扶贫开发建档立卡工作方案》和《扶贫开发建档立卡指标体系》，明确了全国统一的建档立卡标准和程序。并采取规模控制，各省将贫困人口规模逐级分解到村。2014 年 4 月国务院扶贫办印发《扶贫开发建档立卡工作方案》。

第三，识别瞄准方法的科学制定。《扶贫开发建档立卡工作方案》规定，建档立卡的对象包括贫困户、贫困村、贫困县和连片特困地区，对贫困村户精准识别，分析致贫原因，摸清帮扶需求，明确帮扶主体，建立电子信息档案，发放《扶贫手册》，构建扶贫信息网络信息系统。在方法和标准上，对贫困村按"一高一低一没有"（即贫困发生率高于全省一倍以上、农民人均纯收入低于全省平均水平 60%、无集体经济收入）标准，"村申请、乡镇审核、县审定"程序，"一公示一公告"（即乡镇审核后公示，县审定后公告）识别；对贫困户按收入低于国家扶贫标准，考虑"两不愁三保障"（即不愁吃、不愁穿，义务教育、基本医疗和住房安全有保障），采取"农户申请、民主评议、公示公告、逐级审核"程序和"两公示一公告"（即村里民主评议后公示、乡镇审核后公示，县里复审后公告）要求进行识别。①

第四，高效的组织动员与动态调整。2016～2017 年，中央和地方组织动员数百万人进行系统性建档立卡贫困识别工作，通过督查巡查发现问题并接受社会监督，进行"回头看"挤水分，务求动态精准。2014 年全国组织近 80万人进村入户开展贫困识别，共识别 12.8 万个贫困村、2948 万贫困户、8962万贫困人口，摸清了贫困人口分布、致贫原因、脱贫需求，建立全国统一的扶贫开发信息系统、实现扶贫对象的集中管理；2015 年 7 月，建档立卡贫困人口中低保比例从 2014 年的 24.3% 提高到 32.5%，残疾人口占比从 2014 年的 1.3% 提高到 4.9%，对 343 个县、72550 个行政村进行补充性贫困识别，补录 473 万人；2015 年 8 月至 2016 年 6 月，全国又动员近 200 万人开展"回头看"，剔除识别不准人口 929 万人，补录贫困人口 807 万人；2017 年 2 月，各地开展 2016 年脱贫真实性自查自纠，245 万标注脱贫人口重新回退为贫困

---

① 国务院扶贫办：《扶贫开发建档立卡工作方案》，国务院扶贫开发领导小组办公室网站，2014 年 4月 2 日。

人口；2017 年 3 ~ 9 月，各地开展建档立卡动态调整，把符合标准贫困人口以及返贫人口全部纳入。2020 年全面脱贫后，建档立卡数据库成为"脱贫攻坚历史档案库"。①

第五，常态化动态管理制度的建成。一是通过倒查、抽查等方式，把应进未进和返贫的人口纳进来，把需要后期扶持的脱贫人口标注出来，把应退未退的人口退出去，实现扶贫对象有进有出、动态管理的常态化，为识别和退出质量不断提高与扶贫开发成效考核评估提供基础数据。二是利用建档立卡大数据平台，加强部门及行业之间数据比对和信息共享，拓展服务功能，推进数据比对和信息共享，为教育、医疗卫生、住房建设、人力资源、社会保障部门出台精准性政策提供决策依据。三是通过建档立卡大数据统计分析推动扶贫开发科学决策。包括为贫困人口、贫困户、贫困村"精准画像"，为统计分析提供数据支撑，避免"数字脱贫""被脱贫"现象。

除了建档立卡，精准扶贫方略实施中的各类扶贫施策也表现出不同的贫困瞄准成效。一些脱贫方式的精准性不足的问题值得总结。

第一，政策性金融扶贫难以精准惠及"穷人"。政策性金融是政府实施扶贫战略的重要制度设计。贫困地区金融市场发育不充分，基础设施建设回报率低，贫困村户金融回报能力不足，商业金融或合作金融难以满足需求。具有益贫性的政策性金融通过先行投入，在完善金融市场建设、积极引导商业金融和其他各类社会资本支持贫困地区基础设施建设、主导产业发展以及贫困人口发展能力培育方面，有潜在的扶贫价值。但是，一些地区诸如扶贫小额信贷之类的金融扶贫政策并未真正惠及"穷人"。从信贷需求来看，有些贫困村户受制于生产性"用钱"途径有限，或者申请程序复杂，不愿意贷款；从信贷供给来看，放贷机构考虑还款能力以及风险，排斥缺少生计能力的贫困村户。本研究通过对四川省一些贫困乡村的调研发现，相当一部分农户认为获得贴息贷款手续复杂，宁愿从亲朋好友处借款，或是因缺乏生产经营机会，贷款动机弱。

第二，易地扶贫搬迁"易搬不易富"。易地搬迁是打破"环境差—生计差—条件不佳—贫困累积"恶性循环的有效路径，在帮助生态环境恶劣区域的贫困

---

① 侯雪静：《扎实开展建档立卡工作提高扶贫精准度——国务院第三次大督查发现典型经验做法之四十一》，新华社，2017 年 2 月 18 日。

人口精准脱贫方面，取得了成效。但是，部分地区由于政策执行偏差，出现了"富搬贫不搬""搬得出，富不了"，甚至"越搬越贫"等现象。调研中发现，一些贫困农户因居住习惯或当地务工依赖，搬迁意愿小于相对富裕农户，搬迁后由于缺乏生计渠道，脱贫效果不佳。同时，搬迁安置出现"补贴依赖"，不利于激发贫困农户的内生脱贫动力，搬迁脱贫与生产脱贫的协同性不足。

第三，社保或政策兜底产生"悬崖效应"和"福利陷阱"。社保兜底是对缺乏劳动能力的贫困人口脱贫的底线保障。包括农村低保、新型农村合作医疗（以下简称"新农合"）、新型农村社会养老保险在内的社保兜底政策，在助力老弱病残人口脱贫上取得了重要成效。但一些地区的社保兜底扶贫实践也出现了一些问题，如一些未享受兜底政策的"边缘贫困户"生计状况不佳、心理落差大，享受兜底政策的贫困户生计能力不足，有些地区存在社保兜底帮扶对象的"遴选失误"、帮扶对象的"退出难题"，等等。如何将社保兜底与内生脱贫及可持续生计结合起来，防止兜底脱贫"悬崖效应"和"福利陷阱"，是后续值得关注的命题。

3.2.2　异质性贫困陷阱的结构化识别：聚焦深度贫困的扶贫瞄准

攻克深度贫困是打赢脱贫攻坚战的关键一役，既关系到精准脱贫质量、全面小康进程，又影响到返贫风险与相对贫困的管控。

中国的深度贫困作为一种区域和群体性现象，分布在生存环境恶劣的"三区三州"地区和贫困发生率超20%的极端贫困县（村），涵盖残疾人、孤寡老人、长期患病者等无（弱）劳动能力群体以及文化技能匮乏、能力不足的劳动力人口。深度贫困有"两高、一低、一差、三重"特征，即贫困人口占比高、发生率高，可支配收入低，基础设施和住房差，低保五保贫困人口、因病致贫返贫人口、贫困老人脱贫任务重。[①] 深度贫困破解难，一是致贫成因复杂，自然地理条件差、经济基础弱、文明程度低、社会发育滞后、民族宗教问题交织；二是脱贫成本大，地处偏远、气候恶劣，基础设施和公共服务供给困难；三是施策要求高，须权衡脱贫开发与生态保护的关系，既要按期脱贫，又要激发内

---

① 习近平：《在深度贫困地区脱贫攻坚座谈会上的讲话》，载于《党建》2017年第9期。

生动力，实现高质量脱贫。

从贫困类型看，深度贫困的贫困程度深、持续时间长，成因与发生机理复杂，表现出显著的异质性、结构性特征，亟待更为精准、系统、标本兼治的破解之策；从全球比较看，中国深度贫困空间集聚性强，呈"大区块"分布但内部结构多元，具有发展滞缓与市场失灵的双重成因，又受地理、民族、宗教等多因素叠加影响；从演进阶段看，脱贫攻坚进入收官期，破解深度贫困须强调质量与效率。

深度贫困是一种贫困程度更深、复杂性与异质性特征更为显著的贫困陷阱，对其的识别、瞄准与施策，应强化结构性考量。

针对深度贫困识别，学界仍局限于个体层面"收入贫困线的50%比例"这一单维基准，未能区分深度贫困家庭、群体、地区等外延层次，建构起相应的结构性识别标准体系；针对深度贫困个体或总体的贫困深度测算与比较，既有文献也缺乏相应的核算标准探讨及具体的比较研究成果。中国对深度贫困地区（县、村）的认定以及建档立卡与脱贫验收标准的提出，贫困线动态调整与"两不愁三保障"指标设计，丰富了深度贫困的结构化度量，但目前对深度贫困地区（村）的识别与测度，仍以贫困发生率指标为主，忽略了贫困深度、不平等性、贫困脆弱性及其他异质性因素的考察。

相比一般贫困，深度贫困并非在贫困广度、深度、不平等性，以及剥夺维度、持续性、贫困脆弱性等各个层次因素上都表现出更深的贫困程度，但作为上述因素的复合体，深度贫困理应是程度更深的综合贫困。在度量中，不要求所有分项指标值超过一般贫困，但综合指数值要超过一般贫困的指数值（达到特定比例）。从这一思路出发，可建构深度贫困的结构化和公理化度量范式，包括深度贫困单位的结构化识别标准及其贫困程度的公理化测度指数。具体可从深度贫困家庭（个人）、深度贫困地区（社群）两个层面，先提出一般贫困家庭及地区的结构化识别标准（指数值），按照50%的比例计算确定深度贫困的识别基准；进而构建深度贫困家庭和地区的贫困测度指数公式，用于贫困程度的综合比较。对中国而言，基于"两不愁三保障"以及用水安全等多维指标，纳入区域异质性，形成"三区三州"和"插花"深度贫困村的精准甄别及其贫困深度综合衡量体系，有助于对深度贫困的精准识别与扶贫施策，推动深度贫困破解的进程监测、成效评判以及政策优化。

　　脱贫攻坚取得了全面胜利，绝对贫困问题得到历史性解决，但距离全面高质量脱贫还存在一系列短板、弱项与问题，亟须精准识别。

　　第一，脱贫攻坚整体上取得决定性成效，但仍存在一些结构性的不平衡与工作短板。一是深度贫困堡垒的异质性与错杂性。例如，四省藏族聚居区与大小凉山彝族聚居区，贫困与民族、宗教因素交织，应警惕脱贫成果受民族或宗教因素影响。高寒藏区海拔高、气候恶劣、灾害多发，凉山彝族聚居区幅员辽阔、村落分散，内部基建及公共服务供给的难度大、成本高。二是精神贫困与福利陷阱蔓延。超常规脱贫攻坚战略、精准到户的政策帮扶与资源投入在快速地推动物质脱贫的同时，也纵容一些半劳动力甚至全劳动力陷入精神贫困与救济依赖。一些村户习惯享受集体经济收益或公共品福利，淡化了乡村发展中的个体责任意识，每当涉及公共设施建设，就要求政府或帮扶机构投入。一些地区出现贫困户外出打工一段时间又返乡"等靠要"的情况。三是帮扶力量不均的悬崖效应。贫困村户与边缘村户之间，不同部门与干部帮扶的贫困村户之间，从基建到产业帮扶，因帮扶投入、能力的不平衡，出现所谓的"悬崖效应"，降低贫困户对帮扶政策的认可度，也易诱发争当贫困户现象。

　　第二，脱贫目标任务全面完成，但脱贫稳定性与质量有待检验。"三保障"与用水安全存在薄弱环节，生计赋能与乡村产业振兴融入不足。一是"三保障"个体结果良莠不齐，存在安全饮水不达标问题。"两不愁三保障"尽管做到政策全覆盖，但现实成效受到贫困户个体因素的影响，如主动辍学、因病失学、就医转诊难、建房负债等隐性问题。在深度贫困的凉山彝族自治州，仍有部分贫困农户安全饮水不完全达标，且受限于地理地质条件，自来水网建设困难。在一些非深度贫困的丘陵村和高山村，也存在水源枯竭、水质不达标和异地搬迁造成的饮水问题。二是脱贫的产业支撑与经济动能较弱。外出务工是大部分全劳动力家庭脱贫的主要生计；低保或政策兜底则是无劳动力或半（弱）劳动力家庭的脱贫保障——当前大部分乡村还未形成系统完整、收益显著的乡村产业链，贫困农户通过本地产业规模化经营而实现脱贫奔小康的比例还较少。三是贫困脆弱性与脱贫稳定性需要关注。一些"踩线"脱贫的农户尽管"两不愁三保障"基本实现，但收入单一，政策依赖性强，未形成可持续生计能力；一些家庭靠政策扶持进行种养业规模化经营，也遭受市场风险和虫害病疫威胁；一些藏族聚居区、彝族聚居区贫困农牧民，语言不通、文化或技术欠缺，生计能力差，难以彻底脱贫。这些贫困脆弱性强的群体容易脱贫又返贫。

第三，建档立卡及动态调整总体保证了识贫、扶贫的精准性，当前仍有几类隐性贫困人口（现象），亟待重点关注与精准识别。一是"嵌隐"在非贫困户或脱贫户家庭内部的隐性贫困人口。一些家庭支柱长期在外务工而难以照顾留守儿童或空巢老人，或因孝道缺失不赡养老人，使之陷入老无所依、病无所医或失学的实际贫困状态。二是临界（边缘）贫困户、亚贫困人口。这类家庭收入徘徊在贫困线上，未达到建档立卡标准但处于贫困边缘，大多是半、弱劳动力家庭，一旦家庭支柱遭遇变故将"落入"严重贫困。三是踩线脱贫或低质量脱贫家庭。有些收入"踩线"达标的脱贫家庭，缺乏稳定增收的生计渠道，在"三保障"或用水安全上存在隐患，构成了脱贫不稳、易返贫的低质量脱贫群体。课题组抽样调研发现，四川部分地区"踩线"脱贫户（收入略高于贫困线）约占到脱贫户的 20%，考虑多维贫困度量，这一比例可能更高。四是精神贫困、动力贫困亟待精准甄别与有效破解。各类突发性的返贫风险，需精准预判、综合防控与系统应对。基于人力资本及其生计行为差异，识别不同家庭或人口群体的动力贫困，并给予有效破解，是实现全面高质量脱贫的一个难点问题。

一些隐性贫困与不稳定脱贫痼疾仍存在于深度贫困地区，聚焦深度贫困地区（人口）开展更高层次的精准帮扶工作的贫困识别与瞄准，可从以下几个方面推进。

第一，随着精准扶贫方略进入脱贫质量提升阶段，应适时校正战略重点和贫困瞄准焦点，攻克最后一些隐匿的深度贫困堡垒不留死角，帮助"最后一个穷人"稳定脱贫。

中国共产党领导的脱贫攻坚事业的推进具有内在的层次性、规律性与时序性。打赢三年脱贫攻坚战行动实施以来，如"三区三州"所在区域的深度贫困县脱贫战略推进有序、扶贫施策动态优化、内生动力逐步提升。2017 年聚焦基础设施建设、住房安全保障与兜底政策实施，满足贫困农户减贫纾困诉求；2018 年注重产业帮扶与"三保障"，满足贫困农户生计改善愿望；2020 年扶贫重点逐渐转到隐性贫困识别与返贫风险排除上，贫困户对可持续性生计能力的诉求日趋明显。在最后收官阶段，应基于深度贫困的分布结构，区分贫困深度和贫困类型，综合减贫、靶向施策、不留死角，确保按进度脱贫与高质量脱贫双重目标的协同实现。在全面脱贫目标任务完成后，仍需精准施策消灭一些隐性贫困、边缘贫困，巩固拓展脱贫成果，防止返贫。

第二，边远深度贫困县短期内难以补齐基建与公共服务短板，"两不愁三保障"政策实效待评估，精神脱贫存在反复，应进一步精准识贫，找出短板和弱项，综合破解多维贫困。

地处高寒藏区的深度贫困县，如地处四川藏族聚居区的甘孜州石渠县、德格县，海拔高、气候恶劣、地质灾害多发，基建难度大、成本高，仍面临较大基建资金缺口；地处大小凉山彝族聚居区的深度贫困县地域辽阔，贫困村落散布且远离县城，交通基建任务繁重，部分村庄地形复杂、山高路陡，通电通网工程难度大、风险高。这些地区即使接入高速公路，内部基建及公共服务短期内也难以建设成网，制约了脱贫退出的质量与稳定性。"两不愁三保障"尽管做到政策全覆盖，但现实成效受到贫困户异质性因素影响，如存在学前教育缺失、因病失学、就医难、建房负债等单一政策难以解决的突出问题。

在深度贫困的民族地区，未来除继续完善区域内基建网络外，还应瞄准"两不愁三保障"现实短板，综合施策，破解多维贫困。增加乡村教师编制，提升待遇，同时强化学前教育；在民族地区进一步做好普通话培训，解决技能培训中的语言难题；进行感恩教育，坚决遏制极端宗教势力、不良文化的冲击和影响；通过教育培训，实施"务工经商、自主脱贫"二次精神脱贫行动。

第三，针对深度贫困地区的隐性贫困人口、临界非贫困户与"踩线"脱贫户，进行双向动态识别与精准长效施策，缓释生计脆弱性，管控返贫风险，防止"悬崖效应、福利陷阱"。

例如，在四川藏族聚居区、彝族聚居区深度贫困乡村，仍有三类特殊贫困群体亟待关注。一是隐性贫困人口。经过几轮建档立卡动态调整，对贫困户基本做到了精准识别，但仍有一些特殊贫困人口"嵌隐"在非贫困户或脱贫户家庭内部，形成隐性贫困。二是临界非贫困户或边缘贫困户。这类家庭收入在官方贫困线以上，未达到建档立卡标准，但又处于贫困边缘，大多是半、弱劳动力家庭，或者劳动力健全但缺少文化技能的家庭，生计脆弱性明显，一旦家庭支柱遭遇变故将"落入"严重贫困。三是"踩线"脱贫或低质量脱贫家庭，即收入勉强达到脱贫线，"两不愁三保障"基本实现，但是收入单一，对政策依赖大，未形成可持续生计能力。除了兜底脱贫的无劳动力家庭，一部分靠短期产业扶持或物质帮扶的健康劳动力家庭，一旦产业经营失败或扶持政策退出将返贫。临界非贫困户和"踩线"脱贫户作为主要的高返贫风险群体，因病返贫、因灾返贫现象较多。根据课题组抽样调查，藏族聚居区和彝族聚居区踩线脱贫户约占到脱贫户的20%，若考虑多维贫困度量，这一比例可能更高。

针对隐性贫困人口、临界非贫困户与"踩线"脱贫户三类贫困群体，应借助线上线下识别与管理手段及工具，进行双向动态识别与精准长效施策。在识别上，三类群体贫困，带有隐匿性、复杂性、多变性，从上到下识别难度大、成本高，可进行"双向、动态"识别机制设计：一方面，官方提供贫困户主动申报程序与标准，由潜在的三类贫困户自下而上主动申报，官方构建"欺诈"申报惩戒机制，避免申报者恶意申报浪费资源；另一方面，扶贫管理机构也可由上而下，对三类贫困户进行识别。通过双管齐下、相向而行，实现精准、高效、动态识别。在施策上，基于贫困类型的分类识别、贫困成因的精准剖析，进行靶向施策、生计赋能，通过改善生产生活条件，提供生产与务工经商技能及机会，实现可持续脱贫，如建立大病救助的长效机制和医疗保障的普惠性机制，防控非贫困户因病返贫。

精准识别隐性贫困人口、临界非贫困户与"踩线"脱贫户，为之生计赋能，使之高质量脱贫，是全面小康、共同富裕的必然要求，也是以人民为中心的扶贫理念、精准脱贫政策公平性的重要体现。近年来贫困村与非贫困村相比，临界非贫困户与建档立卡贫困户相比，甚至不同领导干部帮扶的贫困村和贫困户之间，因帮扶政策、投入以及帮扶能力的不平衡，从基建与产业帮扶到"两不愁三保障"，政策支持存在差距，出现一定程度的"悬崖效应"。悬崖效应的存续、固化或加剧，可能降低贫困户对帮扶政策的满意度、认可度，影响人民群众对党领导的脱贫攻坚事业的支持，也易诱发争当贫困户、依赖政策生存的"福利陷阱"。一端对贫困户过度保障、过度医疗、过度兜底，会削弱贫困户发展生产脱贫的内生动力与增长减贫的微观市场动能；另一端对边缘贫困村户缺乏政策支持，可能产生对贫困的逆向激励，即宁愿当贫困户被兜底，也不愿在贫困线上做生计挣扎。藏族聚居区和彝族聚居区深度贫困呈现大区块、扩张性特征，贫困村户与非贫困村户实际贫困程度接近、界分模糊，扶贫资源稀缺，容易出现悬崖效应与福利陷阱，调查显示，地处偏远的一些临界非贫困村户，政策满意度不高，边缘户生计不佳。当前应尽快探索贫困村、贫困人口和边缘地区、贫困人口的统筹扶持办法。

深度贫困堡垒刚刚攻克，成效与问题并存、成果与风险同在，应未雨绸缪，精准识别脱贫痛点、重大问题、潜在风险，审慎探讨、有效应对，开展对2020年以后贫困治理新问题的前瞻思考。

积极应对一些值得警惕、思考的痛点问题、潜在风险。一是政策扶持下的扶贫产业，能否实现市场化、规模化、可持续发展，能否经受住市场风险的考验。例如，凉山彝族聚居区一些深度贫困村的家庭种养业，受制于技术或资金，规模始终上不去；一些贫困户规模化养猪面临众多传染病的威胁。二是城镇化趋势下，深度贫困乡村产业能力和农户自主经营能力不足，乡村减贫兴农动能在削弱。三是现代产业发展与贫困农户利益保障如何内生融合。四是平衡特色畜牧业发展与环境保护的关系。藏族聚居区一些贫困户在政策支持下，选择养牦牛作为脱贫生计，但对天然草场具有一定破坏作用。易地搬迁或生态移民后，应高度重视农牧民山岭高原居住原址的生态修复。五是部分贫困县扶贫资金的使用仍然缺乏效率。例如，一些深度贫困县，将涉农资金、扶贫资金用于修建博物馆、无明显益贫效应的农业示范点。六是警惕互联网金融在深度贫困地区的扩张风险，避免其对脱贫资金资源的侵蚀吸转效应。开展移风易俗、乡风建设，控制人情支出与非生产活动对经济资源的过度占用。

基于对精准脱贫与乡村振兴演进规律的研究，研判2020年全面脱贫以后新的阶段特征与发展机遇，进行乡村振兴与农户脱贫奔小康的前瞻性思考。一是研究脱贫农户在乡村振兴中的产业链、供应链融入，实现脱贫户与合作社、现代公司的经济利益联结，非贫困村、边缘贫困户的统筹扶持与"次生贫困"预防。二是思考2020年绝对贫困消除以后农村贫困性质的变化以及绝对贫困向相对贫困的结构转换与绝对贫困的再生风险，重点是相对贫困的应对与管控之策。三是研究贫困的空间演化与城乡传导，涉及城乡融合进程中贫困的城乡双向传导以及城市贫困问题的衍生与管控。

3.2.3 因疫灾而贫及扶贫短板：疫情冲击与目标迫近下的风险识别

脱贫"摘帽"不是终点。脱贫成果巩固不易，一些群众发展内生动力不足，疫情和灾害天气带来返贫致贫新挑战。应对挑战，巩固脱贫，需识别与化解如下风险隐患。[①]

1. 教条主义与工作"一刀切"可能导致的防疫治贫脱节

统筹推进疫情防控和脱贫攻坚取得全面胜利，但仍面临本土和输入病例引起零星散发或局部暴发双重风险。疫情影响脱贫攻坚的矛盾焦点发生新的变化，防疫治贫战略重心、机制策略亟须调整。因疫返贫、因疫致贫风险成因由城乡经济活动停滞转为市场需求与产业动能损害；风险分布正由短期集中暴发转为长期常态存续；风险影响正由对乡村发展脱贫的显性冲击转为对特定农户生计稳定性的隐性侵蚀。针对矛盾及风险演化，应尽快实现统筹推进疫情防控与脱贫巩固战略升级与策略调整——建立疫情防控常态化下精准防控与精准治贫长效协同机制，对潜在"因疫返贫"的农户进行精准识别与分类帮扶：一是防疫治贫对象由全面转向精准，突出因疫返贫、因疫致贫、因疫固贫三类农户；二是防疫治贫运作由战时转向常态，将疫情防控、公共卫生和贫困治理设为城乡治理体系的常态组成；三是防疫治贫机制由应急转为长效，构建效率导向的"疫贫"防控体系，充分发挥现代信息科技的作用，长期跟踪、第一时间精准识别排除"风险燃点"，同时降低治理资源投入、社会成本与经济代价。当务之急是建构易致贫返贫农户疫情统计、监测、预警体系，将之与返贫风险监测预警精准对接。

农民工作为流动性最强、健康保障最弱的疫情易传染群体，是未来常态化防疫治贫的薄弱环节和短板之处。过去以农民工为主体的城乡大规模流动人口，在疫情防控、医疗保障上未得到如城镇户籍人口一样的政策重视。随着未来疫情风险演化，这部分流动人口可能是城乡疫情动态防控的关键隐患群体。应高度警惕农民工群体疫情风险，针对这一群体建立健全可追踪、长效性的疫情监

---

① 贺立龙、张衔：《做好因疫返贫、因疫致贫的精准帮扶》，载于《社会科学报》2020 年 5 月 28 日。

测预警机制与防疫保障体系，并将之与返贫治理结合。应强化科技监测手段应用和城乡治理体系对接，对这类群体进行精准、常态的追踪，强化精准防疫和精准治贫的长效协同，以管控疫贫共生风险。

首先，研判"疫情冲击长久型"劳动密集型产业，瞄准因疫无工可复而返贫致贫的农民工群体，引导其就业接续。疫情对珠三角地区、长三角地区以及发达省份制造业、省会城市服务业造成中长期冲击，疫情蔓延对全球产业链产生一定的阻断效应，订单减少与市场萎缩导致一些农民工无工可复。企业裁员压力和农民工家庭返贫风险处于滞后性传导进程中。其次，应识别"疫情变化敏感型"城乡小微企业，瞄准因疫情中断经营而返贫致贫的进城创业家庭，为其开展经营纾困。疫情对现金流缺乏、信贷困难的中小经营个体造成突发性致命损害，尤其是餐饮、娱乐、汽贸等服务行业企业或商铺因客流剧减而经营中断，直接导致其农村户籍业主及员工破产失岗与返贫致贫。

2020年6月以来，江南、华南、西南等区域受到持续暴雨天气影响，多地发生洪涝地质灾害，一些地区汛情严峻，对脱贫攻坚夺取全面胜利造成了一定的冲击和挑战。2021年7月以来，河南等地又遭受极端暴雨等重大气候灾害冲击，形成规模性因灾因疫返贫风险。未来应建立健全气象灾害、疫情等灾疫事件所致规模性致贫返贫风险的应急阻断与常态治理体系，要精准研判洪涝地质灾害及次生灾害导致的因灾返贫致贫风险。一方面，因地制宜、抢种补种，尽量把灾害损失及其对农户的冲击降到最低；另一方面，统筹规划、协同推进搬迁防灾与搬迁脱贫，根据蓄洪区特点，分类施策、扬长避短，妥善安排受灾贫困群众生产生活，鼓励群众积极恢复与发展生产。

2. 官僚主义与监督"缺位"可能导致的脱贫成果侵蚀

我国幅员辽阔，贫困面广、层次复杂，一些地方未摆脱官僚主义作风，对贫困群众利益重视不够，留下一些隐蔽性、边缘性的贫困痼疾。各级部门自上而下的常规督查，因难以掌握全部真实信息，可能留下"扶贫暗区""脱贫死角"，若得不到有效解决，可能演化成后脱贫时代群众意见较大的历史"欠账"，侵蚀脱贫成果。有三个风险点需要警惕：一是高山或高原贫困村，水源少、建设成本高，以山泉水、自取井水为主，供水稳定性及水质标准弹性大，饮用水安全有隐忧。地方政府往往以集中供水不具备条件以及村民用水习惯为由，在考核中模糊过关，群众对此有怨言。二是游离于建档立卡体系之外的贫困人口，如"嵌隐"在非贫或脱贫家庭的"空巢"老人、留守儿童，依赖转移性收入、脱贫不稳的半（弱）劳动力人口，亟须二次识别与长效帮扶。三是脱贫名义下过度开发或举债形成的"烂尾"风险。在扶贫预算"软约束"下，一些地方打着扶贫旗号盲目举债与开发，如借助金融杠杆搞"博物馆""旅游包装"，或拔高危房改造和搬迁补贴标准，一旦扶持政策退出，可能产生债务危机，影响人民群众对扶贫事业的认同感。此外，易地搬迁之后忽视旧址生态修复、在高寒藏区盲目扩大牦牛养殖而破坏天然草场等短期行为也影响到发展减贫的可持续性。应充分发挥群众的监督作用，施治官僚主义，瞄准群众反映强烈的矛盾与问题，扫除风险盲点，凝聚民心共识。

3. 主观主义与预警"失灵"可能导致的突发密集返贫风险

在集中式脱贫攻坚战结束之后，因产业风险及救济陷阱的客观存在，可能出现突发性密集返贫现象。随着产业帮扶政策转型或退出，扶贫产业、带贫企业（项目）接受市场优胜劣汰考验，一些竞争力不佳的企业或项目运行难以维持或破产，局部地区甚至出现"扶贫产业泡沫破灭"，处理不慎易引发"大规模返贫潮"。一些半（弱）劳动力家庭主要依赖转移收入或政策资源脱贫，一旦政策救济减弱，可能密集返贫。各级部门对产业风险与救济陷阱警惕不够，将影响"密集返贫"风险预警及系统应对。农业农村部、国务院扶贫办下发《关于做好 2020 年产业扶贫工作的意见》，提出了完善风险监测与预警、强化防范责任与能力等产业扶贫风险防范要求。但上述要求要见实效，除中央层面开展全面督查考核、完善政策配套外，更需要地方政府尽快构建扶贫产业风险监测预警机制，做好风险管控"关口前移"，因地制宜推进扶贫产业市场预判、转型升级与接续替代。进一步强化底线思维与风险意识，完善产业风险防控与特困群体生计赋能的制度安排，针对因产业失败与救济退出可能形成的返贫与新增贫困人口，尽快制定应对预案。

4. 形式主义与制度执行缺陷可能导致乡村治理漏洞，功利主义与宣传策略不当可能导致舆情风险

以超常规扶贫推动绝对贫困问题的历史性解决，作为一种无先例的实践探索，在部分地区出现扶贫形式主义与"制度偏误"，如干部正向激励不足、产业政策依赖、帮扶力量失衡，并面临 2020 年以后治理转型的挑战。一些地方政府或管理部门受政绩宣传动机驱动，高调宣扬脱贫功绩，作出一些美化、不切实际的宣传，引发舆论争议。考虑到贫困标准调整以及个别返贫客观性，应及时、公正、客观地回应公众关切，将舆情风险转为治理机遇，增进治理透明度和公正性，赢得公众信任感。

专栏 3 - 1

信息不对称下的"扶贫失准"：基于湖南省慈利县的乡村调研

课题组调研员（杨敏、刘樱、黄晴等）前往湖南省张家界市慈利县开展村户信息调查，采集当地自然村及村户的相关数据信息，对精准扶贫政策实施中因信息不对称问题可能出现的扶贫失准现象进行调查研究。研究发现：对政策越了解的人越可能成为贫困户；村户是否为贫困户与村户的绝对贫困关系不显著，与村户在整个村庄的相对贫困程度关系密切。

一、问题的提出

精准识别是精准扶贫的前提，但是信息不对称的存在可能影响扶贫识别与瞄准的精确性。目前，已经有不少学者探讨了精准识别部分存在的问题及对策，但现有研究缺乏多元化地区和村户具体微观数据的支撑。课题组选择湖南省张家界市慈利县几个农村进行实地调查，采集当地自然村及村户的相关数据信息，分析是否因信息不对称而导致贫困识别的偏差。

二、分析方法与数据来源

这里所使用的数据来自 2016 年 7 月课题组对湖南省张家界市慈利县几个村庄进行的农户调查。本次调查采用直接意愿调查法，采取与随机抽取的农户进行当面访谈并填写问卷的入户调查方式，共获得有效问卷 206 份。获取了样本农户所属村庄类型、家庭经济条件、受教育水平、相对贫困程度、对政策的了解程度、政策实施效果、是否被选为贫困户等相关数据信息。

基于调查统计数据，选取相关变量，进行 Logistic 回归分析，考察导致扶贫失准的因素，探寻信息不对称因素的影响。相关变量的选择与定义如表 3 - 2 所示。

表 3-2   变量名称及描述

变量	变量描述
Location	被调查村所处位置（山上的村 =1）
Distance	距市区远近（远离市区 =1）
Type	被调查村所属类型（特困村 =1）
Earning	村户家庭年收入（上一年）
Burden	村户家庭经济负担
Earning level	家庭贫困等级（特困 =1，比较贫困 =2，平均水平 =3，比较富裕 =4，最富裕 =5）
House value	房屋价值
Electr_equip	家用电器价值
Risk	家庭人均保费
K_benefit	村民对政策好处的了解程度（不关心 =0）
K_how	村民对贫困户评选的了解程度（不关心 =0）
Education	户主的受教育程度（没上过学 =0，小学 =1，初中 =2，高中及以上 =3）
Told	有无听过干部讲解相关政策（不关心 =0）
Poor family	是否为贫困户（非贫困户 =0）
Fair1	（不公平 = -1，不知道 =0，公平 =1）
Fair2	（不公平 = -1，不知道 =0，公平 =1）
Fair3	（不公平 = -1，不知道 =0，公平 =1）
Vote	集体民主推荐（随便 =1）
Leader	上级领导决定（随便 =1）
Survey	请专家考察（随便 =1）
Villagetype	村庄位置、距离远近、村庄贫困等级三者的平均值
Condition	家庭经济条件：收入 - 负担 + 房子 + 电器 + 风险的平均值
K_degree	村户对政策的了解程度：对政策好处、政策实施过程、政策宣传的了解程度的平均值
Policy	政策的实施效果：fair1、fair2、fair3 的平均值

三、分析结果

1. 扶贫的信息不对称性：对政策越了解的人，越可能成为贫困户

根据二元 Logistic 模型的估计结果（见表 3-3），村户是否为贫困户与村户对政策的了解程度具有统计学意义上的显著相关性，即对政策越了解的人，越

可能成为贫困户。而村户对扶贫政策的了解程度是有区别的，这是被扶贫方的信息不对称。

表 3 - 3   贫困户二元 Logistic 模型的估计结果

项目	估计系数	标准差	p 值
Villagetype	—	—	0.706
Condition	0.000	0.000	0.566
K_degree	1.594	0.360	0.000
Policy	—	—	0.874
Earninglevel	-0.627	0.288	0.030
Education	-0.348	0.310	0.260
常量	-1.903	0.882	0.031

2. 同一村庄内相对贫困程度越高的人，越可能成为贫困户

农户是否为贫困户与其在整个村庄的相对收入水平具有统计学意义上的相关性，这说明，在一个村庄里越穷的人越能够成为贫困户。农户是否为贫困户与农户的绝对贫困关系不显著，与农户在整个村庄的相对贫困程度关系密切。这表明村庄内部贫困识别较为准确，但从更大的区域范畴内则未必准确，可能出现富村"贫困户"事实上不如贫村"非贫困户"贫困的情况。

四、启示

对政策越了解的人，越可能成为贫困户。因此，政府在进行扶贫的相关工作时，要加强对扶贫信息的宣传和解读，重视贫困信息的采集，消除信息的不对称性对贫困识别的干扰，提高贫困识别的精确性。

村户是否为贫困户与村户的绝对贫困关系不显著，而与村户在整个村庄的相对贫困关系密切，这样的扶贫只是每个村庄内部的相对精准，而不是整个社会的绝对精准。因此，进行贫困识别与认定时，不能简单下达贫困数量指标，要综合考量各地方和自然村整体经济发展水平情况，科学决策，进一步提升扶贫工作的精准性。

消除信息不对称对精准识别贫困的干扰，有利于提高精准扶贫的"精度"、提升扶贫资源的利用效率、增强绝对贫困群众的扶贫政策获得感。

专栏 3 - 2

村户致贫因子的同质性与异质性：
基于湖北省来凤县的调研

课题组调研员（黄夏平、罗樱蒲等）前往湖北省来凤县两个自然村开展贫困村户生计调查，采集当地贫困家庭生计及相关福利设施数据，形成反映农户生计选择及脱贫状态的混合截面数据，据此分析村户之间以及村际之间在贫困特征与致贫成因上的同质性与异质性，助力贫困精确识别与治理。

一、问题的提出

贫困的诱因是多样的，具体到县乡村户及人口群体，贫困因素变得更加复杂多元，关键致贫原因不易辨识。真实贫困的甄别与致贫成因的识别，成为精准扶贫政策落地的第一步。

现有文献中对贫困精准识别与瞄准的分析，大都以逻辑与案例考察为主，缺乏对贫困同质性和异质性因素的精细考察。从村户贫困因素分解的微观视角，辨析与识别同质性与异质性的致贫因子，有益于村户贫困特征的统计刻画与致贫机理的精准考察。

二、分析方法和数据来源

1. 分析方法

这里基于来凤县两个村的样本数据，进行村内以及村际的贫困精准识别。采用因子分析，选择一系列贫困测度指标，对村内家户依次评分，获取一组近似服从 N（0，1）的得分分布，较为精确地测度该村各家户的贫困程度。采用聚类分析以及 Logistic 回归方法，对村内各家户的贫困成因与主要影响因素进行量化分析，找到共性及个性因素。最后，将视角转向两个村之间的差异分析，以识别出村与村之间贫困及致贫成因的同质性与异质性。

2. 数据来源

本次调研发放问卷200份，收回有效问卷177份，采集到贫困村户涵盖家庭收支、身心状态、社会福利、地理交通、负担水平、自身条件等信息。相关信息如表 3 - 4 所示。

表 3 – 4 入户调研采集的主要信息

研究问题	影响因子	具体变量	取值范围
贫困状态识别	收支水平	收入水平	(1, 3)，由低到高
		支出水平	(1, 5)，由高到低
	身心状态	生活舒适度	(1, 5)，由低到高
		就业压力感	(1, 5)，由高到低
	社会福利	帮扶政策分享度	(1, 5)，由低到高
		基础设施分享度	(1, 3)，由低到高
贫困影响因素识别	外部因素	交通便利性	(1, 2)，由高到低
		区位条件	(1, 2)，由高到低
		身体素质	健康 = 0，非健康 = 1
		家庭成员个数	(5, 9)，表示具体人数
	内部因素	医疗费用负担	(1, 5)，由低到高
		日常支出负担	(1, 5)，由低到高
		教育费用负担	(1, 5)，由低到高
		学历	小学及以下 = 1，初中 = 2；高中及以上 = 3
		职业	非农民 = 1，农民 = 2

三、分析结果

基于对两个贫困村的调查数据，分析村户之间以及村与村之间的贫困程度与致贫成因，并进行同质性与异质性两个维度的精准分析，发现了具有代表性的同质性和异质性致贫因子。

1. 家庭人口多、支出负担重、学历低是贫困村户同质性的致贫成因

运用 Logistic 回归模型，分析发现家庭成员个数（$Number$）、职业（$Work$）、学历（$Education$）、日常支出负担（$Life$）以及医疗费用负担（$Care$）都是造成村户贫困的显著变量。表征受教育水平的学历、家庭人口及其各种支付负担，成为同质性的致贫成因。

回归结果如表 3 – 5 所示。

表 3 – 5 Logistic 回归结果

变量	(1)	(2)	(3)	(4)	(5)
$Number$	– 0.336 * (– 1.85)	– 0.311 * (– 1.71)		– 0.369 * (– 1.91)	– 0.361 * (– 1.92)
$Work$	1.185 ** (2.27)		1.451 *** (2.66)	1.571 *** (2.78)	

续表

变量	（1）	（2）	（3）	（4）	（5）
Education	1.356 *** (3.14)	1.132 *** (2.64)	1.193 *** (2.80)	1.262 *** (2.87)	1.186 *** (2.73)
Life		0.804 ** (2.56)	0.988 *** (2.94)	1.027 *** (2.98)	1.029 *** (2.90)
Care					-0.592 * (-1.75)
_Cons	-2.735 * (-1.65)	-3.351 * (-1.89)	-8.696 *** (-4.14)	-6.910 *** (-3.05)	-2.550 (-1.37)

注：*** 、** 和 * 分别代表在 1%、5% 和 10% 的显著性水平上显著。

2. 通行难、人口多、身体差、学历低等因素不同聚类，是异质性致贫成因

按照各类致贫因素的聚类分析，区位条件、身体素质、教育支出负担以及学历在所有类别中的影响程度保持一致。但实际调查结果显示，在身体素质、学历等因素上，存在"表现极端"的少数样本村户，这些"表现极端"的因素以及形成的人力资本缺陷，成为这些少数样本村户的关键致贫成因。

3. 收入成为村际之间贫困差异的显著指标，成因在区位、人力资本差异

通过村际对比发现，由交通设施、职业等因素所造成的发展差距，造成两村之间的贫困程度差异，主要表现在收入水平上。医疗负担是两村贫困人口同质性的致贫成因。

四、启示

我们的调查分析表明，在精准扶贫方略推进中要重视贫困的同质性与异质性，实施精准与普惠均衡的扶贫政策。一方面要强化贫困同质性与异质性考察，构建有效的贫困甄别与成因识别体系；另一方面要做到瞄准上的"个性与共性"权衡，施策上的"精准与普惠"并举。

对贫困成因的同质性与异质性考察，既瞄准贫困人口"共性"脱贫需求，又瞄准"个性"需求，因需施策、分类扶贫。应从两个方面构筑精准扶贫的理念与政策体系。一方面，仍要重视普惠性的扶贫政策，如基础设施、教育、大病医保等；另一方面，瞄准突出、关键的个性化脱贫需求，注重"精准到户"的施策成效。对村户致贫因子的同质性与异质性的分析，对于科学识别异质性的村户贫困和精准施策有重要的启示意义。

专栏 3-3

精准扶贫的县域瞄准与施策：
对贵州50个贫困县的多维贫困测度

贫困的县域瞄准及施策是精准扶贫方略在县这一层级的扶贫精准实现。我们借助多维贫困方法对中国县域扶贫瞄准机制与施策成效进行简单分析。课题组调研员（贺立龙、左泽等）以贵州国家级贫困县为研究对象，从社会生产、财政金融、居民收入、生活与健康以及教育五个主维度出发，选取16项指标对其贫困特征进行多维测度，考察各个维度的贫困特征对总体贫困程度的影响，揭示了2006～2013年其多维贫困的演变趋势。研究结果表明，贫困县内部的真实贫困程度差异较大；2006～2013年这一地区多维贫困状况虽有缓和，但改善程度有限，甚至个别维度贫困程度加深。基于上述实证分析，剖析当前扶贫攻坚工作中存在的问题，结合现阶段精准扶贫的新要求，探讨精准识别贫困的多维测度方法应用，提出"普惠—精准"均衡的脱贫攻坚政策选择，以及精准扶贫绩效评价的多维考察。[①]

一、研究对象与数据来源

贵州共88个行政县，其中被列为国家级贫困县的就多达50个。官方统计数据显示，2014年全国贫困发生率为7.2%，而相同统计口径下的贵州全省贫困发生率却达到了18%。可见贵州贫困人群分布广，贫困发生率高，作为多维贫困的研究对象很具有代表性。贫困是有差异的，若县以上的行政单位为制定政策的主体，则难免会忽视差异使政策缺乏针对性；而县以下的行政单位又过于分散，制定政策时难以协调统一。因此，县级行政单位无论在制定政策还是落实政策方面都较为适合，这也是选择从县域层面开展研究的原因。这里使用的数据来自《贵州统计年鉴（2014）》和《中国县市社会经济统计年鉴（2014）（县市篇）》。

二、县域多维贫困测度方法构建

（1）假设总样本由 n 个个体构成，每个个体有 m 个指标维度的贫困测度值，

---

① 贺立龙、左泽、罗樱浦：《以多维度贫困测度法落实精准扶贫识别与施策——对贵州省50个贫困县的考察》，载于《经济纵横》2016年第7期。

定义样本矩阵 $X = (x_{ij})_{n \times m}$，其中 x_{ij} 表示个体 i 在维度 j 上的原始取值。行向量 $x_i = (x_{1j}, \cdots, x_{1n})$ 表示个体 i 在所有 m 个维度上的取值，列向量 $x_j = (3x_{1j}, \cdots, x_{mj})^{\mathrm{T}}$ 表示所有 n 个个体在维度 j 上的取值。

（2）若在每个维度 j 上确定 k 个剥夺临界值，定义剥夺矩阵 $D = (d_{sj})_{k \times m}$，向量 $d_j = (d_{1j}, d_{2j}, \cdots, d_{kj})^{\mathrm{T}}$ 代表维度 j 上的三个剥夺临界值的取值，则个体 i 在维度 j 上的贫困剥夺结果 y_{ij} $(0 \leqslant y_{ij} \leqslant k)$ 可通过下列函数确定：

$$y_{ij} = \begin{cases} 0, & x_{ij} \geqslant d_{1j} \\ 1, & d_{2j} \leqslant x_{ij} < d_{1j} \\ 2, & d_{3j} \leqslant x_{ij} < d_{2j} \\ \vdots & \vdots \\ k, & x_{ij} < d_{kj} \end{cases} \quad \text{或} \quad y_{ij} = \begin{cases} 0, & x_{ij} \leqslant d_{1j} \\ 1, & d_{1j} < x_{ij} \leqslant d_{2j} \\ 2, & d_{2j} < x_{ij} \leqslant d_{3j} \\ \vdots & \vdots \\ k, & x_{ij} > d_{kj} \end{cases}$$

根据指标的原始数值与剥夺临界值可以确定所有 n 个个体在所有 j 个指标维度上的剥夺结果，记为矩阵 $Y = (y_{ij})_{n \times m}$。

（3）定义 $m \times 1$ 的指标维度权重向量 $w_j = (w_1, w_2, \cdots, w_m)^{\mathrm{T}}$，其中 w_j 表示指标维度 j $(1 \leqslant j \leqslant m)$ 的权重赋值，且有 $\sum_{j=1}^{m} w_j = 1$。则由 $Y \times w_j$ 可以得到 $n \times 1$ 的各县多维贫困指数矩阵 $P = (p_1, p_2, \cdots, p_n)$，其中 p_i $(1 \leqslant i \leqslant n,)$ 表示个体 i 的多维贫困指数测算结果。

（4）定义 $n \times m$ 的指标权重矩阵 $W = \begin{pmatrix} w_1 & w_2 & \cdots & \cdots & w_m \\ w_1 & w_2 & \cdots & \cdots & w_m \\ \vdots & \vdots & \cdots & w_j & \vdots \\ \vdots & \vdots & \cdots & \cdots & \vdots \\ w_1 & w_2 & \cdots & \cdots & w_m \end{pmatrix}$，其中 w_j 表示指标维度 j 的权重。对矩阵 $Y = (y_{ij})_{n \times m}$ 和矩阵 W 进行哈达玛（Hadamard）乘积运算，即可得到分维度加权剥夺结果矩阵 $Y' = (y'_{ij})_{n \times m}$。其中 y'_{ij} 为个体 i 在维度 j 上的加权剥夺结果，对于研究多维度贫困对总贫困的贡献度有重要作用。

（5）定义各县市人口权重为 g_i，$i = 1, 2, \cdots, n$。则由 $\sum_{i=1}^{n} p_i \times g_i$ 可得贵州 50 个国家级贫困县的总体多维贫困指数测算结果，通过对总体多维贫困指数进行时间序列上的考察，可以评估贵州省国家级贫困县的扶贫成效。

三、多维度指标与剥夺临界值

贫困维度的选取是多维贫困研究的基础，贫困的衡量是从单维的收入贫困开始。这里选取县域水平展开研究，在贫困维度与指标的选取上除了反映各县经济发展水平的维度外，还有反映各县居民生活状态的指标。综合研究对象特点、数据获取以及已有研究成果中对贫困维度的选择情况，最终确定了社会生产、财政金融、收入、生活与健康、教育共五个维度16个指标研究多维贫困状况（见表3-6）。

表3-6　　　　　　　　　　多维贫困各指标权重与临界值

主维度	次维度指标	权重	剥夺临界值 (d_1, d_2, d_3)
社会生产 (0.25996)	X1，人均 GDP（元）	0.07534	(20594, 16763, 12572)
	X2，第二、第三产业增加值占 GDP 比重（%）	0.06763	(85, 75, 70)
	X3，规模以上工业增加值占 GDP 比重（%）	0.02713	(35, 25, 15)
	X4，人均固定资产投资（元）	0.08986	(26239, 19679, 13119)
财政金融 (0.13875)	X5，公共财政支出与收入比	0.04434	(2.69, 3.76, 4.83)
	X6，金融机构贷款与存款余额比（%）	0.05309	(51.65, 65.43, 82.64)
	X7，人均税收（元）	0.04132	(3249, 2031, 1218)
收入 (0.2325)	X8，城镇居民人均可支配收入（元）	0.07373	(21564, 19408, 18060)
	X9，农村居民人均纯收入（元）	0.07959	(7117, 6227, 4893)
	X10，人均储蓄（元）	0.07918	(18092, 13980, 8224)
生活与健康 (0.1679)	X11，人均社会消费品零售额（元）	0.07894	(6554, 4806, 3058)
	X12，每万人拥有医疗机构床位数（个）	0.04426	(50, 35, 25)
	X13，每万人拥有社会福利收养单位床位（个）	0.04470	(30, 20, 10)
教育 (0.20089)	X14，教育支出占 GDP 比重（%）	0.07646	(24, 20, 18)
	X15，普通中小学师生比（人）	0.09305	(20, 18, 16)
	X16，学龄儿童入学率（%）	0.03138	(99, 92, 85)

在多维贫困测度中，各维度指标的剥夺临界值决定了研究个体在该维度上是否处于贫困状态。已有研究中单维度指标大多都只有一个剥夺临界值，因而对研究对象的描述只停留在贫困是否被触发的层面。考虑到贫困的差异性，这里赋予单个维度指标3个剥夺临界值，希望能够刻画不同研究对象贫困深度的差异。在剥夺临界值的确定上，借鉴和参考了已有文献和全国平均指标，使得临界值的确定较为科学合理。

权重反映了不同维度指标对多维贫困指数的影响程度，因而多维贫困指数的计算结果非常依赖于不同维度权重分配。这里选取主成分分析法确定单个维度指标的权重。在多维贫困研究中，选取的不同经济变量指标之间通常存在一定的相关性，这种相关性表现为单个维度指标对整体贫困的影响有重叠之处。主成分分析法可以提取各变量之间的共同信息，在一定程度上消除由于指标相关性导致的权重分配不合理，使多维贫困计算结果更准确。

四、多维贫困测算结果分析

以多维贫困指数是否大于1为区分点，将指数值大于1的县视为贫困县。根据这一标准，除去国家级贫困县的28个县，有16个县可被列为贫困县（以下称"非国家级贫困县"），具体分析贵州县域多维贫困有以下特点。

1. 县域之间多维贫困差异较大

各县之间的多维贫困指数差距较为明显。根据前文构建的多维贫困指数，以各县人口为权重进行加权可得到国家级贫困县多维贫困指数的均值为1.778，非国家级贫困县多维贫困指数的均值为1.409，可见国家级贫困县的整体多维贫困状况要比非国家级贫困县更为严重。在所有78个县中，多维贫困指数最高值与最低值之间相差4倍多。而在所有的50个国家级贫困县中，多维贫困指数最低和最高的分别是盘县和册亨县，其指数值分别为1.123和2.479，后者的多维贫困指数值已经超过前者的两倍。在非国家级贫困县中多维贫困指数最高的为凤冈县、最低的为福泉市，两者之间同样相差两倍多。由此可见，无论是在贫困县与非贫困县之间还是在贫困县内部，多维贫困的县域差异都很明显。

2. 贫困县确定标准有缺陷

选取的78个县中，除了国家级贫困县外，还有16个县也应当列入贫困县范围，而在原有的标准下这些县很多既不是国家级贫困县，也不是地方性贫困县。一般国家级贫困县的贫困程度要超过非国家级贫困县，其多维贫困指数也应当更高。国家级贫困县中多维贫困指数较低的盘县（1.123）、习水县（1.166）、荔波县（1.170）和六枝特区（1.195），其指数值已经接近于非贫困县的标准，多维贫困状况要好于大多数非国家级贫困县。同样，非国家级贫困县中多维贫困指数较高的黔西县（1.795）和凤冈县（2.031），其指数值已经超过了大多数国家级贫困县，多维贫困状况较为严重。由此可见，已有的确定贫困县与国家级贫困县的标准并没有准确地反映各县的真实贫困程度，使得对贫困县的判定出现误差。

3. 贫困维度分解

对多维贫困平均贡献度最高的为收入维度（29.33%），其次是社会生产维度（22.71%）、生活与健康维度（20.04%），对多维贫困平均贡献较低的是财政与金融维度（14.33%）和教育维度（13.60%）。因而从维度贡献来看，贵州的国家级贫困县在居民收入、社会生产、生活与健康维度上贫困状态较为严重，而在财政金融和教育维度上贫困状态较为缓和。除了权重影响外，我们认为外部干预也是导致财政金融维度平均贫困贡献度较低的原因。国家级贫困县享有大量的中央和地方财政补贴拨款，在财政支出尤其是基础设施建设方面的支出获得的外部支援较多，因而其财政金融方面的压力通过这些渠道得到缓解，使得该维度上的贫困状况表现较好。教育维度上的贫困贡献度较小是由于我们选取的指标多是考察基础教育，尤其学龄儿童入学率等是义务教育阶段的硬性指标，在该指标上贫困县可能与全国平均水平差距并不大，从而导致教育维度的贫困贡献度较小。

在多维贫困指数的分解中，各县的贫困分解结果有助于其指定具有针对性的扶贫政策。对各县每个维度的贡献度进行排序，得出各维度上贡献度较高的县市：社会生产（如威宁县、黄平县、榕江县），财政金融（如思南县、江口县、三都县），居民收入（如六枝特区、盘县、习水县），生活与健康（如贞丰县、水城县、晴隆县），教育（如盘县、锦屏县、麻江县）。在具体政策制定的上可以针对各县贡献度较高的维度进行重点扶贫支援。

4. 多维贫困演变

2006～2013 年，多维贫困指数从 2.051 下降到 1.778，总体下降比率为13.3%，贫困县多维贫困状态呈现缓和的趋势。但值得注意的是，2013 年的整体多维贫困指数值为 1.778，以这里设定的标准来衡量，其贫困状态依然较为严重，且这段时期内多维贫困指数虽然呈现下降趋势，但下降较为缓慢，年均下降率只有 1.67%，个别年份（2008 年、2013 年）的指数值甚至出现了反弹，说明很有可能出现了脱贫人群重新返贫的现象。

从各维度贫困变化趋势来看，2006～2008 年只有社会生产维度的贫困值下降幅度较为明显，从 2006 年的 0.684 下降到 2013 年的 0.431，年均下降幅度为

3%。居民收入维度以及生活与健康维度的贫困值虽然呈下降趋势，但下降幅度较小，个别年份同样出现反弹现象。而财政金融维度和教育维度的贫困值非但没有下降，反而呈现上升态势，教育维度贫困的上升趋势尤为明显。说明当地扶贫存在顾此失彼的问题，只注重解决社会生产方面的难题，对收入、教育和居民生活等方面的扶贫力度不够，导致社会生产维度贫困值单方面下降，而其他维度的贫困值下降不明显甚至不降反升，也是多维贫困指数整体下降缓慢的重要原因。

五、结论与政策启示

1. 精准识别贫困的多维测度方法应用

就贵州省而言，部分国家级贫困县的多维贫困状况要好于大多数非贫困县，而个别非贫困县的多维贫困状况则比大多数国家级贫困县都要严重，这说明依据现有的贫困标准在确定贫困县时会出现误差。多维贫困测度既可以从宏观层面进行，也可以从微观层面进行。在微观层面上，个人的贫困状态是由收入、资产、教育水平、抵御重大疾病风险的能力等方面共同决定的，只从单一维度制定贫困衡量标准很难准确识别贫困个体，在微观层面上构建多维贫困衡量标准对于精准扶贫来说非常必要。多维贫困衡量标准还应保持动态变化。

2. "普惠—精准"均衡的脱贫攻坚政策选择

基于贫困县的多维贫困分解从五个维度上进行，分解结果在一定程度上反映了这些贫困县在经济社会发展方面最薄弱的环节。例如，六枝特区、盘县、习水县在居民收入维度上的贡献度较大，这些县在制定扶贫政策上应当注重提高居民收入以及收入分配公平；而盘县、锦屏县、麻江县在教育维度上贡献度最大，说明这些县扶贫工作应当适当向当地教育发展倾斜。这里仅是从宏观县域层面考察贫困的差异性，对于微观个体来说，这样的考察同样重要，尤其是在精准扶贫的背景下，差异化帮扶更有助于扶贫对象快速精准脱贫。

3. 精准扶贫绩效评价的多维考察

我国常用贫困发生率来考察扶贫成效，它是指贫困人口占总人口的比率。官方统计数据显示，1978 年我国农村贫困发生率为 30.7%，而最新数据表明，这一指标在 2014 年已经下降到 7.2%。但是，贫困发生率指标无法反映贫困的深度和强度，且其标准制定完全取决于政府部门，故诸多学者以及国际机构都曾对官方公布的减贫成绩单提出过质疑。单从贫困发生率出发只能考察总体贫困，无法刻画个体贫困状况，从多维度考察扶贫成效才符合精准扶贫的要求。

国家级贫困县是扶贫重点区域，其多维贫困演变状况可以反映这些地区扶贫工作的成效。2008~2013 年，以贵州为例的多维贫困虽有下降趋势，但下降速度较为缓慢，部分年份还出现多维贫困指数反弹现象。这说明在多维贫困考核体系下的减贫成效要明显劣于单一指标，即单一的扶贫成效评价指标有可能高估了贫困地区的减贫工作成效。此外，单一扶贫成效评价指标还可能影响扶贫工作的全面性。贵州省国家级贫困县仅在社会生产维度上取得了较好的减贫效果，其他维度上的贫困下降趋势不明显，教育维度贫困更是呈现直线上升的情况。原有的评价方法只根据人均 GDP 等硬性经济发展指标衡量贫困，忽略了健康、教育等维度的贫困状况，影响到扶贫成效的全面性和均衡性。在全面消除贫困的要求下，构建多维扶贫成效考察指标以取代原有的单一指标的重要性更加凸显。

3.3 扶贫成本、脱贫质量与精准扶贫的施策效率

本部分从成本与效率视角探讨普惠支持与精准施策的动态均衡，进而引入脱贫质量分析扶贫施策之短期纾困与长效赋能的融合。

3.3.1 施策效率：基于扶贫成效与扶贫成本的测度及影响因素

精准扶贫是"瞄准机制、施策方式、动态治理"的功能耦合体，其施策效率是"对象精准度、需求满足度、执行经济性、脱贫长效性"的多维综合。精准扶贫不是预算限制下的被动选择，而是为摆脱僵化低效、政绩导向、救济性质的扶贫模式窠臼，追求发展脱贫、精准脱贫、高效扶贫的主动创新。只有瞄准不同贫困人口的致贫机理及脱贫需求，进行长效施策与赋能，才能"拔除穷根"。

精准扶贫的施策效率，取决于瞄准精度、政策效力与执行成本。瞄准精度

是指帮扶主体或对象的精准性，即是否瞄准最穷的区域（人口）；政策效力是指扶贫政策能够切实推动异质性贫困人口跨越异质性贫困陷阱；执行成本即瞄准与施策的预算成本和执行成本。

在作为外部力量驱动脱贫主体内生能力提升的过程中，精准扶贫的施策效率体现为精准脱贫的成效与精准扶贫的帮扶成本的比较。

1. 精准脱贫成效与精准扶贫成本的权衡

精准脱贫的成效取决于识别精确度与施策有效性。识别精准度反映为帮扶对象精准，即"识真贫""扶真贫"，保证真实贫困的村户进入帮扶评定名单，减少"漏评"与"错评"。识别精准的测度指标，可用"识别与帮扶力度"与"贫困程度"的相对值表示。贫困程度越高、识别与帮扶力度越大（即相对值趋于 1），帮扶的精准度越高；贫困程度越高、识别与帮扶力度越小（即相对值偏离 1），帮扶的精准度越低。现实中常用精准识别准确率（包括漏评率、错评率）来刻画。施策有效，即"真扶贫"，是指帮助特定贫困村户切实走出贫困陷阱，实现可持续脱贫。施策有效的测度指标，可用"脱贫程度"表示，即实施帮扶政策后特定贫困人口在收入、资产以及社会福利分享等各个维度上的生计改进程度。精准扶贫的帮扶成本包括预算成本、执行成本，其中，预算成本与精准度成正比，执行成本与精准度成反比。从帮扶成本的结构性组成来看，扶贫并非越精准越好，最佳精准度应建立在对各项成本的综合权衡上。

2. 精准扶贫施策效率的测度与影响因素

精准扶贫总体施策效率可用脱贫成效与帮扶成本的相对数值来刻画，精准脱贫的成效越高、帮扶成本越低，精准扶贫的施策效率越高。精准扶贫施策效率受其制度安排与资源供给、扶贫方式的影响，从某种意义上讲，精准扶贫施策效率即扶贫资源配置效率。

精准扶贫施策效率的计算公式为：

收益：精准扶贫施策效率 = 瞄准精确度 × 施策有效度

成本：精准扶贫的帮扶成本 = 资源成本 + 制度成本（预算成本 + 瞄准成本 + 施策成本）

精准脱贫，表现为贫困者摆脱相对最贫困状态。从过程指标看，表现为贫困者贫困指标值从最低水平提高到相对平均水平，甚至更高水平；从均衡指标看，表现为最贫困者贫困指标值减少，同时所在的整个群体的方差缩小；从数学指标看，表现为均值增加与方差（基尼系数）缩小。

精准扶贫，表现为某一政策或技术供给能使最贫困者摆脱最贫困状态，越贫困者经济状态变化越大。从过程指标看，表现为某一村庄同一政策实施后，越是贫困者，贫困指标值减少越多；从均衡指标看，表现为如在多个相同的村庄进行不同的政策试验，贫困指标值会有不同的方差变化；从数学指标看，表现为用最小的瞄准与施策成本，使得贫困群体内部反映贫富分化的基尼系数缩小。

也就是说，在现实的扶贫施策效率评估中，可以看某一项施策在特定人口（如村组）中引发的生计收敛效应。即政策实施后特定贫困者生计指标值是否趋近于平均水平，若用较少的识别与施策成本取得较大的精准脱贫成效——促使所在地区基尼系数缩小，则这项扶贫政策的精准帮扶效率就是较高的。当然，也可在同一贫困人口群体中比较不同扶贫政策的施策效率。

3. 施策效率的直接诉求：降成本、提效益

相比传统的区域扶贫攻坚，精准扶贫追求成本与收益的均衡，重视脱贫攻坚的内生动能，强调经济性、精准性与可持续性。

第一，效益为精准扶贫的内蕴之义。精准扶贫既是推动扶贫资源高效配置的内在诉求，也是经济放缓、财政趋紧等外部压力下的政策调整。国家统计局统计数据表明，2010 年中央财政专项扶贫资金为 222 亿元，2014 年达 433 亿元。与之形成对比的是，2011 年全国贫困人口减少 4329 万人，2014 年仅减少 1232 万人。为摆脱"扶贫资金效率递减"的政策困境，唯有提高扶贫资源配置效率与施策效率，"算好投入产出账""把钱用在刀刃上"。我国经济由高速增长转向高质量发展，财政增收放缓，加之中央要求省级财政建立与中央财政专项扶贫资金投入相适应的增长机制，地方难以维系扶贫投入的高增长，形成扶贫资源预算硬约束。即使中央与地方政府扶贫投入力度不减，但资金使用应考虑预算约束，扶贫由"普惠"转为"精准"。

第二，执行实效决定精准扶贫的成败。扶贫不能盲目追求精准。研究表明，政策越精准，执行成本（如贫困识别的信息及寻租成本）越高，差异施策的不

可分摊性成本越高。为此，应规避过度精准误区，找到适度、经济、有效的精确瞄准及分类施策方式。"一户一策"精准帮扶一度成为精准施策的普遍操作准则，但实地调研中发现，由于强化村户差异而忽略致贫原因分类、扶贫政策及行为策略过于分散等原因，导致这一扶贫政策因政策成本及资源耗费过高而难以执行，扶贫容易陷入"样本工程"，变成"个体救济"。

4. 扶贫施策效率的长效实现：弱救济、强赋能

现实中的扶贫瞄准与施策低效，往往是因为"外在扶贫"与"内生脱贫"未能实现功能耦合。在脱贫攻坚的具体实践中，应提升扶贫供给与脱贫需求的契合度，以"脱"定"扶"，平衡扶贫政策供求，做到精准；弱化救济、强化赋能，规避扶贫福利陷阱，最终"拔掉穷根"；激发贫困人口的市场活力与自生能力，使之融入地区现代化、市场化进程，最终实现内生发展脱贫和生计可持续。

精准扶贫不等于"贫困救济"，而是要"拔穷根"，即通过精准施策、长效赋能，使穷人切实走出贫困陷阱。

第一，扶贫救济难以破解贫困陷阱，有时反而"越救越穷"。从精准扶贫国际实践来看，扶贫施策若与经济发展机制分离，单纯"定向救济"不能根除致贫因素，难以破解贫困陷阱。美国等西方国家政府减贫的历史经验教训表明，给贫困者提供救济是一个"无底洞"，有家庭三代接受扶贫，忘记了扶贫之外如何生活。[①] 现金补贴、实物补助等扶贫救济方式之所以难破贫困陷阱，首先，因为这些方式具有短期性、暂时性，是不可持续的；其次，这些方式不能解决贫困者人力资本脆弱或发展机制匮乏的难题，无法使之摆脱贫困恶性循环或代际传递。精准施策有时会导致个体救济路径依赖，忽视针对贫困陷阱的根本治理，加上贫困群体易陷入救济惰性，最终导致"越救越穷"怪相。发钱、给牛羊等转移支付或救济式的扶贫施策方式，是缓解贫困村户生计困难的紧迫之举，但要使之走出生计泥沼，还得从教育、产业以及社会治理等方面发展根基的构筑上精准发力。

第二，只有通过精准施策与长效赋能，激发贫困地区与贫困人口的市场活力与自生能力，使之融入现代经济，才能"拔掉穷根"。根除贫困应诉诸适宜

---

① 朱有奎：《借鉴美国扶贫经验 加强和改进扶贫开发工作》，广西扶贫信息网，2011 年 1 月 18 日。

的政策与制度供给。现金或实物补贴、住房或医疗救助，能缓解生计困难，似"输血""授人以鱼"；制度改进或能力扶持，则提供经济发展机制与可持续就业，如同"造血""授人以渔"。扶贫本质上是落后地区及贫困人口，通过引入先进理念、技术、制度，发挥后发优势，实现经济起飞与生产生活方式现代化的过程。通过基建投资、公共品供给，以及相应的财政、金融、产业政策，克服山区、高原地理地质条件障碍，重建市场化、开放性市场机制，培植高质效的产业体系，可将特困人口生产生活纳入现代经济社会，使之由低水平均衡的自然经济状态，上升到开放型市场经济社会，实现地区发展减贫与个体内生脱贫。因此，精准扶贫的核心要义是推动特困人口的"后发发展"，使之在"重建"的新兴市场中焕发市场活力，在"培植"的新兴产业中形成自生能力。

不同贫困地区或人口致贫机理及脱贫需求同中有异，"拔穷根"的施策重点和路径机制也各有侧重。例如，在大小凉山彝区、高原藏区，"新寨""新居"建设是扶贫基础工程，推进教育与人力资本投资，培育以大旅游、大农牧为代表的高附加值特色产业与有回报性质的特色产业，构建稳定长效的生态补偿机制，才是促进贫困人口"自生发展、彻底脱贫"的扶贫事业的重点。在秦巴山区、乌蒙山区，基于大交通、大流通体系建设，打破"贫困孤岛"的地理藩篱，大力推进新型城镇化与新兴产业培育，才是"拔掉穷根"的根本之策。在一般贫困地区，一方面，通过新型城镇化带动转移劳动力进城，实现稳定务工和长效脱贫；另一方面，通过乡村振兴，推动脱贫户融入乡村产业振兴，使之获得脱贫奔小康的可持续生计。

不同的扶贫脱贫路径和方式，施策的重点和关键也不同。从产业扶贫看，应发展附加值高、贫困人口共享度高的产业。精准扶贫效应大的产业包括乡村旅游、高附加值农业、农业电商、民间艺术商业。从搬迁扶贫看，搬迁后的土地与地理禀赋改变及其决定的生产生活前景是关键。往哪些方向搬迁精准扶贫效应大？靠向大城市、靠向旅游区、靠向产业区。从交通、教育、医疗以及社保兜底看，在交通和教育方面必须给予资金帮扶和外部援助，以大病医保和低保为主的政策或社保兜底对于维持半（弱）劳动力家庭基本生计、提升农户创业就业预期将起到基础支撑功能。

第三，形成与精准扶贫方略相适宜的系统化扶贫施策体系。在政策取向方面，融合以人为本的新发展理念，致力于益贫式增长与亲贫式发展，促成区域发展收敛与共同富裕；在政策建构方面，走增长脱贫与分配调节抑贫结合之路，将市场减贫与政府功能发挥相结合，在实体经济与资本市场的实虚层面、国际国外双循环发展格局上共同发力；在政策结构方面，形成激励贫困人口主动开展生产与就业脱贫的产权结构、市场交易与竞争合作秩序、要素供给政策，助力贫困地区发展脱贫的战略指引、财政金融与产业政策，以及支撑贫困地区及人口能力提升与营商环境改进的公共品供给与创新要素集聚政策；在政策转型动力方面，推进政绩考核方式的革命，将精准扶贫与全面小康切实转为地方政绩考核的第一关键绩效指标；在施策传导渠道与机制方面，将政策工具启用与内生动力培育有机融合，构建外生政策冲击驱动特困人口内生发展的关键机制，分区分类进行靶向施策与综合治贫。

3.3.2　脱贫质量：精准脱贫成效的"高阶"界定及结构化评估

扶贫施策效率在收益层面取决于精准脱贫成效，脱贫成效的"高阶"指标是脱贫质量。脱贫质量通常是指贫困地区（人口）脱贫退出的层次、成效与稳定性。贫困的高质量退出是指贫困地区走出贫困陷阱，不留短板与死角，走向现代经济体系；贫困人口形成发展能力，实现稳定脱贫、返贫少，能融入乡村振兴。

瞄准贫困人口精准帮扶，实现高质量脱贫退出，必须做到结构性瞄准与精准综合施策：一要瞄准贫困地区及其人口的分布特征与复合成因进行精准施策；二要瞄准不同贫困地区与群体需求进行分类施策；三要考虑贫困深度不同及劳动能力差异，进行帮扶与赋能的结合。

对脱贫退出质量，可进行多视角的界定与测度。一是结构视角的界定与测度。区分县、村、户，界定贫困退出质量，涵盖产业脱贫质量、公共品质量、社保兜底质量、生存条件质量。设计核心指标与附属指标，以及底线指标、短板指标与发展指标。二是成果视角的界定与测度。从收入、资产（含住房安全）、权利、能力、公共品受益性（含义务教育、基本医疗）、社会资本及开放度等多个维度，阐释脱贫退出质量，建构测度指标。从贫困发生率、识别与退出准确率、产业脱贫主导性、基建与公共服务水平等多个维度，阐释深度贫困区、县、村退出质量，建构测度指标。三是过程视角的界定与测度。从脱贫内生性与稳定性、返贫风险大小与可控性、退出主体的意愿与公平性、动态调整及时性与包容性方面，赋予脱贫退出质量"全面、公平、可持续"含义，设计退出质量的全周期测度指标体系。

基于退出质量测度，进行高质量脱贫退出研究，可建构一个结构性分析框架。一是退出标准的高质量。第一标准是脱贫质量，底线标识是"一超过两不愁三保障"①，核心标识是脱贫户融入乡村产业链。构建以产业脱贫质量为内核的高质量退出标准体系。二是退出的有序性。基于退出速度、数量与质量的内在关系，研究不同条件的最优退出规模，协调贫困区与非贫困区的脱贫退出，确保帮扶均衡、退出有序、目标可达。三是退出的内生性。研究贫困退出的正向激励，以政策缓冲与脱贫奖补破解政策依赖与帮扶陷阱，激发脱贫致富内在活力，实现内生退出。四是退出的经济性。引入成本—收益的概念，基于普惠与精准的帮扶取向权衡，进行脱贫退出效率的经济分析，改变"脱贫只求结果、不计成本"的政策倾向。

基于对脱贫质量的结构化理解，我们以四川藏族聚居区和彝族聚居区为例，对深度贫困地区脱贫质量进行一个回顾性评估。精准扶贫方略实施以来，通过精准施策、综合施治，四川藏族聚居区和彝族聚居区脱贫退出质量得到全面提升。

1. 通过党建引领，推进四川藏族聚居区农户脱贫奔小康与边疆乡村长治久安

在四川藏族聚居区以党建引领脱贫，不仅可以为攻克深度贫困注入强大的制度动能与组织动力，凸显党的领导政治优势与社会主义制度优势，而且能确保守住脱贫攻坚的政治方向与思想路线，强化藏族聚居区群众爱国、拥护党的领导的民心所向。在甘孜藏族自治州德格县，贫困藏牧民过去以放牧为生计，居无定所，大多数人未走出过高寒山区，对党领导的兴边惠民政策不理解，甚至持怀疑态度。党的十八大以来，通过强化党的政治领导与宣传引领、基层党组织建设，发挥党员干部的帮扶、带头与示范作用，农牧民实现了生计方式的多元化、在现代村落的集中居住、"两不愁三保障"。藏族聚居区基建与公共服

---

① "一超"是指脱贫人口家庭年人均纯收入稳定超过国家扶贫标准；"两不愁"就是稳定实现农村贫困人口不愁吃、不愁穿；"三保障"就是保障贫困人口义务教育、基本医疗和住房安全。

务扶贫工程得以推进，农户加速融入开放市场体系与现代生产生活体系；教育、培训等一系列"扶志扶智"项目在藏族聚居区全面实施，藏族群众逐渐摆脱宗教迷信思想、传统陋习与愚昧文化的影响。

2. 基建支撑减贫，推动彝族聚居区和藏族聚居区走出"地理贫困陷阱"

社会基础资本是经济起飞的必要支撑，后发地区因缺乏健全的基础设施与公共服务，难以推进现代化、市场化建设，实现增长与减贫。深度贫困乡村大多地处边远、交通不便、地势复杂、信息闭塞，导致交易成本极高、要素流动不畅，市场经济与现代经济体系发育滞缓，长期沉陷于地理、信息、文化、人力资本的"贫困孤岛"。在大小凉山彝族聚居区和四川藏族聚居区，基建与公共服务缺口大、成本高，面临极其复杂的地形、地质和气候，以及极其脆弱的生态条件和极其复杂的建设管理，单靠自力更生与市场模式无法补齐短板。只有发挥党的领导政治优势、社会主义制度优势和"集中力量办大事"体制优势，在国家战略主导下，实现"央地合作、扶贫协作、对口支援"的动能整合与资源集成，才能攻克基础设施与公共服务难题。党的十八大以来，依托中央专项扶贫资金及整合财政涉农资金，四川瞄准"甘阿凉"三州基建痼疾，推进"交通大会战"，终结了不通高速公路的历史；藏族聚居区 99.7% 的乡镇和建制村通了油路和硬化路，彝族聚居区所有乡镇全部通油路、99.9% 的建制村通硬化路。全面消除了无电村，广播电视、通信网络达到全覆盖。截至 2020 年 6 月底，凉山州 7 个县水利建设扫尾工程全部完工，全国贫困人口饮水安全问题得到了全面解决。[①] 彝族聚居区和藏族聚居区补齐基建短板，走出地理"贫困孤岛"，融入现代化、市场化与开放的历史进程，支撑了地区增长减贫，也推进了贫困农户融入现代经济体系与生计能力提升。

3. 教育赋能脱贫，激活民族地区特困群体内生发展动力与潜力

教育是实现内生脱贫和阻断贫困代际传递的重要途径。现代经济学之父马歇尔提出，解决贫困的希望在教育。舒尔茨认为，教育投资可以提升人口质量，使穷人突破"贫困均衡的铁笼"。在深度贫困地区特困群体中，除老病残外，有

---

① 《水利部：全国贫困人口饮水安全问题得到全面解决》，中国新闻网，2020 年 8 月 21 日。

一部分是缺文化、少技能、无动力的健康劳动力。这些人力资本少、可行能力差的贫困人口，是开发式扶贫、发展教育脱贫的主要对象。在彝族聚居区及藏族聚居区的深度贫困村，很多成年劳动力不识字、不懂汉语、无谋生技能，难以在本地发展生产脱贫，又无意愿与能力进城务工。扶贫要扶智，治贫必治愚。四川在民族地区实施教育振兴行动计划，在藏族聚居区和彝族聚居区实现15年免费教育、"9+3"免费职业教育、"一村一幼"，解决了"起跑线贫困"难题；四川省政府国有资产监督管理委员会等部门联合水电七局高级技工学校等单位，以藏族聚居区和彝族聚居区贫困乡村为重点，采取"一帮一"方式，组织贫困户参加职业技能培训，纾解"因愚致贫、无技致贫"困境。

扶贫先扶志，扶志先扶意。针对藏族聚居区和彝族聚居区因地理封闭、宗教思想盛行、社会发育程度低导致的物质与文化贫困并存、能力与精神贫困交织、"穷懒循环"困境，四川多策并举，综合赋能，激发贫困户脱贫的内生动力：一是通过"党建+能人治村""产业+先富示范"，正面引导贫困户的"从众心理"，发挥乡村能人脱贫奔小康的"头雁效应"，强化贫困户脱贫自信心与致富荣誉感；二是通过生产奖励、打工奖励等"有条件"激励性手段，培养自觉的生产务工经商习惯；三是摒弃了送钱、给牛羊式的扶贫方式，防范救济福利陷阱，消解"等靠要"思想；四是考虑深度贫困人口异质性，通过公益岗位设置、庭院经济支持，对半（弱）劳动力的深度贫困家庭，开拓兜底之外的生产就业脱贫途径，为之生计赋能。

4. 创新驱动治贫，实现藏族聚居区和彝族聚居区跨越式发展与贫困治理现代化

贫困治理是国家治理的重要组成。完善贫困治理体系、推进贫困治理现代化，是一场增长减贫导向下的资源配置方式改革。四川藏族聚居区与凉山彝族聚居区正在经历"一步跨千年"的发展变革，只有依托社会主义制度优势，选择适宜性、超常规的增长减贫道路，创新贫困治理机制，引入新经济和现代科技力量，才能发挥后发优势、激活内生动能，实现跨越发展与系统减贫。党的十八大以来，四川积极推进贫困治理的机制创新与科技赋能。一是瞄准藏族聚居区和彝族聚居区贫困县的省内对口帮扶机制。例如，确定7个地级市和35个县（市、区），结对帮扶藏族聚居区和彝族聚居区45个贫困县，每个帮扶地定

点帮扶 3 ~ 4 个极度贫困村。二是"造血"赋能的智力援建、就业支持计划。例如，德阳对若尔盖进行各类人才培养，制定 13 个专项智力帮扶"点菜单"；乐山开设"美姑班"和"同心春蕾班"，接受彝族学生异地就读；成都成华区开展"成华—丹巴"区域培训与劳务合作；五粮液集团在宜宾贫困县设置扶贫车间；四川省电力公司在小凉山帮扶村开展贫困户技能培训与上岗一体化帮扶。三是"输血"赋能的财政支援与产业帮扶。例如，四川省烟草专卖局筹措投入资金8 亿元，帮扶 100 多个"美丽新村"建设；成都高新区投入援藏资金 3.97 亿元，对德格县开展全系统扶贫，实施"万头牦奶牛脱贫计划"。四是科技赋能的数字经济、普惠金融扶贫计划。例如，通过电子商务精准扶贫计划、"互联网 + 产业"脱贫、以购代捐消费扶贫线上升级、普惠金融设施建设等，为藏区彝区的农业、旅游、交通注入新动能，提升农户生计能力。部分贫困县与科技公司合作，建设大数据在线扶贫管理系统，进行"两不愁三保障"在线观测，进行贫困户与边缘户的动态管理与靶向施策。

3.3.3　区域脱贫质量多维测度：对凉山彝族聚居区与秦巴山区的村户调研

脱贫攻坚取得全面胜利之后，中国贫困治理逻辑由数量转向质量，巩固拓展脱贫攻坚成果与乡村振兴有效衔接成为新阶段的任务重心。巩固脱贫质量，防止规模性返贫，须对当前脱贫质量进行全面考察。除了疫情或灾害会对减贫质量产生影响，在已脱贫地区和人口中，产业不牢、就业不稳、内生发展动力不足，以及"三保障"和饮水安全存在隐患等问题，可能制约脱贫攻坚任务的高质量完成，影响返贫风险与相对贫困的治理。本部分基于脱贫质量的结构化含义，运用多维贫困测度法，以凉山彝族聚居区与秦巴山区的典型县为区域样本，通过抽样村户调研，进行区域脱贫质量的测度与比较。

1. 区域脱贫质量多维测度的指标构建及样本选择

农户脱贫质量常用收入与贫困线比例测度，如国务院扶贫开发领导小组将人均可支配收入低于扶贫标准 1.5 倍的家庭，或刚性支出超过上年度收入和收入大幅缩减的家庭，认定为不稳定脱贫户或边缘贫困户，重点监测其返贫风险。

与农户个体相比，贫困区域（或人口）内部结构化差异大，对其脱贫质量的测度与评估，应突破单一收入标准，进行能力脱贫的多维考量。有学者选择教育、健康与生活水平三个维度进行农村多维减贫度量，相关部门基于"两不愁三保障"开展县（村）扶贫成效考核与脱贫退出验收，但这些多维度量在指标基准上以达标率为主，难以充分反映达标质量，也较少涉及边缘贫困群体。

这里借鉴国际上阿尔基尔（Alkire）和福斯特（Foster）提出的多维贫困测度（AF）方法，考虑中国脱贫攻坚目标进展与结构属性，构建区域脱贫质量多维测度指标体系：一是维度上，除收入、"两不愁三保障"以及用水安全外，增加资产、基建公共服务可得性、精神脱贫等反映生活状态和获得感的维度；二是指标上，用质量剥夺取代达标剥夺，并引入家庭学习环境、职业高中或普通高中教育、老年人照料、因房负债、劳动力闲置度等隐性贫困指标。由此形成由 11 个维度、36 个指标组成的多维质量测度体系（见表 3 – 7），可据以进行子集分解。

表 3 – 7　　　　多维贫困（MPI）的维度、指标、剥夺临界值与权重

维度	指标		剥夺临界值	权重
收入	农户年人均纯收入		≤当年官方收入标准	1/24
	收入质量（稳定性）		≤1.5 倍的当年官方收入标准（2019 年 3750 元；2015 年 2885 元）	1/12
衣食	吃穿质量		达不到"随时吃荤，一般衣服都买得起"	1/24
教育	学龄人口（包括儿童）教育质量	因病失学	因病残或个人原因而无法入学（得不到正常教育）（反映隐性的教育贫困）	1/42
		上学条件	上学不方便或入学条件不佳	1/42
		学校质量	只能进入办学质量差的学校	1/42
		家庭学习	基本无家庭辅导，家庭学习环境不佳	1/42
		职业高中或普通高中入学机会	即使得到职业高中或普通高中入学机会也因学负债、因贫失学（反映隐性的教育贫困）	1/42
	成年人学历与培训	职业高中或普通高中教育	无成年人口得到完整的职业高中或普遍高中教育	1/42
		技能培训	无成年人口得到技能培训	1/42
健康	儿童身体与心理健康质量	是否病残	患有残疾、重病、慢性病，达不到基本健康	1/66
		营养状况	过度瘦弱或肥胖，达不到营养正常水平	1/66
		家庭关爱	留守儿童，父母很少打电话和关心	1/66
		精神风貌	精神风貌（衣着打扮、言行举止、精神状态）不佳（亦属于精神贫困指标）	1/66

续表

维度	指标		剥夺临界值	权重
健康	老年人身体与心理健康质量	是否病残	患有残疾、重病、慢性病	1/66
		家庭关心	空巢老人，或非空巢但子女感情冷漠	1/66
		精神风貌	精神风貌（衣着打扮、言行举止、精神状态）不佳（亦属于精神贫困指标）	1/66
		个体事实贫困	从子女外得不到足够收入，或吃穿住房医疗事实上无保障（反映隐性的个体贫困）	1/66
		生病后医治的及时性与条件	生病不能及时进入医院，或未得到及时有效治疗（反映隐性的健康贫困）	1/66
		实际医疗负担	难支付看病费用或因病负债，或感到报账手续烦琐复杂（反映隐性的债务负担）	1/66
		医保养老保险	没有医保或没有养老保险	1/66
住房	住房负担		因住房而负债（反映隐性的债务负担）	1/36
	住房宽裕状况		住房不宽裕	1/36
	厨房状况		无独立的条件好的厨房	1/36
资产	大件资产		没有机动车及大件家具	1/36
	经营资金		经营资金难以得到	1/36
	农用地		人均可使用或流转的农用地很少	1/36
饮水	饮水安全与质量		未使用自来水	1/21
基础设施与公共服务质量	电力供应		有时会停电	1/42
	炊事燃料		日常炊事烧柴或劣质煤，未烧燃气	1/42
	旱厕还是水厕		家中使用旱厕而未使用水厕	1/42
	网络条件		日常未有稳定网络，信息不灵通（反映隐性的信息贫困）	1/42
	交通条件		交通出行不便	1/42
精神贫困	劳动力参与生产就业		家庭中存在劳动力不参与生产或就业的情况	1/18
主观贫困	家庭贫困自评		自评家庭条件很差或相对贫困	1/18
	脱贫境况及满意度		不满意	1/18

注：（1）2020 年 3 月，国务院扶贫开发领导小组印发《关于建立防止返贫监测和帮扶机制的指导意见》，要求"以家庭为单位，主要监测建档立卡已脱贫但不稳定户，收入略高于建档立卡贫困户的边缘户"，监测范围为"人均可支配收入低于国家扶贫标准 1.5 倍左右的家庭，以及因病、因残、因灾、因新冠肺炎疫情影响等引发的刚性支出明显超过上年度收入和收入大幅缩减的家庭"。据此，本书将扶贫标准 1.5 倍作为脱贫收入质量的剥夺标准，并在后面突出脱贫不稳定户和边缘户度量。

（2）精神贫困度量既包括劳动力参与生产就业积极性，也包括儿童与老年人精神风貌指标；隐性贫困度量主要涉及儿童与老年人在教育、医疗、住房及债务负担等方面的一些事实贫困指标。

（3）需要指出的是，儿童和老年人等家庭个体成员特定指标（如教育或医疗）存在适用性局限问题，如有些家庭没有学龄儿童或老年人。对此，本书按照联合国开发计划署（UNDP）和牛津大学贫困与人类发展研究中心（OPHI）测算全球多维贫困指数（GMPI）的通用做法，对该家庭此类维度指标进行统一未受剥夺赋值处理。

资料来源：调研数据整理所得。

中国贫困问题具有区域性。我们选择大小凉山彝族聚居区和秦巴山区两个典型区域抽样采集村户微观数据。大小凉山地区作为"三区三州"重要板块，自然地理、资源经济与民族宗教等致贫因素叠加，贫困程度深，脱贫难度大。秦巴山区是 14 个集中连片贫困地区之一，经济发展滞后，产业层次偏低，劳动力缺文化、少技能，增收渠道单一。这两个区域是深度贫困地区与一般贫困地区两大脱贫攻坚主战场的典型区块。课题组调研员（贺立龙、唐张雨青、陈珏颖、田浩然、沙桀民、刘微微、刘方腾、王宇茜、郭敬廷、杨子瑜、闫俊卓、陶诗丹、李庆国等）于 2019 年 7~9 月深入上述两个地区开展了村户调研，收集到 564 份有效样本数据。为保证样本代表性，选取地处大凉山的 Y 县和小凉山的 M 县（均为国家级贫困县），抽样确定 3 个县城近郊贫困村和 3 个偏远贫困村；选取秦巴山区的国家级贫困县 Y 县，抽样确定 2 个近郊村和 2 个偏远村，考虑贫困分布均衡性，抽取农户进行访谈，指标信息涉及 2015 年与 2019 年两个年份。

2. 多维脱贫质量有无显著提升，是否有区域差异

课题组调研员（贺立龙、张逸迪、包雪莹、卢志杰、张承文、胡靖宜）基于设计指标及抽样数据的测度结果显示，两个地区多维脱贫质量均有显著提升（见表 3-8）：2015~2019 年多维贫困值大幅下降，降幅超过 80%，其中，反映贫困广度的多维贫困发生率降幅超过 75%，是主要贡献因素，精准扶贫产生较为普遍的脱贫质效；但是，反映贫困深度的平均剥夺程度降幅较小，各个指标的脱贫稳定性仍待观察。以凉山彝族聚居区为代表的深度贫困地区多维脱贫质量不如以秦巴山区为代表的一般贫困地区，其仍是扶贫焦点区域。

表 3-8　　　　　　　　　不同区域脱贫质量多维测度结果比较

不同贫困深度地区	多维贫困综合测度		指标值		跨期变动率（%）
	名称	符号	2015 年	2019 年	
秦巴山区（一般贫困地区）	多维贫困值	MPI	0.3267	0.0512	-84.33
	多维贫困发生率	H	0.697	0.1212	-82.61
	平均剥夺程度	A	0.4687	0.4227	-9.81
凉山彝族聚居区（深度贫困地区）	多维贫困值	MPI	0.4843	0.0962	-80.14
	多维贫困发生率	H	0.9126	0.2186	-76.05
	平均剥夺程度	A	0.5307	0.44	-17.09

表 3-9 给出了多维贫困与收入贫困的交叠错位变动关系。秦巴山区贫困发

生率由 70.71% 下降到 30.30%，降幅小于按"收入达标"测算的结果，即由 9% 下降到 1%；凉山彝族聚居区贫困发生率由 42.62% 下降到 12.02%，降幅稍大于按"收入达标"测算的结果，即由 13.4% 下降到 7.1%；两地多维贫困发生率降幅都超过 80%，凉山彝族聚居区多维贫困发生率绝对值高于秦巴山区。从绝对值及降幅的区域比较看，在凉山彝族聚居区等深度贫困地区，收入脱贫与多维脱贫均衡推进，但在秦巴山区等一般贫困地区，收入脱贫的成效相对滞后于多维脱贫的成效。

表 3 - 9　　　　　收入脱贫质量与多维脱贫质量的变动关系　　　　单位：%

不同贫困深度地区	测度指数	2015 年	2019 年	跨期变动率
秦巴山区 （一般贫困地区）	收入贫困发生率	70.71	30.30	-57.15
	多维贫困发生率	32.67	5.12	-84.33
	收入贫困与多维贫困交叉发生率	56.57	11.11	-80.36
	多维贫困中收入贫困占比	81.16	91.67	12.95
	收入贫困中多维贫困占比	80.00	36.67	-54.16
凉山彝族聚居区 （深度贫困地区）	收入贫困发生率	42.62	12.02	-71.80
	多维贫困发生率	48.43	9.62	-80.14
	收入贫困与多维贫困交叉发生率	42.62	10.38	-75.65
	多维贫困中收入贫困占比	47.27	47.50	0.49
	收入贫困中多维贫困占比	100.00	86.36	-13.64

从表 3 - 9 可以看出，2015 ~ 2019 年，收入贫困和多维贫困发展不同步，二者重合度逐渐下降，两个地区收入贫困与多维贫困交叉发生率的降幅都超过 75%。收入贫困中多维贫困占比下降快，秦巴山区降幅达到 54.16%，多维脱贫的质量显著提升；多维贫困中收入贫困占比不降反升，秦巴山区由 81.16% 上升到 91.67%，收入脱贫存在短板。在脱贫攻坚收官与后脱贫时代的贫困治理中，可持续增收是巩固脱贫、防返贫的关键命题。

3. 区域脱贫质量的弱项和短板在哪里

表 3 - 10 呈现了各个质量指标有门槛、无门槛下的剥夺发生率。测算结果显示，吃穿质量、儿童家庭学习环境、职业高中或普通高中教育、有效技能培训、老年人个体贫困、炊事燃料、旱厕还是水厕、网络条件、是否有健康劳动力闲置是剥夺发生率较高的质量测度指标。以炊事燃料为例，2019 年两地中有一半左右的村户日常炊事以烧柴或劣质煤为主，未使用燃气。在精神脱贫方面，

有30%～40%的村户存在健康劳动力不参与生产就业情况，内生脱贫动力不足。但测算结果也表明，两地在上学便利性、儿童营养状况、住房是否宽裕、交通出行条件上的指标质量剥夺有显著提升。脱贫质量多个测度指标表现出显著的区域差异。凉山彝族聚居区贫困之"深"主要体现为收入质量、学校教学质量、儿童营养状况、老年人实际医疗负担、电力供应、住房负担等隐性指标剥夺，尤其是，住房保障不断改善，但住房负担综合增幅却高达43.75%；与之相比，地处"三区三州"板块之外的秦巴山区在儿童上学便利性、职业高中或普通高中教育、有效技能培训、儿童是否留守且缺关爱、老年人个体贫困、有无自来水甚至脱贫认可方面存在劣势，其中，技能培训质量短板愈加突出，许多老年人缺乏子女照料、难以确保收入和"三保障"，处于"家庭脱贫而个体困难"的隐性贫困状态。此外，凉山彝族聚居区尽管如前所述收入脱贫取得较大进展，但单从收入脱贫层次看，这类深度贫困地区收入脱贫质量和稳定性亟须改进，有34.97%的样本村户仍处于1.5倍脱贫线之下。

表3－10　　　　　　主要质量指标上的剥夺发生率及其跨期变动　　　　单位:%

维度	指标		地区	无门槛剥夺发生率			有门槛剥夺发生率			平均值变动
				2015年	2019年	变动	2015年	2019年	变动	
收入	收入质量（是否实现收入≥1.5倍贫困线）		一般	17.17	8.08	-52.94	16.16	6.06	-62.50	-57.72
			深度	62.30	34.90	-43.86	60.66	19.67	-67.57	-55.71
衣食	吃穿质量（"吃肉""买衣"自由）		一般	55.56	34.30	-38.18	46.46	23.23	-50.00	-44.09
			深度	76.50	25.10	-67.14	73.77	16.94	-77.04	-72.09
教育	学龄人口（包括儿童）教育质量	上学便利性	一般	38.38	10.10	-73.68	24.24	8.08	-66.67	-70.175
			深度	14.75	3.28	-77.78	13.11	1.09	-91.67	-84.725
		学校教学质量	一般	25.25	0.00	-100	24.24	0.00	-100.00	-100.00
			深度	28.42	21.86	-23.08	28.42	7.65	-73.08	-48.08
		家庭学习环境	一般	33.33	24.24	-27.27	29.29	20.20	-31.03	-29.15
			深度	48.09	48.63	1.14	47.54	11.48	-75.86	-37.36
		职业高中或普通高中入学机会	一般	28.28	31.31	10.71	24.24	29.29	20.83	15.77
			深度	61.75	53.55	-13.27	57.92	14.75	-74.53	-43.9
	成年人学历与培训	职业高中或普通高中教育	一般				63.64	77.78	22.22	
			深度				87.98	20.77	-76.40	
		有效技能培训	一般	30.30	46.46	53.33	19.19	42.42	121.1	87.19
			深度	73.22	39.34	-46.27	67.76	8.20	-87.90	-67.085

续表

维度	指标		地区	无门槛剥夺发生率			有门槛剥夺发生率			平均值变动
				2015 年	2019 年	变动	2015 年	2019 年	变动	
健康	儿童身心健康	营养状况	一般	2.02	1.01	-50.00	2.02	1.01	-50.00	-50.00
			深度	2.73	3.28	20.00	2.73	2.73	0.00	10.00
		是否留守且缺关爱	一般	6.06	5.05	-16.67	5.05	2.02	-60.00	-38.335
			深度	6.01	1.09	-81.82	4.92	0.00	-100.00	-90.91
		家庭照料	一般	72.73	70.71	-2.78	45.45	62.63	37.78	17.5
			深度	34.43	32.79	-4.76	31.15	9.84	-68.42	-36.59
		精神风貌	一般	8.08	4.04	-50.00	7.07	1.01	-85.71	-67.86
			深度	1.64	2.19	33.33	1.09	0.55	-50.00	-8.34
	老年人身心健康	个体贫困	一般	38.38	36.36	-5.26	29.29	26.26	-10.34	-7.80
			深度	46.99	23.00	-51.16	42.62	9.84	-76.92	-64.04
		实际医疗负担	一般	26.26	6.06	-76.92	21.21	3.03	-85.71	-81.32
			深度	57.38	19.67	-65.71	50.27	6.56	-86.96	-76.34
住房	住房负担（是否因房负债）		一般	22.22	12.12	-45.45	20.20	10.10	-50.00	-47.73
			深度	4.37	9.84	125.00	4.37	2.73	-37.50	43.75
	住房是否宽裕		一般	38.38	10.10	-73.68	36.36	7.07	-80.56	-77.12
			深度	58.47	9.29	-84.11	56.28	3.28	-94.17	-89.14
	厨房状况（有无独立的条件好的厨房）		一般	82.83	29.29	-64.63	60.61	22.22	-63.33	-63.98
			深度	46.99	3.83	-91.86	44.81	2.19	-95.12	-93.49
饮水	有无自来水		一般	73.74	19.19	-73.97	60.61	14.14	-76.67	-75.32
			深度	63.39	13.66	-78.45	61.20	9.29	-84.82	-81.64
基础设施与公共服务质量	电力供应（是否有时停电）		一般	21.21	1.01	-95.24	21.21	0.00	-100.00	-97.62
			深度	43.72	4.37	-90.00	42.62	1.64	-96.15	-93.08
	炊事燃料（是否烧柴或劣质煤，未烧燃气）		一般	74.75	60.61	-18.92	58.59	52.53	-10.34	-14.63
			深度	92.90	47.54	-48.82	85.79	14.21	-83.44	-66.13
	旱厕还是水厕		一般	67.68	19.19	-71.64	52.53	14.14	-73.08	-72.36
			深度	85.79	28.96	-66.24	79.23	6.56	-91.72	-78.98
	网络条件（日常有稳定网络，信息灵通）		一般	63.64	31.31	-50.79	52.53	24.24	-53.85	-52.32
			深度	97.27	20.22	-79.21	89.07	9.29	-89.57	-84.39
	交通出行条件		一般	58.59	15.15	-74.14	46.46	12.12	-73.91	-74.03
			深度	79.78	13.11	-83.56	74.86	4.92	-93.43	-88.50
精神贫困	是否有健康劳动力闲置		一般	32.32	32.32	0.00	23.23	27.27	17.39	8.70
			深度	36.07	42.08	16.67	33.88	13.66	-59.68	-21.51
主观贫困	是否自评家庭条件很差或相对贫困		一般	41.41	14.14	-65.85	37.37	8.08	-78.38	-72.12
			深度	48.63	4.92	-89.89	48.63	4.37	-91.01	-90.45

无门槛剥夺发生率与有门槛剥夺发生率的跨期变动率差异，可以反映出"处于贫困边缘但未被识别为多维贫困"群体该指标被剥夺程度的缓解情况：无门槛剥夺发生率的跨期变动率＜有门槛的跨期变动率，意味着边缘村户剥夺程度缓解较慢；反之，缓解较快。边缘村户在收入质量、学校教学质量和家庭学习环境、儿童是否留守且缺关爱、老年人身心健康、脱贫认可等指标上的剥夺程度严重且缓解缓慢。凉山彝族聚居区边缘村户除这些指标剥夺程度缓解较慢之外，在职业高中或普通高中教育、儿童营养状况、老年人精神风貌、住房负担、炊事燃料、旱厕还是水厕方面，脱贫质量提升滞缓。深度贫困地区边缘贫困相对显著一些，从职业高中或普通高中教育、有效技能培训、老年人身心健康、是否有健康劳动力闲置几个指标看，凉山彝族聚居区边缘村户剥夺程度缓解较慢，甚至加剧；秦巴山区边缘村户剥夺程度缓解较快（或未抬升）。

4. 不同群体之间的差异程度，是否存在边缘或隐性贫困

表3-11呈现了不同地理和家庭特征之村户群体的脱贫质量差异。第一，县城近郊、平坝地区村户多维脱贫更有质效，但例外的是，秦巴山区远郊村户脱贫更见成效，调研发现其劳动力外出务工更普遍。第二，在秦巴山区等一般贫困地区，进城务工对提升多维脱贫质量最有效，参与乡村产业经营成效最小；与之相对，在凉山彝族聚居区，参与特色产业经营对缓解多维贫困质量剥夺成效最大；政策兜底群体处于突出的多维贫困剥夺状态。第三，脱贫质量与劳动力健全程度正相关，全劳动力家庭的脱贫质量最高。但是，与存在病残成员的半劳动力家庭相比无劳动力家庭脱贫质量优势并不突出，其劳动能力不足且获得政策保障有限，容易成为隐性贫困群体。第四，保障式扶贫有效地推动了老年人主导家庭的脱贫质量提升。

表3-12测算了不同贫困群体的多维脱贫成效。第一，秦巴山区建档立卡户与非建档立卡户多维贫困发生率均有显著下降，但平均剥夺程度变化不大；在凉山彝族聚居区建档立卡户多维贫困快速缓解的同时，未建档立卡的边缘贫困户多维贫困缓解较慢，尤其是贫困发生率。第二，缺文化少技能致贫村户多维贫困程度最高、缓解最难，凉山彝族聚居区这类村户群体正处于严重多维贫困；缺资金少技术致贫群体的多维减贫成效较好。第三，村户收入贫困越深，多维减贫成效越低。地处凉山彝族聚居区的深度贫困村户（即收入＜0.5倍贫困标准）多维指标质量剥夺最严重，破解最难。第四，当前收入超过1.5倍贫困

标准的稳定脱贫村户，多维贫困得到全面缓解；但收入处于 1.5 倍贫困标准以下的脱贫村户，多维贫困更严重，当前在凉山彝族聚居区这类农户面临极高的返贫风险。

表 3 – 11　　　　　　　　　基于地理与家庭特征进行的子集分解

多维度量		秦巴山区（一般贫困地区）						凉山彝族聚居区（深度贫困地区）					
		2015 年			2019 年			2015 年			2019 年		
		MPI	H (%)	A (%)	MPI	H (%)	A (%)	MPI	H (%)	A (%)	MPI	H (%)	A (%)
与县城的距离	远	0.351	0.731	0.480	0.041	0.104	0.392	0.508	0.957	0.531	0.121	0.272	0.445
	近	0.269	0.613	0.439	0.074	0.161	0.459	0.571	0.967	0.591	0.072	0.167	0.432
海拔高度	山上	0.298	0.650	0.458	0.054	0.125	0.432	0.523	0.931	0.562	0.122	0.277	0.440
	平坝	0.446	0.889	0.502	0.042	0.111	0.378	0.560	1.000	0.560	0.066	0.148	0.446
家庭劳动力结构	无劳力	0.408	0.889	0.459	0.068	0.111	0.612	0.563	1.000	0.563	0.151	0.364	0.415
	半劳力	0.346	0.702	0.493	0.065	0.158	0.412	0.521	0.944	0.552	0.112	0.254	0.442
	全劳力	0.264	0.625	0.422	0.024	0.063	0.384	0.550	0.970	0.567	0.080	0.180	0.444
是否属老年人主导家庭	老年	0.343	71.43	47.96	0.049	9.52	51.47	0.543	92.31	58.80	0.082	42.31	19.31
	非老年	0.322	69.23	46.57	0.052	12.82	40.41	0.183	96.82	18.93	0.084	18.47	45.21
主要生计方式	政策兜底	0.430	0.714	0.602	0.082	0.25	0.328	0.580	0.976	0.594	0.110	0.262	0.422
	乡村经营	0.335	0.75	0.446	0.090	0.216	0.416	0.572	1	0.572	0.082	0.176	0.465
	进城务工	0.311	0.667	0.466	0.026	0.063	0.416	0.498	0.951	0.524	0.093	0.210	0.445

表 3 – 12　　　　　　　　　基于贫困异质性进行的子集分解

多维度量		秦巴山区（一般贫困地区）						凉山彝族聚居区（深度贫困地区）					
		2015 年			2019 年			2015 年			2019 年		
		MPI	H (%)	A (%)	MPI	H (%)	A (%)	MPI	H (%)	A (%)	MPI	H (%)	A (%)
是否建档立卡	非建档立卡	0.32	68.54	46.80	0.043	10.11	42.73	0.531	95.86	55.36	0.102	23.08	44.07
	建档立卡户	0.38	80	47.38	0.123	30	40.87	0.644	100.0	64.44	0.03	7.14	41.88
致贫成因	老弱病残	0.34	71.01	48.05	0.058	14.49	40.23	0.542	94.20	57.55	0.13	30.43	42.71
	缺文化技能	0.37	75	49.44	0.073	15.63	46.71	0.559	96.83	57.69	0.191	42.86	44.61
	缺资金机会	0.36	77.78	46.16	0.049	11.11	43.74	0.554	97.09	57.08	0.091	20.39	44.58
2015 年收入/贫困线	<0.5 倍	0.46	91.89	50.01	0.062	13.51	45.74	0.633	97.22	65.15	0.144	30.56	47.09
	≥0.5 倍	0.25	55.56	44.53	0.045	12.96	34.72	0.516	95.92	53.83	0.034	19.73	17.23
2019 年收入/贫困线	<1.5 倍	0.309	68.57	45.11	0.071	17.14	41.66	0.569	95.31	59.68	0.25	56.25	44.41
	≥1.5 倍	0.371	75	49.41	0	0	0	0.524	96.64	54.18	0.014	3.36	40.46

5. 提升脱贫质量：如何补短板和防风险

凉山彝族聚居区和秦巴山区作为"三区三州"深度贫困板块与集中连片贫困板块的典型代表，其多维贫困的跨期变动折射出中国脱贫攻坚的质量成效。近五年来，两大板块多维贫困降幅均超过80%，秦巴山区多维减贫成效更为显著，但收入脱贫相对滞缓。儿童家庭学习、职业高中或普通高中教育、老年人照料、炊事燃料、厕所条件、劳动力生产积极性是脱贫质量短板突出的几个共性指标，其中，凉山彝族聚居区因房负债者增加，秦巴山区技能培训质量不高、老年人隐性贫困较多。半劳动力家庭最易成为隐性的边缘贫困群体，边缘村户在收入层次、学校质量与儿童成长、老年人身心健康等指标上进展不佳，其中，凉山彝族聚居区未建档立卡贫困户多维贫困缓解慢，主要反映在职高中教育、技能培训、因房负债、炊事燃料、厕所条件、劳动力闲置等指标剥夺上。在秦巴山区，进城务工多维减贫效果最佳；在凉山彝族聚居区，参与特色产业经营的效果最佳。缺文化少技能致贫村户、收入低于0.5倍贫困线的深度贫困村户的多维贫困缓解最难，收入低于1.5倍贫困标准的脱贫村户仍遭遇较为严重的多维贫困，在凉山彝区此类特征村户面临更高的返贫致贫风险。

补齐扶贫短板、夯实脱贫质量、管控返贫风险，关系到脱贫攻坚的全面胜利。基于上述测算结果，可从以下四个方面努力。

第一，依据上述脱贫质量测度的理念与方法，在国家脱贫普查中全面树立质量导向，对收入、"两不愁三保障"与用水安全等指标的考核，突出质量达标，考察政策执行中的脱贫实效。审视不同区域多维脱贫质效，引导形成适宜性生计策略，补齐脱贫质量短板。协同推进多维减贫与收入脱贫，彻底攻克凉山彝族聚居区等"三区三州"深度贫困堡垒，解决秦巴山区等脱贫区域的村户持续增收难题。

第二，瞄准并消解脱贫质量的多维短板、弱项和隐患。强化收入脱贫稳定性，补齐儿童家庭教育、职业高中或普通高中入学机会、炊事燃料、厕所条件上的质量短板。激发劳动力参与生产与就业积极性，从机制和政策上破解"帮扶依赖"与"福利陷阱"。有效破解凉山彝区因房负债返贫、秦巴山区技能培训成效不足等现实困境。

第三，识别与帮扶边缘贫困、隐性贫困人口。甄别未建档立卡边缘贫困村户、脱贫质量低的易返贫村户，健全监测、预警与发展、应急、兜底结合的识贫治贫长效机制。弘扬敬老文化，加快移风易俗，综合运用低保、特困供养、社区帮扶手段，完善可精准支持"失养失依"儿童、老人的兜底保障体系，解决户内老年人隐性贫困问题。对半（弱）劳动力家庭进行资产与生计赋能，缓解其贫困脆弱性。

第四，积极探索以生活质量和人的全面发展为基准的多维相对贫困测度方法，建立健全相对贫困人口多维识别、监测及贫困治理的长效机制，推动相对贫困人口充分融入城乡经济循环、有效参与乡村振兴、提升生活质量，切实做到共同富裕。

3.3.4　统筹精准防疫救灾与精准治贫：因应形势变化的精准施策

新冠肺炎疫情防控进入常态化，防疫与脱贫矛盾焦点正发生新的变化。统筹推进精准防疫与精准治贫，巩固拓展脱贫攻坚成果，关键在于解决脱贫不稳定户、边缘易致贫户的因疫因灾返贫致贫问题。精准支持弱势经济主体、全面重振市场经济动能，成为高质量脱贫的根本保障。为此，应尽快建立精准防疫、精准防灾与精准治贫的协同治理长效机制：一方面精准追堵可能的疫情反弹漏洞，精准防灾救灾；另一方面瞄准疫情和自然灾害伤害民生、影响脱贫农户生计的传导路径与关键区域，围绕发展生产巩固脱贫进行精准施策和长效赋能，施治防疫、救灾、脱贫中的形式主义与官僚主义。

1. 精准研判防疫脱贫矛盾变化，推动精准防疫救灾扶贫一体化

疫情常态化，农户因疫因灾返贫致贫风险加大。应坚持底线思维、精准方略，在常态化疫情防控中加快推进生产生活秩序全面恢复和高质量发展，务实解决贫困人口生计渠道恢复及可持续运行的梗阻和问题，统筹推进精准防疫与精准治贫，严防因疫因灾致贫返贫，确保脱贫攻坚成果巩固拓展。

防疫与脱贫矛盾焦点正发生新的变化。一方面，后疫情时代，提升脱贫质量、巩固脱贫成果，关键在于精准解决脱贫不稳定户、边缘易致贫户的因疫因灾返贫致贫问题。必须通过精准防疫、防汛救灾、生计转型等方式，使上述生计脆弱群体避免因失业失工、滞销停产、家园受损而返贫致贫。另一方面，疫

情造成产业链及供应链梗阻，自然灾害引发农户生计损害，会加剧脱贫目标与质量标准之间的冲突，侵蚀脱贫攻坚的质量标准。

针对上述矛盾及风险演化，要实现防疫、救灾与扶贫的战略升级与策略调整，建立精准防疫、精准脱贫统筹推进、协同治理的长效机制——战略重心由供需修复转为经济循环升级，核心策略是针对因疫因灾返贫致贫人群，给予防疫脱贫的分类帮扶和靶向施策。

一是全面梳理疫情和灾情导致的返贫致贫风险，针对因疫因灾返贫、因疫因灾致贫、因疫因灾固贫三类生计脆弱农户，进行防疫、救灾、防患、脱贫的精准、长效施策。

二是将疫情防控、灾患治理、公共卫生应急管理和返贫风险管控、相对贫困治理一起纳入城乡治理体系，精准填补薄弱环节与治理漏洞，借助信息科技有效开展防疫、治灾、脱贫工作，推进城乡治理现代化。

三是构建成本导向、效率导向的"贫疫灾"协同治理体系，充分发挥现代信息技术作为治理工具的强大功效，在长效追踪、精准防控疫情反弹风险的前提下，识别和补齐防灾短板，保持经济稳定运行，强化产业脱贫动能，同时降低防疫脱贫的资源投入、社会成本与经济代价。

2. 精准追堵疫情反弹漏洞，全面激发脱贫增收经济动能

疫情整体得到控制之后，复工复产绝非简单的经济重启，而应成为脱贫增收动能振兴的升级版：第一，只有精准追堵可能导致疫情反弹的治理漏洞，才能守住安全底线，最小化疫情防控成本，恢复经济秩序，取得脱贫增收动能；第二，必须从结构改革、治理改进、科技赋能、经济体系创新的路径上重振经济动能，为完成脱贫攻坚、最小化管控返贫风险提供经济支撑；第三，必须瞄准疫情伤害民生影响脱贫的主要渠道、薄弱环节与关键区域，精准施策、长效赋能。

从全国而言，精准防控疫情扩散，重塑经济循环，固守中小（微）企业及农户经营生命线，为脱贫增收重振动能、接续生计。疫情防控常态化下的经济社会发展，已由复工复产主导的经济秩序修复，迈入市场活力激发的经济循环重塑阶段。针对不同群体、不同区域、不同行业的"贫疫"脆弱人口，在救助和帮扶脆弱人口以维持其生命线的基础上，通过制度改革、区域合作与科技赋

能，疏通产业链和供应链，激活这些贫困人口的发展动能和生计活力。

作为流动性最强、健康保障最弱的群体，农民工是常态化防疫治贫的薄弱环节和短板。应强化科技监测手段应用和城乡治理体系的对接，对这类群体进行精准、长效的疫情追踪和精准支持。坚持底线思维和战略视野，强化经济内循环，打出"出口转内销"组合拳，缓解农民工空岗压力；倒逼制造业转型升级，提供培训转岗和再就业支持，引导农民工积极主动地开展岗位转型与就业接续。在全国范围内构建利用"电力、税务指标"动态捕捉的小（微）企业复工复产动态监测机制，建立小（微）企业复工复产通报机制。从考核机制上引导金融机构扩大涉农、外贸中小（微）企业信贷投放，对受疫情影响较大的农村户籍小微业主给予精准减税、补贴或贴息。针对农家乐、乡村酒店、民宿行业等受疫情影响显著的带贫产业或项目，瞄准因疫因灾停产停工农户或从业人口，进行经营纾困和市场赋能。利用扶贫资金定向扶持与财政信贷综合施策，稳住乡村产业和扶贫项目运行"基本盘"，引导其业态创新，打造疫后时代经营新模式，如订制旅游、分流服务等。加大"以工代赈"工程和乡村基建、物流、电商建设，改进产业环境；调整优化乡村特色种养业发展，完善产业风险监测与应对机制，抵御自然灾害、市场波动与动物疫情三重冲击。

在因疫受损较大地区，借助中央与地方政府支援力量，推动其疫后经济重振，精准施策，治理疫后综合征、脱贫停滞后遗症。进一步疏通产品外销和劳务输出梗阻，托住脱贫增收生命底线。全面开展本地产品检验检疫和劳务人员健康检测，主动做好产品认证和品牌塑造，构建大数据平台与信息通报机制，消解产品和劳务输出面临的"恐疫梗阻效应"。引导贫困县（乡）加强与淘宝天猫、盒马鲜生、京东等大型电商平台对接，鼓励探索扶贫产品短视频直播、"网红"带货、电商结对帮扶等网络消费扶贫行动。继续发挥中央支持、对口支援、地方自主振兴相结合的制度优势，推动重点疫情地区高质量打赢精准防疫与精准脱贫战，如争取与动员中央和省直定点扶贫、东西部扶贫协作、对口协作、省内区域协作扶贫涉及的单位和地方，优先采购、销售本省贫困地区农副产品，优先使用贫困地区劳务人员等。

在"三区三州"等公共卫生薄弱的深度贫困地区，以旅游业为主的产业结构、以外出务工为主的增收渠道，以及聚集性宗教文化或民俗活动等，决定了这些地区存在潜在疫情传播风险。未雨绸缪、补齐短板，构建常态化精准防疫脱贫协同治理体系、提升区域公共卫生应急管理与疫情联防联控能力成为紧迫之举。一是做好旅游业重启与客流有序扩增中的精准防疫，完善外部疫情传导风险监测预警与紧急处置机制。二是做好务工人员内外流动、冷链物流传输中的精准防疫，利用大数据与智能技术，对外出务工者建立"一对一"务工防疫电子档案，进行动态追踪与监测。考虑到疫情传染风险在冷链物流运行中的隐性存续，应在冷链物流检验检疫中开展高效机制设计与高科技手段运用。构建跨层级（区域）协调的疫情防控与公共卫生应急管理体制机制，从组织与技术两个层面提升精准脱贫与精准防疫的协同治理能力。

3. 精准施治防疫救灾与脱贫攻坚中的形式主义与官僚主义

精准施治防疫脱贫的形式主义与官僚主义倾向，堵住疫情防控、救灾治患与脱贫攻坚的工作短板和漏洞，识别与消除因疫因灾返贫、致贫的风险隐患，决定了防疫脱贫质量，关系到脱贫攻坚胜利成色。一是精准施治"一刀切"思维下的防疫与治贫脱节，积极消除对农民工这一大规模城乡流动群体重视不够可能导致的防疫治贫隐患。二是精准施治防疫扶贫工作中的形式主义作风，避免扶贫监督"缺位"可能导致的脱贫成果侵蚀，尤其是一些地方脱贫"不逗硬"，留下一些隐蔽性、边缘性的扶贫短板和弱项。要充分发挥群众监督作用，施治官僚主义，解决群众反映强烈的矛盾与问题，凝聚民心共识。三是精准施治政绩主义和形式主义导向下的脱贫形象工程，防范政策退出后的脱贫项目"泡沫"破灭及其导致的突发密集返贫风险。四是精准施治基层治理及脱贫攻坚工作运行中的官僚主义作风，堵住制度执行缺陷可能导致的乡村治理漏洞，如乡村干部正向激励不足、后脱贫时代出现乡村治理"断裂带"等。五是精准施治脱贫宣传中的政绩主义倾向，防范和化解防疫、救灾和扶贫工作中的各种舆情风险。

4. 精准谋划与高效推进灾后恢复重建，防止因灾致贫返贫

边远贫困地区，特别是"三区三州"地区往往带有生态脆弱、灾害多发特征。应着眼于地震、泥石流、洪涝灾害的长效治理，通过夯实基建、科技赋能与组织建设，构建重大灾患及返贫致贫的常态防控与协同治理体系和机制。要提高抗御灾害能力，在抗御自然灾害方面要达到现代化水平。完善防灾治贫体

系与体制，提升抗御灾害能力：第一，尊重规律、科学治理、精准施策，坚持以防为主、"防抗救"结合方针，找到灾患风险较大、抗御能力薄弱区域与环节，通过完善高质量基建（如水利工程）与防汛抗旱体系，补短板、强弱项、修补漏洞；第二，健全体系，升级装备，运用大数据、人工智能等技术手段，提高灾害监测预警效率与抢险救援硬件水平；第三，在灾患较大的贫困区域，协同推进搬迁脱贫与灾患防治，提升灾害防范意识，提升灾害应急能力，筑牢防灾减灾救灾的人民防线。

3.4　绝对贫困问题的历史性解决：扶贫赖以精准有效的"中国之制"

中国以精准扶贫方略推进脱贫攻坚取得全面胜利，困扰中华民族几千年的绝对贫困问题得到解决，向全球展现了中国共产党治国理政的卓越智慧和中国特色社会主义制度的显著优势。无论是穷人瞄准还是有效施策，其动能到效率之源都离不开"中国之制"。

3.4.1　精准扶贫的制度要义：对结构性绝对贫困痼疾的系统解决

按照马克思的设想，理想的未来社会"在保证社会劳动生产力极高度发展的同时又保证人类最全面的发展"[1]。以人民为中心推动生产关系变革和生产力发展，消除绝对贫困，实现共同富裕，是科学社会主义的本质要求，也是社会主义制度优越性的底线标准。

邓小平指出：建设对资本主义具有优越性的社会主义，首先必须摆脱贫穷。[2] 中国特色社会主义进入新时代，实现以人民为中心的高质量发展与共同富裕关系到中国特色社会主义制度的先进性。习近平指出，"让老百姓过上好日子是我们一切工作的出发点和落脚点"，推进国家治理体系和治理能力现代

---

[1]《马克思恩格斯全集》（第 19 卷），中共中央马克思恩格斯列宁斯大林著作编译局编译，人民出版社 1963 年版，第 130 页。

[2]《社会主义必须摆脱贫穷》，引自《邓小平文选》（第 3 卷），人民出版社 1993 年版，第 64 页。

化，使中国特色社会主义制度更加巩固、优越性充分展现，要全面消除绝对贫困，确保所有贫困地区和人口一道迈入全面小康社会，"没有任何讨价还价的余地"①。

全面消除绝对贫困作为中国式减贫的核心目标，内生于社会主义本质要求，内化于中国特色社会主义反贫困制度的发展运行中。制度设计目标是对绝对贫困问题的综合施治与系统解决。

全球视阈下绝对贫困演进路径及其治理的制度诉求带有多元性：破除后发国家或欠发达经济体的总体或普遍贫困，要走工业化与市场化驱动的增长减贫之路；破解新兴市场国家发展结构性失衡导致的特定地区或群体贫困，离不开政府功能发挥与市场机制重构；应对现代市场经济中的弱势群体、低技能者及失业者贫困，社会安全网、就业扶持、福利制度须发挥必要的保障作用。绝对贫困的时空存续呈现多因交织的复合特征，某一特定阶段的区域贫困往往是增长不足、发展失衡与市场不平等综合因素共同作用的结果。对复合型贫困痼疾进行综合施治，提供可动态优化的适宜减贫方案，是系统解决绝对贫困问题的制度要义。中国的贫困问题具有鲜明的国情特征。作为最大的发展中经济体与新兴市场，中国既面临增长与发展不平衡不充分下的区域贫困难题，也无法回避因市场失灵及不平等而产生的弱势群体贫困痼疾，由此形成结构性贫困与社会排斥型贫困交织的混合贫困，其本质上是增长不足、发展失衡与经济不平等问题的叠加共振，因此须以一套系统完备的反贫困制度体系，综合根治这一复合型贫困痼疾。

绝对贫困问题的历史性解决是中国特色社会主义现代化不断推进、走向共同富裕的必然结果。新中国成立之后，通过社会主义改造、工业化建设与1978年开启的改革开放，推进了经济起飞、益贫增长与涓滴效应扩散，在21世纪初摆脱了全国性大规模贫困局面，扶贫开发战略重心转为农村及特定区域发展脱贫。但是，粗放式扶贫的边际减贫效应衰减，亟须扶贫方略革新以提升精准性与效率。党的十八大之后，确保农村贫困人口全部脱贫成为2020年全面建成小康社会的目标硬约束，瞄准贫困县与建档立卡户、聚焦深度贫困地区实施精准扶贫、精准脱贫，成为决战脱贫攻坚、消除绝对贫困的应然之举。当涓滴效应

---

① 习近平：《在中央扶贫开发工作会议上的讲话》，引自中共中央党史和文献研究院主编：《十八大以来重要文献选编》（下），中央文献出版社2018年版，第29~30页。

衰减，总体增长无法惠及特困地区或人口时，国家实施超常规扶贫战略，打破贫困地区因资源禀赋或社会发育所限而导致的自发市场失灵及增长困境，推动其跨入市场化与现代化轨道，使之脱离"结构性贫困陷阱"。上述制度的系统设计同时涵盖了对经济不平等及劳动力市场的缺陷所致弱势群体贫困问题的治理关切，即通过人力资本投资、分配调节、社会保障网构筑，致力于解决受市场排斥的贫困群体的生计难题。随着疫情防控转向常态化，破除剩余隐性贫困痼疾、防止因疫返贫致贫、治理相对贫困成为中国特色贫困治理制度建设的新要义及未雨绸缪之举，目标焦点转为解决"三区三州"深度贫困地区的突出问题与薄弱环节，重点支持以老弱病残人口为主的隐性贫困群体、未建档立卡但存在致贫风险的边缘村户、因脱贫质量低或外生冲击可能返贫致贫的脱贫村户及人口，以及遭遇不平等或社会排斥的相对贫困人口。

中国的绝对贫困是发展不平衡不充分下的结构性贫困，兼有市场失灵与不平等所致的弱势群体贫困。根治这一复合性贫困痼疾，须有一套系统完备的反贫困制度体系，并基于这一制度安排进行综合性扶贫治贫方案设计，强化市场机制运行与政府功能发挥的协同互补、外生干预与内生赋能及政策兜底的有机耦合，实现绝对贫困问题的系统解决。中国以制度创新、结构变革与科学发展推动这一混合型贫困问题的系统解决，既体现了率先完成联合国《2030 年可持续发展议程》减贫目标的大国担当，又为全球包容增长与共享发展注入了最大减贫动能、贡献了减贫智慧，并成为提升中国特色社会主义制度自信、倡建人类命运共同体的实践支撑。绝对贫困问题得到全面解决后，中国将在贫困综合治理框架下，瞄准绝对贫困与相对贫困的结构性转换，考虑外部冲击与贫困脆弱性的交互作用，进行常态化的返贫风险管控与相对贫困治理体制的系统重构。

3.4.2　精准扶贫的制度建构：政府与市场耦合、央地及区际联动

一个国家选择什么样的治理体系，是由这个国家的历史传承、文化传统、经济社会发展水平决定的，是由这个国家的人民决定的。[①] 中国特色社会主义反

---

① 习近平：《完善和发展中国特色社会主义制度 推进国家治理体系和治理能力现代化》，载于《人民日报》2014 年 2 月 18 日。

贫困制度与贫困治理体系是在中国历史文化传承与经济社会发展的基础上长期发展、不断改进、内生演化的结果，它受到全球反贫困制度演进一般规律与共同准则的影响，但根本上是由中国社会性质、经济发展水平以及脱贫攻坚历史阶段特征决定的。其一方面将发展中国家增长脱贫与市场经济国家调节不平等以抑制贫困两种思路相融合，进行开发与保障并重的扶贫制度设计；另一方面基于中国共产党领导的政治优势与社会主义制度优势，突出政府干预与市场减贫的功能融合，逐渐形成了中国特色的脱贫攻坚制度体系，并向常态化的相对贫困治理制度体系转型。

中国特色精准扶贫制度是一个系统完备、运行有效且不断动态优化的制度体系，涵盖了基础性的反贫困制度安排和具体的反贫困机制。基础性反贫困制度界定了政府、市场、社会在国家发展减贫中的权利与功能的关系，主要涉及政府与市场在扶贫资源配置利用中的权能分配。中国采取超常规战略集中解决绝对贫困问题，坚持政府在扶贫资源配置与贫困治理中的主导地位，同时注重激发贫困对象的内生脱贫动力与市场主体的自主减贫力量，形成政府先导、市场决定、贫困对象内生脱贫的基础性制度安排。具体反贫困机制是指对政府、市场、社会、贫困对象等行为主体的激励约束机制。中国探索施行了一系列具有激励相容功效的减贫机制，如超常规战略下市场制度供给、国有经济投资参与、宏观政策运用的功能耦合；中央统筹推动、地方对口支援、贫困地区内生发展的协同脱贫攻坚；政治动员、组织派遣、政绩考核综合驱动的人才支援；跨部门、跨层级的扶贫资源整合与集成投入；市场、行业、社会协同发力的"大扶贫"运作；集中脱贫攻坚、应急贫困救助与长效贫困治理的动态耦合。

中国特色精准扶贫制度建构的核心逻辑是政府发挥战略先导作用与市场对发展脱贫渐进起决定作用的耦合互动，其通过中央统领、对口支援与地方能动的资源集成与机制联动，建立集中力量办大事的举国扶贫体制，推动绝对贫困的超常规破解。绝对贫困问题的长效解决，离不开市场对资源的高效配置和对贫困人口的有效激励；市场失灵的存在，又需要政府发展战略与机制设计为贫困地区经济起飞与增长脱贫提供先导动力。地方在脱贫攻坚中应发挥属地信息优势和资源配置能动性；中央协调与集成保证扶贫的政治合力与组织动能，克服资源错配、实现战略均衡；区际对口支援可发挥地方定向援助和区域协作优势，弥补纵向投入不足、释放市场效能。

1. 精准扶贫制度体系建构的核心逻辑是，政府发挥战略先导作用与市场后发培育并在发展脱贫中渐进起决定作用的耦合互动

处理好政府和市场关系是中国经济体制改革的核心问题。[①] 全面深化改革，使市场在资源配置中起决定性作用和更好发挥政府作用，是推进社会主义现代化、实现可持续发展与共同富裕的制度动能所在。中国历史性地解决绝对贫困问题，根本上得益于执政党集中统一领导的政治优势与中国特色社会主义制度优势的发挥，具体而言，通过有效市场与有为政府的功能互补，[②] 保证了以超常规战略解决绝对贫困问题所需的集中协调与分散能动的统分结合。

绝对贫困问题的长效解决离不开市场对资源的高效配置和对贫困人口的有效激励，市场失灵又需政府发展战略与机制设计为贫困地区经济起飞与增长脱贫提供先导动力，精准扶贫是政府发挥战略先导作用与市场后发培育并在发展脱贫中渐进起决定作用的耦合互动。

在社会主义市场经济体制框架下，市场应是发展脱贫的决定力量。地理封闭、制度陈旧导致资源沉寂、要素闲置，禁锢了财富创造和收入分配，是地区及其人口贫困的根源。应开放市场、发展产业，推动生产资料和劳动要素进入现代经济体系，释放潜在生产力，创造稳定的要素回报，形成增收脱贫的基本过程。因此，绝对贫困问题的长效解决，根本上须通过贫困地区增长减贫与贫困人口内生脱贫实现，这离不开市场对扶贫资源的高效配置和对贫困主体的有效激励。具体来看，第一，除少数自然地理条件恶劣地区以及无劳动能力人口外，绝大多数贫困地区只有借助市场的激励约束力量，才能自觉进行人力资本投资、发展生产或寻求就业脱贫，避免救济依赖和福利陷阱。有效扶贫方略应是基于脱贫成效与帮扶成本的权衡进行市场机制设计与社保制度安排，以免损害个体动力。第二，在贫困地区推进要素市场化，打破城乡二元体制藩篱，促进土地、资本和劳动力双向流动，有助于释放城镇化与

---

① 中共中央编写组：《中共中央关于全面深化改革若干重大问题的决定》（单行本），人民出版社2013 年版。

② 习近平在十八届中央政治局第二十八次集体学习时的讲话指出，继续在社会主义基本制度与市场经济的结合上下功夫，把两方面优势都发挥好，既要"有效的市场"，也要"有为的政府"。参见中共中央文献研究室：《习近平关于社会主义经济建设论述摘编》，中央文献出版社 2017 年版。

乡村振兴的发展动能与减贫潜力。第三，加快产权制度改革与营商环境优化，借助科技赋能与新经济带动，将贫困地区接入外部市场，发展符合比较优势、带贫效应显著的新产业、新业态，使之融入城乡产业链及供应链，是产业脱贫的基本路径。

但是，贫困地区因地理闭塞、资源短缺难以自发形成开放市场与现代产业，造成内生发展脱贫机制失灵，要摆脱贫困陷阱，须由政府战略介入以进行市场化导向的制度培植、要素赋能与政策支持。此外，针对市场失灵以及市场本身衍生不平等所致的弱势群体贫困，政府应发挥必要的就业扶持、收入调节与社会保障功能。中国的绝对贫困是一种结构性贫困，针对市场发育不足与市场失灵交织形成的区域贫困陷阱，政府发展战略和机制设计为地区起飞与增长脱贫提供了先导动力。其一，通过外生的制度供给与资源输入，帮助贫困地区克服资源禀赋缺陷与市场失灵，进入现代化发展与内生脱贫轨道。例如，通过集体产权制度与城乡要素市场化改革、基建投资与招商引资、东西部协作与"五个一"精准帮扶①，推动贫困地区融入开放市场网络及现代经济体系。其二，国家扶贫项目开发与国有企业投资运行，为贫困地区产业链培育及贫困者生计发展提供了基础社会资本、公共服务、供应链及市场网络，以及必要的人力资本投资、社会保障、信息服务。从交通运输、农田水利等基础工程建设，到搬迁安置、技能培训、龙头企业带贫、电商扶贫、消费扶贫、光伏扶贫等项目运作，政府政策支持与资源投入是贫困地区（人口）获得产业脱贫载体与生计渠道（机会）的基础前提。其三，财税、信贷、产业政策工具的结构化组合运用，为贫困地区产业开发、贫困人口就业提供了定向帮扶与精准赋能。例如，综合运用信贷扶贫资金、财政扶贫资金投入、税收优惠和财政贴息进行脱贫产业扶持；探索利用城乡建设用地增减挂钩、扶贫小额信贷、产业帮扶资金、以工代赈、扶贫车间等政策工具或机制进行贫困地区（人口）定向支持。其四，综合运用低保医保、养老保险、救助供养、临时救助等社会保障政策，为特殊贫困群体提供脱贫兜底；完善生存保障与就业激励平衡的收入再分配政策，实现对相对贫困长效治理。

在解决绝对贫困问题的制度安排中，政府战略先导功能与市场决定性作用

---

① 中国精准扶贫精准脱贫的方略实施中，探索形成了"五个一"帮扶机制。"五个一"是指每个贫困村有一名联系领导、一个帮扶单位、一个驻村工作组、一名"第一书记"、一名农技员。

的有机融合须遵循市场法则，本书将之概括为扶贫战略执行中的市场决定准则，① 包括以下三方面。一是政府反贫困制度供给的市场导向，突出"以脱定扶"，即瞄准贫困地区（人口）市场经济培育与发展脱贫，进行系统的扶贫制度设计。二是国家扶贫项目运行的效率基准，探索"公私合作"，即基于扶贫工作的成本收益平衡，引入市场参与扶贫资源配置，进行扶贫项目 PPP 运作、政府购买服务、资产收益扶贫以及电商扶贫。三是宏观政策运用的赋能原则，做好"支持而不伤害市场"，即通过普惠与定向结合的财税金融政策强化产业发展效能，将市场提供产业创新动力与政府支持贫困人口就业融合；保障贫困人口发展权益，提升贫困劳动力的市场议价能力。在相对贫困的常态治理中，政府与市场功能的耦合协同将起到基础性作用。

2. 通过中央统领、对口支援与地方能动的资源集成与机制联动，建立集中力量办大事的举国扶贫体制，推动绝对贫困问题超常规解决

自发市场化与工业化的空间失衡导致的区域差距与城乡对立，是中国绝对贫困问题结构性存续的直接成因。当市场本身或地方主体无法矫正这种发展不平衡时，社会总体层面的协调引导与外部支持变得必要而紧迫。马克思和恩格斯指出，"消灭城乡之间的对立……取决于许多物质前提，而且任何人一看就知道，这个条件单靠意志是不能实现的"②，"大工业在全国的尽可能均衡的分布是消灭城市和乡村的分离的条件"③，"只有按照一个统一的大的计划协调地配置自己的生产力的社会，才能使工业在全国分布得最适合于它自身的发展和其他生产要素的保持或发展"④。其一，中国共产党发挥总揽全局、协调各方的领导核心作用，依托政治领导优势和密切联系群众优势，建立起全国性的政治动员机制与组织保障体系：一方面赋予脱贫攻坚以政治"硬约束"与督查"高压"；另一方面将脱贫目标纳入政绩考核，激发脱贫攻坚的政治动能与组织动力，由此保障了超常规扶贫的强大组织力和执行力（填补了可能的市场效率缺失）。中央

---

① 习近平指出，发挥政府作用，不是简单下达行政命令，要在尊重市场规律的基础上，用改革激发市场活力，用政策引导市场预期，用规划明确投资方向，用法治规范市场行为。参见习近平：《在十八届中央政治局第三十八次集体学习时的讲话》，载于《人民日报》2017 年 1 月 23 日。

② 《马克思恩格斯全集》（第 3 卷），人民出版社 1960 年版，第 56 ~ 57 页。

③ 《马克思恩格斯选集》（第 3 卷），人民出版社 1995 年版，第 647 页。

④ 《马克思恩格斯选集》（第 9 卷），人民出版社 1995 年版，第 646 页。

政府主导建立集成性扶贫资源投入机制、资金项目管理机制、考核激励及问责机制，从全国、全社会层面进行各类扶贫资源配置的宏观协调，引导贫困人口共同参与脱贫，保证脱贫攻坚的系统运作及总体效能的集成实现。其二，对口（结对）支援作为中国特色的财政横向转移支付和区域援助模式，常被用于中央战略统筹下的区际经济援助、灾难援助、医疗援助、教育援助，发挥"全国一盘棋"的资源互补与治理联动优势。针对发展失衡导致的区域贫困，省际对口支援与合作是弥补中央政府扶贫资源缺口、发挥区域分工合作效能的必要途径。在东西部协作与对口支援制度安排下，以定向帮扶为导向的资金支持、人才支援、产业合作、劳务协作、消费帮扶机制，通过区域资源配置均等化与发展均衡化，形成对区域不平等及结构性贫困的对冲消减效应。其三，贫困地区（人口）是发展脱贫的主体；地方政府是发展脱贫的实施者，负有属地扶贫责任，掌握一线贫困信息，从发展脱贫的制度安排、机制设计，到扶贫项目运行与政策落地，地方政府发挥着不可或缺的主体决策与一线治理功能。

中央统领、对口支援与地方能动在绝对贫困问题的集中解决中具有协同互补性。其一，中国贫困问题复杂多元，脱贫攻坚决策须及时高效地处理大量异质性信息。地方政府具有脱贫攻坚的属地信息优势，其在制度探索、机制设计、项目投资、政策创新上取得适度分权和授权，有助于发挥地方能动性、释放内生脱贫动能，避免计划模式下的信息传递延迟与偏误，确保"一线"决策效率与执行效能，即可以有效配置与高效使用扶贫资源，因地制宜设计减贫路径与方案。其二，脱贫攻坚若是完全走向地方负责制，可能带来各自为政的战略失序和资源配置的区域失衡。中央掌握超常规扶贫战略主导权，发挥宏观协调与资源集成配置功能，是克服资源错配、实现战略均衡的基础保障。执政党的统筹领导与政治动员，有助于坚持扶贫事业社会主义方向，形成脱贫战略的政治合力与组织动能。其三，以超常规战略推行重大扶贫工程时，中央和地方资源投放和人员投入可能存在供求缺口，先发地区对贫困地区的对口支援可以发挥地方定向援助和区域协作优势，弥补投入短板，释放市场效能。地方官员政绩考核与扶贫政治任务挂钩，可激励先富地区为贫困地区输入财政资源、人力资本和市场动能，推进区际资源配置优化、市场效应扩散和发展模式推广。

中央统领、对口支援与地方能动的集成联动机制，作为中国特色社会主义一项重要制度安排，在发展赶超、地区脱贫攻坚、重大风险应急防控上展现了集中力量办大事的制度优势，在推进乡村振兴、克服市场失灵、治理相对贫困方面，仍将发挥不可或缺的制度功效。

3.4.3　扶贫何以精准：从区域到村户的聚焦、普惠与精准的均衡

党的十八大以来中国由大规模扶贫开发转向结构性脱贫攻坚，要求扶贫方略由普惠扶贫向精准扶贫转变，表现为扶贫对象识别的精准化和帮扶施策的最优化。扶贫方略由普惠转向精准，整村推进又到户到人、资源用在"刀刃"上，提升了扶贫靶向性、可达性以及施策功效。

1. 扶贫瞄准的精准化：从区域到村户（人）的目标聚焦

进入 21 世纪后，中国脱贫攻坚经历了一个由普惠性整体扶贫向普惠支持与精准施策结合的精准扶贫的转变过程。从围绕集中连片特困地区进行扶贫开发到聚焦重点贫困县（村）扶贫攻坚，再到瞄准建档立卡贫困户开展精准帮扶，扶贫对象瞄准"焦距"不断缩小（由地区到县、村、户、人），贫困村户识别趋于精准化。扶贫聚焦及精准识别，有助于制度设计与扶贫施策精确锁定带有结构性、异质性特征的贫困对象，及时捕捉贫困成因及演化轨迹、脱贫需求及制度偏好，从而增进扶贫精准性与施策效率。尤其是党的十八大以来，中国实施精准扶贫方略，既整村推进又到户到人、资源用在"刀刃"上，提升了扶贫靶向性、可达性以及施策功效。当前中国扶贫对象瞄准因贫困性质变化而调整，由"贫困家庭"深入"家庭内部隐性贫困成员"，由建档立卡村户转向边缘贫困人口、返贫及新增贫困人口，由物质贫困延伸到精神贫困，由绝对贫困转向相对贫困。

瞄准焦点从连片贫困地区向贫困县（村）、户（人）集中，从一般贫困地区向深度贫困乡村集中；帮扶对象从贫困人口向带贫产业（项目）延伸；贫困干预由对脱贫需求的直接满足，进一步拓展到对扶贫资源的配置盘活。扶贫精准化提升了资源投放与制度供给的脱贫支持强度，并在脱贫监督与政绩考核中嵌入"到户到人"的精确目标约束，有效扭转了粗放扶贫的形式主义和政绩主义趋向。

扶贫对象识别与需求锁定存在自上而下调查和自下而上申报两种方式，前

者是基于地理或社群特征、生计调查指标的行政筛选，容易遭遇信息失准或权力寻租难题；后者作为个体申报机制可能产生"贫困身份争夺"偏向。扶贫机制设计也会影响到识别精准性：无条件现金援助或实物救济缺乏"使用成本约束"（如贫困者与非贫困者在使用救济金方面没有机会成本差异），导致"救助争夺"或"救济依赖"；与之相比，转移支付、以工代赈、就业帮扶、税收抵扣等有条件帮扶更能契合贫困者的脱贫需求，且对非贫困者产生使用成本约束（如处于稳定生计的非贫困者没有动力参加以工代赈），从而避免"精英俘获"。随着绝对贫困问题得到解决，处于建档立卡系统之外的隐性贫困人口、边缘贫困村户、脱贫不稳定以及高返贫风险村户成为新时期的扶贫识别重点，这部分贫困村户隐蔽而易变，单一的自上而下识别面临着信息成本与执行困境，为此，将行政识别与贫困者申报结合，强化贫困者信用约束与监督，实现建档立卡动态调整常态化，有助于提升相对贫困治理中的目标识别与瞄准效率。

2. 帮扶施策的最优化：普惠支持与精准施治的动态均衡

扶贫精准不是极端化的精准，而是普惠支持与精准施策的均衡。当扶贫施策由普惠转向精准时，扶贫资源投入或预算成本减少，制度实施及政策执行成本（包括穷人识别成本、政策传导成本、"误济富人"成本，以及精准化导致的规模经济损失）会上升。因此，预算成本与执行成本曲线的交点决定了精准程度的最优边界。党的十八大以来，中国实施精准扶贫方略，突出精准扶贫的效率导向，关注目标精准与执行成本的权衡，一方面致力于全过程精准，"聚焦再聚焦、精准再精准"，扶贫资源用在"刀刃"上，下"绣花"功夫，打通政策落实"最后一公里"，做到扶贫对象精准、扶贫产业精准、扶贫方式精准、扶贫成效精准；另一方面强调防治形式主义和官僚主义，不搞"手榴弹炸跳蚤"，避免数字脱贫，提高脱贫实效。随着脱贫进度与脱贫质量的矛盾逐渐显现，对扶贫治贫施策成本与制度运行效率的考量将更为重要。一些地区出现的扶贫过度精准、只讲投入不讲成效甚至举债扶贫的现象引发人们思考。[①]

---

① 在一些地区因过度强调精准，也出现了诸如扶贫资源"精英捕获"、帮扶项目分散低效等政策执行偏差，抬高了制度运行成本。例如，追求形式化的"一村一品""一户一策"可能导致产业失败与资源浪费。

精准施策作为精准扶贫机制的核心模块，不同于传统整体性、同质性的一般施策，而是瞄准贫困异质性和结构性痼疾进行的集约化、精细化施策。精准施策与基础设施建设、社会保障兜底等普惠性发展支持相比，更为强调因地制宜、到村到户的特惠性扶贫帮扶。

精准施策首先是分类施策，从人力资本异质性看，针对健全劳动力和无（弱）劳动力两类人口，分别实施开发扶贫与保障扶贫；从致贫成因差异看，针对环境恶劣、产业落后、教育不足、劳动力丧失等不同贫困情形，进行相应的易地搬迁、生态补偿、发展生产、发展教育、社会保障等"五个一批"的脱贫施策。精准施策本质上是效率导向的精准施策，它瞄准"两不愁三保障"与用水安全等多维靶点，进行扶贫资金的精准投放，脱贫项目的精准培育，财政、金融及土地、人才等要素供给政策的精准施用，以及定点扶贫与行业帮扶。

精准施策还呈现为一种可相机抉择、能动校准的动态施策机制，其随着扶贫靶向的动态调整而进行自动施策校正。这种机制优化与调整的制度动能内生于无产阶级执政党领导扶贫治贫事业的人民性和实践性。当前中国扶贫重心正由一般贫困地区转向远离区域经济中心、处于经济链条末端的深度贫困地区，施策重点转为以基建赋能为前提的特色产业带贫、电商扶贫、消费扶贫，以及公益岗设置、特困人员救助供养等生计保障兜底。基于对不稳定脱贫户、边缘易致贫户、因疫返贫致贫户以及扶贫产业运行的动态监测，将返贫风险防控关口前移、强化技能培训与就业支持、深化扶志扶智，是中国"后扶贫时代"巩固脱贫成果、避免密集返贫的施策新动向。推进扶贫政策转型接续、支持非贫困县（村）发展，释放乡村振兴经济动能，完善相对贫困管控机制，是绝对贫困问题解决之后的贫困治理新方略。

3.4.4 施策何以有效：纾困与赋能、政策兜底与内生脱贫的统一

按照马克思主义唯物辩证法，外因必须通过内因起作用，任何事物的发展都是内外因共同作用的结果。贫困的摆脱也是一个扶贫外因与脱贫内因耦合作用的结果。精准脱贫的本质是特定贫困单元（区域、人口）通过市场制度的引入、科技赋能与生产方式变革，形成内生发展能力，跨越异质性贫困陷阱。异

质性贫困陷阱是地理、资源禀赋缺陷或社会发育不足导致的市场失灵与发展停滞的结果，表现为贫困的恶性循环，其无法通过市场化与现代化的自发进程来摆脱。破解此类贫困陷阱所进行的后发赶超——无论是市场机制生成、脱贫产业培育，还是资本积累与技术创新，都离不开中央层面的战略干预以及区域之间的外部援助，包括因地适宜的制度设计、资源输入与政策支持。因此，从扶贫干预到脱贫实现是一个外在帮扶力量推动贫困主体内生脱贫的动能触发过程。精准扶贫以精准脱贫为成效、精准脱贫以精准扶贫为驱动——只有基于内生脱贫导向、"以脱定扶"的扶贫制度安排，才能激发贫困地区增长减贫与贫困人口发展脱贫的主体赋能效应，切实推动精准扶贫与精准脱贫的内生耦合、动态均衡与质效提升。

扶贫施策的效能与效率体现为，特定的贫困地区（人口）受益于制度优化及政策帮扶而走出贫困陷阱，其形式上是物质脱贫，本质上是能力贫困与精神贫困的摆脱。脱贫施策效能可持续提升，一方面取决于能否实现普惠支持与精准施策的有机融合，其中，前者提供村户赖以发展脱贫的公共物品，如基础设施建设、"五个一批"帮扶；后者是直达村户的政策帮扶或机制赋能，如精准到村到户的项目、资金输入，或技能培训、就业支持。另一方面取决于能否实现集中施策和常态施策的有序衔接，其中，前者以超常规手段攻克绝对贫困堡垒，后者致力于对返贫或相对贫困人口的长效治理。随着精准扶贫进入收官期，在扶贫政策保持总体稳定与有效接续的前提下，锁定新的扶贫焦点进行施策动态优化，是巩固和进一步提升贫困治理施策效能的内在要求。

从扶贫到脱贫的主体化、内生化发力，从系统变革到微观干预的全方位帮扶，从精准施策到长效赋能的一体操作，形成了精准扶贫方略执行层面的精准识别与施策赋能机制。其一，精准扶贫除为贫困地区注入资本、技术、人才等发展要素外，更重要的是提供现代市场制度、发展减贫机制与兜底脱贫保障，使之融入开放共享的现代经济体系。相比给钱、给物、给牛羊的纾困救济，生产奖补、以工代赈、税收抵扣等有条件帮扶机制可以促成贫困人口"自我显示"，激发其内生脱贫动力，避免扶贫救济对市场动能的损害。其二，以精准扶贫驱动精准脱贫是对贫困地区（人口）进行系统帮扶与微观干预的统一。其中，前者体现为由制度变革、反贫困战略推进以及宏观政策带动的发展脱贫及不平等调节；后者瞄准贫困个体微观行为反应与政策反馈，开展教育、健康扶贫项目成效评估，优化扶贫施策以提升其边际功效。[①]

扶贫施策不是短期救济或临时纾困之举，而是致力于消除贫困脆弱性，形成贫困地区增长赋能机制与贫困人口生计赋能机制。其中，前者是通过资本、科技、人才等稀缺要素的注入，改革与试点政策支持，市场机制与先进理念引入，以及交通水利、冷链物流、电商及数据"新基建"的综合赋能，推动贫困地区加快城镇化与产业成长，释放发展减贫"涓滴效应"；后者是瞄准贫困人口可持续生计，实施扶贫搬迁及后续帮扶、移风易俗与精神扶贫打破贫困生态，以技能培训与就业帮扶、健康支持与教育扶贫提升人力资本，推动劳动力转入内生脱贫轨道。

扶贫施策机制的链条终端是长效赋能。中国处于社会主义初级阶段，因市场化滞后或发展结构失衡而形成的绝对贫困，主要是传统封闭小农生产方式造成的贫困，如小农户隔离于开放市场及区域经济中心之外、难以融入城乡产业链，或因劳动能力与文化教育不足而失去可持续生计机会。贫困地区（人口）只有实现生产方式的现代化才能摆脱绝对贫困，即贫困乡村和农户一方面通过集体产权制度等生产关系变革获得权利赋能与机会赋能；另一方面在生产力发展和技术进步意义上获得科技赋能、教育赋能及健康赋能，强化生计能力。

中国特色社会主义市场经济不断发展推动绝对贫困缓释。但区域失衡、市场不平等、劳资关系局部冲突决定了相对贫困的长期存续。完善社会主义基本经济制度，提高劳动报酬在初次分配中的比重，为脱贫人口做好人力资本与资产赋能、市场环境与生产方式赋能，是推进贫困治理体系与治理能力现代化，提升共同富裕水平的根本路径。

---

① 2019 年诺贝尔经济学奖获得者班纳吉（Banerjee）、迪弗洛（Duflo）、克雷默（Kremer）等学者瞄准穷人的行为变化进行减贫干预研究，利用随机实验方法进行教育、健康扶贫项目成效评估以及扶贫施策优化。但是，这种微观层面、边际意义上的政策优化在普适性与综合效果方面受到一些质疑。2018年，包括阿尔基尔（Alkire）在内的 15 名学者认为（这种方法）关注局部微观干预，但忽略了宏观经济、政治和制度因素，真正需要解决的是造成贫困、不平等的真正根源。诺贝尔经济学奖获得者安格斯·迪顿（Angus Deaton）质疑"随机对照试验"方法得出的结论很难在其他情景有效，认为社会干预发生的实际情景极其复杂。中国学者林毅夫提出，在教育、卫生缓解贫困方面，中国等国取得了巨大进展，但并未使用随机控制实验来设计社会或经济项目。

第 4 章 | CHAPTER 4

穷人更能从帮扶中受益吗：
扶贫瞄准与施策的成效检验

中国特色精准扶贫方略何以取得显著的脱贫成效？各种扶贫路径与策略能否精准、有效地助益穷人脱贫？本章使用课题组在一些典型贫困地区进行乡村调研所得的村户数据，从微观实证的视角，围绕产业扶贫、搬迁扶贫、社保兜底扶贫、信贷扶贫等扶贫方式，进行扶贫瞄准效果与施策效能、效率的实证考察，以检验帮扶对象是否精准、脱贫成效是否显著，项目、资金、措施是否精准，讨论上市公司扶贫、信息扶贫、土地制度改革助力脱贫等现实热点问题，从而为精准扶贫的瞄准机制与施策效率研究提供中国证据与启示。

在进行实证分析之前，应该明确的方法论问题是，如何测度扶贫的精准性与有效性？衡量扶贫施策是否有效，即穷人是否更能从中受益，除了看收入，还可参考主观脱贫自评，关注多维指标变化；不能只看群体平均值是否增加，还要看穷人的贫困排序是否上升；此外，群体内贫富值方差减少，也反映底层贫困群体在脱贫。

精准扶贫的经验实证面临着数据收集难题。有观点认为，精准扶贫实施期过短，难以生成足够时长的可用于施策成效检验的数据信息。我们认为，在精准扶贫方略正式提出前的扶贫开发进程中，也出现过一些带有精准扶贫特质的区域扶贫实践，可从中采集反映施策成效的信息。结合数据采集难易度，可从以下两类"样本"视角进行抉择。

其一，样本是"自然村之类的人口群体"，通过采集不同扶贫施策在这些村庄样本上的成效变化，找到使这些村庄样本脱贫成效最大、扶贫精准性最突出的扶贫瞄准与施策方式。但缺点是，无法收集足够的自然村样本数据。

其二，样本是"农户"，通过采集农户贫困程度或家庭异质性的变化数据，观察在特定社群实施某一扶贫方式时，不同农户从扶贫施策中获得的脱贫成效差异。若是越穷的村户越青睐这种政策，且受惠最大，则证明这种方式或施策产生了精准扶贫效应。此类数据容易采集。

课题组基于"到村到户"访谈数据，按第二种思路开展实证研究。

4.1　农户生计方式选择及脱贫成效：进城务工与留乡参与产业的比较

4.1.1　异质农户脱贫生计选择的城乡偏向：基于生计信息供求的视角

进城务工还是留乡发展？不同的村户有不同的生计选择倾向，反映为其对城乡生计信息的结构化诉求。本章从乡村区位差异及家庭异质性视角，探究相对贫困农户生计信息供求的城乡偏向及供求匹配程度。课题组基于在湖南省吉首市城郊和偏远乡村的抽样调查数据，对农户脱贫生计信息供求偏向的影响因素进行实证分析，发现：偏远乡村的相对贫困农户总体偏向进城寻求生计机会，表现出更强的进城务工信息需求，城郊乡村的相对贫困农户更关注乡村生计信息，对规模化农业自营、乡村创业就业的信息需求意愿较强，"逆城镇化"动能较足；农户生计信息需求受其收入水平、经营资金可得性等因素的影响，生计信息可得性则受教育水平、干部帮扶、亲朋关系等因素的影响。当前应强化对相对贫困农户生计信息的精准援助，破解信息贫困；在偏远乡村积极推进新型城镇化，在城郊乡村加快实施乡村振兴战略；精准甄别不同类型农户的致贫成因，有序引导其脱贫生计选择，推动其分流融入新型城镇化与乡村产业振兴。[①]

1. 问题提出：信息贫困是否存在，农户选择留乡还是进城

农户的城乡生计选择，不仅影响脱贫的成效与稳定性，也关系到乡村振兴

---

① 贺立龙、杨祥辉、朱方明：《异质农户脱贫生计选择的城乡偏向——一个信息视角》，载于《财经科学》2020 年第 5 期。

的主体参与。习近平在参加 2018 年"两会"广东代表团审议时强调指出，城镇化、逆城镇化两个方面都要致力推动。本部分通过对不同乡村区位（区分为城郊乡村与偏远乡村）、不同特征贫困农户的生计信息供求分析，研究相对贫困农户脱贫生计选择的城乡偏向。一是通过对信息供求的结构性考察，剖析贫困农户的信息贫困特征，以进行精准有效的信息援助，缓解信息贫困；二是研究农户对生计机会信息的需求偏向及可得性，甄别贫困农户生计选择的城乡偏向，给予精准的信息援助与政策支持，激发脱贫动力，引导最优生计选择。

2. 理论分析与假说：信息作为生计要素的稀缺性及致贫减贫功能

信息是一种生产要素，服从一定的供求规律：生计信息作为农户生计方式决策的影响因素，具有需求的派生性与供给的稀缺性。信息要素不是完全同质的：农户生计信息供求呈现出空间差异性与群体异质性。信息贫困是贫困的一种维度：贫困农户"信息劣势"带有自我强化特征，破解信息贫困需要政策干预。信息援助是农户脱贫意向转为脱贫生计选择的关键一步：基于信息信号，识别农户城乡生计偏向，给予信息援助与引导，有助于其做出最优生计选择，取得脱贫实效。

课题组对多个贫困乡村的观察及农户家计调查发现，农户生计信息的需求意愿趋于多元，信息获得感也有显著差异。进城务工经商，还是留乡参与产业，不同相对贫困农户的生计信息需求偏向不同，获得的信息供给结构也不同。围绕三个关联性问题，即城郊乡村农户与偏远乡村农户，生计信息供求状态有何不同？农户相对贫困程度、人力资本、经济资源、社会资本、政策导向，对其生计信息的需求及可得性有何影响？不同乡村、不同群体的农户通过生计信息供求信号，投射出怎样的城乡偏向？提出以下三个研究假说。

假说一：生计信息需求作为脱贫机会导向的派生需求，需求意愿的强弱与贫困程度、脱贫动力相关；需求的城乡偏向受个体偏好、人力资本、经济资源以及所处区位特征等综合因素影响；城郊乡村农户比偏远乡村农户总体更偏好乡村生计信息，偏远乡村有一定劳动能力但相对贫困的农户，受乡村发展条件所限，可能更关注城镇务工信息。

假说二：生计信息供给受制于区位交通条件，偏远乡村相比城郊乡村，生计信息相对不足；信息可得性受贫困程度、知识技能、社会资本、政策因素的综合影响，这在偏远乡村更为明显；城郊乡村获得的城乡生计信息相对均衡，偏远乡村难以设定信息供给的偏向。

假说三：生计信息供求匹配情况与信息市场建设条件有关，城郊乡村由于信息网络健全，贫困农户可以主动从"信息市场"获取生计信息，实现生计信息供求基本一致；偏远乡村处于较为严重的信息贫困状态，信息传播网络不佳，信息市场不健全，信息供求匹配度较差。

3. 数据来源、模型与变量设定

课题组调研员（贺立龙、杨祥辉、李敬等）于 2017 年 7 月前往湖南省湘西土家族苗族自治州的吉首市马颈坳镇、矮寨镇、古顺县坪坝镇、永顺县永茂镇入户调研，采集相对贫困农户数据 758 份，其中，有些分布在吉首市城郊乡村，有些分布在偏远乡村。一部分样本农户已经摆脱绝对贫困，但这部分脱贫农户仍处于相对贫困状态。

基于抽样调研的农户数据进行生计信息供求统计分析，即分别针对农户生计信息需求的城乡偏向、农户生计信息供给的城乡偏向、农户生计信息供求的匹配度，进行城郊乡村和偏远乡村的对比分析。考虑到问题性质与数据特征，采用二元 Logistic 模型，联立模型如下：

$$\begin{cases} \Omega_1 = \ln \dfrac{P_1}{1-P_1} = \alpha + \beta_1 X_1 + \beta_2 X_2 + \cdots + \beta_i X_i + \varepsilon_1 \\ \Omega_2 = \ln \dfrac{P_2}{1-P_2} = \mu + \theta_1 Y_1 + \theta_2 Y_2 + \cdots + \theta_i Y_i + \varepsilon_2 \end{cases}$$

其中，P_1 表示对进城务工信息有需求的概率；P_2 表示进城务工信息可得的概率。对变量进行如下设定。

因变量：农户对生计信息的需求意愿和生计信息的可得性分别作为需求方程和供给方程的因变量。农户表达了对城镇或乡村生计信息的需求意愿，变量取值为 1；反之取值为 0。农户认为可以得到城镇或乡村的生计信息，变量取值为 1；反之为 0。

自变量：影响农户生计供求偏向的自变量包括农户的相对贫困自评、人均年收入、致贫成因、家庭结构及人力资本（如抚养比、支柱成员受教育程度、技能水平）、家庭经济资源（如经营资金的可得性、承包地面积）、社会资本

（如亲朋关系、干部帮扶的可得性）、信息渠道（如有无信息渠道、渠道类型）、经济环境及政策的生计导向。

4. 实证结果

（1）农户对留乡发展生计信息需求的影响因素。

大量观察表明，农户生计信息需求意愿与脱贫动力正相关，也受致贫成因及生计偏好的影响。相对贫困农户的信息需求偏向——进城务工经商还是留乡参与产业，与农户贫困程度、个体偏好、人力资本、经济资源、产业环境及政策感受等多种因素都有关系。相比进城务工，农户对留乡发展生计信息需求偏向的影响因素更复杂多变，从引导农户参与乡村振兴的意义上也更值得探究。

对农户留乡发展生计信息需求进行计量分析，回归结果如表4-1所示。

表4-1　　　　　留乡发展生计信息需求的回归分析：城郊乡村与偏远乡村的对比

变量	城郊乡村			偏远乡村		
	系数	标准误	显著性水平	系数	标准误	显著性水平
相对贫困自评	-0.949	0.211	0.000 ***	-0.200	0.193	0.300
家庭人均年收入分档	0.062	0.112	0.578	0.577	0.163	0.000 **
致贫成因	0.109	0.326	0.738	-0.026	0.370	0.945
家庭支柱受教育程度	0.095	0.167	0.571	0.009	0.216	0.968
技能水平	0.223	0.195	0.253	-0.142	0.191	0.456
家庭抚养比	0.201	0.264	0.446	0.208	0.145	0.151
经营资金的可得性	-1.179	0.323	0.000 ***	-3.035	1.115	0.006 ***
承包农用地的面积	-0.062	0.317	0.846	-0.394	0.342	0.249
当地经济环境与政策形成的生计导向	-0.198	0.330	0.548	-0.035	0.490	0.943
Constant	2.228	0.880	0.011	-0.558	1.084	0.606
log *likelihood*		-119.272			-106.226	
LR *statistic*		31.62	0.0002 ***		28.78	0.0007 ***
Observations	406	406	406	352	352	352

注：***、**分别表示在1%、5%的显著性水平上显著。

从表4-1可以看出，在偏远乡村，家庭人均年收入分档对农户留乡生计信息需求有显著负向影响；经营资金的可得性对留乡生计信息需求有一定的正向影响。① 尽管统计表明偏远乡村农户的城镇化动力更足，但区分收入档次的计量分析说明，低收入农户更关注乡村生计机会，有意愿成为乡村产业主体。经营资金可得的农户偏向乡村生计，一定程度上反映出金融扶贫有助于激发农户留乡意愿，使之参与规模化经营。

在城郊乡村，相对贫困自评、经营资金的可得性对留乡生计信息有显著的正向影响。前述统计分析反映出城郊乡村农户更偏向于留乡发展，计量分析进一步表明，自评更为贫困的农户留乡意愿更强，经营资金的可得性强化了留乡意愿。无论是城郊乡村还是偏远乡村，相对贫困农户群体的留乡生计信息诉求更为明显；金融扶贫有助于激发相对贫困农户的留乡意愿、脱贫动力和经营潜力。

（2）农户留乡发展生计信息可得性的影响因素。

对农户留乡发展生计信息可得性进行计量分析，回归结果如表 4-2 所示。

表 4-2　　　　留乡发展生计信息可得性的回归分析：城郊乡村与偏远乡村的对比

变量	城郊乡村			偏远乡村		
	系数	标准误	显著性水平	系数	标准误	显著性水平
有无信息渠道	2.791	1.323	0.035 **	5.064	4.036	0.210
家庭支柱受教育程度	0.800	0.308	0.009 ***	-2.992	1.757	0.089 *
家庭支柱技能水平	2.280	0.849	0.007 ***	0.989	1.390	0.477
经营资金的可得性	0.564	0.697	0.418	0		
承包农用地的面积	-1.018	0.829	0.219	1.405	6.978	0.840
亲朋关系的可得性	-1.242	1.155	0.282	5.654	4.415	0.200
干部帮扶的可得性	0			-0.026	6.658	0.997
当地经济环境与政策形成的生计导向	0.802	0.545	0.141	0		
Constant	-9.582	3.610	0.008 ***	0.684	7.637	0.929
log *likelihood*		-33.272			-4.199	
LR statistic		12.03	0.0997 *		14.52	0.0244 **
Observations	180	180	180	42	42	42

注：***、** 和 * 分别表示在 1%、5% 和 10% 的显著性水平上显著。

由表 4-2 可以看出，在偏远乡村，家庭支柱受教育程度对农户留乡生计信息可得性有显著的负向影响。前面分析发现低收入农户更关注乡村生计信息，

---

① 因变量原始取值 0 和 1 分别代表需要"留乡发展信息"（0）和需要"进城务工信息"（1）。进行计量分析时，模型将值"1"识别为需要进城务工信息的概率，故分析对留乡发展信息的需求时，应将正系数解释为负影响、负系数解释为正影响。

此处表明，受教育程度较低（往往较为贫困）的农户在乡村生计信息可得性上有比较优势。原因可能是，受教育少的农户局限于获得乡村内部的生计信息；受教育多的农户青睐进城务工机会，从而选择性地忽略乡村生计信息。强化偏远乡村中产业发展与市场机会的信息供给，有助于引导人力资本素质较高的农户留乡创业和发展生产。

在城郊乡村，有无信息渠道、家庭支柱受教育水平、家庭支柱技能水平对留乡生计信息可得性有显著的正向影响。与偏远乡村不同，城郊乡村受教育程度高的农户在乡村生计信息可得性上有比较优势，更能识别乡村生产经营或创业就业机会。前面分析发现自评贫困的农户更关注乡村生计信息，但此处表明，受教育程度高的农户（往往贫困程度低）更能得到乡村生计信息，这可能是因为城郊乡村生计的市场化水平与技术层次更高，需要更高的人力资本来匹配。强化对城郊农户的教育与技能培训，提升其人力资本层次，有助于促进乡村产业振兴与农户就业创业。此外，有无信息渠道关系到城郊农户留乡生计信息可得性，因此政策宣传及市场信息扩散有助于城郊农户参与乡村产业发展。

（3）农户进城务工生计信息可得性的影响因素。

对农户进城务工生计信息可得性进行计量分析，回归结果如表4-3所示。

表4-3　　　进城务工生计信息可得性的回归分析：城郊乡村与偏远乡村的对比

变量	城郊乡村			偏远乡村		
	系数	标准误	显著性水平	系数	标准误	显著性水平
有无信息渠道	2.838	1.642	0.084 *	1.037	0.717	0.148
家庭支柱受教育程度	0.183	0.489	0.708	0.209	0.404	0.606
家庭支柱技能水平	2.289	1.076	0.033 **	-0.128	0.343	0.709
经营资金的可得性	-0.484	0.883	0.584	-1.933	1.220	0.113
承包农用地的面积	1.218	1.088	0.263	0.608	0.691	0.379
亲朋关系的可得性	0			1.485	0.632	0.019 **
干部帮扶的可得性	6.250	2.411	0.010 ***	-0.758	0.640	0.236
当地经济环境与政策形成的生计导向	2.039	0.696	0.003 ***	2.277	1.161	0.050 **
Constant	-9.689	5.188	0.062 *	-3.040	1.974	0.124
log *likelihood*		-18.679			-37.477	
LR statistic		21.12	0.0036 ***		15.51	0.0499 **
Observations	142	142	142	136	136	136

注：***、**和*分别表示在1%、5%和10%的显著性水平上显著。

在偏远乡村，亲朋关系的可得性、当地经济环境与政策形成的生计导向对进城务工生计信息可得性有显著的正向影响。这表明，偏远乡村农户往往通过亲朋好友介绍获取进城务工的生计信息，劳动力转移有自发性、追随性；政策引导提供了进城务工信息，促进了劳动力转移。

在城郊乡村，有无信息渠道、家庭支柱技能水平、干部帮扶的可得性、当地经济环境与政策形成的生计导向对进城务工信息有显著的正向影响。干部帮扶取代亲朋好友关系网络，成为城郊农户进城务工信息的重要来源。有一定技能的农户更容易得到务工信息。

实地调查也发现，偏远乡村农户进城务工大多偏向于建筑、制造业中的低技能劳动密集型岗位，城郊乡村农户进城务工主要偏向于有一定技能要求的商贸服务业岗位。这反映出，干部帮扶及政策引导对城郊乡村农户获取进城务工的技术类岗位信息有更大的影响。

5. 结论与政策启示

（1）结论。

偏远乡村农户偏向于寻求进城务工信息，但信息可得性差，陷入信息贫困。偏远乡村的农户远离中心城市与市场，受限于乡村产业发展不足，总体上更偏向于进城寻求生计机会，进城务工的信息需求意愿较强。但也有部分低收入农户较为关注乡村生计机会，有意愿留乡开展生产经营；能得到经营资金的农户偏向乡村生计，金融扶贫有助于激发农户留乡意愿。偏远乡村的农户缺乏生计信息渠道，总体上生计信息获得感不强，大部分农户陷入信息贫困状态，尤其是留乡生产经营方面的发展机会不足，存在生计信息"供求失衡"。受教育程度低（相对贫困程度深）的农户在乡村生计信息可得性上有比较优势；受教育程度高的农户青睐进城务工机会，往往选择性地忽略乡村生计信息。偏远农户大多借助亲朋好友网络寻求与获取进城务工信息。

城郊乡村农户偏向于寻求留乡经营信息，信息可得性与自身受教育程度及政策引导有关。城郊乡村农户更关注乡村生计信息，对规模化农业自营、乡村创业、本地非农就业的信息需求意愿较强，形成较强的逆城镇化动力。自评相对贫困的农户留乡意愿更强，经营资金的可得性强化了农户留乡发展的意愿。城郊乡村的生计信息网络相对健全，农户在留乡生产或创业方面获得较多的信息支持。其中，受教育程度较高的农户在乡村生计信息可得性上优势较为明显，更能识别乡村生产经营或创业就业机会。信息渠道与城郊乡村农户留乡生计信息可得性有紧密关联，政策宣传及市场信息扩散有助于城郊乡村农户参与乡村产业发展。干部帮扶取代亲朋好友关系网络，成为城郊乡村农户进城务工信息的重要来源。

贫困程度深的农户的生计信息供求匹配不佳，偏远乡村存在较为严重的信息供求失衡。城郊乡村的生计信息供求匹配稍优于偏远乡村，但二者情况都不佳。城郊乡村生计信息供求不匹配，政策引导存在改进空间。远郊乡村生计信息供求失衡与其整体信息贫困有关。

（2）政策启示。

一是因域、分人施策，对相对贫困农户进行生计信息的"精准援助"，破解乡村"信息贫困"。在偏远乡村增加生计信息总量供给，构筑信息"扶贫网"。政府做好信息公共产品生产，通过政策引导、媒体宣传，为农户在本地经营创业或外出务工经商提供更多市场信息。发挥村干部、乡贤、能人的"信息策源"作用，依托亲戚邻里"朋友圈"，促进生计信息的乡村传播。推行信息化及互联网基础设施建设，针对相对贫困农户开展互联网及信息获取能力培训，实施信息入网"户户通"工程，提升相对贫困农户获取生计信息的主动性，打通信息入户"最后一公里"。瞄准农户外出务工信息需求，通过帮扶部门、对口支援城市、扶贫企事业单位的主导对接，给予有效的务工岗位安置、劳务输出引导、就业信息推介，建构外出务工信息平台。针对留乡意愿强的农户，政府主导构建"小农户"链接"大市场"的信息对接渠道，打造乡村创业与就业信息平台。在城郊乡村提升生计信息供给质量，强化信息"含金量"。推行"互联网＋乡村创业"模式，开展"智慧乡村"建设，实现城乡信息融合。县（乡）政府主导，引入社会资本构建乡村创新创业类信息平台，为乡村创业者提供市场需求、业务选择以及要素信息。发挥乡村大中型企业、本地企业家的"信息辐射"作用，畅通城乡信息，强化农户乡村产业经营的市场导向及信息保障。扩大城郊乡村与中心城市、产业发达城市的信息交流，提升农户进城务工经商的质量层次。

二是分类、按需帮扶，合理引导农户的生计选择，推动脱贫攻坚与乡村振兴有序衔接。区分偏远乡村与城郊乡村，有序引导新型城镇化与乡村振兴战略的融合推进。在偏远乡村推动剩余劳动力向城镇转移就业，加快新型城镇化进程。在城郊乡村加快实施乡村振兴战略，支持农户留乡创业及经营，鼓励人才向农村流动，推进"逆城镇化"为乡村振兴赋能。加强对偏远乡村进城务工劳动力的技能培训、信息帮扶与就业引导，做好户口、社保及子女教育方面的配套支持，增进农户进城务工的稳定性，提升岗位层次以及城镇化质量。加强偏远乡村的基础设施建设，增加农户留乡发展机会，平衡城镇化与乡村振兴关系，防止贫困乡村"空心化"。在城郊乡村探索城乡融合的体制机制，从基础设施、信息网络、制度安排、产业创新等方面，增进乡村创业成效及产业运行效率。依托城郊乡村区位及产业环境优势，制定集成性的产业发展政策，引导本乡籍贯的"企业家"回乡创业。基于生计信息诉求信号，合理引导农户脱贫生计选择，推动脱贫攻坚与乡村振兴有序衔接。畅通产业扶贫、劳务输出政策进村入户"传导渠道"，强化政策帮扶的精准性与生计赋能效应。针对偏远乡村普遍存在的"发展机会缺失型"相对贫困农户，强化技能培训与就业创造，激发内生脱贫动力。区分无劳动能力、半（弱）劳动力、全劳动力三类，对应落实兜底、就业帮扶、产业经营激励脱贫政策，强化脱贫生计的稳定性与长效性，切实推进脱贫农户在乡村产业链的内生融入。针对城郊劳动能力不足型贫困农户，除继续做好社保兜底脱贫，也要充分发挥城乡融合的产业溢出效应，引入更多企业设置"扶贫车间"。强化农户文化教育与技能培训，激发半（弱）劳动力的内生脱贫动力，引导其生产就业。

4.1.2　家庭异质性与收入结构、脱贫质量：对四川某省定贫困县的调查

本部分主要研究农户脱贫实际效果、持续性与福利陷阱问题。通过界定经营性收入、工资性收入、转移收入和财产性收入，区分总收入中的生产性收入与非生产性收入，分析生产性收入是否是经营主导，既衡量帮扶施策的增收效应与脱贫质量，又以之为依据考察返贫现象；同时，还分析农户脱贫是主要依靠自身经营活动还是通过政策性福利分配以达到"输血式"短效脱贫的。此外，通过分析收入是否对政策产生依赖，发现脱贫质量高的家庭往往是未陷入福利陷阱的家庭。

1. 变量设定与数据来源

在贫困脆弱性的衡量方面，本部分不仅涵盖金融服务改善情况，也将食物保障、住房保障、医疗保障及饮用水保障共同纳入衡量，体现农户生活水平多维脱贫质量，具有代表性并且剔除了单一变量导致的不稳定因素。结合收入脱贫质量，共同反映农户脱贫的满意度。变量说明及描述性统计如表4－4所示。

表4－4 变量说明及描述性统计

变量	变量解释	均值	标准差	最小值	最大值
生产性收入主导地位	非经营性收入主导＝0，经营性收入主导＝1	0.10	0.30	0	1
生产性收入比重（％）	生产性收入/家庭纯收入	0.18	0.22	0	1
总收入主导地位	转移收入主导＝0，生产性收入主导＝1	0.92	0.28	0	1
转移收入比重（％）	转移收入/家庭纯收入	0.15	0.22	0	1
收入脱贫质量	低质＝0，高质＝1	0.79	0.40	0	1
生活水平多维脱贫质量	低质＝0，高质＝1	0.70	0.46	0	1
脱贫满意度	脱贫满意度	0.98	0.13	0	1
家庭初始贫困类型	深度贫困＝1，一般贫困＝0	0.30	0.46	0	1
民族	户主族别：苗族＝0，汉族＝1	0.84	0.36	0	1
家庭劳动力结构（％）	家庭非劳动人口数/家庭劳动人口数	1.10	1.00	0	6
家庭支柱受教育程度	学历：小学及以下＝0，初中及以上＝1	0.24	0.43	0	1
培训	就业培训：未参加就业培训＝0，已参加就业培训＝1	0.50	0.50	0	1
家庭生产性资金	产业扶持基金：不可得＝0，可得＝1	0.13	0.34	0	1
	小额信贷：不可得＝0，可得＝1	0.31	0.46	0	1
外出务工	家中成员通过政府安排外出务工：没有＝0，有＝1	0.06	0.23	0	1
农户可感受到的政策支撑导向	本地就业机会：没有获得＝0，获得＝1	0.28	0.45	0	1
	家庭公益岗成员：没有＝0，有＝1	0.15	0.36	0	1
	产业扶持基金：不知道＝0，知道＝1	0.59	0.49	0	1
	小额信贷：不知道＝0，知道＝1	0.83	0.38	0	1
农户感受到的基础设施与公共服务的保障质量	低质＝0，高质＝1	0.97	0.17	0	1
城乡区位	偏远村＝0，城郊村＝1	0.48	0.50	0	1
地理空间	山上＝0，山下＝1	0.85	0.36	0	1

本部分将被解释变量分为中介因变量与最终目标因变量两类，呈递进关系。中介因变量包括：①生产性收入主导地位；②生产性收入比重，计算生产性收入在家庭总纯收入中所占比重，可看出家庭的纯总收入中究竟是通过劳动所获较多还是通过其余渠道所获较多，反映家庭的脱贫积极性；③总收入主导地位；④转移性收入比重，可反映贫困家庭在脱贫过程中是否陷入了福利陷阱。

最终目标因变量包括以下三个。①收入脱贫质量。拟定家庭人均核实年收入为 5000 元以上的是高质量脱贫，家庭人均核实年收入为 5000 元以下的为低质量脱贫。②生活水平多维脱贫质量。考量的维度分别为食物保障质量、住房保障质量、医疗保障质量和饮用水保障质量，满足两个维度即为高质量脱贫。③脱贫满意度。其为加权平均。

将解释变量归为以下三类。①村庄特征变量。包括城乡区位、地理空间和民族。②家庭特征变量。包括家庭初始贫困类型，家庭人力资本结构（使用人口抚养比测算贫困家庭中非劳动年龄人口与劳动年龄人口数之比，抚养比越大，表明劳动力人均承担的抚养人数越多，意味着劳动力的抚养负担越严重），家庭劳动力结构［分为全劳动力家庭、家庭支柱为全劳动力的半弱劳动力家庭与家庭支柱为半（弱）劳动力家庭］，家庭经济资本存量（以能否得到产业扶持基金及小额贷款来界定家庭生计资金的可得性），家庭社会资本（关系网络）状态（选取家中有无劳动力通过政府安排外出务工来测定家庭的社会网络），农户感受到的政策支撑、基础设施与公共服务的支持导向（可具体界定为高质还是低质）。③家庭成员特征变量。家庭支柱的人力资本不仅影响自身的脱贫积极性，也影响着整个家庭脱贫的持续性，这里主要考察家庭支柱教育水平的高低，及其是否参加过就业培训。

数据来自课题组调研员（贺立龙、杨祥辉、王赫等）2019 年在四川盆地南缘、川滇黔结合部的某一省定贫困县进行的入户问卷调查。课题组在县内各个乡镇村落随机调查 720 户，其中有效样本 715 份。

2. 实证分析

中介效应由三个方程构成，我们简单用 Y 指代因变量、M 指代中介变量、X 指代自变量。

$$Y = \alpha_1 + \beta_1 X + \varepsilon_1 \tag{4.1}$$

$$M = \alpha_2 + \beta_2 X + \varepsilon_2 \tag{4.2}$$

$$X = \alpha_3 + \gamma_1 X + \gamma_2 M + \varepsilon_3 \tag{4.3}$$

使用 Probit 模型和多元回归，式（4.1）衡量 X 对 Y 的总体影响，式（4.2）衡量 X 对中介变量的影响，式（4.3）衡量 X 对 Y 的直接影响。

从表 4 - 5 可以看出，劳动力结构表现出对脱贫质量和满意度的负向影响，即负担越重，脱贫质量和满意度越低；基础设施与公共服务的保障质量可以提高脱贫质量和满意度。地理空间仅影响收入脱贫质量，城乡区位影响着整体脱贫满意度和多维脱贫质量；汉族身份会使得收入脱贫质量更高，少数民族身份的多维脱贫质量相对更高，二者对脱贫满意度均无显著影响；就业帮助（就业培训、本地就业机会、公益岗均得到）以及产业扶持金（知道并且得到）不能显著提高脱贫质量和满意度，而知道并且得到小额贷款的贫困户的生活水平多维脱贫质量反而更低，这可能是由于小额贷款给贫困户带来了更大的生活压力，实际上抬高了生活成本。

表 4 - 5 因变量对自变量的回归结果

变量	收入脱贫质量	生活水平多维脱贫质量	脱贫满意度
家庭初始贫困类型	- 0.159 (0.116)	- 0.0402 (0.113)	0.248 (0.308)
家庭劳动力结构	- 0.336 *** (0.107)	- 0.196 ** (0.0961)	- 0.366 * (0.189)
学历	0.0353 (0.130)	- 0.0337 (0.117)	0.136 (0.317)
政府的帮助	0.359 (0.249)	0.220 (0.230)	
基础设施与公共服务的 保障质量	0.484 * (0.294)	0.524 * (0.280)	0.831 * (0.431)
城乡区位	- 0.0542 (0.121)	0.200 * (0.113)	0.524 * (0.296)
地理空间	0.344 ** (0.162)	- 0.0334 (0.152)	0.431 (0.302)
民族	0.415 *** (0.140)	- 0.426 *** (0.149)	- 0.244 (0.405)

续表

变量	收入脱贫质量	生活水平多维脱贫质量	脱贫满意度
小额贷款	0.0829 (0.119)	-0.304 *** (0.109)	-0.184 (0.256)
产业扶持金	0.0887 (0.171)	-0.104 (0.151)	
就业帮助	-0.121 (0.177)	-0.146 (0.172)	0.0746 (0.469)
常数项	0.392 (0.374)	0.836 ** (0.351)	1.661 *** (0.613)
N	715	715	587
Pseudo R^2	0.0443	0.0293	0.118
Wald chi2	32.63	25.57	29.58
LL	-347.2	-421.1	-51.67

注：***、** 和 * 分别代表在 1%、5% 和 10% 的显著性水平上显著。

从表 4-6 可以看出，在调整了其他变量后，城乡区位、地理空间更有利于贫困户发展经营性产业，提高其生产经营性收入的比重；就业帮助、小额贷款、产业扶持金能够显著促进经营性收入的增加，从而提高生产性收入的比重；一个有趣的结果是，贫困户认为政府有帮助，但该变量却在 10% 的显著性水平上负向影响了生产性收入的比重。深度贫困家庭的收入结构中，生产性收入占比更高。深度贫困、抚养比高的贫困户家庭，转移性收入都比较高，收入来源主要依靠转移性收入。更高学历的确可以提高贫困户的内生动力，提高其生产性收入。小额贷款、就业帮助也具有类似的促进作用。

表 4-6　　　　　　　　中介变量对自变量的回归结果

变量	生产性收入主导地位	生产性收入比重	收入主导地位	转移性收入比重
家庭初始贫困类型	-0.0556 (0.158)	0.0334 * (0.0183)	-0.573 *** (0.153)	0.165 *** (0.0174)
家庭劳动力结构	0.0847 (0.153)	0.0105 (0.0170)	-0.920 *** (0.206)	0.120 *** (0.0197)
学历	0.185 (0.153)	-0.0130 (0.0199)	0.770 *** (0.234)	-0.0535 *** (0.0135)

续表

变量	生产性收入主导地位	生产性收入比重	收入主导地位	转移性收入比重
政府的帮助	-0.324 (0.299)	-0.0573* (0.0319)	0.0982 (0.441)	-0.0215 (0.0350)
基础设施与公共服务的保障质量		0.0469 (0.0288)	-0.0373 (0.506)	0.0294 (0.0357)
城乡区位	0.350** (0.168)	0.0297* (0.0169)	0.0467 (0.168)	-0.00603 (0.0160)
地理空间	-0.689*** (0.204)	-0.107*** (0.0272)	-0.209 (0.283)	-0.00993 (0.0205)
民族	0.0620 (0.203)	-0.00155 (0.0203)	0.195 (0.198)	0.00850 (0.0156)
小额贷款	0.465*** (0.140)	0.0768*** (0.0195)	0.759*** (0.246)	-0.0547*** (0.0124)
产业扶持金	0.594*** (0.173)	0.111*** (0.0312)	-0.131 (0.248)	-0.0103 (0.0207)
就业帮助	0.401* (0.210)	0.0742*** (0.0279)	0.636* (0.360)	-0.0264 (0.0174)
常数项	-1.468*** (0.362)	0.143*** (0.0450)	3.230*** (0.668)	-0.115** (0.0533)
R^2	—	0.106	—	0.280
N	694	715	715	715
Pseudo R^2	0.0992	—	0.262	—
Wald chi2	50.13	—	66.84	—
LL	-202.4	96.12	-152.0	186.5
F	—	7.360	—	18.40

注：***、**和*分别代表在1%、5%和10%的显著性水平上显著。

从表4-7可以看出，生产性收入、转移收入比重提高反而会在更大概率上导致收入脱贫质量更低。当工资性收入超过经营性收入时，脱贫满意度有更大概率提高。

表 4 - 7　　　　　　　　　因变量对中介变量、自变量的回归结果

变量	收入脱贫质量	生活水平多维脱贫质量	脱贫满意度
生产性收入主导地位	0.257 (0.309)	- 0.0341 (0.301)	- 0.990 ** (0.494)
生产性收入比重	- 1.329 *** (0.428)	- 0.151 (0.402)	1.006 (0.719)
收入主导地位	- 1.037 *** (0.390)	- 0.424 (0.410)	0.915 (0.574)
转移性收入比重	- 2.554 *** (0.532)	- 0.695 (0.538)	1.195 (1.143)
家庭初始贫困类型	0.219 (0.136)	0.0427 (0.130)	0.130 (0.381)
家庭劳动力结构	- 0.151 (0.105)	- 0.172 * (0.103)	- 0.385 ** (0.159)
学历	- 0.0675 (0.136)	- 0.0409 (0.119)	0.166 (0.328)
政府的帮助	0.247 (0.261)	0.205 (0.229)	
基础设施与公共服务的 保障质量	0.614 ** (0.293)	0.552 ** (0.281)	0.910 ** (0.439)
城乡区位	- 0.0437 (0.125)	0.207 * (0.114)	0.527 * (0.287)
地理空间	0.203 (0.170)	- 0.0715 (0.156)	0.470 * (0.282)
民族	0.481 *** (0.143)	- 0.413 *** (0.150)	- 0.231 (0.409)
小额贷款	0.103 (0.128)	- 0.300 *** (0.112)	- 0.181 (0.253)
产业扶持基金	0.138 (0.180)	- 0.0924 (0.153)	
就业帮助	- 0.0851 (0.183)	- 0.128 (0.172)	0.0411 (0.482)
常数项	1.472 *** (0.569)	1.280 ** (0.567)	0.533 (0.828)
N	715	715	587
Pseudo R^2	0.112	0.0324	0.131
Wald chi2	80.64	29.07	61.76
LL	- 322.6	- 419.7	- 50.86

注：***、** 和 * 分别代表在 1%、5% 和 10% 的显著性水平上显著。

家庭负担更重时，脱贫质量、脱贫满意度有下降趋势；政府加大对基础设施的投资，能够促进高质量、高满意度脱贫。城乡区位正向影响着生活水平多维脱贫质量和脱贫满意度。地理空间对脱贫满意度有影响，或者说脱贫满意度存在地理差异。汉族贫困户的收入脱贫质量更高，少数民族贫困户的生活水平多维脱贫质量更高。与前面结果不一致的是，贫困类型、最高学历、产业扶持金、就业帮助均未体现出对脱贫质量、脱贫满意度的影响。小额贷款对生活水平多维脱贫质量有负向影响，对收入脱贫质量、脱贫满意度没有影响。

表 4-5 至表 4-7 的结果共同表明，家庭特征、政策等变量对脱贫质量、脱贫满意度、收入结构变量有影响，引入收入结构变量前后，家庭特征、政策等变量表现出了不同的影响，有理由认为，收入结构充当了中介变量。

鉴于参数方法在检验中介效应方面的缺点，我们采用偏差校正的非参数百分位方法对中介效应进行非参数差值检验，即检验直接效应是否等于总效应，利用 Stata15 实现这一过程。如果这些路径系数 95% 的置信区间没有包括 0，表明中介效应显著。中介效应检验结果如表 4-8 所示。

表 4-8 中介效应检验结果

中介效应检验	观测系数	Bootstrap标准误	偏差矫正置信区间（95%）	
			下限	上限
家庭初始贫困类型—收入主导地位—收入脱贫质量	0.792	0.225	0.324	1.200
家庭劳动力结构—收入主导地位—收入脱贫质量	0.769	0.265	0.273	1.243
家庭劳动力结构—转移性收入比重—收入脱贫质量	-0.271	0.12	-0.478	-0.030
学历—收入主导地位—收入脱贫质量	-0.837	0.515	-1.437	-0.205
基础设施与公共服务的保障质量—生产性收入主导地位—收入脱贫质量	-4.32	0.516	-5.335	-3.374
地理空间—生产性收入主导地位—收入脱贫质量	0.892	0.283	0.303	1.396
民族—生产性收入比重—收入脱贫质量	0.483	0.148	0.214	0.776
民族—收入主导地位—收入脱贫质量	0.286	0.24	0.174	0.762
民族—转移性收入比重—收入脱贫质量	0.473	0.148	0.176	0.741
小额贷款—收入主导地位—收入脱贫质量	-0.656	0.576	-1.373	-0.151
家庭初始贫困类型—收入主导地位—生活水平多维脱贫质量	0.616	0.234	0.123	1.059
家庭劳动力结构—收入主导地位—生活水平多维脱贫质量	0.748	0.240	0.167	1.151
家庭劳动力结构—转移性收入比重—生活水平多维脱贫质量	-0.292	0.106	-0.51	-0.109

续表

中介效应检验	观测系数	Bootstrap标准误	偏差矫正置信区间（95%）	
			下限	上限
学历—收入主导地位—生活水平多维脱贫质量	-0.811	0.490	-1.364	-0.256
基础设施与公共服务的保障质量—生产性收入主导地位—生活水平多维脱贫质量	-4.383	0.519	-5.309	-3.527
地理空间—生产性收入主导地位—生活水平多维脱贫质量	0.617	0.265	0.004	1.060
民族—生产性收入主导地位—生活水平多维脱贫质量	-0.475	0.269	-0.970	-0.036
民族—生产性收入比重—生活水平多维脱贫质量	-0.412	0.155	-0.709	-0.124
民族—收入主导地位—生活水平多维脱贫质量	-0.608	0.248	-1.103	-0.079
民族—转移性收入比重—生活水平多维脱贫质量	-0.422	0.155	-0.727	-0.121
小额贷款—生产性收入主导地位—生活水平多维脱贫质量	-0.765	0.185	-1.200	-0.438
小额贷款—生产性收入比重—生活水平多维脱贫质量	-0.377	0.114	-0.606	-0.173
小额贷款—收入主导地位—生活水平多维脱贫质量	-1.059	0.573	-1.664	-0.526
小额贷款—转移性收入比重—生活水平多维脱贫质量	-0.245	0.113	-0.464	-0.043
产业扶持基金—生产性收入主导地位—生活水平多维脱贫质量	-0.687	0.254	-1.137	-0.138
家庭劳动力结构—生产性收入比重—脱贫满意度	-0.396	0.298	-0.749	-0.231
家庭劳动力结构—转移性收入比重—脱贫满意度	-0.505	0.298	-0.912	-0.105
政府的帮助—生产性收入主导地位—脱贫满意度	3.983	0.858	2.770	4.693
政府的帮助—生产性收入比重—脱贫满意度	3.717	0.436	3.043	4.276
政府的帮助—转移性收入比重—脱贫满意度	3.681	0.433	3.044	4.209
基础设施与公共服务的保障质量—生产性收入主导地位—脱贫满意度	-4.024	1.855	-9.468	-2.767
地理空间—生产性收入主导地位—脱贫满意度	1.159	0.546	0.182	1.823
产业扶持基金—生产性收入主导地位—脱贫满意度	3.274	0.543	2.314	3.930
产业扶持基金—生产性收入比重—脱贫满意度	3.758	0.522	3.066	4.247
产业扶持基金—收入主导地位—脱贫满意度	3.999	0.626	0.112	4.707
产业扶持基金—转移性收入比重—脱贫满意度	3.879	0.522	3.244	4.304

从表4-8可以看出，家庭初始贫困类型、家庭劳动力结构、学历、基础设施与公共服务的保障质量、民族、地理空间、小额贷款、产业扶持基金、政府的帮助等变量对脱贫质量、脱贫满意度具有不同的影响途径。家庭特征决定了家庭的主要收入来源，进一步影响着收入脱贫质量。具体来看，家庭初始贫困

类型通过影响主要收入来源来影响收入脱贫质量、生活水平多维脱贫质量；家庭劳动力结构通过影响收入主导地位、转移性收入比重影响收入脱贫质量、生活水平多维脱贫质量，通过影响生产性收入和转移性收入比重影响脱贫满意度；学历可通过影响收入主导地位影响收入脱贫质量、生活水平多维脱贫质量；基础设施与公共服务的保障质量可通过影响生产性收入主导地位影响收入脱贫质量、生活水平多维脱贫质量、脱贫满意度；小额贷款通过影响收入主导地位影响收入脱贫质量，通过影响生产性收入主导地位、生产性收入比重、收入主导地位、转移性收入比重影响生活多维脱贫质量；产业扶持基金通过影响生产性收入主导地位影响生活水平多维脱贫质量，通过影响生产性收入主导地位、生产性收入比重、收入主导地位、转移性收入比重影响脱贫满意度。收入结构在地理空间、民族身份方面的差异体现为脱贫质量、脱贫满意度差异。

3. 结论及建议

从结果来看，家庭特征、外部环境通过影响收入结构影响贫困户的脱贫质量和精准扶贫政策的效果。本书研究结果和大量既有实证研究结果大体一致。更高学历可以激发贫困户的内生动力，激发其脱贫动力，这是很重要的，显示出对贫困户进行再教育的重要性。而政府的帮助（包括基础设施与公共服务、小额贷款等政策）显示出的效果与经济理论并不一致。小额贷款更由于要按时还款而造成贫困户生活成本提高，产业扶持基金、就业帮助等对脱贫质量、脱贫满意度的影响似乎是不明显的，但是其可以影响农户的收入结构。

贫困户的某些特征短时间内难以改变，如家庭初始贫困类型、家庭劳动力结构等。这部分不利因素通过强有力的兜底政策能够减小对脱贫质量的影响。扶贫应当着重考虑内生动力激发与外部环境营造的结合。基础设施的投入能够改变收入结构，促进高质量、高满意度脱贫，这是由于外部环境改善使得生产条件改善；对贫困户进行再教育是更值得关注的，高学历（高技能、高认知水平）的贫困户对转移性收入的依赖性更少，这是遏制返贫的重要因素。小额贷款、产业扶持、就业帮助更应当落到实处，打消贫困户的疑虑，才能真正扶贫。值得关注的是，产业扶持、就业帮助虽然可以影响收入结构，但对脱贫质量并无显著影响，这说明贫困户并未真正得到好处。

值得深入研究的一点是，小额贷款、产业扶持基金、就业帮助能否解决贫困户如何用钱、如何赚钱。政策有，但是有资金无处投，这种不匹配问题也是导致资金使用效率低下的原因之一。

4.1.3 收入结构如何影响脱贫质量：对乌蒙山区贫困县的村户调研

本部分从乡村性质差异以及静态与动态两种视角，探究收入结构与脱贫质量的关系以及收入结构形成的政策影响因素。课题组基于在地处乌蒙山区的四川某贫困县乡村的抽样调查数据，对农户收入结构与脱贫质量的关系以及政策导向下收入结构形成的影响因素进行实证分析，得出以下两点结论。（1）工资主导型收入结构显著促进脱贫质量的提升，经营收入主导型和转移收入主导型收入结构显著抑制脱贫质量的提高。从分析视角来看，这种影响无论在收入占比的静态视角下还是在增收过程的动态视角下均成立。从村落性质差异来看，三种收入结构对脱贫质量的影响均仅在贫困村显著，在非贫困村则不显著。（2）政策导向对收入结构的形成具有显著影响，产业扶贫政策、就业创业扶贫政策和金融扶贫政策在收入结构的形成中发挥着重要作用。当前应促使农户形成可持续收入结构，提升脱贫质量；加大对非贫困村扶贫政策落实和项目资金规划安排力度，促进贫困村与非贫困村均衡发展；充分发挥政策导向在引导农户收入结构形成中的积极作用。

1. 问题提出：收入结构与脱贫质量是否存在相关关系，经营主导、工资主导和转移主导的收入结构分别对脱贫质量存在何种影响

如何实现稳定脱贫，保证脱贫质量？收入结构不同的农户家庭脱贫质量不同。脱贫质量的高低，不仅反映脱贫的成效与稳定性，也关系到乡村振兴的主体参与。本部分通过对不同村落性质（区分为贫困村与非贫困村）、不同视角下（区分为收入占比的静态视角与增收过程的动态视角）的分析，研究收入结构对脱贫质量的影响以及收入结构形成的政策影响因素。一是通过村落性质异质性考察和多视角分析，剖析贫困农户收入结构对脱贫质量的影响，促进脱贫质量的提升；二是研究政策导向下收入结构形成的影响因素，发掘产业扶贫政策、就业创业扶贫政策和金融扶贫政策在收入结构形成中的作用，以给予精准的政策支持，激发脱贫动力，引导农户可持续收入结构的形成。

2. 理论分析与假说：脱贫质量的重要性及其与收入结构的内在联系

脱贫质量关乎农民福祉、返贫风险，是打赢脱贫攻坚战、实施乡村振兴战略的重中之重。农民收入来源主要分为经营性收入、工资性收入、转移性收入和财产性收入。家庭收入结构反映农户的生计特征，关系到收入脱贫的层次与质量。政策引导是农户收入结构形成的重要一环：根据农户收入结构形成机理，给予政策援助与引导，帮助其形成可持续收入结构，提高脱贫质量。课题组对多个贫困乡村的调研发现，农户脱贫质量存在显著差异，收入结构与脱贫质量存在一定关系。围绕三个关联性问题，即经营主导型、工资主导型和转移主导型收入结构分别对脱贫质量具有何种影响，该影响在贫困村与非贫困村存在何种差异，以及产业扶贫政策、就业创业扶贫政策和金融扶贫政策对收入结构的形成有何影响，提出以下研究假说。

假说一：外出务工收益较为稳定，工资主导型收入结构显著促进脱贫质量的提升；贫困农户主要经营性收入来源仍停留在传统的粮食种植、经济林果种植和传统家畜家禽养殖的小规模经营层面，面临规模化困境与病虫害风险，加之成本逐年攀升、农产品价格低迷等因素，经营收入主导的收入结构未必能维持较高的收入质量；贫困户靠政策兜底，形成转移性收入主导的收入结构则会抑制脱贫质量的提升。

假说二：收入结构对脱贫质量的影响存在异质性，该影响在贫困村和非贫困村的表现有所差异。

假说三：三种收入结构的形成会受到产业扶贫政策、就业创业扶贫政策和金融扶贫政策的影响。

3. 数据来源、模型与变量设定

课题组于 2019 年 3 月在地处乌蒙山区的四川省南部某贫困县 14 个乡镇，通过入户调研方式，获得有效样本 714 份。

课题组调研员（贺立龙、杨子瑜）基于抽样调研的农户数据，进行收入结构对脱贫质量影响的实证分析，并进一步探究政策导向下收入结构形成的影响因素。这里模型设定采用二元 Logistic 回归。

$$Y = \alpha_0 + \alpha_1 X + \alpha_2 Control + \varepsilon \tag{4.4}$$

$$Y = \text{LogitP}(Y = 1 \mid X) = \ln \frac{\text{P}(Y = 1 \mid X)}{\text{P}(Y = 0 \mid X)} \qquad (4.5)$$

对变量进行如下设定。

因变量：脱贫质量采用是否稳定脱贫变量来度量。按 2018 年四川省贫困线标准 3600 元的 1.5 倍作为临界值，若农户人均年收入≥5400 元，定义为稳定脱贫，取值为 1；反之为非稳定脱贫，取值为 0。

自变量：收入结构，分别从静态和动态两个视角采用以下变量衡量。静态视角包括是否经营性收入主导、是否工资性收入主导和是否转移性收入主导；动态视角包括经营性收入是否是新增收入最大部分、工资性收入是否是新增收入最大部分和转移性收入是否是新增收入最大部分。将以上变量作为自变量依次代入模型进行回归。

控制变量：包括户主特征变量（户主性别、户主民族和户主受教育程度）和农户家庭特征变量（建档立卡总人数、劳动力人口数、抚养比、家庭患慢病人数、家庭患大病人数、家庭是否有残疾人、家庭金融状况和距离县城远近）。

4. 实证结果

（1）收入结构对脱贫质量的影响：静态视角。

为从静态角度研究不同性质村落贫困农户收入结构对脱贫质量的影响，区分贫困村、非贫困村分别对模型进行回归，结果如表 4 - 9 所示。

表 4 - 9　　　收入结构对脱贫质量的影响：静态视角（贫困村与非贫困村的对比）

变量	贫困村			非贫困村		
	是否稳定脱贫	是否稳定脱贫	是否稳定脱贫	是否稳定脱贫	是否稳定脱贫	是否稳定脱贫
是否经营性收入主导	- 0.893 *** (0.303)			- 1.128 (0.804)		
是否工资性收入主导		1.224 *** (0.289)			0.658 (0.712)	
是否转移性收入主导			- 1.764 *** (0.555)			0.492 (1.468)
户主性别	- 0.471 (0.423)	- 0.483 (0.437)	- 0.656 (0.450)	- 1.694 * (0.886)	- 1.697 * (0.871)	- 1.671 ** (0.844)

续表

变量	贫困村			非贫困村		
	是否稳定脱贫	是否稳定脱贫	是否稳定脱贫	是否稳定脱贫	是否稳定脱贫	是否稳定脱贫
户主民族	0.930 *** (0.288)	0.888 *** (0.287)	0.782 *** (0.279)	-0.586 (0.609)	-0.607 (0.607)	-0.677 (0.602)
户主受教育程度	0.182 (0.281)	0.151 (0.289)	0.059 (0.286)	-0.378 (0.431)	-0.419 (0.428)	-0.410 (0.427)
建档立卡总人数	-0.196 (0.149)	-0.197 (0.151)	-0.193 (0.148)	-0.625 ** (0.310)	-0.628 ** (0.315)	-0.629 ** (0.300)
劳动力人口数	0.104 (0.293)	-0.001 (0.295)	0.007 (0.292)	1.402 ** (0.650)	1.433 ** (0.660)	1.456 ** (0.647)
抚养比	-0.273 (0.243)	-0.366 (0.249)	-0.347 (0.246)	0.576 (0.457)	0.607 (0.468)	0.579 (0.445)
家庭患慢病人数	-0.065 (0.177)	-0.009 (0.179)	-0.086 (0.180)	-0.503 (0.337)	-0.521 (0.334)	-0.524 (0.337)
家庭患大病人数	0.533 (0.439)	0.540 (0.426)	0.751 * (0.417)	-0.946 (0.808)	-0.940 (0.803)	-0.864 (0.823)
家庭是否有残疾人	-0.250 (0.256)	-0.247 (0.258)	-0.209 (0.253)	0.091 (0.447)	0.082 (0.442)	-0.014 (0.426)
家庭金融状况	-0.213 (0.267)	-0.218 (0.270)	-0.146 (0.269)	0.366 (0.488)	0.350 (0.500)	0.391 (0.511)
距离县城远近	-1.110 ** (0.472)	-1.147 ** (0.465)	-1.092 ** (0.453)	-0.108 (0.432)	-0.095 (0.428)	-0.061 (0.428)
常数项	2.844 *** (0.709)	2.125 *** (0.715)	3.341 *** (0.734)	2.890 ** (1.362)	2.174 (1.430)	2.789 ** (1.320)
样本数	471	471	471	183	183	183

注：*** 、 ** 和 * 分别代表在 1%、5% 和 10% 的显著性水平上显著。

从表 4-9 可以看出，是否经营性收入主导的系数为 -0.893 *** (0.303)，是否工资性收入主导的系数为 1.224 *** (0.289)，是否转移性收入主导的系数为 -1.764 *** (0.555)，说明工资主导型收入结构显著促进脱贫质量的提升，经营主导型和转移主导型收入结构显著降低脱贫质量。收入结构对脱贫质量的上述影响仅在贫困村显著，在非贫困村则不显著。

对于控制变量，在贫困村，户主民族的系数分别为 0.930 *** (0.288)、

0.888^{***}（0.287）和 0.782^{***}（0.279），说明相比户主为苗族的家庭，户主为汉族的农户家庭脱贫质量更高。距离县城远近的系数分别为 -1.110^{**}（0.472）、-1.147^{**}（0.465）和 -1.092^{**}（0.453），说明相比偏远地区，城郊地区农户的脱贫质量更低，意味着城郊贫困农户未能充分利用区位优势实现稳定脱贫，存在扶贫"灯下黑"现象。在非贫困村，户主性别的系数分别为 -1.694[*]（0.886）、-1.697[*]（0.871）和 -1.671^{**}（0.844），说明相比户主是女性的家庭，户主为男性的农户家庭脱贫质量相对较低。建档立卡总人数的系数分别为 -0.625^{**}（0.310）、-0.628^{**}（0.315）和 -0.629^{**}（0.300），对脱贫质量有显著负向影响。劳动力人口数的系数分别为 1.402^{**}（0.650）、1.433^{**}（0.660）和 1.456^{**}（0.647），对脱贫质量有显著正向影响。

（2）收入结构对脱贫质量的影响：动态视角。

动态视角下收入结构对脱贫质量影响的检验结果如表 4 - 10 所示。

表 4 - 10　　　　收入结构对脱贫质量的影响：动态视角（贫困村与非贫困村的对比）

变量	贫困村			非贫困村		
	是否稳定脱贫	是否稳定脱贫	是否稳定脱贫	是否稳定脱贫	是否稳定脱贫	是否稳定脱贫
经营性收入是否是新增收入最大部分	-0.774^{***} (0.253)			-0.230 (0.457)		
工资性收入是否是新增收入最大部分		1.154^{***} (0.247)			0.316 (0.439)	
转移性收入是否是新增收入最大部分			-1.626^{***} (0.492)			-0.402 (0.829)
户主性别	-0.481 (0.433)	-0.434 (0.446)	-0.563 (0.432)	-1.620[*] (0.829)	-1.591[*] (0.826)	-1.663[*] (0.849)
户主民族	0.910^{***} (0.282)	0.853^{***} (0.284)	0.773^{***} (0.287)	-0.642 (0.609)	-0.650 (0.610)	-0.689 (0.612)
户主受教育程度	0.150 (0.276)	0.095 (0.282)	0.033 (0.286)	-0.469 (0.442)	-0.505 (0.452)	-0.445 (0.435)
建档立卡总人数	-0.228 (0.150)	-0.264[*] (0.155)	-0.215 (0.150)	-0.629^{**} (0.306)	-0.640^{**} (0.309)	-0.643^{**} (0.305)
劳动力人口数	0.171 (0.294)	0.102 (0.296)	0.004 (0.288)	1.444^{**} (0.650)	1.450^{**} (0.656)	1.474^{**} (0.657)

续表

变量	贫困村			非贫困村		
	是否稳定脱贫	是否稳定脱贫	是否稳定脱贫	是否稳定脱贫	是否稳定脱贫	是否稳定脱贫
抚养比	-0.221 (0.244)	-0.254 (0.250)	-0.306 (0.244)	0.602 (0.454)	0.622 (0.459)	0.614 (0.450)
家庭患慢病人数	-0.067 (0.179)	-0.000 (0.181)	-0.080 (0.183)	-0.532 (0.332)	-0.540 (0.331)	-0.536 (0.338)
家庭患大病人数	0.642 (0.433)	0.685 (0.433)	0.751 (0.433)	-0.755 (0.787)	-0.729 (0.775)	-0.904 (0.811)
家庭是否有残疾人	-0.257 (0.257)	-0.218 (0.262)	-0.144 (0.255)	0.036 (0.426)	0.050 (0.428)	0.010 (0.433)
家庭金融状况	-0.191 (0.267)	-0.243 (0.272)	-0.220 (0.269)	0.399 (0.506)	0.395 (0.507)	0.362 (0.512)
距离县城远近	-1.286** (0.505)	-1.404*** (0.508)	-1.093** (0.462)	-0.077 (0.428)	-0.063 (0.430)	-0.040 (0.436)
常数项	3.028*** (0.747)	2.488*** (0.739)	3.346*** (0.732)	2.783** (1.311)	2.494* (1.377)	2.804** (1.334)
样本数	471	471	471	183	183	183

注：***、**和*分别代表在1%、5%和10%的显著性水平上显著。

从表 4 - 10 可以看出，经营性收入是否是新增收入最大部分的系数为 -0.774*** (0.253)，工资性收入是否是新增收入最大部分的系数为 1.154*** (0.247)，转移性收入是否是新增收入最大部分的系数为 -1.626*** (0.492)，说明从收入增长过程来看，工资主导型收入结构显著促进脱贫质量的提升，而经营主导型和转移主导型收入结构则显著降低脱贫质量，这与静态视角下所得结论相一致。同样，收入结构对脱贫质量的上述影响仅在贫困村显著，在非贫困村则不显著。

对于控制变量，在贫困村，户主民族、距离县城远近对脱贫质量的影响与静态视角不相一致；建档立卡总人数的系数为 -0.264* (0.155)，对脱贫质量具有显著负向影响，说明人口负担对脱贫质量的制约作用在动态视角下更加明显。在非贫困村，同静态视角结果相同，户主性别、建档立卡总人数和劳动力人口数对脱贫质量具有显著影响。

（3）政策导向下收入结构形成的影响因素。

为进一步研究政策导向下收入结构形成的影响因素，将模型中的被解释变量替换为收入结构，将解释变量替换为一系列扶贫政策变量，包括产业扶贫（是否自己独立发展产业、是否在带领下发展产业、是否加入合作社、是否入股合作社、是否获得产业扶持金）、就业创业扶贫（家中有几人通过政府安排外出务工、家中有几人获得本地公益岗位就业机会、是否自主创业）以及金融扶贫（是否获得扶贫小额信贷）。政策导向下收入结构形成的影响因素的检验结果如表 4 - 11 所示。

表 4 - 11　　　　　　　政策导向下收入结构形成的影响因素（两种视角）

变量	静态视角			动态视角		
	是否经营性收入主导	是否工资性收入主导	是否转移性收入主导	经营性收入是否是新增收入最大部分	工资性收入是否是新增收入最大部分	转移性收入是否是新增收入最大部分
是否自己独立发展产业	0.996 *** (0.386)	- 0.933 *** (0.326)	0.581 (0.652)	1.179 *** (0.301)	- 0.832 *** (0.249)	- 0.160 (0.467)
是否在带领下发展产业	0.053 (0.473)	- 0.031 (0.433)	- 0.337 (0.700)	0.187 (0.345)	- 0.163 (0.354)	- 0.222 (0.647)
是否加入合作社	1.497 *** (0.556)	- 1.629 *** (0.546)	1.226 (0.791)	0.485 (0.453)	- 1.077 ** (0.427)	2.253 *** (0.756)
是否入股合作社	- 1.276 (0.828)	1.430 ** (0.713)	- 0.998 (1.416)	- 1.698 ** (0.763)	1.690 *** (0.593)	- 1.341 (0.952)
是否获得产业扶持基金	0.954 *** (0.345)	- 0.676 ** (0.326)	- 0.744 (0.663)	0.957 *** (0.275)	- 0.864 *** (0.282)	- 0.083 (0.686)
家中有几人通过政府安排外出务工	- 1.070 (0.660)	0.717 (0.584)	0.528 (0.819)	- 0.963 ** (0.457)	0.540 (0.388)	0.836 (0.374)
家中有几人获得本地公益岗位就业机会	1.128 *** (0.306)	- 0.784 ** (0.316)	- 1.030 (0.963)	0.562 ** (0.279)	- 0.518 * (0.273)	- 0.565 (0.659)
是否自主创业	1.061 ** (0.451)	- 1.160 *** (0.443)	1.408 * (0.809)	1.507 *** (0.388)	- 1.410 *** (0.409)	- 0.190 (1.204)
是否获得扶贫小额信贷	1.037 *** (0.276)	- 0.656 *** (0.252)	- 1.055 (0.678)	0.336 (0.217)	- 0.133 (0.212)	- 1.160 ** (0.581)
户主性别	1.228 * (0.628)	- 0.588 (0.435)	- 0.125 (0.687)	0.697 * (0.385)	- 0.840 ** (0.351)	1.625 * (0.916)
户主民族	0.713 * (0.405)	- 0.116 (0.345)	- 1.699 ** (0.681)	0.766 *** (0.282)	- 0.290 (0.258)	- 2.064 *** (0.610)

变量	静态视角			动态视角		
	是否经营性收入主导	是否工资性收入主导	是否转移性收入主导	经营性收入是否是新增收入最大部分	工资性收入是否是新增收入最大部分	转移性收入是否是新增收入最大部分
户主受教育程度	0.310 (0.318)	0.130 (0.310)	-2.505 *** (0.807)	-0.333 (0.240)	0.674 *** (0.246)	-2.841 ** (1.109)
建档立卡总人数	-0.110 (0.213)	0.109 (0.220)	-0.462 (0.784)	-0.264 * (0.141)	0.340 ** (0.143)	-0.665 (0.410)
劳动力人口数	-0.594 (0.407)	0.939 ** (0.424)	-1.515 (1.431)	0.020 (0.266)	0.268 (0.276)	-1.509 ** (0.754)
抚养比	-0.361 (0.332)	0.538 (0.351)	-0.466 (1.123)	0.187 (0.214)	-0.129 (0.227)	0.100 (0.603)
家庭患慢病人数	0.652 *** (0.213)	-0.669 *** (0.202)	0.602 (0.369)	0.273 (0.166)	-0.354 ** (0.165)	0.551 (0.480)
家庭患大病人数	-2.431 ** (1.118)	1.479 ** (0.683)	-0.050 (0.770)	0.221 (0.363)	-0.279 (0.346)	-0.369 (0.845)
家庭是否有残疾人	-0.107 (0.331)	-0.159 (0.282)	0.927 * (0.523)	-0.023 (0.239)	-0.239 (0.223)	1.363 *** (0.505)
家庭金融状况	-0.656 * (0.367)	0.521 * (0.311)	0.118 (0.576)	-0.345 (0.256)	0.456 * (0.243)	-0.944 (0.665)
距离县城远近	-0.085 (0.358)	-0.156 (0.337)	0.740 (0.640)	-0.637 *** (0.246)	0.276 (0.245)	1.602 ** (0.661)
常数项	-3.748 *** (1.020)	1.325 (0.875)	1.469 (1.569)	-2.496 *** (0.642)	0.966 (0.599)	0.346 (1.504)
样本数	654	654	654	654	654	654

注：***、** 和 * 分别代表在1%、5%和10%的显著性水平上显著。

从表4-11可以看出，静态视角下，当是否经营性收入主导作为被解释变量时，是否自己独立发展产业的系数为0.996 *** (0.386)，是否加入合作社的系数为1.497 *** (0.556)，是否获得产业扶持基金的系数为0.954 *** (0.345)，说明农户无论选择自主发展产业还是通过合作社引领发展产业，都有助于形成经营收入主导型收入结构，产业扶持基金则为之提供了专项资金支持。家中有几人获得本地公益岗位就业机会的系数为1.128 *** (0.306)，是否自主创业的系数为1.061 ** (0.451)，说明农民自主创业成果斐然。是否获得扶贫小额信贷的系数为 1.037***（0.276），说明信贷多用于种植、养殖等经营性用途并从中获益。

当是否工资性收入主导作为被解释变量时，是否自己独立发展产业的系数为 −0.933***（0.326），是否加入合作社的系数为 −1.629***（0.546），是否获得产业扶持基金的系数为 −0.676**（0.326），是否自主创业的系数为 −1.160***（0.443），是否获得扶贫小额信贷的系数为 −0.656***（0.252），侧面反映了上述政策对经营性收入提升有显著促进作用，从而工资性收入占比会大幅下降。是否入股合作社的系数为 1.430**（0.713），说明入股合作社提高了农户的劳动积极性，除了入股分红外，还能通过受雇在合作社工作促进工资性收入大幅提高。家中有几人获得本地公益岗位就业机会的系数为 −0.784***（0.316），结合前面的分析，可能因为在政府公益岗位安置下的农户经营性收入占比最大，而公益岗位工资水平较低，不足以改变原有收入结构。

当是否转移性收入主导作为被解释变量时，是否自主创业的系数为 1.408*（0.809），说明农民自主创业存在风险，可能出现创业失败从而依赖转移性收入维生的情况。户主性别、户主民族、户主受教育程度、劳动力人口数、家庭患慢病人数、家庭患大病人数、家庭是否有残疾人、家庭金融状况的系数均显著，对收入结构有显著影响。

动态视角下，主要关注与静态视角下政策变量对收入结构影响的不同之处，相同点则不再赘述。当经营性收入是否是新增收入最大部分作为被解释变量时，是否入股合作社的系数为 −1.698**（0.763），家中有几人通过政府安排外出务工的系数为 −0.963**（0.457），说明入股合作社和政府安排外出务工的方式在促进工资性增收这一动态过程中作用显著。是否加入合作社和是否获得扶贫小额信贷对增收效果无明显影响。当工资性收入是否是新增收入最大部分作为被解释变量时，同样，金融扶贫政策效果不再显著。当转移性收入是否是新增收入最大部分作为被解释变量时，是否加入合作社的系数为 2.253***（0.756），反映了部分农户可能持有"搭便车"的心态加入合作社，有"等、靠、要"思想，脱贫主观能动性较差。是否获得扶贫小额信贷的系数为 −1.160**（0.581），说明小额信贷有助于帮助农户形成持续脱贫动能，摆脱"输血式"脱贫方式。是否自主创业的影响不再显著。户主性别、户主民族、户主受教育程度、建档立卡总人数、劳动力人口数、家庭患慢病人数、家庭是否有残疾人、家庭金融状况、距离县城远近对收入结构的形成均具有显著影响。

5. 结论与政策启示

（1）结论。

第一，收入结构对脱贫质量具有显著影响，具体表现为工资主导型收入结构显著促进脱贫质量的提升，经营收入主导型和转移收入主导型收入结构显著抑制脱贫质量的提高。从分析视角来看，这种影响无论在收入占比的静态视角下还是在增收过程的动态视角下均成立。

第二，收入结构对脱贫质量的影响存在异质性，三种收入结构对脱贫质量的影响均仅在贫困村显著，在非贫困村则不显著。

第三，政策导向对收入结构的形成具有显著影响。结合静态与动态两种视角，对于经营主导型收入结构的形成，农户自己独立发展产业、加入合作社、获得产业扶持基金、自主创业，以及获得扶贫小额信贷都有助于大幅提升经营性收入。对于工资主导型收入结构的形成，入股合作社的效果斐然，除了入股分红外，农户还能通过受雇在合作社工作实现工资性收入大幅提高。政府安排外出务工显著促进农户增收，而本地公益岗位安置的政策作用则不理想。对于转移主导型收入结构的形成，是否获得扶贫小额信贷能够显著抑制转移性收入占比的增加。值得注意的是，自主创业存在风险，部分合作社社员可能存在"搭便车"行为，都可能导致形成转移主导型收入结构。

（2）政策启示。

一是促使农户形成可持续收入结构，提升脱贫质量。尽管回归结果表明经营主导型收入会制约脱贫质量的提升，但该结果的出现是因为传统农业经营方式生产技术落后、增收效果较差以及从事务农工作的农户人力资本有待提高等因素所致。作为农民收入的重要来源，经营主导型收入蕴藏着巨大的潜力，且具有可持续效应。提高农民经营性收入、工资性收入的收入占比和增收幅度，降低转移性收入的静态占比和动态增加，有助于实现稳定脱贫。包括调研地区在内，我国农户家庭财产性收入占比普遍较低，财产性收入有望成为农民增收新亮点。

二是促进贫困村与非贫困村均衡发展。目前存在着项目、政策、资金向贫困村倾斜较多，而向非贫困村倾斜相对较少的情况，导致不同性质村落的发展不平衡。应加大对非贫困村扶贫政策落实和项目资金规划安排的力度，力推实现非贫困村与贫困村统筹推进、均衡发展。

三是充分发挥政策导向在引导农户收入结构形成中的积极作用。产业兴旺是乡村振兴的重要基础，要改变传统的农业经营模式，延伸产业链条，提升农产品附加值。通过产业扶持基金提供资金支持，合作社、龙头企业带动提供技术支持和产品代销服务等方式构建现代农业产业体系，促进农民经营性收入的增加。此外，加强合作社内部管理，防范社员"搭便车"现象，鼓励社员入股、入职合作社，提高农户参与感。在就业创业政策方面，应完善就业创业帮扶多项举措：加大教育和技术培训，提高农民工素质和技能；帮助安排农村劳动力外出务工，以劳务输出助力脱贫；提高公益性岗位人员工资及福利，吸纳困难群体本地就业；鼓励农户自主创业，提供补贴并防范风险。在金融扶贫政策方面，继续推进扶贫小额信贷业务，精准识别多元融资需求，倡导农户将信贷用于赋能型用途，助力缓解相对贫困。注重金融产品创新，通过不断丰富产品结构、拓宽产品供给渠道等方式，满足乡村群众多样化的金融服务需求，使农户逐步降低转移性收入占比、提高经营性收入占比。

4.1.4　家庭特征、收入结构与脱贫质量：对甘孜藏族自治州贫困村户的考察

1. 问题提出：哪些因素会影响农户的收入结构，收入结构是否会影响农户最终的脱贫效果

不同农户如何形成了不同的收入结构？收入结构是否作为中介性因素影响到农户脱贫效果？本部分通过对农户收入结构的识别，以及对这种收入结构对于农户脱贫质量影响的探究，探讨如何激发农户脱贫动力，给予精准有效的扶贫支持。

2. 数据来源与基本事实描述

本部分所用数据来自课题组调研员（贺立龙、王赫、杨祥辉等）于 2018 年前往甘孜藏族自治州某贫困县的实地调研，区分近郊和远郊乡村，抽样选择 5 个贫困乡村入户调研，主要采用面对面访谈方法，采集有效问卷 208 份。该贫困县位于四川省甘孜藏族自治州西北部，县境总面积 11025.24 平方千米，山多

地少，经济以牧业为主；人均收入较低，且两极分化现象明显，绝对贫困人口数量较大。

问卷访谈中收集了包括"种植、养殖、经商等经营性收入""务工、上班等工资性收入""土地租金、征地、财政和信贷资金分红等财产性收入""各类政府补贴、亲友给钱等转移性收入"等分类收入数据，我们对各类型收入进行加总，计算各类收入占总收入的比重，以此为标准，将农户收入类型划分为经营性收入为主、务工性收入为主以及转移性收入为主三类（将"土地租金、征地、财政和信贷资金分红等财产性收入""各类政府补贴、亲友给钱等转移性收入"归为转移性收入为主类别）。

课题组调研员（贺立龙、涂远迪、杨祥辉）结合农户家庭的其他特征，对不同收入结构的农户家庭进行了分类特征的统计描述。

从表4-12可以看出，从收入结构看，转移性收入为主的家庭最多，经营性收入为主的家庭最少，说明农户脱贫收入来源渠道对政策或外部依赖性较强。

表4-12　　　　　　　　　根据收入结构对208户农户家庭进行划分

家庭收入结构	农户数（户）	占比（%）
经营性收入为主	25	12
务工收入为主	49	23.6
转移性收入为主	134	64.4
总计	208	100

从表4-13可以看出，经营性收入为主的家庭脱贫质量最高；转移性收入为主的家庭脱贫质量最低，其对政府帮扶的依赖性较强。

表4-13　　　　　　　　　不同类型家庭收入脱贫质量

家庭收入结构	人均收入未超过4000元		人均收入超过4000元		总计（户）
	农户数（户）	占比（%）	农户数（户）	占比（%）	
经营性收入为主	0	0	25	100	25
务工性收入为主	1	2	48	98	49
转移性收入为主	104	77.6	30	22.4	134
总计	105	—	103	—	208

从表4-14可以看出，转移性收入和经营性收入为主的家庭，新增收入为

转移性收入的比重最大；务工性收入为主的家庭新增收入为务工性的比重最大；农户家庭的收入结构比较稳定，但普遍对转移性收入增量的依赖较大。

表 4 - 14　　　　　　　　　不同收入类型的家庭新增收入的最大部分

家庭收入结构	经营性收入		务工性收入		转移性收入		总计（户）
	农户数（户）	占比（%）	农户数（户）	占比（%）	农户数（户）	占比（%）	
经营性收入为主	10	40	2	8	13	52	25
务工性收入为主	3	6.1	26	53.1	20	40.8	49
转移性收入为主	2	1.5	3	2.3	127	96.2	132
总计	15	—	31	—	160	—	206

从表 4 - 15 可以看出，农户普遍了解产业扶持政策，其中，转移性收入为主的农户了解程度较低，务工性和经营性收入为主的农户了解程度较高。

表 4 - 15　　　　　　　　　对产业扶持基金的了解程度

家庭收入结构	您是否知道产业扶持基金				
	否（户）	占比（%）	是（户）	占比（%）	总计（户）
经营性收入为主	3	12	22	88	25
务工性收入为主	3	6.1	46	93.9	49
转移性收入为主	28	20.9	106	79.1	134
总计	22	—	186	—	208

从表 4 - 16 可以看出，务工性收入为主的家庭获得资金或实物支持自己独立发展产业的比例最高；转移性收入为主的家庭占比最低，产业发展动能较弱。

表 4 - 16　　　　　　　　　家庭经济资源的可得性

家庭收入结构	是否获得资金或实物支持，自己独立发展产业				
	否（户）	占比（%）	是（户）	占比（%）	总计（户）
经营性收入为主	14	56	11	44	25
务工性收入为主	20	40.8	29	59.2	49
转移性收入为主	98	73.1	36	26.9	134
总计	132		76		208

从表 4 - 17 可以看出，获得资金和实物支持后，三种收入类型的家庭均主要发展了种植和养殖业，经营性收入为主的家庭在旅游和其他服务业、兼营产业上

投入的比重高于其他类型家庭，转移性收入为主的家庭主要发展种植和养殖业。

表 4 – 17　　　　　　　　**不同收入结构家庭发展产业的类型**

项　目	经营性收入为主	务工性收入为主	转移性收入为主
种植和养殖业（户）	7	29	27
所占比例（%）	63.6	100	75
旅游和其他服务业（户）	1	0	3
所占比例（%）	9	0	8.3
其他（包括以上兼有）（户）	3	0	6
所占比例（%）	27.3	0	16.7

从表 4 – 18 可以看出，农户普遍认为产业扶贫政策对家里增收有帮助，其中务工性收入为主的家庭满意度最高。

表 4 – 18　　　　　　　　**农户对产业扶贫帮扶增收效果的满意度**

项　目	经营性收入为主	务工性收入为主	转移性收入为主
有帮助（户）	20	42	96
所占比例（%）	80	85.7	71.6
无帮助（户）	5	7	38
所占比例（%）	20	14.3	28.4

3. 实证策略

在因变量的选取上，设定家庭收入结构为中介因变量（M），为三分类变量；脱贫质量（人均收入是否超过 4000 元）为最终因变量（Y），如果人均收入超过 4000 元，则该变量取值为 1，否则为 0（见表 4 – 19）。

表 4 – 19　　　　　　　　　　　**因变量**

变量	变量解释	变量取值
家庭收入结构	当前收入主要来源为哪一类型	经营性收入 = 0，务工性收入 = 1，转移性收入 = 2
脱贫质量	人均收入是否超过 4000 元	否 = 0，是 = 1

自变量（对家庭收入结构的影响因素）包括家庭人口特征（家庭劳动力结构、抚养比）、家庭经济资源的可得性（是否获得资金和实物支持自己发展产业）、家庭社会资本的可得性（是否在企业、合作社、大户的带领下发展产业）、

政府帮扶政策（通过政府帮扶获得本地就业机会人数、家庭中是否有人参加过就业培训）、家庭所在地城乡区位（农户所在家庭是否在近郊）和家庭生计信息的可得性（是否知道产业扶持基金、是否知道小额扶贫贷款）（见表 4 – 20），将这些因素统称为变量 X。

表 4 – 20　　　　　　　　对农户家庭收入类型的影响变量

变量类别	变量名称	变量取值
家庭人口特征	家庭劳动力结构抚养比	半（弱）劳动力家庭 = 0；家庭支柱为全劳动力的半（弱）劳动力家庭 = 1；全劳动力家庭（60 岁以上人口 + 接受义务教育人口）/劳动力人口（当分母为零时视为缺失值）= 2
家庭经济资源的可得性	是否获得资金和实物支持自己发展产业	否 = 0，是 = 1
家庭社会资本的可得性	是否在企业、合作社、大户的带领下发展产业	否 = 0，是 = 1
政府帮扶政策	通过政府帮扶获得本地就业机会人数	扶贫车间、公益岗位工作工人人数（人）
	家中是否有人参加过就业培训	否 = 0，是 = 1
家庭所在地城乡区位	农户所在家庭是否在近郊	否 = 0，是 = 1（居住乡村距离德格县是否在 40 千米之内）
家庭生计信息的可得性	是否知道产业扶持基金	否 = 0，是 = 1
	是否知道小额扶贫贷款	否 = 0，是 = 1

家庭收入结构作为中介变量为三分类变量，所以采用多类别逻辑回归（multinomial Logistic）模型。

$$\ln\left(\frac{P(type=manage)}{P(type=welfare)}\right)=b_{10}+b_{11}x_i \qquad (4.6)$$

$$\ln\left(\frac{P(type=work)}{P(type=welfare)}\right)=b_{10}+b_{11}x_i \qquad (4.7)$$

由事实描述可知，该地区以转移性收入为主的农户所占比例最大，脱贫质量较低，生计信息可得性和经济资源的可得性较差，因此将其设置为基准组。使用多类别逻辑回归模型只能获得各组类别相对于基准组（转移性收入）的估计系数（log odds），该系数的经济含义解释不够直观，因此通过对估计系数取幂得到与选择基准组的概率的比值，这一指标也被称为相对风险系数。最终结果为所有系数估计值对应的胜算比（odds ratio），即 e^b。

对于中介效应的研究，沿用巴伦和肯尼（Baron and Kenny，1986）提出的因果逐步回归的方法。首先，将自变量对因变量进行回归，回归系数 c 显著（模型1）；其次，将自变量对中介变量进行回归，回归系数 a 显著，即存在自变量对中介变量的影响（模型2）；最后，将自变量、中介变量同时对因变量进行回归，回归系数 b 显著（模型3），同时自变量回归系数 c' 不显著，或者作用大小相对于 c 显著减少。

$$Y = i + cX + e_1 \tag{4.8}$$

$$M = i + aX + e_2 \tag{4.9}$$

$$Y = i + c'X + bM + e_3 \tag{4.10}$$

4. 实证结果

（1）对收入结构影响因素的分析。

从表 4-21 可知，相比转移性收入为主家庭这一基准，其一，能够获得资金或实物支持自己发展产业，或能够在企业、合作者、大户带领下发展产业，或处于近郊的家庭，更容易形成经营性收入为主的收入结构。这在一定程度上反映出，农户的经济资源和社会资源可得性越强，其形成经营性收入主导结构的可能性越大。其二，家庭的抚养比越大，或能够获得资金或实物支持自己发展产业，或能够通过政府帮扶获得本地就业机会，或参加过就业培训，或知道产业扶持基金的家庭，更容易形成务工性收入为主的收入结构。

表 4-21　　　对收入结构影响因素的分析结果（以转移性收入为主家庭为基准）

家庭收入结构	对收入结构的影响因素	回归系数	估计标准误	p 值	95% 置信区间	显著性
经营性收入为主	家庭劳动力结构	0.812	0.258	0.513	[0.435, 1.515	
	抚养比	0.949	0.345	0.886	[0.466, 1.934]	
	是否获得资金或实物支持自己发展产业	4.568	2.550	0.007	[1.529, 13.644]	***
	是否在企业、合作者、大户带领下发展产业	0.205	0.152	0.033	[0.048, 0.879]	**
	通过政府就业帮扶获得本地就业机会人数	1.287	0.570	0.570	[0.540, 3.067]	
	是否有人参加就业培训	2.114	1.328	0.234	[0.617, 7.244]	
	所在家庭是否在近郊	4.149	2.354	0.012	[1.365, 12.616]	**
	是否知道产业扶持基金	1.006	0.729	0.993	[0.243, 4.159]	
	是否知道小额扶贫贷款	3.190	3.026	0.221	[0.497, 20.471]	
	常数项	0.050	0.061	0.014	[0.004, 0.548]	**

续表

家庭收入结构	对收入结构的影响因素	回归系数	估计标准误	p 值	95% 置信区间	显著性
务工性收入为主	家庭劳动力结构	1.300	0.362	0.346	[0.753, 2.243]	
	抚养比	0.438	0.162	0.026	[0.212, 0.905]	**
	是否获得资金或实物支持自己发展产业	4.076	1.765	0.001	[1.744, 9.525]	***
	是否在企业、合作者、大户带领下发展产业	0.486	0.349	0.315	[0.119, 1.989]	
	通过政府帮扶获得本地就业机会人数	2.205	0.799	0.029	[1.083, 4.487]	**
	是否有人参加就业培训	4.077	2.300	0.013	[1.350, 12.319]	**
	所在家庭是否在近郊	0.838	0.403	0.713	[0.326, 2.151]	
	是否知道产业扶持基金	3.511	2.646	0.096	[0.802, 15.380]	*
	是否知道小额扶贫贷款	0.415	0.249	0.143	[0.128, 1.348]	
	常数项	0.073	0.080	0.017	[0.008, 0.630]	**

注：*** 、** 和 * 分别代表在 1%、5% 和 10% 的显著性水平上显著。

（2）农户家庭特征及其所获政策支持对脱贫质量的影响分析。

从表 4-22 可知，能获得资金或实物支持自己发展产业、位于近郊的农户，收入质量相对更低。结合前面分析，这反映近郊农户可能存在脱贫质量"灯下黑"现象。

表 4-22　　　　　　　政策支持对脱贫质量影响的分析结果

变量名称	回归系数	估计标准误	p 值	95% 置信区间	显著性
家庭劳动力结构	-0.073	0.125	0.558	[-0.318, 0.172]	
抚养比	-0.020	0.153	0.898	[-0.320, 0.281]	
是否获得资金或实物支持自己发展产业	-0.486	0.213	0.023	[-0.903, -0.068]	**
是否在企业、合作者、大户带领下发展产业	-0.233	0.330	0.481	[-0.880, 0.415]	
通过政府帮扶获得本地就业机会人数	-0.059	0.179	0.741	[-0.410, 0.292]	
是否有人参加就业培训	0.261	0.224	0.244	[-0.178, 0.699]	
所在家庭是否在近郊	-0.422	0.216	0.051	[-0.846, 0.002]	*
是否知道产业扶持基金	-0.118	0.277	0.670	[-0.662, 0.425]	
是否知道小额扶贫贷款	-0.076	0.284	0.790	[-0.633, 0.482]	
常数项	1.009	0.460	0.028	[0.107, 1.910]	**

注：** 和 * 分别代表在 5% 和 10% 的显著性水平上显著。

（3）收入结构对脱贫质量的中介性影响估计。

在中介变量的验证中，由对收入结构影响因素的分析结果可知，是否获得资金或实物支持自己发展产业以及农户家庭是否在近郊，对中介变量（收入结构）的影响显著。因此，存在回归系数 a 显著，在中介模型中满足模型 2。由政策支持对脱贫质量影响的分析结果可知，获得资金或实物支持、农户家庭是否在近郊对脱贫质量具有显著的影响。因此，存在回归系数 c 显著，在中介模型中满足模型 1。由收入结构对脱贫质量的中介性影响估计结果（见表 4 - 23）可知，家庭收入结构对脱贫质量具有显著的影响，获得资金或实物支持、农户家庭在近郊对收入脱贫质量依然具有显著的影响，显著性相较于 c 减少。因此，存在回归系数 b 显著，同时自变量回归系数 c' 作用大小相对于 c 显著减少，满足模型 3。由此推断出，获得资金支持或地处近郊的农户家庭，因家庭收入结构大多是经营性收入为主，脱贫质量相对较低。

表 4 - 23　　　　　　　　　　中介性影响估计结果

变量名称	回归系数	估计标准误	p 值	95% 置信区间	显著性
家庭收入结构	0.251	0.138	0.069	[-0.020, 0.522]	*
家庭劳动力结构	-0.078	0.126	0.535	[-0.325, 0.169]	
抚养比	-0.040	0.156	0.797	[-0.345, 0.265]	
是否获得资金或实物支持自己发展产业	-0.395	0.221	0.074	[-0.828, 0.039]	*
是否在企业、合作者、大户带领下发展产业	-0.325	0.337	0.335	[-0.987, 0.336]	
通过政府帮扶获得本地就业机会人数	-0.030	0.180	0.866	[-0.383, 0.323]	
是否有人参加就业培训	0.332	0.229	0.148	[-0.118, 0.782]	
所在家庭是否在近郊	-0.378	0.220	0.085	[-0.808, 0.052]	*
是否知道产业扶持基金	-0.107	0.280	0.703	[-0.656, 0.442]	
是否知道小额扶贫贷款	-0.072	0.287	0.803	[-0.635, 0.491]	
常数项	0.607	0.514	0.238	[-0.401, 1.615]	

注：* 代表在 10% 的显著性水平上显著。

5. 结论与政策启示

综上所述，得出以下结论。

第一，农户家庭收入结构受家庭特征影响。经济和社会资源可得性越强，劳动力较多，农户对政府或外界的依赖性会减弱，倾向于形成经营性或务工性收入为主的收入结构。

第二，家庭收入结构受到政府帮扶政策的影响。进行精准有效的技能培训、提供产业扶持基金，能够提高农户获取经营性收入或务工性收入的能力，有利于农户收入结构向生产增收型转变。

第三，家庭收入结构对脱贫质量具有中介效应。与转移性收入为主的农户相比，务工性收入为主的农户创造收入的能力较强。

据此提出以下政策建议。

第一，针对农户家庭特征实施精准帮扶。对于半（弱）劳动力家庭，资金帮扶能快速有效地提高其生活水平，但不能保证其稳定脱贫。对于有劳动能力的家庭，政府应采取措施使农户形成可持续收入结构，提高农户的脱贫质量。例如，可以通过技能培训、提供工作岗位、政策信息宣传等方式，引导农户发展生产和就业增收，降低其对转移性收入的依赖。

第二，进一步发挥资金和实物支持对农户发展种养业的引导支持作用。加强当地产业政策宣传，为农户提供及时的金融服务及信贷需求。开展多种知识技能培训，提升农户工作技能和素质，提供公益岗位及外出务工机会，增强农户自主脱贫的能力。发挥当地合作社、大企业的带头作用，引导当地有能力的农户自主创业，丰富农户创收渠道；延长产业链，发展当地的农产品加工、旅游业等服务业，以产业带动就业，增加就业岗位，改善收入结构。

第三，重视和推动农户可持续脱贫。当地转移性收入为主家庭占比最大，脱贫质量较低，对外界帮扶和政策的依赖度较强，具有脱贫不稳定性。政府应该加强对转移性收入为主的农户家庭的关注度，对已实现收入脱贫的家庭进行跟踪观察，防止出现脱贫后又返贫的现象。

4.1.5　深度贫困地区农户生计选择及脱贫效应：来自凉山彝族聚居区的报告

本部分基于对凉山彝族聚居区不同区位与特征村户的抽样调查数据，构建二元 Logistic 模型，对深度贫困地区农户生计选择行为的影响因素及其生计选择的减贫成效进行实证分析。结果表明，近郊地区的农户更青睐非农业的生计选择；偏远地区贫困农户对传统生计的选择具有固化倾向，由此产生的代际影响会加大其与近郊地区农户的经济差距和社会差距。非农业生计选择与农户减贫成效之间存在着较强的正相关关系。政府应分别在扶贫战略、减贫策略与帮扶政策上，进行农户脱贫生计引导机制的设计，使其由传统的小规模农业生产向现代产业链参与转型。为了打破农户对传统生计选择的固化倾向，破解代际生计贫困，政府可从政策干预的层面，在乡村进行现代产业链的植入，引导农户融入乡村产业链或开展务工经商，使之实现生计赋能。

1. 问题提出：不同空间和人力资本农户脱贫生计选择有何差异

农户家庭基于资源禀赋、偏好、信息、环境等条件，围绕生产就业的方向进行综合决策，作出不同的生计选择。农户生计选择不仅影响到个体脱贫质量与成效如何，而且关系到脱贫攻坚与乡村振兴的战略接续。不同乡村区位、不同劳动能力的农户家庭，生计选择行为有何不同，影响因素是什么？不同生计方式对家庭减贫成效有何不同影响？考虑空间异质性与人力资本异质性的因素，对凉山彝族聚居区贫困农户生计选择行为及其减贫成效进行结构性探讨，可以找到影响脱贫生计及脱贫质量的关键因素，引导农户优化生计选择，巩固脱贫成果。

2. 数据来源、研究方法及模型

凉山彝族聚居区地处"三区三州"深度贫困地区，2019 年课题组调研员（贺立龙、张泽淏、潘李婧、周志坚等）前往凉山彝族聚居区甘洛县与西昌市的几个贫困乡镇开展入户调研，抽样选择村户进行家计调查，获取农户生计及脱贫情况的数据。此外，出于区域比较分析的需要，调研员（贺立龙、章蔓、夏贵玲、林艇等）前往地处川东北大巴山腹地，川、陕、渝三地交界处的国定贫困县万源进行了贫困村户调查。

课题组调研员（贺立龙、吴佳燕、潘李婧）首先基于抽样调查中得到的农户家庭基本情况数据，分别对区分空间差异和劳动能力差异的农户家庭脱贫生计选择情况进行了统计分析；然后构建计量模型，考察农户家庭生计选择的影响因素，并检验不同生计选择的减贫成效。

首先，构建多个二元 Logistic 模型进行回归，分别考察农户家庭选择稳定的城镇外出务工、非农生计方式、当地规模化种养、当地工商业经营、福利依赖型生产方式的影响因素。模型的因变量为二元类别变量，若选择该生计方式，则赋值为 1；若不选择，则赋值为 0。模型如下：

$$\Omega_i = \ln\frac{P_i}{1-P_i} = \alpha + \beta_1 X_1 + \beta_2 X_2 + \cdots + \beta_n X_n + \varepsilon_i \tag{4.11}$$

其中，P_i 表示农户从事特定生计方式的概率；Ω_i 衡量了农户从事特定生计方式这件事发生相对于不发生的概率或程度，Ω_i 值越大，表明事件发生的概率越高；ε_i 为随机扰动项，代表事件发生概率的扰动，以及经济资料在统计、整理和综合过程中所出现的误差；α 为截距项；β_n 为影响因素的回归系数，β_n 为正值时表示解释变量 X_n 每增加 1 个单位引起被解释变量增加，β_n 为负值时表示解释变量 X_n 每增加 1 个单位引起被解释变量减少。

其次，在检验不同生计选择的减贫成效时，考虑到可能存在的异方差的影响，为了保证模型的稳健性，使用广义最小二乘法（GLS）构建回归模型：

$$inc = \alpha + \beta_1 X_1 + \cdots + \beta_n X_n + \varepsilon_i \tag{4.12}$$

其中，inc 为家庭年收入分档的变化，其余参数的含义与模型（4.11）一致。

在二元 Logistic 模型中，因变量为特定生计选择。若选择该生计方式，则赋值为 1；若不选择，则赋值为 0。在使用广义最小二乘法构建的模型中，因变量分别为家庭年收入分档的变化。

在二元 Logistic 模型中，自变量包括农户家庭所在区域、家庭劳动能力等级评定、家庭抚养比、家庭主要劳动力的受教育程度、家庭主要劳动力的技能水平、亲朋关系的多少、干部帮扶的可得性、有无信息渠道、经营资金的可得性、承包农用地的面积、农户家庭的教育与技能综合程度。在使用广义最小二乘法构建的模型中，自变量包括家庭的分散种养（含零工）、参加合作社获得要素回报、当地的规模化种养、参与当地现代农业企业、家庭工商业经营、外出务工、家庭抚养比、家庭主要劳动力的受教育水平、家庭主要劳动力的技能水平、干部帮扶的可得性、有无信息渠道。变量界定如表 4 - 24 所示。

表 4 - 24　　　　　　　　　　　变量界定

变量设置	变量含义	变量测度
家庭的分散种养（含零工）	选择从事家庭的分散种养（含零工）	
参加合作社获得要素回报	选择参加合作社获得要素回报	选择该生计方式 =1，不选择该生计方式 =0
当地的规模化种养	选择从事当地的规模化种养	
参与当地现代农业企业	选择参与当地现代农业企业	
家庭工商业经营	选择从事家庭工商业经营	
外出务工	选择稳定的城镇外出务工	

续表

变量设置	变量含义	变量测度
非农生计	包括外出务工和家庭工商业经营	选择外出务工或家庭工商业经营 =1，不选择外出务工和家庭工商业经营 =0
福利依赖型	包括未从事生产、选择家庭分散种养（含零工）和参加合作社获得要素回报	选择家庭分散种养（含零工）、参加合作社获得要素回报或未从事生产 =1，选择当地的规模化种养、参与当地现代企业、家庭工商业经营或外出务工 =0
append_id	农户家庭所在区域	近郊乡村 =0，偏远乡村 =1
health	家庭劳动能力等级评定	弱无劳动能力家庭（家庭支柱为非健康劳动力的家庭）=1，半劳动能力家庭（家庭支柱为健康劳动力，但存在其他非健康劳动力的家庭）=2，全劳动能力家庭（不存在残疾人、重病患者或孤寡老人的家庭）=3
f_ratio	家庭抚养比	家庭抚养比 = 家庭非劳动人口数/劳动人口数
edu	家庭主要劳动力的受教育程度	小学以下 =1，小学及以上 =2
skill	家庭主要劳动力的技能水平	无 =0，有 =1
friend	亲朋关系的多少	无 =0，有 =1
help	干部帮扶的可得性	不可得 =0，可得 =1
info	有无信息渠道	没有或较少 =0，较多 =1
fund	经营资金的可得性	不可得 =0，可得 =1
agriland	承包农用地的面积	基本没有或放弃农用地耕种 =0，承包了一定面积的农用地 =1
rk_before	相对贫困程度自评（前期）	贫困 =1，较贫困 =2，一般 =3，较富裕 =4，富裕 =5
rk_after	相对贫困程度自评（后期）	
inc_before	家庭年收入分档（前期）（元）	[0,3000]=1，（3000,6000]=2，（6000,10000]=3，（10000,20000]=4，（20000,50000]=5，（50000,100000]=6
inc_after	家庭年收入分档（后期）（元）	
es	农户家庭的教育与技能综合程度	农户家庭的教育与技能综合程度 = 家庭主要劳动力的受教育水平 × 家庭主要劳动力的技能水平
inc	家庭年收入分档的变化	家庭年收入分档的变化 = 后期家庭年收入分档 – 前期家庭年收入分档
rk	相对贫困程度自评的变化	相对贫困程度自评的变化 = 后期相对贫困程度自评 – 前期相对贫困程度自评

3. 实证结果分析

样本统计表明，不同区域、不同劳动能力的农户家庭在生计选择上存在差异。对于影响农户不同生计选择的因素，计量分析结果如下。

（1）选择稳定的城镇外出务工和非农生计方式的影响因素。

在考察农户家庭选择外出务工的影响因素时，模型的计量结果表明：农户家庭所在区域在模型中的系数为 -0.725^{**}（0.360），说明在其他变量控制相同时，近郊乡村的农户相比于偏远乡村的农户更青睐外出务工。原因可能是，近郊乡村的农户相比于偏远乡村的农户存在两大优势：一是距离优势；二是经济优势。距离优势体现在近郊乡村离城镇更近，前往城镇务工的交通成本较小，从而进行稳定城镇务工的阻碍相对较小；经济优势体现在近郊乡村的经济受到城镇地区的辐射更大，产业体系发展更完善，能提供更多的当地产业就业机会，而偏远乡村基本没有受到辐射带动作用，经济发展相对落后，能提供的当地产业就业机会也相对较少。在以上因素的综合作用下，近郊乡村的农户相比于偏远乡村的农户更青睐现代化程度高的生计方式，如在当地的产业就业、进行稳定的城镇务工。在偏远地区，实际进入劳动力市场的成本很高，农户更偏向于从事农业生产。

亲朋关系的多少在模型中的系数为 1.000^{***}（0.339），有无信息渠道在模型中的系数为 0.608^{*}（0.344）。表明在其他变量控制相同时，亲朋关系越多、信息渠道越多的农户家庭，越可能选择外出务工。原因可能是，信息渠道越多，越能识别出有利的就业信息，相对来说到城镇外出务工的发展机会更多，因此信息可得性越多的农户越会选择外出到城市务工。亲朋关系越多，获得信息的渠道也就越多，信息渠道对外出务工存在正向影响；同时，农户利用扩大的亲属网络来确保不同地点、不同活动的收入组成，依靠亲朋的人际关系介绍一些工作。而像家庭的分散种养、打零工、参加合作社获得要素回报这些方式，对亲朋关系的依赖程度较小。亲朋关系越多，越有利于寻找好的外出务工机会，农户家庭也越可能选择外出务工。

在回归结果中，农户受教育水平的系数不显著，这与奥斯卡姆等（Oskam et al.，2001）的发现一致，可能是因为要求不同教育水平的多个职位空缺，无论农户是否受过良好教育，都可以获得工作。

在考察农户家庭非农生计方式选择的影响因素时，模型各主要参数的系数、显著性水平与考察外出务工影响因素时一致（其中，有无信息渠道系数的显著性水平由10%变化至5%）。二者主要的差异体现在模型中各参数系数的大小上。相较于对外出务工的影响而言，相同的因素对农户家庭非农生计方式选择的影响更大，这表现为各主要参数的系数绝对值在相应模型的回归结果中更大。

（2）选择当地规模化种养与当地工商业经营的影响因素。

在对农户家庭选择当地规模化种养的影响因素进行分析时，回归结果中，承包农用地的面积在模型中的系数为 1.169^{**}（0.537），农户家庭所在区域在模型中的系数为 4.443^{***}（0.623），表明在其他变量控制相同时，承包农用地的面积越大、越是偏远地区的农户家庭，越是会选择当地的规模种养。原因可能是：当地的规模化种养需要一定的土地作为生产要素投入，在合理范围内，承包农用地的面积越大，越有利于规模化种养的推进。现实生活中，农户家庭承包的农用地面积越大，为了充分利用生产要素，越是会从事与此相关的生产自营活动，这也验证了回归结果。农户家庭越是靠近偏远地区，信息越闭塞，交通越不便，通勤成本越高，越会选择留在偏远地区从事小规模的生产自营以发展生计。这与前面对外出务工和非农生计选择影响因素的分析原因存在对称性。

在考察当地工商业经营的影响因素时，模型中的各个系数均不显著，这可能与样本数量不足有关。

（3）选择福利依赖型生产方式的影响因素。

在考察福利依赖型生产方式的影响因素时，模型回归结果中，农户家庭所在区域的系数为 -1.365^{**}（0.573），亲朋关系的多少在模型中的系数为 -1.698^{***}（0.622），家庭主要劳动力的受教育程度在模型中的系数为 -1.150^{**}（0.565），家庭主要劳动力的技能水平在模型中的系数为 1.088^{*}（0.572）。表明在其他变量控制相同时，越是近郊地区、亲朋关系越少、家庭主要劳动力受教育水平越低而技能越高的农户家庭，越可能选择福利依赖型的生计方式。其中，回归结果所显示的亲朋关系多少、家庭主要劳动力受教育水平高低对福利依赖型生计方式的影响符合经济学理论与生活实际，也与前面的分析相印证。而回归结果中，农户所在区域与家庭主要劳动力的技能水平对福利依赖型生计方式的影响有悖于经济直觉，需要深入研究。

（4）按劳动能力分样本研究。

自评越贫困的农户的生计选择会因为家庭劳动力差异存在异质性，半劳动力家庭会倾向于乡村现代化生计，全劳动力家庭会倾向于城镇化生计。建档立卡对半劳动力家庭没有显著影响，但削弱了全劳动力家庭的动力，促使他们选择传统生计，减少对非农生计方式的选择，倾向于什么都不做。农户家庭所在区位分布会显著影响半劳动力家庭的生计选择，即在近郊的农户家庭会选择乡村经营而非城镇化生计方式，可能是因为这样能够更方便地接触到当地的产业设施；但对全劳动力家庭没有显著影响。自评收入只对全劳动力家庭有影响，对半劳动力家庭没有影响。自评收入越高的全劳动力家庭越会选择非农生计尤其是城镇化生计方式。朋友、信息、技能、干部帮扶、抚养比、对政策评价、对设施评价等因素的影响都比较常规，没有违反直觉。但是，低保对全劳动力家庭没有影响，对半劳动力家庭有影响——有低保的半劳动力家庭倾向于选择非传统的生计方式。

（5）不同生计方式的选择对农户家庭减贫成效的影响。

本部分选取农户家庭年收入分档的变化作为减贫成效的衡量指标，并以此为因变量建立计量模型，旨在探究不同生计方式选择对农户家庭减贫成效的影响；在此基础上，进一步引入有可能对结果产生影响的控制变量，以保证模型的准确度和可信度。

在考察农户家庭选择外出务工的影响因素时，模型（4.12）的计量结果表明：参与当地现代农业企业的系数为 0.468^*（1.70），外出务工的系数为 0.412^{***}（2.62），当地的规模化种养的系数为 -0.360^{***}（-2.72），家庭工商业经营的系数为 -0.391^*（-1.79）。表明在其他条件控制相同时，参与当地现代农业企业和外出务工能为农户家庭带来正向的减贫成效，而在当地进行规模化种养或从事家庭工商业经营则会加深农户家庭的贫困程度。

规模化种养是未来农业的发展趋势，其总体对减贫成效应起到正向作用；而回归结果显示，规模化种养对贫困地区农户家庭的减贫成效产生负向影响，这可能是因为调研地区位于山区，受地形地势所限，当地的规模化种养难以发挥规模优势，未能有效改善农户家庭的经济状况。工商业的发展应有效改善经济条件，而在回归结果中，家庭工商业经营却加深了农户家庭的贫困程度，可能的原因是，山区交通运输成本高昂，家庭工商业受到成本约束只能保持较小规模，相同的生产要素应用于生产所产生的经济价值有限，不足以改善农户家庭的经济状况，与其他生产方式相比，甚至加深了农户家庭的贫困程度。

（6）中介效应的检验及对比。

样本农户的家庭特征影响生计方式选择，而生计方式选择又对农户的减贫成效起到直接作用。本部分拟区分家庭特征在减贫成效中起到的直接效应与间接效应，并检验各生计方式是否为家庭特征与减贫成效之间的中介变量。通过Bootstrap 方法检验的结果如下。

一是外出务工为中介变量。农户家庭所在区域对减贫成效存在负的间接效应与负的直接效应，即其他变量控制相同时，近郊地区的农户通过选择外出务工而提高了减贫成效，但近郊地区本身不利于减贫成效的提高。亲朋关系的多少对减贫成效存在正的间接效应与负的直接效应，即亲朋关系良好的农户通过选择外出务工，有利于提高减贫成效，但亲朋关系本身不利于减贫成效的提高。

二是非农生计为中介变量。亲朋关系的多少对减贫成效存在正的间接效应与负的直接效应，即其他变量控制相同时，亲朋关系良好的农户通过选择非农生计方式，有利于提高减贫成效，但亲朋关系本身不利于减贫成效的提高。有无信息渠道对减贫成效存在正的间接效应，不存在直接效应，即其他变量控制相同时，信息渠道多的农户通过选择非农生计方式，有利于提高减贫成效，但亲朋关系本身对减贫成效无直接影响。引入成都天府新区（近郊地区）和达州市万源市（偏远地区）的新数据进行对比检验，结果显示小卖部经营为家庭特征与减贫成效的中介变量。家庭劳动能力等级评定对减贫成效存在负的间接效应，不存在直接效应，即其他变量控制相同时，家庭劳动能力低的家庭通过选择小卖部经营，有利于提高减贫成效，家庭劳动能力本身对减贫成效无直接影响。经营资金的可得性对减贫成效存在正的间接效应，不存在直接效应，即经营资金可得性较好的农户通过选择小卖部经营，有利于提高减贫成效，经营资金的可得性本身对减贫成效无直接影响。新数据的检验结果验证了，农户的家庭特征通过生计方式选择对减贫成效具有间接效应。

（7）进一步的研究。

在本部分研究中，作出不同生计方式选择的农户可以被视为处于不同转型阶段的经济主体，能力异质性在统计意义上对农户的生计方式选择未显示显著影响，而空间异质性在统计意义与经济意义上均对农户的生计方式选择显示了显著影响。但研究表明，能力异质性对农户生计方式选择的影响更大。农户家庭应从长远的角度考虑生计安全问题，而不仅仅是利用现有的赚取收入的机会。随着脱贫发展，劳动能力强的农户更倾向于维持和捍卫他们的生计方式。传统生计方式存在季节脆弱性与不稳定性，不是最优的长远选择；参与当地的现代企业和外出务工符合经济转型的要求，其就业的稳定性也更强，符合高能力农户的期望。随着农村地区基础设施的日渐完善，空间异质性对农户生计方式选择的影响趋于减小，劳动能力异质性将对农户的生计方式选择起决定性作用。

4. 结论与政策启示

（1）结论。

一是空间异质性对凉山彝族聚居区农户生计方式选择具有显著影响，其他变量控制相同时，近郊地区的农户更青睐非农业的生计方式。二是偏远地区贫困农户对传统生计方式的选择具有固化倾向，由此产生的代际影响会加大其与近郊地区农户的经济差距与社会差距。三是越是偏远地区的农户，越不会选择福利依赖型生计方式。四是参与当地的现代农业企业、外出务工与农户减贫成效有着较强的正相关关系，而当地的规模化种养会加深农户的贫困程度。五是促进农村扶贫增长的最佳方式可能与支持小农耕作无关，更为重要的是赋予贫困农户相关的务工经商技能，引导其选择非农化生计方式，融入乡村现代产业链，或进入城镇寻找稳定的就业机会。

（2）政策启示。

一是进行农户减贫生计引导机制的设计，推动传统的小规模生产向现代化的产业链参与转型，让农村贫困人口获得具有吸引力的非农业就业机会。政府应完善劳动力市场准入机制，放宽对小微企业的许可与监管要求，对吸纳贫困劳动力就业，且工资水平、就业时间达到一定标准的用人企业设置奖励，鼓励贫困农户进入劳动力市场。同时，消除对多样化生计方式选择的约束，使个人和家庭有更多的能力来改善生计、保障和提高生活水平，是可取的政策目标。

二是改善贫困农户的资产持有情况，打破传统生计方式选择的固化倾向，破解代际生计贫困。农户资产除了土地、牲畜或设备等传统资产外，还包括人力资本和社会资本的各种要素。减贫就是改善穷人的资产持有情况，向他们提供更多的新资产或提高他们已有资产的生产力。对于贫困地区的学校、诊所和道路，可以通过捐助方的计划资金和有条件的拨款给予改善，这些拨款应保证在严格的会计和治理程序下分配给当局。以农村减贫为目标的信息和通信技术干预措施，可以帮助改善贫困人口生活水平，有必要加强信息基础设施的部署，使信息传达到最贫穷和最偏远的地区，降低不利的空间区位对农户生计方式选择的消极影响，打破偏远地区贫困农户对传统生计方式选择的固化倾向，破解代际生计贫困。

三是发展乡村旅游可以提高农民的生活水平，是贫困地区扶贫的重要手段，当地政府可以发挥彝族聚居区具有民族特色的旅游资源，结合自然地理、人文和长期贫困三个特点，建立新的扶贫体系。

4.1.6　生计主导与减贫成效：深度贫困地区与一般贫困地区比较分析

本部分从乡村区位差异和家庭异质性视角，使用处于深度贫困地区的甘孜藏族自治州村户和处于一般贫困地区的宜宾村户的抽样调查数据，分别构建二元 Logistic 模型和广义最小二乘法下的多元回归模型，对收入结构影响因素及其减贫成效进行实证分析。结果表明：空间异质性只对甘孜样本农户的收入结构具有显著影响；能力异质性对两地样本农户的收入结构均有显著影响；同一收入结构在不同发展阶段对减贫成效影响是不断变化的。在贫困程度较深的发展阶段，转移收入对减贫起到重要作用；在贫困程度一般的发展阶段，生产及就业收入成为减贫成效良好的重要原因。政府应进行农户减贫生计引导机制的设计，推动传统的小规模生产向现代化的产业链参与转型，让农村贫困人口获得具有吸引力的就业机会；向贫困农户提供更多的新资产或提高他们已有资产的生产力，以改善贫困农户的资产持有情况。

1. 问题提出：贫困深度不同农户的生计方式选择对减贫成效的影响

发展生产与就业是精准脱贫的重要途径。不同区域这一脱贫策略的实施成效也不尽相同。农户基于资源禀赋、偏好、信息、环境等条件，将作出不同的生计方式选择。农户生计方式选择影响到个体脱贫质量与成效，关系到脱贫攻坚与乡村振兴的战略接续。不同乡村区位、不同劳动能力农户在生计方式选择上有何差异，影响因素是什么？家庭减贫成效如何？本部分从贫困空间的异质性与贫困农户能力的异质性出发，通过对农户收入结构与减贫成效进行实证分析，尝试对此做出回答。

2. 变量的界定及影响机制与模型设定

（1）变量的界定。

在二元 Logistic 模型中，因变量包括是否为经营性收入占主导、是否为保障型收入方式和脱贫质量。

在使用广义最小二乘法探究量化的收入结构的影响因素时，因变量包括经营性收入比重和转移性收入比重；在探究人均年收入的影响因素时，因变量为人均年收入。

在探究是否为经营性收入占主导、是否为保障型收入方式以及量化的收入结构的影响因素时，共同的自变量包括家庭人力资本结构（家庭支柱受教育程度、家庭支柱技能水平）、家庭经济资本存量（水、电、广播等物质资本的可得性）、家庭社会资本状态（帮扶责任人是否有帮助、第一书记及驻村工作队队员一年到访次数）、农户所感受到的政策导向（产业扶贫帮扶措施对家里增收是否有帮助、就业创业帮扶措施对家里增收是否有帮助）和农户可感受到的基础设施与公共服务的支持导向（看病负担是否减轻）。

甘孜地区的样本使用农户所在村的海拔高度及与县城的距离来刻画城乡与地理区位；宜宾地区由于缺乏该部分数据，拟使用行政村是否属于贫困村替代。

在探究脱贫质量与人均年收入的影响因素时，自变量包括是否为经营性收入占主导、是否为保障型收入方式、收入的经营性收入比重、收入的政策依赖比重。

（2）影响机制与模型设定。

课题组调研员（贺立龙、吴佳燕）基于抽样调查所得农户家庭基本情况数据，在进行基本事实描述之后，拟构建模型，分别从定性变量和定量变量两个角度，对样本农户的收入结构与脱贫效果进行探究。

在对定性变量的分析中，构建多个二元 Logistic 模型，分别探究是否为经营性收入占主导、是否为保障型收入方式和脱贫质量的影响因素。模型如下：

$$\Omega_i = \ln \frac{P_i}{1 - P_i} = \alpha + \beta_1 X_1 + \beta_2 X_2 + \cdots + \beta_n X_n + \varepsilon_i \qquad (4.13)$$

其中，模型的因变量为二元类别变量进行 0 和 1 赋值。P_i 表示符合因变量定义的概率；Ω_i 衡量了符合因变量定义这件事发生相对于不发生的概率或程度，其值越大，表明事件发生的概率越高；ε_i 为随机扰动项，代表事件发生概率的扰动，以及经济资料在统计、整理和综合过程中所出现的误差；α 为截距项；β_n 为影响因素的回归系数，β_n 为正值时表示解释变量 X_n 每增加 1 个单位引起被解释变量增加，β_n 为负值时表示解释变量 X_n 每增加 1 个单位引起被解释变量减少。

在对定量变量的分析中，分别探究经营性收入比重、转移性收入比重和人均年收入的影响因素。考虑到可能存在的异方差的影响，为了保证模型的稳健性，使用广义最小二乘法构建回归模型：

$$Y_i = \alpha + \beta_1 X_1 + \cdots + \beta_n X_n + \varepsilon_i \tag{4.14}$$

其中，模型的因变量 Y 分别代表经营性收入比重、转移性收入比重和人均年收入，其余参数的含义与模型（4.13）一致。

3. 数据来源与基本事实描述

（1）数据来源。

本部分使用的数据为课题组 2018 年前往甘孜藏族自治州和宜宾市进行贫困村户调研收集所得，反映的是样本农户 2014～2018 年的信息。选择这两个地方是因为两地分别处于"三区三州"深度贫困地区、乌蒙山区集中连片贫困区，且在地理位置、农户能力等方面存在较大差异，样本具有较好的代表性。一共调查了 208 户甘孜农户家庭与 716 户宜宾农户家庭，共获得有效样本 924 份。收集了样本农户家庭各项收入情况、人均年收入水平、家庭人力资本结构、家庭经济资本存量、家庭社会资本状态、所感受到的政策支撑导向、基础设施与公共服务的支持导向、城乡地理区位等详细资料。

在对农户家庭收入结构的研究中，首先，通过比较工资性收入与经营性收入在总收入扣除转移性收入之后的占比大小，来确定收入是以工资性收入为主还是以经营性收入为主。工资性收入包括务工、上班等方式的所得，经营性收入包括种植、养殖、经商等方式的所得。

其次，通过比较生产及就业收入与转移收入在总收入中的占比大小，来确定收入方式是发展型还是保障型。若生产及就业收入占比大于（或等于）转移收入占比，则定义为发展型；反之，则定义为保障型。转移收入在总收入中的比重，体现了农户在脱贫过程中的政策依赖程度和福利依赖程度。转移收入在总收入中占比越大，表明该农户在脱贫过程中的主观能动性越弱。

在脱贫质量的测度上，将 2018 年人均年收入小于 4000 元的脱贫户的脱贫质量定义为低质，人均年收入大于等于 4000 元的脱贫户的脱贫质量定义为高质。人均年收入的多少作为量的测度，反映了脱贫质量的高低。

家庭人力资本结构主要由教育和技能两大指标来衡量，教育是指家庭支柱的受教育程度；技能是指家里是否有人参加过就业培训，若有，则标记为有技能，反之则为无技能。家庭经济资本存量用水、电、广播电视的可得情况加以判断。家庭社会资本状态则以帮扶满意度、政府工作人员全年到户帮扶次数来评判。农户对产业扶贫帮扶措施的评价和对就业创业帮扶措施的评价刻画了农户所感受到的政策支撑导向。农户可感受到的基础设施与公共服务的支持导向则以农户对现在看病负担的评价来衡量。

（2）基本事实描述。

在家庭支柱的受教育程度统计中，甘孜的 208 份样本均显示为小学及以下。宜宾的 716 份样本中，75.7% 的农户家庭支柱受教育程度为小学及以下，23.46% 为初中，高中和大专及以上分别仅为 0.56% 和 0.28%。两地家庭支柱受教育程度总体较低，但宜宾优于甘孜。

在就业培训情况统计中，宜宾参加就业培训和不参加就业培训的样本均为 358 份，占比均为 50%；甘孜参加就业培训的样本为 148 份，占总人数的 71.15%，未参加就业培训的样本为 60 份，占总人数的 28.85%。在绝对值的比较上，宜宾的就业培训情况优于甘孜；在相对值的比较上，甘孜参加就业培训的积极性优于宜宾。

在人均年收入情况方面，宜宾 716 份样本的平均值为 8606.9 元，甘孜 208 份样本的平均值为 4427.5 元，宜宾的平均收入水平要高于甘孜。其中，96.23% 的宜宾农户人均年收入达到或超过 4000 元，甘孜仅有 64.9% 的农户达到这一程度，二者在脱贫质量上存在较大差距。

在家庭收入结构方面，二者的差异更为明显。宜宾 81.28% 的样本农户的家庭收入结构是以工资性收入为主，甘孜 66.77% 的样本农户是以经营性收入为主。经计算，宜宾经营性收入占总收入的比重平均为 17.81%，甘孜这一指标的平均值为18.18%。甘孜自主经营行业的占比相对高于宜宾。宜宾高达92.18%的样本农户家庭收入结构不以转移性收入为主，而甘孜的这一比重仅为40.87%，表明仍有大部分甘孜农户家庭收入结构以转移性收入为主。经计算，宜宾转移性收入占总收入的比重平均为13.3%，甘孜平均为58.0%。甘孜地区的大部分农户以保障型生计方式为主导，对转移性收入的依赖程度高，脱贫依靠政策倾斜而非主观能动性的发挥。

在家庭经济资本存量方面，93.58%的宜宾样本农户和96.15%的甘孜样本农户常年均有水喝，其余农户存在缺水的情况但缺水连续时间不超过30天。80.45%的宜宾样本农户和88%的甘孜样本农户使用的是自来水，其余样本农户需要自己取用非自来水。全体农户均通了电，且能接收到广播电视信号。在样本农户中，水尚未实现全面覆盖；电和广播电视信号的覆盖率更令人满意，均达到了100%。

在家庭社会资本状态的统计中，甘孜的政府工作人员全年到户平均帮扶次数为55次，宜宾平均为28次。97.12%的样本甘孜农户和91.74%的样本宜宾农户认为帮扶工作有明显帮助。其中，在对产业扶贫帮扶措施的评价、就业创业帮扶措施的评价和可感受到的基础设施与公共服务的支持导向三项统计中，甘孜地区的满意度均高于宜宾地区，这可能与政府帮扶次数及帮扶效果存在正向关系。

4. 实证分析结果

（1）对甘孜样本农户收入结构的分析。

由于甘孜地区和宜宾地区在各变量的分布上存在差异（如户主文化程度这一变量，甘孜所有样本均为小学及以下，而宜宾样本则显示出较好的差异性），故两地模型在自变量设置中略有区别，但主要自变量保持一致，不影响两地横向对比，不影响模型稳健性。

在考察甘孜样本农户减去转移性收入后，年收入是由以工资性收入为主还是以经营性收入为主这一影响因素时，表4－25中模型（1）的计量结果显示，家庭技能水平的系数为 -0.958^{*}（0.492），农户所在村距县城距离的系数为 -0.0181^{***}（0.00443）。表明在其他变量控制相同时，技能水平越低、所在村距离县城越近的农户，其年收入（扣除了转移性收入之后）越可能是以经营性收入为主。原因可能包括以下两个方面。首先，县城的经济发展水平相对较高，对周边地区起到辐射引领作用。商业等以经营性收入为主的产业发展以市场为导向，距离县城越近，平均能开拓的消费市场越大，越有利于发展经营业，因

表 4-25　　　　　　　甘孜样本农户收入结构影响因素的分析结果

变量	(1) 是否以经营性 收入为主	(2) 经营性收入占比	(3) 是否以转移性 收入为主	(4) 转移性收入占比
技能水平	-0.958* (0.492)	0.0568 (0.0350)	-0.949** (0.462)	-0.147*** (0.0535)
缺水情况	-1.603 (1.090)	-0.1000* (0.0547)	0.0769 (0.978)	0.0720 (0.102)
取水便利程度	-0.641 (0.411)	-0.00170 (0.0300)	-0.423 (0.390)	-0.0491 (0.0473)
帮扶责任人是否有帮助	-0.512 (0.940)	0.110 (0.0769)	0.124 (0.992)	-0.0361 (0.107)
年帮扶次数	-0.00531 (0.00495)	-0.000813*** (0.000262)	-0.00108 (0.00453)	0.000429 (0.000504)
产业扶贫帮扶措施对 增收是否有帮助	1.137* (0.676)	0.00597 (0.0393)	0.302 (0.636)	0.0946 (0.0786)
就业创业帮扶措施对 增收是否有帮助	-0.0817 (0.520)	0.0145 (0.0413)	-1.085** (0.510)	-0.120** (0.0587)
看病负担是否 明显减轻	-1.545 (1.231)	-0.103 (0.107)	1.163 (1.230)	0.0660 (0.0947)
距县城距离	-0.0181*** (0.00443)	-0.000934*** (0.000272)	0.00127 (0.00414)	-0.000428 (0.000423)
海拔高度	0.00450** (0.00184)	0.000351*** (0.000104)	-0.00349* (0.00198)	-0.000176 (0.000157)
常数项	-6.721 (6.952)	-0.826** (0.398)	12.02 (7.501)	1.207* (0.618)
N	162	162	162	162
R^2		0.178		0.146
adj. R^2		0.123		0.089

注：***、**和*分别代表在1%、5%和10%的显著性水平上显著。

此吸引距离县城近的农户投入经营性生产活动。在偏远地区，实际进入劳动力市场的成本很高，农户更偏向于从事农业生产。其次，相比于常年供职于特定的公司，自主开展经营业对劳动者技能的要求并不严格，劳动者从事经营业的门槛较低，因而表现为是否以经营性收入为主与技能水平负相关。

对产业扶贫帮扶措施的主观评价在表 4 – 25 模型（1）中的系数为 1.137*（0.676），表明在其他变量控制相同时，农户对产业扶贫帮扶措施的主观评价越高，其年收入（扣除了转移性收入之后）以经营性收入为主的可能性越大。原因可能是，农户对产业扶贫帮扶措施的主观评价越高，对经营性活动的认同感就越强烈，越有可能从事经营活动，在收入结构中，即表现为越有可能以经营性收入为主。农户所在村的海拔高度在模型（1）中的系数为 0.00450**（0.00184），表明海拔高度对收入结构有一定影响，但影响程度不大。农户所在地的海拔越高，其收入以经营性收入为主的可能性越大。这可能与甘孜地区居住地海拔普遍偏高有关，约 60% 的样本农户居住在海拔高于 3600 米的地方，意味着大部分生产或消费群体分布于高海拔地区。

在考察甘孜样本农户经营性收入占年收入比重这一影响因素时，表 4 – 25 模型（2）的计量结果显示，年帮扶次数的系数为 – 0.000813***（0.000262），农户所在村距县城距离的系数为 – 0.000934***（0.000272）。表明在其他变量控制相同时，干部帮扶次数越少、样本农户所在地距县城越近，其经营性收入占年收入的比重越大。但二者对经营性收入占比的影响系数较小，可视为影响微弱或基本没有影响。农户所在村的海拔高度在模型（2）中的系数为 0.000351***（0.000104）。表明在其他变量控制相同时，农户所在地的海拔越高，经营性收入占年收入比重越大，原因与模型（1）中的分析类似。

在考察甘孜样本农户年收入是否以转移性收入为主这一影响因素时，表 4 – 25 模型（3）的结果显示，技能水平的系数为 – 0.949**（0.462），就业创业帮扶措施对增收是否有帮助的系数为 – 1.085**（0.510）。表明在其他变量控制相同时，家庭技能水平越高、对就业创业帮扶措施认同感越强烈的农户，其收入结构越是显示以生计收入为主，即越是体现为发展型的收入结构。原因可能是，技能水平越高，就业选择空间越大，越可能实现高质量就业，从而实现家庭收入的可持续发展；对就业创业帮扶措施认同感越强烈，对就业和自主创业的积极性就越高，从而提高了工资性收入和经营性收入的绝对值，促使收入结构向由生计收入主导的发展型结构转变。

在考察甘孜农户转移性收入占年收入比重这一影响因素时，表 4 - 25 模型（4）的计量结果显示，技能水平的系数为 - 0.147*** （0.0535），就业创业帮扶措施对增收是否有帮助的系数为 - 0.120** （0.0587），与模型（3）的结果相似，致使原因也一致，二者互相印证。

在上述 4 个模型中，空间异质性与能力异质性对收入结构均显示了统计意义上显著的影响。

（2）对宜宾样本农户收入结构的分析。

在考察宜宾样本农户减去转移性收入之后，年收入是由以工资性收入为主还是以经营性收入为主的影响因素时，表 4 - 26 模型（1）的计量结果显示，产业扶贫帮扶措施对增收是否有帮助的系数为 0.611* （0.360），表明农户对产业帮扶措施的主观评价越高，其收入（扣除了转移性收入之后）以经营性收入为主的可能性越大。可能的原因与甘孜地区类似，即农户对产业帮扶措施越认可，越有可能从事经营活动，在收入结构（扣除了转移性收入之后）中表现为越有可能以经营性收入为主。但宜宾地区的系数相对较小，说明在选取的样本中，宜宾地区对产业扶贫帮扶措施的敏感性不如甘孜地区，也有可能是因为甘孜地区处于深度贫困地区，深度贫困村户对政策帮扶更为敏感。

表 4 - 26　　　　　　　宜宾样本农户收入结构的影响因素分析结果

变量	（1）是否以经营性收入为主	（2）经营性收入占比	（3）是否以转移性收入为主	（4）转移性收入占比
受教育程度	- 0.326 （0.265）	- 0.00909 （0.0246）	- 1.210** （0.614）	- 0.0313** （0.0152）
技能水平	0.210 （0.249）	0.0777*** （0.0228）	- 0.745** （0.375）	- 0.0437** （0.0192）
缺水情况	0.506 （0.579）	0.0624* （0.0347）	0.953 （1.063）	0.0271 （0.0411）
取水便利程度	- 0.781*** （0.259）	- 0.0655** （0.0274）	- 0.651* （0.375）	- 0.0406* （0.0243）
帮扶责任人是否有帮助	- 0.329 （0.442）	- 0.0443 （0.0524）	- 0.156 （0.681）	- 0.00623 （0.0375）

续表

变量	(1) 是否以经营性收入为主	(2) 经营性收入占比	(3) 是否以转移性收入为主	(4) 转移性收入占比
年帮扶次数	-0.00567 (0.00471)	-0.000313 (0.000241)	0.00171 (0.00397)	0.0000476 (0.000324)
产业扶贫帮扶措施对增收是否有帮助	0.611* (0.360)	0.0787** (0.0312)	0.353 (0.488)	0.0448 (0.0286)
就业创业帮扶措施对增收是否有帮助	-0.492 (0.319)	-0.0267 (0.0293)	-0.718* (0.433)	-0.0690** (0.0285)
看病负担是否明显减轻	0.235 (0.389)	0.0288 (0.0283)	0.781 (0.742)	0.0364 (0.0247)
常数项	-0.478 (1.551)	0.156 (0.135)	-2.514 (2.850)	0.177 (0.119)
N	508	508	508	508
R^2		0.055		0.051
adj. R^2		0.038		0.034

注：***、**和*分别代表在1%、5%和10%的显著性水平上显著。

在考察宜宾样本农户经营性收入占年收入比重这一影响因素时，表4-26模型（2）的计量结果显示，家庭技能水平的系数为0.0777***（0.0228），产业扶贫帮扶措施对增收是否有帮助的系数为0.0787**（0.0312）。表明家庭技能水平越高、对产业帮扶措施认同感越强，样本农户经营性收入占年收入的比重就越大。其中，对产业扶贫帮扶措施的认同感与从事经营活动正相关，认同感越强，越倾向于开展经营活动，经营性收入的绝对值和占比的相对值也就越大。宜宾地区样本农户的技能水平与经营性收入占比呈正相关关系，即良好的技能水平增加了经营性收入及其占比。

在考察宜宾农户年收入是否以转移性收入为主这一影响因素时，表4-26模型（3）的计量结果显示，户主受教育程度的系数为-1.210**（0.614），家庭技能水平的系数为-0.745**（0.375），就业创业帮扶措施对增收是否有帮助的系数为-0.718*（0.433）。表明在其他变量控制相同时，户主受教育程度越高、家庭技能水平越高、对就业创业帮扶措施越认同的样本农户年收入越以生产及就业收入为主，体现为发展型收入结构。原因可能是，受教育程度更高、技能水平更强的农户更能从生产和就业中获得经营收益或工资回报。当农户选择创业时，对政府帮扶措施的认同能促进创业积极性，增加经营性收入。生产及就业收入占比越高，越体现为发展型收入结构。

在考察宜宾农户转移性收入占年收入比重这一影响因素时，表 4-26 模型（4）的计量结果显示，户主受教育程度的系数为 -0.0313^{**}（0.0152），家庭技能水平的系数为 -0.0437^{**}（0.0192），就业创业帮扶措施对增收是否有帮助在模型中的系数为 -0.0690^{**}（0.0285）。模型（4）各主要参数的系数正负号、显著性水平与模型（3）一致（就业创业帮扶措施对增收是否有帮助的显著性水平由10% 变化至5%）。二者差异体现在模型中各参数系数的大小上，可能是由因变量不同的取值分布导致的。

在上述 4 个模型中，宜宾地区样本农户的空间异质性对收入结构未显示出统计意义上显著的影响。可能是因为缺乏更具体的衡量城乡距离的数据，限制了模型的精准性；也可能是因为在宜宾地区，相对于其他因素，空间异质性对收入结构不存在显著影响。

（3）对两地农户减贫成效影响因素的对比分析。

在研究的第二阶段，分别以定性变量脱贫质量和定量变量人均年收入作为因变量，探究收入结构对二者的影响。

当自变量为年收入（扣除了转移性收入之后）是由以工资性收入为主还是以经营性收入为主和年收入是转移性收入还是生计收入主导时，表 4-27 中甘孜地区的计量模型（1）和模型（2）均显示转移性收入为主的收入结构对减贫成效具有正向影响；而宜宾地区的模型（3）则显示转移性收入为主的收入结构对减贫成效具有负向影响，即依赖型的收入结构不利于脱贫质量的提高。这与两地的经济社会发展水平存在差距。转移性收入在深度贫困主导阶段可能对减贫起到重要作用；但贫困得到缓解阶段，生计收入会超过转移收入，成为减贫成效的正向影响因素。

在对人均年收入的基本事实描述中，宜宾 716 份样本农户的平均值为8606.9 元，甘孜 208 份样本农户的平均值为 4427.5 元，宜宾的平均收入水平要高于甘孜，甘孜的贫困程度比宜宾深。说明转移性收入为主的收入结构促进了深度贫困地区减贫，却可能阻碍一般贫困地区减贫。

表 4 - 27　　　　　　　两地样本农户减贫成效的影响因素（定性）分析结果

变量	甘孜		宜宾	
	(1) 脱贫质量	(2) 人均年收入	(3) 脱贫质量	(4) 人均年收入
是否以经营性收入为主	0.471 (0.318)	27.98 (142.6)	- 0.377 (0.525)	- 1036.0 (741.7)
是否以转移性收入为主	0.811 ** (0.318)	307.8 ** (148.2)	- 1.036 * (0.604)	- 771.1 (1185.4)
常数项	- 0.0885 (0.243)	4229.9 *** (131.1)	3.474 *** (0.241)	8861.1 *** (206.5)
N	208	208	716	716
R^2		0.027		0.009
adj. R^2		0.018		0.006

注：*** 、** 和 * 分别代表在 1% 、5% 和 10% 的显著性水平上显著。

　　当自变量为经营性收入占比与转移性收入占比时，从表 4 - 28 可以看出，甘孜地区的计量结果显示：在模型（1）中，转移性收入占比的系数显著大于 0；在模型（2）中，经营性收入占比的系数显著小于 0。表明在其他变量控制相同时，转移性收入占比越高，脱贫质量越好；经营性收入占比越低，人均年收入越高。宜宾地区的计量结果显示：经营性收入占比和转移性收入占比在模型（3）中的系数均显著小于 0，表明在其他变量控制相同时，经营性收入占比和转移性收入占比的增长会对减贫成效带来负向影响。转移性收入占比在模型（4）中的系数显著小于 0，表明在其他变量控制相同时，转移性收入占比的增长不利于人均年收入的增长。

　　两地结果均显示，经营性收入占比提高不利于家庭人均收入改善，可能是因为家庭工商业规模与收益有限，相比外出务工脱贫效应不足。

表 4 - 28　　　　　　　两地样本农户减贫成效的影响因素（定量）分析结果

变量	甘孜		宜宾	
	(1) 脱贫质量	(2) 人均年收入	(3) 脱贫质量	(4) 人均年收入
经营性收入占比	0.957 (1.089)	- 1238.2 * (664.9)	- 1.512 ** (0.735)	- 2379.2 (1484.5)
转移性收入占比	1.614 ** (0.751)	- 201.5 (385.9)	- 2.099 *** (0.680)	- 6137.5 *** (752.4)

续表

变量	甘孜		宜宾	
	（1）脱贫质量	（2）人均年收入	（3）脱贫质量	（4）人均年收入
常数项	-0.480 (0.588)	4769.6 *** (363.8)	3.956 *** (0.336)	9844.6 *** (325.1)
N	208	208	716	716
R^2		0.038		0.060
adj. R^2		0.029		0.058

注：*** 、** 和 * 分别代表在1%、5%和10%的显著性水平上显著。

（4）中介效应的检验。

家庭特征影响收入结构（收入结构直接反映生计选择），而收入结构又对农户的减贫成效起直接作用。本部分拟检验各类收入结构是否为家庭特征与减贫成效之间的中介变量。

通过 Bootstrap 方法检验的结果包括以下四点。

第一，宜宾地区收入的政策依赖比重是中介变量。家庭技能水平对减贫成效存在正的间接效应，不存在直接效应。即其他变量控制相同时，技能水平高的宜宾农户通过优化生计组合，减少转移性收入占比，提高了减贫成效，但家庭技能水平本身对减贫成效无直接影响。

第二，户主文化程度对减贫成效存在正的间接效应，不存在直接效应。即有文化的宜宾农户通过优化生计组合，减少转移性收入占比，提高了减贫成效，但户主文化程度本身对减贫成效无直接影响。

第三，就业创业帮扶措施的认可度对减贫成效存在正的间接效应，不存在直接效应。即其他变量控制相同时，对就业创业帮扶措施认可度高的宜宾农户通过优化生计组合，减少转移性收入占比，提高了减贫成效，但就业创业帮扶措施的认可度本身对减贫成效无直接影响。

第四，取水便利程度对减贫成效存在正的间接效应与正的直接效应。即取水便利的宜宾农户通过减少转移性收入占比，提高了减贫成效，同时，取水便利本身也有利于提高减贫成效。

（5）对贫困程度变化时收入结构影响减贫成效的进一步探讨。

可将甘孜地区和宜宾地区的农户视为处于不同反贫困阶段的主体。当处于贫困程度较深的阶段时，转移性收入增加可以显著改善贫困农户的经济状况，促使其脱贫；但当处于贫困程度中等的发展阶段时，生产与就业收入的增加对减贫成效的边际贡献会超过转移性收入增加带来的边际贡献，从而当转移性收入增加时，减贫成效会下降。

随着贫困程度缓解，能力异质性对农户收入结构的影响将逐渐增大。劳动能力强的农户更倾向于维持和捍卫他们的生计。转移性收入为主的收入结构不是最优的长远选择，生产与就业的稳定性也更强，符合高能力农户的期望。随着农村地区基础设施的完善，空间异质性对收入结构的影响趋于减小，劳动能力异质性将起决定性作用。

5. 结论与政策启示

（1）结论。

第一，空间异质性对甘孜样本农户的收入结构具有显著影响，其他变量控制相同时，距离县城越近的农户，其年收入（扣除了转移性收入之后）越可能是以经营性收入为主；距离县城越远的农户，其年收入（扣除了转移性收入之后）越可能是以工资性收入为主。宜宾地区样本农户的空间异质性对收入结构均未显示统计意义上显著的影响。

第二，能力异质性对两地样本农户的收入结构具有显著影响。户主文化程度越高、技能水平越好的农户，转移性收入占总收入的比重越小，以转移性收入为主的概率越低，越能体现发展型生产方式。

第三，在贫困程度较深的发展阶段，转移性收入对减贫起到重要作用；贫困程度缓解时，生产与就业收入超越转移性收入，更有助于减贫。

（2）政策启示。

可通过政策帮扶，进行现代生计方式的植入，使农户融入产业链，激发务工动力与优化农户收入结构。

一是进行农户减贫生计引导机制的设计，推动传统的小规模生产向现代化的产业链参与转型，让农村贫困人口获得具有吸引力的非农业就业机会。政府应完善劳动力市场准入机制，放宽对小微企业的许可与监管要求，对吸纳贫困劳动力就业，且工资水平、就业时间达到一定标准的用人企业设置奖励，鼓励贫困农户进入劳动力市场。同时，消除对多样化生计选择的约束，使个人和家庭有更多的能力来改善生计、保障和提高生活水平，是可取的政策目标。

二是改善贫困农户的资产持有情况，打破传统生计选择的固化倾向，破解代际生计贫困。减贫政策的通常目标是改善穷人的资产持有情况，办法是向他们提供更多的新资产或提高他们已有资产的生产力。学校、诊所和道路，可以通过捐助方的计划资金和有条件的拨款给予改善。以农村减贫为目标的信息和通信技术干预措施，可以帮助改善贫困人口生活水平，帮助他们摆脱贫困。考虑到中国农村经济和基础设施发展不平衡，农村信息服务落后于城市，有必要加强信息基础设施的部署，以便使信息传达到最贫穷和最偏远的地区，降低不利的空间区位对农户生计选择的消极影响，从而打破偏远地区贫困农户对收入结构的固化倾向，破解代际生计贫困。

专栏 4-1

彝区农户产业参与意愿及脱贫成效：
对凉山甘洛县与西昌市的调研

2017 年 8 月、2018 年 7 月，课题组先后前往四川大凉山地区的凉山彝族自治州甘洛县、西昌市开展彝族聚居区贫困村户生计调查，调研主题之一是异质性彝族农户脱贫生计选择的城乡偏向——是选择留乡参与乡村产业发展，还是进城务工？这种生计选择是否产生精准脱贫效应？课题组调研员（贺立龙、罗青云等）深入甘洛县、西昌市几个彝族村落进行农户访谈，形成反映农户生计选择及脱贫状态的混合截面数据，据此分析：不同劳动力特征、不同区位特征的彝族聚居区农户在留乡参与乡村产业发展和进城务工之间是否形成不同的生计偏好与选择倾向？这种选择有无影响到其脱贫成效？

一、基本概念界定与测度

此次调研农户均为大凉山彝族聚居区几个村落的农户，都属于已脱贫的建档立卡贫困户。农户生计方式，即农户获得收入维持生活的基本方式分为两类：一是留乡参与乡村产业发展，包括有一定规模的种植养殖、工商业经营，在乡村产业组织务工；二是进城务工或从事小农生产，并未参与乡村产业经营。农户脱贫成效采用农户家庭年收入的有序分层来刻画，此处将家庭年收入总量进行标准化修正（标准的三口之家的年总收入量），再进行收入的有序分层，从

0～3000元/年到20000元及以上/年分层后按从低到高分别赋值为1、2、3、4、5，形成有序多分类变量。对彝族聚居区农户异质性的考察主要集中于两点：一是户籍的城乡分布区域，即处于城郊乡村还是偏远乡村；二是家庭支柱的劳动力状况，涉及家庭支柱是否健康、是否为文盲、有无技能培训经历等。此外，家庭初始贫困状况自评、抚养比、生计资本、社会资本、信息可得性、政策扶持感知也是重要的异质性考察因素。

二、研究假设

为探究不同区位、家庭特征彝族聚居区农户的脱贫生计选择及脱贫成效，尤其是识别异质农户留乡参与产业的意愿及脱贫效应，提出以下研究假说。

假说一：家庭支柱成员的劳动力特征影响农户脱贫生计选择。

假说二：农户脱贫生计方式影响脱贫成效。

假说三：农户生计选择及其脱贫成效因其所处城乡区位不同而有差异性。

三、数据统计与基本事实描述

调研人员选择甘洛县以及西昌市俄池格则村、甘子尔村等彝族村落开展入户调研，得到彝族贫困农户样本数据246份。其中，甘洛县的村户样本分布在偏远乡村，有137份数据；西昌市村户样本分布在城郊乡村，有109份数据。对上述数据的统计分析与事实描述如下所述。

第一，从致贫成因分布看，彝族聚居区农户大都因劳动能力或发展资源不足而陷入长期贫困状态，相比城市近郊乡村，偏远乡村农户能力或资源致贫现象更为显著（见表4－29）。

表4－29 致贫成因分布

类别	城郊乡村		偏远乡村	
	农户数量（户）	百分比（％）	农户数量（户）	百分比（％）
能力或资源欠缺致贫	87	79.82	130	94.89
产业或市场欠缺致贫	22	20.18	7	5.11

第二，从家庭支柱人力资本来看，一半以上的彝族聚居区农户家庭支柱成员属于老、病、残或未受过教育，偏远乡村这一比例又相对较大，这类家庭更偏向于小农生产或打零工，产业参与度较低，多接受政策救助，获得政府转移性收入多（见表4－30）。

表 4 - 30 家庭支柱健康情况分布

类别	城郊乡村		偏远乡村	
	农户数量（户）	百分比（%）	农户数量（户）	百分比（%）
家庭支柱健康且受过教育	52	47.71	57	41.61
家庭支柱属老病残或文盲	57	52.29	80	58.39

第三，从贫困深度分布来看，深度贫困和一般贫困比例相对持平，但稍出乎意料的是，相比偏远乡村，城郊乡村农户深度贫困比例相对较高（见表 4 - 31）。调研中发现，偏远乡村老弱病残人口占比较多，长期以来获得社保兜底较多，反而深度贫困较少。

表 4 - 31 贫困深度分布

类别	城郊乡村		偏远乡村	
	农户数量（户）	百分比（%）	农户数量（户）	百分比（%）
深度贫困	60	55.05	67	48.91
一般贫困	49	44.95	70	51.09

第四，从经营资金可得性来看，大部分农户都反映经营资金难以获得，相比偏远乡村，城郊乡村农户经营资金不可得比例高，这可能与其信贷竞争激烈有关（见表 4 - 32）。

表 4 - 32 经营资金可得性

类别	城郊乡村		偏远乡村	
	农户数量（户）	百分比（%）	农户数量（户）	百分比（%）
不可得	90	82.56	95	69.34
可得	19	17.44	42	30.66

第五，从生计信息充裕度和可得性来看，信息可得与不可得比例相对持平，但是相比而言，偏远乡村生计信息供给较不充分，信息贫困状态更为严重（见表 4 - 33）。

表4-33   信息化可得性

类别	城郊乡村		偏远乡村	
	农户数量（户）	百分比（%）	农户数量（户）	百分比（%）
不可得	46	42.20	80	58.39
可得	63	57.80	57	41.61

第六，从生计方式选择分布来看，仅有20%~25%的彝族聚居区农户选择留乡参与乡村产业发展，其中偏远乡村这一比例相对城郊乡村更高一些（见表4-34）。

表4-34   生计方式分布

生计方式	城郊乡村		偏远乡村	
	农户数量（户）	百分比（%）	农户数量（户）	百分比（%）
未参与乡村产业	87	79.82	104	75.91
留乡参与乡村产业发展	22	20.18	33	24.09

实地调研来看，农户产业参与主要是进行小规模工商自营、果园承包等；当地村干部会组织培训，农户大多接受过作物耕作、牲畜养殖、家禽养殖等农业知识技能培训，其中一些是外出打工后又选择回乡创业。

未参与产业的农户要么是全家进行自给自足的小农生产，要么是部分家庭成员外出务工、部分留乡照看老人和子女（60%的家庭选择了半工半耕，一些家庭成员前往广东、福建等东南沿海地区进行务工），还有一些是全家外出务工。

总体而言，彝族聚居区村户大多属于能力或资源欠缺致贫，面临经营资金难题；但在家庭支柱健康状况、贫困深度、信息可得性上呈现均衡分布特征，在生计方式选择上，留乡参与产业经营的比例不高。偏远乡村因农户能力不足致贫情况更为严重，家庭支柱健康不佳、信息贫困严重；但在资金可得性方面相对较好，一般贫困家庭较多，其留乡参与产业经营比例较大。

四、模型与变量

为了验证家庭支柱健康状况等农户异质性因素对脱贫生计选择（尤其是留乡参与产业发展）的影响，以及农户生计方式选择的精准脱贫成效，并进行城郊乡村与偏远乡村的对比，课题组选择以下模型与变量，进行实证分析。

学界多采用二元 Logistic 模型对分类变量进行回归分析，是否参与乡村产业发展可采用二分类变量刻画，采用虚拟变量（0、1 取值）。在分析农户家庭异质性特征对其脱贫生计方式选择（产业经营）概率的影响时，构建如下计量模型：

$$
\begin{cases}
\Omega_1 = \ln \dfrac{P_1}{1-P_1} = \alpha + \beta_1 X_1 + \beta_2 X_2 + \cdots + \beta_t X_t + u_1 \\[2mm]
\Omega_2 = \ln \dfrac{P_2}{1-P_2} = \mu + \theta_1 Y_1 + \theta_2 Y_2 + \cdots + \theta_t Y_t + u_2
\end{cases}
$$

其中，Ω_1、Ω_2 分别表示事件概率与不发生概率之比；X_1，X_2，$\cdots$，X_i 与 Y_1，Y_2，$\cdots$，Y_i 为解释变量；β_1，β_2，$\cdots$，β_t 与 θ_1，θ_1，$\cdots$，θ_t 为影响各因素的待估计系数；α、μ 为截距项；u_1，u_2 为随机干扰项，即解释变量与被解释变量的观测误差；P_1 表示农户家庭异质性因素影响农户生计方式选择的概率；P_2 表示农户生计方式影响农户脱贫成效的概率。

在检验农户家庭异质性特征对生计方式选择、脱贫成效的不同影响因素时，可能存在异方差影响模型的回归结果，因此进一步采用广义最小二乘法构建模型，以检验模型的稳健性，具体回归模型如下：

$$
\begin{cases}
SJFS = \alpha + \beta_1 X_1 + \cdots + \beta_i X_i + \varepsilon_1 \\[2mm]
Income = \mu + \theta_1 Y_1 + \cdots + \theta_i Y_i + \varepsilon_2
\end{cases}
$$

其中，$SJFS$ 为贫困农户的生计方式选择，即是否参与乡村产业；$Income$ 为农户家庭收入，反映农户家庭的脱贫成效；ε_1、ε_2 为随机干扰项。

在生计方式及脱贫成效因素分析上，具体的自变量和因变量设置如表 4 – 35 所示。

表 4 – 35 因变量与自变量界定

变量设置	变量界定
农户生计方式选择	未参与乡村产业 = 0，参与乡村产业 = 1
家庭年收入标准分层（元）	$(0,3000) = 1$，$[3000,6000) = 2$，$[6000,10000) = 3$，$[10000,20000) = 4$，$[20000,+\infty] = 5$
家庭支柱是否健康	残疾 = 0，健康 = 1
家庭支柱是否参加技能培训	未接受技能培训 = 0，接受过技能培训 = 1
家庭支柱的受教育程度	文盲 = 1，小学 = 2，初中 = 3，中专/高中 = 4，大专 = 5
家庭劳动力结构	半劳动力（包含老弱病残及文盲）= 0，全劳动力 = 1

续表

变量设置	变量界定
家庭抚养比	家庭抚养比＝家庭非劳动人口数/劳动人口数
家庭致贫成因	能力或资源欠缺致贫＝0，产业或市场欠缺致贫＝1
农户初始贫困深度自评	深度贫困＝0，一般贫困＝1
家庭经营资金可得性	不可得＝0，可得＝1
家庭信息化程度	看电视、上网较少＝0，看电视、上网较多＝1
享受何种扶贫政策	保障扶贫政策（低保或特困供养、医疗或住房救助、搬迁）＝0，开发扶贫政策（生产就业、教育培训、生态或灾后重建）＝1
当地环境与政策的生计导向	没有明显效应＝0，有利于生计渠道拓展＝1

五、实证分析结果

1. 彝族聚居区贫困农户参与乡村产业经营的影响因素：城郊乡村与偏远乡村

如表4-36所示，从城郊乡村看，因能力不足致贫，初始贫困状态较深，但家庭支柱成员健康的农户更偏向于留乡参与乡村产业经营，从事规模化的种养殖业，或开展超市、农家乐等工商业经营；从偏远乡村看，贫困农户在参与乡村产业经营上对外部环境与产业帮扶有积极的政策反应，但是可能会受到家庭抚养负担方面的拖累。

表4-36　　　　脱贫生计方式选择（留乡产业参与）的影响因素

变量	城郊乡村			偏远乡村		
	边际效应	标准误	p值	边际效应	标准误	p值
家庭劳动力结构	-0.326	0.076	0.666	0.105	0.125	0.402
初始贫困深度自评	-0.186 **	0.086	0.031	0.001	0.074	0.992
经营资金可得性	0.082	0.135	0.544	-0.069	0.075	0.351
家庭抚养比	0.392	1.037	0.110	-0.235 ***	0.054	0.000
家庭支柱是否健康	0.158 ***	1.131	0.006	-0.085	0.148	0.565
农户技能培训	-0.235	0.855	0.812	0.008	0.074	0.913
支柱受教育程度	0.002	0.256	0.956	0.0007	0.05	0.989
家庭信息化程度	0.059	0.550	0.376	-0.019	0.074	0.796
享受扶贫政策	0.011	0.754	0.912	-0.065	0.106	0.543
致贫成因	-0.119 *	0.842	0.069	0.063	0.181	0.729
环境生计导向	-0.135 **	0.912	0.032	0.446 ***	0.601	0.001
Constant	-2.433 *	1.322	0.066	-1.192	0.741	0.108
Observations	109	109	109	137	137	137

注：***、**和*分别代表在1%、5%和10%的显著性水平上显著。

2. 贫困农户参与乡村产业是否有助于精准脱贫：城郊乡村与偏远乡村

如表4-37所示，从城郊乡村看，家庭劳动力健全的贫困农户脱贫成效显著；从偏远乡村看，参与乡村产业经营有助于农户脱贫，并且贫困程度较轻、经营资金易得、有过技能培训经历的农户脱贫成效更为显著，但是脱贫农户对经营环境评价不佳。

表4-37 生计方式选择（参与产业经营）对脱贫成效的影响

变量	城郊乡村			偏远乡村		
	边际效应	标准误	p值	边际效应	标准误	p值
农户生计方式	0.077	0.140	0.583	0.256**	0.113	0.023
家庭劳动力结构	0.201*	0.109	0.066	-0.174	0.178	0.330
初始贫困深度自评	0.039	0.118	0.743	0.248**	0.099	0.012
经营资金可得性	0.146	0.151	0.333	0.366***	0.099	0.000
家庭抚养比	0.069	0.241	0.772	-0.135	0.131	0.304
支柱是否健康	-0.232	0.139	0.095	0.238	0.162	0.143
农户技能培训	0.154	0.156	0.323	0.211**	0.106	0.046
支柱受教育程度	0.002	0.048	0.959	0.020	0.077	0.793
农户信息化程度	-0.014	0.106	0.899	0.167	0.106	0.114
享受扶贫政策	-0.111	0.131	0.397	0.136	0.179	0.447
致贫成因	-0.076	0.132	0.566	0.148	0.250	0.555
环境生计导向	0.217	0.139	0.118	-0.290**	0.130	0.026
Constant	-0.225	0.741	0.762	-2.199***	0.764	0.004
Observations	109	109	109	137	137	137

注：***、**和*分别代表在1%、5%和10%的显著性水平上显著。

3. 生计信息可得性及信息渠道对脱贫成效的影响

如表4-38所示，生计信息可得性及渠道并未对城郊乡村农户脱贫产生差异性影响，这与城郊乡村毗邻区域中心城市，生计信息渠道多元、可选择生产就业机会多有关；但在偏远乡村，由于信息贫困的存在，生计信息充裕家庭脱贫成效更为显著，其中进城频率高的农户得到了更丰富多元的生计信息，从而改善了生计并脱贫获益。

表 4 – 38　　　　　　生计信息可得性及信息渠道对脱贫成效的影响

变量	城郊乡村			偏远乡村		
	边际效应	标准误	p 值	边际效应	标准误	p 值
农户信息化程度	0.072	0.412	0.862	1.001 ***	0.381	0.008
亲朋关系网	0.11	0.402	0.783	0.302	0.583	0.604
有无家人担任公职	0.211	0.588	0.719	− 0.661	0.634	0.297
进城频率	0.486	0.426	0.254	0.762 **	0.388	0.05
支柱受教育水平	0.158	0.172	0.357	0.043	0.223	0.849
享受扶贫政策	− 0.523	− 0.539	0.332	0.507	0.655	0.439
家庭致贫成因	− 0.142	0.496	0.774	1.081	0.918	0.239
Constant	− 0.732	0.547	0.774	1.081	0.917	0.239
Observations	109	109	109	137	137	137

注：*** 和 ** 分别表示在1%和5%显著性水平上显著。

六、结论与启示

彝族聚居区贫困农户大多属于劳动能力不足（病残）或人力资本素质偏低（缺少文化技能）导致的个体贫困，大部分选择进城务工或从事小农生产，只有1/5左右的农户选择从事乡村种养殖业、工商旅游业经营，产业脱贫动能有限。相比城郊乡村，偏远乡村农户更不容易得到经营资金，信息贫困程度更为严重，但是乡村产业经营比例稍高。因此，以脱贫农户为主体，推动乡村产业振兴还有很大的潜力。

家庭支柱劳动力特征在有限范围内影响农户脱贫生计方式选择或乡村产业参与。在城郊乡村中，家庭支柱健康但有抚养负担的农户偏向于留乡参与乡村产业经营；但在偏远乡村，抚养负担反而成为农户参与乡村产业的制约因素，给予偏远乡村农户更多政策扶持，优化产业软硬件环境，有助于推进农户融入乡村产业振兴。

参与乡村产业经营对农户脱贫的正面影响存在于偏远乡村，贫困程度较轻、经营资金易得、有过技能培训经历的农户脱贫成效更为显著。偏远乡村存在信息贫困，因此给予相应生计信息支持，有助于农户参与乡村产业振兴并巩固脱贫。

专栏 4-2

第一、第三产业融合乡村旅游的精准扶贫效应：
对秦巴山区巴中市花包村的调查

2016年8月2~6日，课题组前往地处秦巴山区的巴中市开展贫困村户生计调查，主题是当地"一三融合型"产业是否起到精准扶贫效果。课题组调研员（贺立龙、王璋等）基于恩阳区青木镇花包村农户访谈数据，对"一三融合型"产业扶贫成效进行了统计分析。

巴中市恩阳区青木镇花包村曾是个远近闻名的"三无"贫困村：全村无产业、无集体经济、无增收来源，农民主要靠传统方式耕种，种植小麦、稻谷、红薯。在精准扶贫之前，人均可支配收入不到2000元。2015年6月，巴中市人大常委会机关定点帮扶该村，按照扶智育人、兴业富民的总体要求，基于当地资源禀赋发展葡萄园种植产业：生产的葡萄会进行销售，打造形成以葡萄采摘为特色的农家乐"一三融合"产业扶贫模式，近两年增收扶贫效果明显。花包村下辖7个村民小组共489户农户。此次调研集中于第6组，向参与葡萄园产业的农户发放问卷60份，回收有效问卷51份。本次问卷调查所涉及的数据指标主要有五项，分别为：参与葡萄园产业项目前的家庭人均年收入（标记为A指标）；参与项目后的家庭人均年收入增长（标记为B指标）；家庭劳动力年龄的平均数（标记为C指标）；家庭参与项目的人数（标记为D指标）；家庭有土地参与项目的流转（标记为E指标）。对问卷数据分析如下所述。

一、参与葡萄园项目前后的人均年收入（A、B）的相关性

通过分析指标B和指标A的相关性，识别葡萄园产业项目的扶贫精准性与有效性。若二者不存在相关关系，说明该项目扶贫的精准性不强；若二者相关，指标A越高的农户其指标B越高，说明原本收入高的农户从项目中受益更多，出现"精英捕获"。当二者相关时，指标A较低家庭指标B较高，即两项指标存在明显负相关性，说明该项目具有精准扶贫效应。

对农户参与葡萄园项目前后人均年收入的相关性分析（见表4-39）表明：指标A和指标B相关系数为-0.883，为负相关关系；参与活动前人均年收入越低的家庭在该项扶贫活动中所得到的收益越大，相关系数接近于-1，表示这两项指标相关性明显。显著性检验为0，表示相关关系结果非常显著。青木镇花包

村的葡萄园"一三融合型"产业扶贫项目表现出较好的扶贫精准性。

表4-39　　　　　　参与项目前后的人均年收入相关性分析结果

项目		参与项目前的家庭人均年收入（A）	参与项目后的家庭人均年收入增长（B）
参与项目前的人均年收入	Pearson 相关	1	-0.883**
	显著性（双尾）		0.000
	N	48	48
参与项目后的人均年收入增长	Pearson 相关	-0.883**	1
	显著性（双尾）	0.000	
	N	48	48

注：** 表示相关性在 0.01 层上显著（双尾）。

二、参与项目之后收入增长的其他影响因素分析

在本次调研问卷中，还收集了家庭参与者年龄、家庭参与项目人数、家庭参与者受教育程度、家庭是否有土地参与流转等其他收入影响因素的指标数据。

如表4-40所示，从指标C和指标B的相关性分析看，指标B和指标C的相关系数为-0.616，说明参与家庭的劳动力平均年龄越小，参与该项目所得收益越大。显著性检验为0，表示相关关系的结果是非常显著的。进一步分析表明，劳动力平均年龄为65岁的家庭在扶贫活动中所得收益水平最高；成员较为年轻的家庭大都只是通过土地流转来参与该项目，这与青壮年劳动力常年务工在外有关，其家庭贫困程度较低；成员年龄更大的家庭则参与项目的能力有限。该葡萄园产业项目更偏好"中间年龄层"家庭，反映出本地"一三融合型"产业项目对外出务工较少的留乡中老年贫困人口群体表现出更强的精准扶贫效应。

表4-40　　　　参与项目之后收入增长与家庭劳动力年龄平均数的相关性分析结果

项目		参与项目后的家庭人均年收入增长（B）	家庭劳动力年龄的平均数（C）
参与项目后的人均年收入增长（B）	Pearson 相关	1	-0.616**
	显著性（双尾）		0.000
	N	48	48
家庭劳动力年龄的平均数（C）	Pearson 相关	-0.616**	1
	显著性（双尾）	0.000	
	N	48	48

注：** 表示相关性在 0.01 层上显著（双尾）。

如表 4－41 所示，从家庭参与项目的人数（D）和参与项目后的家庭人均年收入增长（B）的相关性分析看，指标 B 和指标 D 的相关系数为 0.845，二者为正相关关系，即家庭参与人数越多在该项目中所得收益越大，且相关性很强。显著性检验为 0，结果显著。这在一定程度上表明，贫困家庭主要是通过劳动力投入从当地"一三融合型"产业扶贫中获益的。

表 4－41　　　　参与项目后的收入增长与家庭参与项目人数的相关性分析结果

项目		参与项目后的家庭人均年收入增长（B）	家庭参与项目的人数（D）
参与项目后的家庭人均年收入增长（B）	Pearson 相关	1	0.845 **
	显著性（双尾）		0.000
	N	48	48
家庭参与项目的人数（D）	Pearson 相关	0.845 **	1
	显著性（双尾）	0.000	
	N	48	48

注：** 表示相关性在 0.01 层上显著（双尾）。

如表 4－42 所示，从家庭有土地参与流转（E）与参与项目后的家庭人均年收入增长（B）的相关性分析看，指标 B 和 E 相关系数较小。访谈得知，土地流转费用是定量支付的，一亩土地一年 600 元人民币。土地流转费用相比劳动所得费用相对较少，几乎所有家庭都参与了土地流转，对收入差异性影响有限，但是，贫困家庭将土地流转用于葡萄园产业经营中，相比分散化耕种可以获得更高的稳定收入。

表 4－42　　　　参与项目后的收入增长与家庭有土地参与项目流转的相关性分析结果

项目		参与项目后的家庭人均年收入增长（B）	家庭有土地参与项目的流转（E）
参与项目后的家庭人均年收入增长（B）	Pearson 相关	1	0.229
	显著性（双尾）		0.117
	N	48	48
家庭有土地参与项目的流转（E）	Pearson 相关	0.229	1
	显著性（双尾）	0.117	
	N	48	48

三、结论：乡村"一三融合型"产业项目具有精准扶贫效应吗

总体来说，贫困家庭人均年收入越低，从葡萄园项目中获得的增收脱贫效果越显著，说明"一三融合型"产业发展具有一定的精准扶贫功效。相比土地流转，带动劳动力就业是"一三融合型"产业精准扶贫的主要渠道。该类项目并未对劳动力就业设置很高的教育或技能门槛，因此更能惠及那些愿意留乡发展生产或就业的中老年劳动人口。

花包村葡萄园项目案例表明，在秦巴山区等连片贫困地区乡村，挖掘特色资源发展"一三融合型"产业是"生产和就业脱贫一批"的可行选择。同时我们调研发现，交通物流便利度、城市及市场可达性决定了这类项目的经济可行性与发展可持续性。市场前景、项目区位选择、产业软硬件配套以及贫困劳动力能否参与，成为"一三融合型"产业扶贫的重要决策考量。

专栏 4-3

旅游扶贫中的产业带动与个体经营：
四川两个贫困村庄的案例分析

2016 年 8 月中旬，课题组前往四川巴中市、眉山市等地开展旅游扶贫乡村调研，主题是旅游扶贫模式选择及成效比较。课题组调研员（贺立龙、魏倩等）对开展旅游扶贫的若干村庄的扶贫模式进行比较研究，总结出两种旅游扶贫模式：一种是在村庄层面引进旅游扶贫项目，发展某一规模型旅游产业以扶贫带贫；另一种是扶持个体农户经营"农家乐"以实现脱贫。

课题组将村户分为贫困村户和非贫困村户，前者某一时段收入为 R_1，后者等时段收入为 R_2，开展旅游扶贫之前 $R_1 < R_2$，开展旅游扶贫之后，村户等时段平均收入可达到 R。在参与旅游扶贫之后，将出现两种情形：其一，$R_1 < R_2 < R$，贫困村户与非贫困村户都参与到旅游扶贫中并从中受益；其二，$R_2 < R < R_1$，相比非贫困农户，贫困村户参与旅游扶贫之后相对受益程度更高。我们选择四川两个代表性村庄进行调查研究，对上述假设情形进行验证。

第一个村庄引入外资方承包土地发展葡萄园种植，吸引观光旅游客进入，提供采摘娱乐并出售葡萄，售价比市场价格高。村户将自家土地流转用于葡萄园建设获得租金，并将富余劳动力投入葡萄园工作岗位获得工资。在这一产业

带动下，村庄建设加快，在划定区域内已建设农民新居，政府给予一定比例的住房安置补贴；公路扩宽，度假屋也处于建设过程中，可以满足游客吃、住、游的系列需求。在这个村庄随机选择 20 户农户进行家庭访谈，对农户参与旅游扶贫前后的收入变化进行统计分析，结果表明，在集中旅游产业项目引入村庄之后，出现了 $R_1 < R_2 < R$ 的情形，即贫困村户与非贫困村户都参与到旅游扶贫中并从中受益。

第二个村庄位于风景区毗邻区域，近几年支持农户自主发展"农家乐"。该村居住点楼房经过统一规划，将二楼以上每个房间建设成"标间带厕所"的形式，目测一层楼大概三个标间，二楼和三楼都是这样的建筑形式。这样修建目的是为了便于各家各户利用自家楼房发展"农家乐"，并给予资金支持农户独立经营度假屋。在这个村庄随机选择 20 户农户进行家庭访谈，对农户参与旅游扶贫前后的收入变化进行统计分析，结果表明，在支持农户依托景区资源自营"农家乐"之后，出现了 $R_2 < R < R_1$ 情形，即一些贫困农户从旅游业经营中相对受益。

调研还发现，旅游扶贫产业发展到一定规模以后，现有资金和劳动力储备会制约这一产业做大做强，旅游业经营效益不高或规模零散，又难以留住青壮年劳动力并吸引资金投入，形成恶性循环。因地制宜，或招商引资发展规模化旅游产业，或支持农户开展乡村旅游自营，都要从补齐基建短板、强化要素供给体系做起。

专栏 4 −4

贫困劳动力外出务工的精准脱贫效应：
区分家庭与务工类型的考察

劳务输出是贫困农户短期内增收脱贫最直接见效的办法。课题组选择对外出务工的精准扶贫效应进行研究，目的是了解外出务工对于不同贫困程度、不同类型贫困群体扶贫的精准性，即"是否越穷的农民家庭越能够通过外出务工获得更大的生计改善"。2017 年，课题组前往四川省龙泉驿区柏合镇二河村、简华村，彭州市军乐镇银定村、石埂村，广元市前锋区黄蜂村、白鹤村开展入户调研，获得了 174 份有效问卷，据此分析：是否越穷的人外出务工脱贫程度越高？贫困农户的人力资本与家庭特征如何影响外出务工的精准脱贫效应？外出务工的区位与部门特征如何影响外出务工的精准脱贫效应？

一、基本概念界定与测度

外出务工即农村居民走出农村到城市寻找工作，获得资本收入。农村居民通过外出务工得到的工资收入能够直接改善农村家庭仅靠务农获得微薄收入的生计状况；同时，通过收入增加和开阔视野获得的技术提升，能够改善在家务农人员的务农条件与技术，提高家庭农业收入；外出务工人员回乡创业或带来先进要素。具体测度时，外出务工精准脱贫效应用外出务工生计改善率表示，分为相对贫困程度主观评价变化率与相对贫困程度客观测度变化率两大类。其中，相对贫困程度主观评价变化率指的是外出务工农户 2016 年相对贫困程度主观评价减去 2011 年相对贫困程度主观评价的差值与相对贫困程度主观评价初始状态的比值。相对贫困程度客观测度变化率的测度具体包含三个方面，分别是人均年可支配收入、家庭资产和社会福利状况，计算方式和时间跨度与相对贫困程度主观评价变化率相同。

影响外出务工的脱贫效应的因素包括以下几个方面。一是考虑务工者的贫困初始状态。由于所有务工家庭的当前贫困状态基本相对平均，因此生计改善率与外出务工者的初始贫困状态呈负相关。二是考虑外出务工者的人力资本，即身体状况、教育水平、技术掌握程度等，以及务工者的家庭特征，即家庭赡养比、是否有需要照顾的非劳动力。人力资本直接关系到务工的复杂程度，工作的复杂程度和工资收入水平显著相关；家庭特征是家庭人均收入和务工选择的硬约束，对生计改善率有重要影响。三是考虑务工类型，包括行业与职业、城市及场合、务工可获得的培训及有无长期职业发展、务工能否为回乡创业提供条件、务工时家庭是否获得相应的社会福利。务工类型因素能够间接地反映工资水平和务工稳定性，进而对脱贫效应产生影响。

二、研究假说

假说一：越贫困的农户外出务工的精准脱贫效应越大。

假说二：务工者人力资本及家庭特征对外出务工的精准脱贫效应有影响。

假说三：务工者务工类型对外出务工的精准脱贫效应有影响。

三、模型与变量

初始贫困状态关系到外出务工生计改善率，自变量应该为初始贫困状态。

可将初始贫困状态分为相对贫困程度主观评价初始状态与相对贫困程度客观测度初始状态两大类。其中，相对贫困程度主观评价初始状态指村民对自己5年前（即2011年）在村庄内的贫困程度进行主观评价，将相对贫困程度主观评价初始状态划分为5个层次，由低到高分别为"贫穷""较贫穷""一般""较富裕""富裕"，分别用基数数字1、2、3、4、5表示。相对贫困程度客观测度初始状态具体表现在三个方面，即5年前（即2011年）人均年可支配收入、5年前（即2011年）人均家庭资产、5年前（即2011年）社会福利状况（指教育状况、医疗状况、交通状况、信息状况、社保情况等）。其中，人均年可支配收入与人均家庭资产按照调研对象实际调研数据统计，是一个连续变量；我们将社会福利划分为5个层次，由低到高分别为"极差""较差""一般""较好""极好"，分别用基数数字1、2、3、4、5表示。构建以下模型验证假说一。

模型一：$DELTA\_PROVERTY = \alpha + \beta_1 PROVERTY + \varepsilon$

模型二：$DELTA\_INCOME = \alpha + \beta_1 INCOME + \varepsilon$

模型三：$DELTA\_CAPITAL = \alpha + \beta_1 CAPITAL + \varepsilon$

模型四：$DELTA\_WELFARE = \alpha + \beta_1 WELFARE + \varepsilon$

其中，$PROVERTY$、$INCOME$、$CAPITAL$ 和 $WELFARE$ 分别为相对贫困程度主观评价初始状态、家庭人均年可支配收入初始状态、家庭人均资产初始状态和社会福利初始状态，自变量为因变量相应的变化率，α 为常数项，β 为回归系数，ε 是随机干扰项。

对务工者人力资本及家庭特征对外出务工生计改善率的影响进行分析，自变量为务工者人力资本及家庭特征。将务工者人力资本及家庭特征分为务工者人力资本特征和务工者家庭特征两大类，务工者人力资本特征包括务工者身体状况（$HEALTH$）（将其划分为5个层次，分别为"身体状况很差""身体状况较差""身体状况一般""身体状况较好""身体状况很好"，用基数数字1、2、3、4、5表示）、务工者受教育状况（$EDUCATION$）（将其划分为5个层次，分别为"文盲""小学文凭""中学文凭""大学专科及大学本科文凭""大学本科以上文凭"，用基数数字1、2、3、4、5表示）、务工者掌握技术状况（$SKILL$）（将其划分为5个层次，分别为"没有任何技术""技术含量较低""技术含量中等""技术含量较高""技术含量极高"，用基数数字1、2、3、4、5表示），务工者家庭特征包括家庭务工赡养比（$SUPPORT$）（家庭总人数/家庭务工人数，是一个连续变量）、有无需要近身照顾的非劳动力（CAREFOR）（有或无，用 0 或 1 表示）。构建以下模型验证假设 2。

模型五：$DELTA\_PROVERTY = \alpha + \beta_1 HEALTH + \beta_2 EDUCATION + \beta_3 SKILL + \beta_4 SUPPORT + \beta_5 CAREFOR + \varepsilon$

模型六：$DELTA\_INCOME = \alpha + \beta_1 HEALTH + \beta_2 EDUCATION + \beta_3 SKILL + \beta_4 SUPPORT + \beta_5 CAREFOR + \varepsilon$

模型七：$DELTA\_CAPITAL = \alpha + \beta_1 HEALTH + \beta_2 EDUCATION + \beta_3 SKILL + \beta_4 SUPPORT + \beta_5 CAREFOR + \varepsilon$

模型八：$DELTA\_WELFARE = \alpha + \beta_1 HEALTH + \beta_2 EDUCATION + \beta_3 SKILL + \beta_4 SUPPORT + \beta_5 CAREFOR + \varepsilon$

对务工者务工类型对外出务工生计改善率的影响进行分析，自变量为务工者务工类型。将务工者务工类型分为务工的行业与职业（PROFESSION）（毫无技术含量的职业，如工地小工等，将其赋值为 1；技术性较弱的，如木匠、厨师等，将其赋值为 2；技术性较强的，如公司管理人员等，将其赋值为 3；拥有一定社会地位、存在学历门槛的，如教师、公务员等，将其赋值为 4；拥有较高社会地位的，如政府官员、成功创业者等，将其赋值为 5），务工的城市及场合（CITY）（将其划分为 5 个层次，分别为"县级城市""一般市级城市""省会市级城市""北上广深等一线城市""国外"，用基数数字 1、2、3、4、5 表示），务工可获得的培训及有无长期职业发展（TRAINING）（将其划分为 5 个层次，分别为"毫无培训""接受过培训""接受过正规培训""接受过系统培训""接受过顶级培训"，用基数数字 1、2、3、4、5 表示），务工能否为回乡创业提供条件（ENTREPRENEUR）（不能或能，用 0 或 1 表示），务工时家庭是否获得教育、医疗、社保、户口（JOBWELFARE）（有或无，用 1 或 0 表示）。构建以下模型验证假设 3。

模型九：$DELTA\_PROVERTY = \alpha + \beta_1 PROFESSION + \beta_2 CITY + \beta_3 TRAINING + \beta_4 ENTREPRENEUR + \beta_5 JOBWELFARE + \varepsilon$

模型十：$DELTA\_INCOME = \alpha + \beta_1 PROFESSION + \beta_2 CITY + \beta_3 TRAINING + \beta_4 ENTREPRENEUR + \beta_5 JOBWELFARE + \varepsilon$

模型十一：$DELTA\_CAPITAL = \alpha + \beta_1 PROFESSION + \beta_2 CITY + \beta_3 TRAINING + \beta_4 ENTREPRENEUR + \beta_5 JOBWELFARE + \varepsilon$

模型十二：$DELTA\_WELFARE = \alpha + \beta_1 PROFESSION + \beta_2 CITY + \beta_3 TRAINING + \beta_4 ENTREPRENEUR + \beta_5 JOBWELFARE + \varepsilon$

四、实证分析结果

如表 4-43 所示，从模型一、模型二、模型三、模型四的回归结果来看，各自解释变量系数均为负，并且在 1% 的水平上显著。可以看出：其一，相对贫困程度主观评价改变率与相对贫困程度主观评价初始状态显著负相关，即贫困程度主观评价初始状态值越小，外出务工带来的相对贫困程度主观评价改变率越大；其二，人均年可支配收入改变率与人均年可支配收入初始状态显著负相关，即人均年可支配收入初始状态值越小，外出务工带来的人均年可支配收入改变率越大；其三，人均家庭资产改变率与人均家庭资产初始状态显著负相关，即人均家庭资产初始状态值越小，外出务工带来的人均家庭资产改变率越大；其四，社会福利改变率与社会福利初始状态显著负相关，即社会福利初始状态值越小，外出务工带来的社会福利改变率越大。以上四个模型在统计学意义上支撑了"越贫困的农户，外出务工带来的生计改善率越高"的观点。在经济学意义上，外出务工在一定程度上弱化了贫困农户家庭经济资本对收入变化的影响，使不同贫困程度农户的生计水平趋向于均衡化，可以说外出务工对于贫困农户精准脱贫存在边际效应。

表 4-43　　　　　　　　　实证分析结果（1）

变量	模型一	模型二	模型三	模型四
CONSTANT	1.8777 *** (0.000)	2.1044 *** (0.000)	2.4131 *** (0.000)	1.6739 *** (0.000)
PROVERTY	-0.5443 *** (0.000)			
INCOME		-0.4590 *** (0.003)		
CAPITAL			-0.4923 *** (0.003)	
WELFARE				-0.4155 *** (0.000)
R^2	0.3729	0.0507	0.1413	0.4821
Prob > F	0.0028	0.0028	0.0000	0.0000

注：*** 代表在 1% 的显著性水平上显著。

如表 4－44 所示，从模型五的结果来看，受教育程度（EDUCATION）系数在 5% 的显著水平上为正，表明务工者受教育状况越好，相对贫困程度主观评价变化率越大；家庭赡养比系数（SUPPORT）、家庭负担系数（CAREFOR）在 10% 的显著水平上显著为负，表明务工者家庭赡养比提高、有需要近身照顾的非劳动力，会使相对贫困程度主观评价变化率变小。从模型六、模型七的结果来看，自身技术条件系数分别在 5% 和 1% 的显著水平上为正，表明务工者技术掌握状况越好，人均年可支配收入变化率、人均家庭资产变化率越大。从模型八的结果来看，家庭负担系数在 10% 的显著水平上为负，表明务工者家庭开支负担越大，社会福利状况变化率越小。以上结果在经济学意义上表明，务工者的人力资本和家庭人口负担在一定程度上制约着外出务工的生计改善率。

表 4－44　　　　　　　　　　实证分析结果（2）

变量	模型五	模型六	模型七	模型八
CONSTANT	0.6856 (0.162)	0.9286 (0.352)	0.2653 (0.658)	0.2500 ** (0.045)
HEALTH	0.1137 (0.257)	−0.0141 (0.946)	−0.0025 (0.985)	−0.0063 (0.792)
EDUCATION	0.1878 ** (0.017)	−0.1354 (0.343)	−0.0580 (0.560)	0.0325 (0.101)
SKILL	0.0945 (0.203)	0.3120 ** (0.017)	0.2452 *** (0.009)	0.0180 (0.259)
SUPPORT	−0.0880 * (0.083)	−0.0405 (0.707)	0.0976 (0.247)	0.0154 (0.229)
CAREFOR	−0.2592 * (0.091)	0.2460 (0.415)	0.0680 (0.740)	−0.0608 * (0.084)
R^2	0.2081	0.1296	0.1059	0.1001
Prob > F	0.0057	0.2416	0.1829	0.0824

注：***、** 和 * 分别代表在 1%、5% 和 10% 的显著性水平上显著。

如表 4－45 所示，从模型九、模型十、模型十一、模型十二的结果来看，解释变量职业与行业（PROFESSION）的系数分别在 5%、1%、1%、5% 的水平上显著为正，可以看出务工选择的职业与行业质量的提高对生计改善的效果越好。从经济学的意义上来看，职业选择的劳动复杂程度和社会地位，直接关系到务工者工资收入的提高，对于生计改善有着最直接的影响。在不同因变量下，接受培训的程度（*TRAINING*）和务工时家庭福利（*JOBWELFARE*）对于生计改善率存在一定程度的显著影响，但其影响有限，一个重要原因可能在于务工者自身进行职业选择时的短视行为，即收入因素在职业选择时表现为最高优先级。

表 4 −45   实证分析结果（3）

变量	模型九	模型十	模型十一	模型十二
CONSTANT	0. 6220 ** (0. 050)	− 0. 9503 * (0. 052)	0. 5419 (0. 151)	0. 7732 ** (0. 015)
PROFESSION	0. 2531 ** (0. 046)	0. 9571 *** (0. 000)	0. 4864 *** (0. 003)	0. 3178 ** (0. 011)
CITY	0. 1155 (0. 292)	0. 2221 (0. 240)	− 0. 1638 (0. 241)	− 0. 1543 (0. 170)
TRAINING	0. 0540 (0. 484)	− 0. 3772 *** (0. 002)	− 0. 1363 (0. 132)	− 0. 0339 (0. 672)
ENTREPRENEUR	0. 4518 (0. 161)	− 0. 0511 (0. 817)	− 0. 1909 (0. 448)	− 0. 1721 (0. 507)
JOBWELFARE	0. 2724 (0. 132)	0. 3274 (0. 269)	0. 3388 * (0. 073)	0. 0760 (0. 646)
R^2	0. 2645	0. 4781	0. 1558	0. 1475
Prob > F	0. 0006	0. 0000	0. 0436	0. 1714

注：***、** 和 * 分别代表在 1%、5% 和 10% 的显著性水平上显著。

五、结论与启示

相对贫困程度主观评价改变率与相对贫困程度主观评价初始状态显著负相关，即贫困程度主观评价初始状态值越大，相对贫困程度主观评价改变率越小，说明越穷的群体（即贫困程度主观评价初始状态值越小）外出务工带来的生计改善率越大（即相对贫困程度主观评价改变率越大）。相对贫困程度客观测度改变率与相对贫困程度客观测度初始状态显著负相关，同样说明越穷的群体（即贫困程度客观测度初始状态值越小）外出务工带来的生计改善率越大（即相对贫困程度客观测度改变率越大）。在对相对贫困程度主观评价与相对贫困程度客观测度的分析中均能得出一致的经济学结论，说明初始贫困状态对外出务工生计改善率确实有显著影响，外出务工具有显著的精准脱贫边际效应。验证了假说一成立。

关于务工者人力资本及家庭特征对外出务工生计改善率的影响，我们进行了分组下的多元回归分析。结果显示：务工者受教育状况越好，外出务工生计改善率越大；务工者技术掌握状况越好，外出务工生计改善率越大；务工者家庭务工赡养系数越小，外出务工生计改善率越大；务工者无需要近身照顾的非劳动力，外出务工生计改善率越大。这从经验上说明了务工者人力资本的提高和家庭负担的减轻整体上可以增强精准脱贫效应。验证了假说二成立。关于务工者务工类型对外出务工生计改善率的影响，我们进行了分组下的多元回归分析。结果显示：务工者工作职业与行业的复杂程度和社会地位越高，外出务工生计改善率越大。说明外出务工类型质量的提高有利于增强精准脱贫的效应。验证了假说三成立。

综上所述，可以得出以下启示：重视贫困农户外出务工的精准脱贫效应，充分发挥政府和市场的引导、支持作用；增加对外出务工者的人力资本投资，注重贫困地区基础教育质量的提高和职业教育体系的完善；研究出台就地脱贫政策，发展当地产业链，以当地产业发展带动农户就地从业，为贫困农户务工提供便利条件的同时，降低乡村凋敝和"空心化"的风险；推动贫困地区中小城市特色产业、新兴产业的发展，扩大区域市场规模，增加就业机会，惠及广大务工农民群体。

4.2 易地搬迁扶贫的精准性与成效：兼论农户搬迁之后的产业惠及

4.2.1 贫困农户更能受益于易地搬迁吗：对四川搬迁村户的实证考察

易地扶贫搬迁是精准扶贫方略的"五个一批"之一。我们收集秦巴山区易地搬迁村户的样本数据，对不同贫困深度农户的搬迁意愿与脱贫结果进行实证分析发现：贫困深度与家庭特征不同，村户易地搬迁意愿不同；包揽式、唯补贴的搬迁安置方式，忽略了搬迁对象的贫困深度及其脱贫需求差异，容易降低脱贫成效，形成"救济陷阱"；相比补贴安置与政策救济，搬迁后生产与就业的接续是脱贫的根本之路。因此，应实行差异性的搬迁规划引导政策，瞄准村户的搬迁安置需求进行精准的安置帮扶；设定安置补贴的有效区间，优化搬迁考核评估；着眼于"脱贫"开展搬迁安置帮扶，以"减贫"定搬迁、谋发展。

1. 问题提出：易地搬迁能有助于更为贫困农户的长效脱贫吗

易地搬迁提升了村户平均生计水平，但对不同贫困深度的村户可能产生不同的扶贫效果。在有的地区，"无业可扶、无力脱贫"的孤寡、病残人口，或者缺乏文化技能的深度贫困人口，通过搬迁改善了居住条件，但未能提升生产与就业水平，甚至陷入生计不能接续的困境。调研表明，农户类型和家庭特征不同，搬迁意愿与脱贫效果往往不同，搬迁之后贫富差距可能拉大，搬迁脱贫的精准性有待提升。

易地搬迁并非扶贫救济，而是对贫困村户进行搬移、安置与帮扶，使之获得好的生计环境，实现内生脱贫。但是，有些地区因理念、思路偏颇，未针对不同贫困深度的搬迁人口精准施策，出现了"一刀切"、大包大揽、包办代替、只搬不扶等政策执行偏差，降低了脱贫实效。

易地扶贫搬迁作为破解深度贫困的攻坚之策，面临着瞄准不善、施策低效的执行困境。易地搬迁脱贫的精准性及实效怎样测度？受哪些因素的影响？如何提升？有别于对搬迁成效的宏观考察或基于村庄案例的学理分析，我们引入农户搬迁行为与脱贫效应考察的微观视角，探寻不同农户在搬迁安置中的意愿、安置前后的生计变化，理清搬迁脱贫的个体作用机理，提出精准性及实效提升之策。[①]

2. 研究方法和数据来源

这里选用二元选择模型，分析农户易地搬迁的意愿及经济行为，以考察家庭特征、贫困异质性对搬迁脱贫效应的影响。

在分析易地搬迁政策对农户脱贫的影响时，因变量设计为农户是否脱贫。

若该农户脱贫，记 $Y=1$；若其未能脱贫，记 $Y=0$。而农户是否脱贫是由不可观测的潜在变量 Y^*（内生脱贫动力大小）决定的：

$$Y^* = \beta_0 + \beta X + u \qquad (4.15)$$

其中，X 为影响农民贫困情况的解释变量；β 为其系数向量；u 独立于 X 且服从标准正态分布。若 $Y^* > 0$ 表示农户贫困程度受到了相关因素的影响，即 $Y=1$；若 $Y^* \leqslant 0$ 则表示农户贫困程度未受到相关因素的影响，即 $Y=0$。因此，影响农户搬迁后脱贫情况的模型可以表示为：

$$
\begin{aligned}
P(Y=1|X=x) &= P(Y^* > 0|X=x) \\
&= P(\beta_0 + \beta x + u > 0) \\
&= P[u > -(\beta_0 + \beta x)] \\
&= \Phi(\beta_0 + \beta x)
\end{aligned}
\qquad (4.16)
$$

其中，Φ 为标准一元累计正态分布函数。考虑到极大似然估计法在 Probit 模型参数估计中应用较多，故选择这一方法进行参数估计。

因变量。为考察易地搬迁政策是否发挥精准脱贫功效，这里选择移民后农户是否脱贫作为因变量。关于贫困测度，由于搬迁农户经济收入绝对水平的比较会受到通货膨胀、村际差异等因素干扰，我们考察农户经济状况在村内的相对水平。具体而言，将搬迁前后农户的村内收入排位水平进行纵向比较，若搬迁之后农户收入排位升高，认定为其在村内的相对经济状况得到改善，趋于"脱贫"，因变量取值为 1；若搬迁之后农户收入排位不变或降低，则认定为其在村内的相对经济状况未得到改善，"脱贫"态势不明显，因变量取值为 0。

自变量。易地扶贫搬迁直接改善了村户生活居住的地理空间条件，产生了"扶贫效应"，还可以通过优化生产生活环境、改善基础设施、创造就业与发展机会，激发村户内生脱贫动力与可持续生计能力，达到"搬迁脱贫"效果。这种搬迁脱贫效果往往受到搬迁对象（村户）贫困深度、人力资本状况、家庭结构特征，以及安置情况的影响，表现出一定的差异性。基于此，我们从户主个体差异（人力资本状况）、家庭结构特征、家庭经济状况（反映贫困深度）、村落贫困深度及基础设施四个方面，设计了 15 个指标（见表 4 - 46），并观测与分析这些异质性因素对易地搬迁政策脱贫效果的影响。

表 4 - 46　　　　　　　　　　　自变量指标体系

一级指标	子指标	子指标描述
户主个人特征	户主年龄	户主年龄（年）
	户主受教育程度	文盲 = 0，小学 = 1，初中 = 2，高中及中专 = 3，大学及大专 = 4
户主家庭特征	家庭人口数量	以房产证上所登记的人口数量记（人）
	是否有大病病人	否 = 0，是 = 1
	是否有负担人口	负担人口具体指学龄儿童和高龄老人，其中：否 = 0，是 = 1
家庭经济状况	家庭贫困深度	根据家庭收入在村内的排位划分，其中：高收入 = 1，中高收入 = 2，中低收入 = 3，低收入 = 4
	工资性收入占比	移民前工资性收入占收入总额的比率，其中：0 ~ 10% = 1，10% ~ 30% = 2，30% ~ 50% = 3，50% ~ 70% = 4，70% ~ 100% = 5
	商业性收入占比	移民前商业性收入占收入总额的比率，其中：1 = 0 ~ 10%，2 = 10% ~ 30%，3 = 30% ~ 50%，4 = 50% ~ 70%，5 = 70% ~ 100%
	农业性收入占比	移民前农业性收入占收入总额的比率，其中：0 ~ 10% = 1，10% ~ 30% = 2，30% ~ 50% = 3，50% ~ 70% = 4，70% ~ 100% = 5
	补贴性收入占比	移民前补贴性收入占收入总额的比率，其中：0 ~ 10% = 1，10% ~ 30% = 2，30% ~ 50% = 3，50% ~ 70% = 4，70% ~ 100% = 5
	是否拥有电视	否 = 0，是 = 1
	房屋结构	木屋、吊脚楼 = 1，土坯房 = 2，砖房 = 3
村落环境	是否为贫困村	否 = 0，是 = 1
	是否通公路	否 = 0，是 = 1
	是否有小学	否 = 0，是 = 1

本部分数据来自课题组调研员（贺立龙、郑怡君、李敬等）2016 年 3 ~ 9 月在四川马边县、巴中市的 6 个村进行的入户调研。这 6 个村地处小凉山彝族聚居区、秦巴山集中连片特困区，均实施了易地扶贫搬迁工程。通过深入 6 个深度贫困村，随机选择贫困深度不同的农户面对面访谈，形成 858 份有效样本，其中有 568 份为易地搬迁完成户。访谈内容涵盖农户的相对贫困程度与贫困深度、人力资本与家庭特征、村落环境与公共福利，构成了刻画农户搬迁意愿、脱贫程度及影响因素（如初始贫困深度、生计特征、家庭结构、人力资本）的家庭指标信息集合。

3. 实证结果分析

利用调研数据对 Probit 模型进行参数估计，结果如表 4 - 47 所示。

表 4 – 47　　　　　　　　　　　易地扶贫搬迁实证研究结果

变量	系数	标准误	p > │z│
户主年龄	0.030	0.012	0.012 **
户主受教育程度	0.457	0.157	0.004 ***
家庭人口数量	0.033	0.087	0.705
是否有大病人口	0.442	0.261	0.090 *
是否有负担人口	−0.526	0.243	0.031 **
贫困深度	−0.046	0.113	0.682
工资性收入占比	−0.617	0.270	0.022 **
商业性收入占比（剔除）			
农业性收入占比	−0.287	0.237	0.225
补贴性收入占比	−0.305	0.245	0.213
房屋类型	−0.166	0.300	0.580
是否有电视	1.222	0.352	0.001 ***
是否为贫困村	0.557	0.557	0.317
是否通公路	−0.141	0.471	0.764
是否有小学	−1.733	0.440	0.000 ***
常数项	0.044	2.004	0.983
样本数量	544	LR　$\chi^2(14)$	89.44
		Prob $>\chi^2$	0.0000
Log	−103.6816	Pseudo R^2	0.3013

注：***、** 和 * 分别代表在 1%、5% 和 10% 的显著性水平上显著。另外，在利用 STATA 进行数据分析时发现，一旦商业性收入变量值不等于 1 即意味着因变量 Y = 0，因此判断商业性收入对农民是否脱贫的影响不大，软件自动将该变量剔除。由于软件删去了商业性收入这一变量，有 24 个数据随之被软件剔除，因此会造成变量个数的减少。

通过表 4 – 47 回归结果可见，模型在 1% 的显著性水平上显著，其整体拟合效果较好。通过对变量系数的分析，得到以下结论。

（1）搬迁对贫困人口脱贫帮扶精准度不足，较富裕农户反而受益。

农户贫困深度对其搬迁脱贫概率的影响并不显著。村庄是否为贫困村对村户搬迁脱贫概率的影响亦不显著。但是，村内是否有小学对脱贫概率有显著负向影响。村内是否有小学体现了村庄的基础设施建设状况与公共福利水平，一定程度上也是村庄贫困深度的客观反映。表 4 – 47 回归结果表明，易地搬迁政策对于经济发展程度较低的深度贫困村庄更有脱贫帮扶作用，但对深度贫困农户的搬迁帮扶"精准度"不足。

从理论上讲，搬迁之前住房条件较差的农户，在搬迁之后可获得更好的居住条件，有助于其专注于生计改善与后续脱贫。但实证结果表明，搬迁农户初始的房屋类型对其脱贫概率的影响并不显著。调研发现，易地搬迁多采取统一规划、统一搬迁方式，由于缺乏对特困农户脱贫需求的精确瞄准与全面考察，后续产业发展与福利保障跟不上，有时出现"搬得出"但"稳不住""富不了"的情况。

家庭财富积累情况会影响到农户搬迁脱贫的概率。农户家中的固定资产存量，如家中是否有电视对其搬迁脱贫概率起到显著正向作用。易地搬迁除因居住安置增加家庭支出之外，其生计转换与生活配套建设也意味着家庭成本的增加。对于财富积累较少的贫困农户，搬迁成本预期更高，制约着其搬迁积极性，弱化了脱贫的资源根基。与之相比，较为富裕农户搬迁脱贫的成效反而较大。

易地扶贫搬迁重在搬迁脱贫。扶贫搬迁政策的精准度与有效性不足，不能有效激发搬迁村户的内生脱贫动力，制约搬迁脱贫实际效果。

（2）搬迁安置"政策包揽"或"过度补贴"易产生"救济陷阱"。

调研发现，568户参与搬迁的样本村户中仅有134户农户收入水平得到了相对显著的改变。对脱贫程度较高的134户样本农户与其他434户样本农户进行对比考察，发现前者的平均补贴收入占比达34.61%，远高于后者的22.72%。这似乎表明政策性补贴有助于搬迁村户实现脱贫。但是，基于Probit模型的估计结果表明，从补贴性收入占比这一指标对农户生计变化的影响来看，补贴之类的政策手段对搬迁农户的脱贫概率无显著影响。有的村庄产生了一定程度的安置补贴"救济陷阱"问题，即由于大包大揽、唯钱唯物、盲目补贴的搬迁操作方式，政策救济多、脱贫帮扶少，助长一些缺乏文化、技能和上进心的贫困搬迁户滋生了"等、靠、要"思想，内生动力弱、自发投入少，不愿"退出贫困名单"，陷入"越救越贫""因济而贫"的扶贫失灵状态。

在表4-48中，区分不同的教育水平、不同的贫困深度，考察样本农户补贴收入对其边际脱贫概率的影响，结果显示，补贴收入均在一定程度上表现出对搬迁农户脱贫概率的反向制约作用，且其对边际概率的贡献无显著差异。易地扶贫搬迁重点在脱贫，应改变"大包大揽"方式，规避安置补贴的"救济陷阱"，将资金用在"刀刃"上，为农户创造良好的生产生活环境，更好地激发农户脱贫的自主性。

表4-48　　　　　　　不同教育水平、贫困程度下补贴收入水平边际概率

教育水平	边际概率	p > │z│	贫困程度	边际概率	p > │z│
0	-0.062561	0.203	1	-0.060350	0.230
1	-0.069353	0.216	2	-0.051514	0.199
2	-0.049973	0.222	3	-0.047302	0.197
3	-0.084814	0.207	4	-0.084306	0.214
4	-0.065897	0.232			

　　调研发现，安置补贴"救济陷阱"的形成与不当的补贴标准、额度与发放方式有关。如表4-49所示，随着补贴收入水平的增高，边际概率系数的显著性增高。安置补贴水平过低不利于帮扶深度贫困村户实现搬迁安置，但安置补贴水平过高也可能降低某些搬迁村户的内生脱贫动力。为此，应科学设立补贴标准与发放方式，既可以化解深度贫困村户的搬迁成本，又避免形成"救济陷阱"问题。从实证结果看，政府对于搬迁村户的现金补贴不宜过高，样本农户的测算数据表明，补贴收入不宜超过其年收入的30%，才能避免补贴的消极作用。

表4-49　　　　　　　　　不同补贴水平的边际概率

补贴水平	边际概率	p > │z│
0	-0.110884	0.330
0 < 补贴水平 ≤ 10%	-0.092684	0.319
10% < 补贴水平 ≤ 30%	-0.070571	0.231
30% < 补贴水平 ≤ 50%	-0.048947	0.059 *
50% < 补贴水平 ≤ 70%	-0.030926	0.000 ***
补贴水平 > 70%	-0.017799	0.126

注：***，*分别代表在1%和10%的显著性水平上显著。

　　确定补贴的最低与最高阈值，基于帮扶对象的贫困深度形成安置补贴的"合理区间"，有利于发挥安置补贴对搬迁户的精准帮扶效应。瞄准搬迁户的安置需求与脱贫需求，使用特定脱贫用途导向的补贴等补贴方式，有利于实现安置补贴政策对深度贫困村户的自动识别与精准帮扶。计量结果显示，教育水平提高对于搬迁脱贫概率有显著的正向作用。由此，可尝试推行对搬迁村户子女的教育补贴，对搬迁村户的技能培训补贴、择业补贴，实现搬迁脱贫、生产就业脱贫、教育培训脱贫的有效协同。对于有大病人口的家庭，增加大病医保、健康扶贫的资源投入，将兜底扶贫与自主脱贫相结合。

（3）忽略农户生计特征与贫困异质性，不利于搬迁安置精准帮扶。

易地搬迁的脱贫帮扶"失准"（或贫富偏向"中性"特征），以及"救济陷阱"的产生，往往与扶贫搬迁缺乏分类识别与施策体系、帮扶标准单一、工作"一刀切"、忽略了村户贫困的异质性有关。计量结果显示，户主的人力资本差异性、家庭特征及贫困类型异质性，都会影响农户内生的脱贫动力以及搬迁脱贫概率。

从户主的人力资本差异看，户主受教育程度对其是否脱贫起到显著正向作用。户主受教育程度越高，人力资本素质越高，表现为经济视野更开阔、就业机会更多、收入回报更大，同时脱贫动力更强，从而带动家庭成员致富增收，走出"贫困陷阱"。搬迁脱贫主导者应该是具有一定人力资本素质的户主，激发搬迁户主的内生脱贫动力，重视智力扶贫与易地搬迁的协同，有助于提升搬迁脱贫成效。

从家庭特征来看，家庭人口结构中存在"病残人口、有负担人口"这一特征，将影响搬迁脱贫的效应。户主的年龄对其是否脱贫有显著的正向作用，这是因为较大年龄的户主，家中存在老龄人口负担概率更大，容易被识别并得到有效帮扶。一般而言，易地扶贫搬迁将会为搬迁后的村户提供准入门槛较低的工作，留守老人参与此类工作的机会成本低，收益相对较大，从而更能获益于易地搬迁及安置。存在患病人口对搬迁农户的脱贫概率有正向影响，存在负担人口对搬迁农户的脱贫概率有负向影响。两者对搬迁农户脱贫造成的影响截然相反，似乎与理论预期有所不符。患病人口、负担人口为家庭带来了较重的支出成本以及生计风险，使得农户搬迁后更换就业或生计方式的不确定性增强，可能影响农户积极寻求新的职业机会，弱化其脱贫的内生动力，使之更依赖"救济"。搬迁安置政策对因病致贫家庭的识别与帮扶比较到位，可以缓解患病人口家庭的医疗负担，但却缺乏对存在负担人口（如存在学龄儿童）家庭的识别，不能给予精准帮扶。在扶贫搬迁政策实施中，若能对搬迁农户的家庭人口特征有所区分，给予适宜的搬迁帮扶政策，则有利于提升搬迁安置扶贫的精准性与成效。

从家庭收入结构与贫困类型看，农户家庭收入结构也将影响搬迁脱贫效应。一是工资收入占比与商业收入占比两个因素对农户搬迁脱贫有显著的负向影响。这可能是因为商业性收入比例较高的富裕农户，以及工资收入稳定的外出务工型村户，大都在外地购房或生活，事实上已先行完成了"搬迁脱贫"，因此这类农户在易地扶贫搬迁政策实施中的相对获益较少。二是农业性收入与补贴性收入占比对农户搬迁脱贫影响不显著。这可能是因为农业收入与补贴收入本身总和较低,加之农业收入波动性大,对搬迁脱贫影响有限。搬迁扶贫政策对不同收入结构的农户带来的搬迁脱贫效应是不同的,搬迁脱贫应考虑农户家庭收入特征及贫困类型,注重对本地生产型农户搬迁后的就业帮扶,做好搬迁安置与后续产业衔接,实现搬迁脱贫与产业扶贫协同。

4. 结论与政策启示

(1)结论。

第一,贫困深度、生计类型与家庭特征不同,村户易地搬迁意愿不同。因老弱病残而陷入深度贫困的村户惧怕较高的搬迁成本,不愿搬迁,或依赖政府安置。

第二,包揽式的搬迁安置方式、单一的安置帮扶手段,以及未合理量化的货币补贴,忽略了搬迁对象的贫困程度、生计特征及其脱贫需求差异,容易导致帮扶过度或缺位,滋生救济依赖,降低搬迁脱贫的精准度与成效。补贴存在一个有效区间,过低不能克服搬迁成本障碍,过高则会弱化脱贫内生动力。

第三,孤立地推行易地搬迁能改进村户生存环境,但难以助其内生脱贫,相比补贴安置、政策救济,搬迁后生产与就业的接续是脱贫的根本之路。

(2)政策启示。

第一,针对不同生计类型和搬迁意愿的贫困村户,实行差异性的搬迁引导政策。针对不同贫困深度与贫困类型的搬迁对象,了解其搬迁意愿,瞄准其安置需求,给予精准有效的搬迁引导与政策支持,降低搬迁政策的实施成本,提升搬迁脱贫效率。对于本地务农的深贫困人口,实施兜底型搬迁安置政策,提升其搬迁意愿;对于外出务工、有城镇化倾向的农户,实施激励引导型搬迁安置政策,引导其自主搬迁。

第二,瞄准不同生计特征与贫困类型村户的搬迁安置需求,进行精准安置帮扶。通过精准的搬迁帮扶政策,激发深度贫困地区和深度贫困人口搬迁致富的内在活力,提高其自我发展能力。对因病致贫的深度贫困村户,实施兜底型搬迁安置政策,做好房屋安置、社保兜底,考虑到其难以依靠产业扶持和就业帮助脱贫,应加大医疗救助、临时救助、慈善救助等帮扶力度。对缺乏教育和培训、人力资本层次较低的深度贫困村户，实施搬迁、安置、教育、就业协同型的搬迁帮扶政策，注重培育其在搬迁后发展生产和务工经商的基本技能。

第三，设定安置补贴的有效区间，优化搬迁考核评估，规避"救济陷阱"。要纠正易地扶贫搬迁政策的基层执行偏差，改变大包大揽、包办代替的"家长制"搬迁安置方式，避免"干部干，群众看"。改变"唯钱唯物、补贴了事"的做法，多采用自主搬迁奖补、劳务补助、以工代赈等机制，教育、引导、鼓励有发展能力的搬迁户择业脱贫。

第四，着眼脱贫开展搬迁帮扶，以减贫定搬迁、谋发展。搬迁安置应"以脱定扶"，搬迁与脱贫并行。贫困农户搬离深度贫困地区的目标是"脱贫"，迁后新址选择、公共服务保障、基础设施建设，以及安置补贴设计、产业转型接续均要围绕这一目标进行。扶贫搬迁除改善居住条件外，还要致力于落实"三保障"，实现生产、就业脱贫。搬迁后可着力发展贫困人口更为受益的特色农业、劳动密集型加工业和服务业等，新农合和大病保险制度要对深度贫困农户进行政策倾斜。

4.2.2　贫困农户搬迁有助于产业脱贫吗：基于湖南湘西州的乡村调研

搬迁农户能否融入乡村产业振兴，决定了易地搬迁脱贫政策的稳定性与长效性，关系到精准扶贫与乡村振兴的战略衔接。易地搬迁通过调整农户与资源地理组合，接入市场与信息网络，使之获得产业可惠及性。产业惠及效应的发挥受到农户异质性和政策因素耦合的影响。课题组基于湘西州的农户调研数据，对农户搬迁之后的乡村产业可惠及性进行实证研究。结果表明：深度贫困农户搬迁之后疏离于乡村产业发展，陷入生计失能风险，相对贫困程度加深；户主技能或技术、信息接收渠道对农户搬迁之后的产业参与及产业增收均有正向影响；信贷支持搬迁农户产业经营的精准性和有效性欠缺；集体经济组织及龙头企业带给搬迁农户的产业惠及有限；相比基建环境，定向扶持政策有助于引导农户融入乡村产业链并从中受益。重视深度贫困农户搬迁之后的生计接续和产业赋能，精准开展搬迁农户的产业技能培训，加强搬迁农户融入乡村产业振兴的信贷支持和信息供给，优化政策安排与组织链接，有助于推动搬迁农户深度融入乡村产业链并长效受益。①

1. 问题提出：农户搬迁之后可否融入乡村产业并从中受益

易地扶贫搬迁已进入后续扶持为主的阶段。2019 年 4 月 16 日，习近平在解决"两不愁三保障"突出问题座谈会上的讲话中指出，全面打赢脱贫攻坚战面临需要长期逐步解决的问题，其中之一是产业发展基础薄弱，易地搬迁、扶贫搬迁后续措施乏力，稳定脱贫长效机制没有建立。易地搬迁是农户人力资本与区域资源的配置优化过程，是乡村产业培育及布局的重塑过程，也是农户生计转型与生活方式现代化的过程。易地搬迁脱贫不仅意味着居住条件改善，更是农户通过搬迁，优化人口与资源、环境的空间配置，借助精准脱贫与乡村振兴的聚合冲击效应，融入城乡现代经济体系，实现生计赋能与稳定脱贫。易地搬迁脱贫的成效与质量，取决于搬迁农户生产与就业状态的改进，这与搬迁后的产业培育、就业扶持相关。贫困农户易地搬迁实现效能提升有两种传导途径：一是外地务工、融入城镇，体现为城镇化导向的生计赋能；二是留乡生产、融入产业，体现为乡村振兴导向的生计赋能。这里研究后者，即搬迁农户融入乡村产业的脱贫发展成效。

既有文献多是基于区域调查或典型案例进行产业发展模式及对策的规范研究，缺乏对搬迁农户行为及产业政策成效的实证考察。本部分引入产业可惠及性这一概念，刻画搬迁农户在乡村产业振兴中的融入程度及减贫成效，研究搬迁后续政策对贫困农户的产业支持与生计赋能效应。课题组选择湘西土家族苗族自治州的易地搬迁样本，采集搬迁农户的生计数据，揭示搬迁脱贫的产业赋能机理与关键影响因素。

2. 数据来源、理论分析与实证模型

研究数据来自课题组调研员（贺立龙、胡闻涛、杨祥辉、李敬、李浩然等）2018 年 7~8 月在湖南省湘西土家族苗族自治州进行的入户问卷调查。该州内各贫困县均实行了易地扶贫搬迁政策，随机调查 660 户，其中有效样本 472 份。调研内容包括搬迁户贫困特征（致贫因素、人均收入水平、搬迁前后收入对比情

① 贺立龙、杨祥辉：《易地搬迁农户的乡村产业可惠及性——湖南湘西的微观实证》，载于《西北农林科技大学学报（社会科学版）》2020 年第 3 期。

况等）、生计方式选择（搬迁前后生计方式、对搬迁政策的评价、对搬迁后的基础设施及产业环境的评价等）、农户家庭异质性特征（户主人力资本水平、家庭人口特征、经济资源、社会资本等）及生计信息匹配情况（信息需求与供给情况、供需匹配情况、信息渠道等）。基于调查信息构建了涵盖农户搬迁前后生计对比、相对贫困程度、政策环境评价、家庭异质性、搬迁之后产业参与度、产业收入占比等指标在内的数据体系。

对调研数据进行统计分析，基本情况如下：一是生存环境与人力资本不佳导致的原生性贫困发生率高；二是搬迁安置及生存环境优化，对外出务工的正面促进作用更为明显；三是搬迁农户生计的非农化、产业化倾向明显，但也存在生计失能风险；四是搬迁之后农户总体收入提高，但差距扩大，精准性、公平性有所不足。

农户搬迁之后，如何界定和测度产业可惠及性？本部分提出产业可惠及性这一概念，刻画搬迁农户参与乡村产业振兴并从中获得稳定增收、实现脱贫致富的经济效应，即农户在搬迁之后，由小农生产、打零工或进城务工的生计状态，转向在乡村从事规模化种养、工商业经营的生计状态——融入乡村现代产业体系、嵌入乡村产业链或供应链，并因这种生计转型而获得显著的乡村产业回报，实现在所在村户群体内的相对收入水平提升。这个实现过程可分解为两个传导阶段：一是易地搬迁推动农户生计转型，使之从游离于"乡村产业圈"之外的小农生产、进城务工，进入"乡村产业圈"之内的规模化种养与乡村工商业经营；二是搬迁农户通过乡村产业参与获得了稳定的收益回报，提升了乡村产业回报在家庭总收入中的比重，实现脱贫致富。

针对农户搬迁之后的产业可惠及性，这里提出两种测度方法。一是直接测度法，即核算农户参与乡村产业的收入（包括规模化种养收入、乡村工商业经营收入以及参与乡村产业链的其他收益），计算其加总量在家庭总收入中的占比是否提升，以衡量"产业可惠及"。可设置变量 Y_A 为"农户乡村产业收入在家庭总收入占比是否提升"（设定为哑变量，0 代表未提升，1 代表提升）。二是间接测度法，即首先识别农户搬迁之后是否"融入乡村产业"（由小农生产、打零工或进城务工的生计，转向在乡村开展规模化种养、工商经营或其他途径产业参与的生计）；进而估测家庭和政策变量以及产业参与对其收入排序提升的影响，间接衡量农户搬迁之后是否产业可惠及。设置中介变量和因变量。将农户参与乡村产业状态变化设为中介变量，即搬迁之后，农户转向在乡村开展规模化种养、工商业经营，或在乡村企业就业，视为新进入乡村产业，为"农户搬迁之后是否转向参与乡村产业经营"（0 代表未参与，1 代表新参与）；设置 Y_B 为因变量，即"参与乡村产业经营之后相对收入排序是否提升"（0 代表未提升，1 代表提升）。

基于两种测度方法，对农户搬迁之后的产业可惠及性及影响因素进行分析。第一条线索是以"农户乡村产业收入在家庭总收入占比是否提升"为反映产业可惠及性的因变量，研究家庭异质性特征以及基建、政策因素对这一因变量的影响。第二条线索先以"农户搬迁之后是否转向参与乡村产业经营"为中介变量，研究农户异质性特征以及政策、基建因素对这一中介变量的影响；接着研究中介变量以及农户家庭异质性特征及政策、基建等环境变量对"参与乡村产业经营之后相对收入排序是否提升"这一因变量的影响，间接估测产业可惠及性及其影响因素。

选用 Probit 模型进行实证分析。因变量指标为"农户搬迁之后是否实现产业可惠及性"（后面分为 Y_A 和 Y_B）。若实现产业可惠及性，记 $Y=1$；若未实现产业可惠及性，记 $Y=0$。实现产业可惠及性的模型表示为：

$$
\begin{aligned}
\mathrm{P}(Y=1 \mid T_i=t_i) &= \mathrm{P}(Y^* > 0 \mid T_i=t_i) \\
&= \mathrm{P}(\beta_0 + \beta_i t_i + \mu > 0) \\
&= \mathrm{P}[\mu > -(\beta_0 + \beta_i t_i)] \\
&= \psi(\beta_0 + \beta_i t_i)
\end{aligned}
\tag{4.17}
$$

基于两种测度方法的因变量设置及取值如表 4 - 50 所示。反映农户家庭异质性的自变量系列（X_1）如表 4 - 51 所示。反映产业环境影响的自变量系列（X_2）如表 4 - 52 所示。

表 4 - 50　　　　　　　　基于两种测度方法的因变量设置

测度方法	变量名称	变量取值	均值	标准差	样本数
直接测度	因变量：乡村产业收入在家庭总收入的占比是否提升（Y_A）	未有明显提升 =0，明显提升 =1	0.657	0.477	472
间接测度	中介变量：农户搬迁之后是否转向参与乡村产业经营（M）	未转向乡村产业经营 =0，转向乡村产业经营 =1	0.148	0.357	472
	因变量：农户转向参与乡村产业经营之后，相对收入排序是否提升（Y_B）	相对收入排序未提升 =0，相对收入排序提升 =1	0.352	0.480	472

表 4 - 51　　　　　　　反映农户家庭异质性的自变量系列（X_1）

变量类别	变量名称	变量取值	均值	标准差	样本数
搬迁前贫困	是否处于深度贫困	非深度贫困 = 0，深度贫困 = 1（判断标准是同村相对收入水平的 25% 以下）	0.537	0.501	472
搬迁前生计	是否进城务工	未进城务工 = 0，进城务工 = 1	0.630	0.485	472
户主人力资本	受教育年限	接受学历教育的年数（年）	6.778	2.996	472
	有无可进行职业资格鉴定的技能技术	无 = 0，有 = 1	0.444	0.675	472
	是否参加生产培训	否 = 0，是 = 1	0.241	0.430	472
家庭人口特征	户主是否病残	非病残 = 0，病残且影响劳动能力 = 1	0.481	0.502	472
	有无其他病残人口	有其他病残人口 = 0，无其他病残人口 = 1	0.472	0.502	472
	家庭人口数量	户口本上所登记的人口数量（人）	4.972	1.911	472
家庭经济资源	是否便于获得金融机构信贷支持	不便 = 0，便于 = 1	0.074	0.263	472
	能否从龙头企业或集体组织获得经营资源	不能 = 0，能 = 1	0.204	0.405	472
家庭社会资本或关系网络	有无亲朋好友在当地政府部门任职	无 = 0，有 = 1	0.472	0.501	472
	有无干部帮助参与乡村产业经营	无 = 0，有 = 1	0.315	0.467	472
家庭信息可得性	是否需要产业经营信息	不需要 = 0，需要 = 1	0.741	0.440	472
	是否得到产业经营信息	否 = 0，是 = 1	0.435	0.498	472
	日均浏览网络信息时间	日均浏览小时数（个）	1.231	0.527	472

表 4 - 52　　　　　　　反映产业环境影响的自变量系列（X_2）

变量类别	变量名称	变量取值	均值	标准差	样本数
产业环境对农户参与产业经营的差异性影响	搬迁后续扶持政策是否有利于乡村产业经营	无明显影响 = 0，有利于 = 1	0.278	0.450	472
	基础设施建设与公共服务配套是否有利于乡村产业经营	无明显影响 = 0，有利于 = 1	0.315	0.467	472

3. 实证结果分析

根据表 4 - 53 结果可知，利用 Probit 模型进行建模估计的拟合效果较好，该模型在1%的水平上显著。

表 4-53　　　　　　农户异质性、政策环境变量对产业收入占比提升的影响

变量	回归系数	稳健标准误	p 值	贝塔系数
是否处于深度贫困	-1.049***	0.354	0.00306	-1.102***
是否进城务工	-0.536	0.345	0.120	-0.546
受教育年限	-0.0313	0.0581	0.590	-0.197
有无可进行职业资格鉴定的技能或技术	0.711**	0.325	0.0287	1.006**
是否参加生产培训	0.350	0.411	0.394	0.315
户主是否病残	-0.545*	0.323	0.0913	-0.574*
有无其他病残人口	-0.183	0.296	0.536	-0.193
家庭人口数量	0.119	0.0882	0.176	0.478
是否便于获得金融机构信贷支持	-1.108*	0.640	0.0836	-0.611*
能否从龙头企业或集体组织获得经营资源	-1.011**	0.399	0.0112	-0.858**
有无干部帮助参与乡村产业经营	0.421	0.342	0.218	0.412
是否需要产业经营信息	-0.377	0.404	0.350	-0.348
是否得到产业经营信息	0.0575	0.328	0.861	0.0600
有无亲朋好友在当地政府部门任职	-0.383	0.313	0.222	-0.403
日均浏览网络信息时间	0.759**	0.309	0.0140	0.839**
基础设施建设与公共服务配套是否有利于乡村产业经营	-0.120	0.764	0.875	-0.118
搬迁后续扶持政策是否有利于乡村产业经营	0.359	0.846	0.672	0.339
Constant	0.674	0.858	0.432	
Observations	432			
log pseudolikelihood	-48.43			
Prob > chi2	0.00202			
Pseudo R^2	0.302			
Wald chi2	38.61			

基于直接测度法，对产业可惠及性影响因素的实证分析结果总结如下。

一是相比一般贫困农户，深度贫困农户搬迁之后产业收入占比提升的概率更小。深度贫困农户大多是无劳动能力或半（弱）劳动力主导的家庭，搬迁之后难以开展规模化种养或非农产业经营。这表明，搬迁后续产业的发展扶持难以精准惠及深度贫困家庭。

二是户主技能水平有助于提升家庭产业收入占比，但学历和培训没有显著

影响。户主掌握的生产、经营专业技能，如种养、驾驶、烹饪、酿酒等，对农户搬迁之后的产业收入占比提升产生正向影响。但是，受教育水平、是否参与培训，对产业收入提升没有显著影响。调研发现，该区域农户学历普遍在小学及以下，差异不大；培训以种养常识和政策宣传为主，缺乏精准的产业技能辅导，培训时间大多与务工重叠。

三是户主劳动能力正向影响搬迁之后的产业收入占比提升。户主作为家庭生计支柱，其劳动能力制约家庭产业可惠及性，户主病残则难以参与产业并从中受益。家庭人口数量对产业收入提升概率影响不明。

四是经济资源可得性反向影响农户搬迁之后的产业收入占比提升。是否便于获得金融机构信贷支持，能否从龙头企业或集体组织获得经营资源，对农户搬迁之后产业收入占比变化起到负向影响。调研发现，外出务工者更加有渠道和能力获得经济资源，但其在搬迁安置之后留乡参与产业经营的积极性不足；此外，该区域农户获得的信贷主要投向建房、看病、子女上学，产业动机薄弱，小额贷款也多以集体统筹方式转投于一些企业或集体项目以获得微薄利息。农户以土地入股、原材料供给等方式参与集体经济或产业，分红收益有限。

五是日均浏览网络信息时间与搬迁之后产业收入占比提升概率存在正相关性。日均浏览网络信息时间越长，搬迁农户产业收入占比提升概率越大。在调研区域乡村网络和智能手机还未完全普及，农户信息化水平存在差异，制约了其产业经营机会的识别。日均浏览网络信息时间长可以印证农户信息能力强，有助于农户提升乡村产业经营回报。

但是，搬迁之前生计方式、有无亲朋好友在政府部门任职、农户对基础设施建设公共服务以及政策环境的评价等反映初始生计、关系资源、政策扶持的变量，都未能表现出对农户搬迁之后产业收入占比的显著影响。这在一定程度上说明，后续产业扶持的支农惠农成效有待提升。

进一步，在考虑中介变量情况下，研究农户异质性、政策环境对相对收入排序变化的影响。实证分析结果表明，中介变量"农户搬迁之后是否转向参与乡村产业经营"在"基础设施建设与公共服务配套是否有利于乡村产业经营"和"搬迁后续扶持政策是否有利于乡村产业经营"两个变量上存在中介效应，即基础设施建设与公共服务配套通过推动农户在搬迁后转向参与乡村产业经营，产生精准扶贫效应。

4. 结论与政策启示

（1）结论。

第一，搬迁安置政策以及基础设施和公共服务改进，对样本农户外出务工的促进作用较强，但对其留乡参与产业经营的激励作用较弱；农户搬迁之后生计选择的非农化、产业化倾向明显，收入差距有所扩大；深度贫困农户陷入生计失能风险，相对贫困程度加深。

第二，家庭异质性因素对农户搬迁之后的产业可惠及性有不同影响。有无技能或技术对搬迁农户的产业可惠及性有正向影响，农户信息水平与搬迁之后产业收入占比提升有正向关系，信贷支持搬迁农户产业经营的精准性和有效性欠缺，乡村产业项目开发与集体经济组织发展未能显著提升农户产业参与的收益回报。

第三，产业扶持政策对农户产业参与及产业可惠及性有促进作用，但基础设施建设环境与公共服务的改进对农户参与产业经营却未产生直接影响，定向产业支持更关键。政策环境变量通过引导农户参与乡村产业经营，发挥产业惠及效应。

（2）政策启示。

第一，搬迁应与产业培育协同推进，住房安置与经营扶持一体施策。着眼于乡村产业培育与外部市场接入，确立搬迁选址的产业导向，即趋向中心城镇或市场枢纽、旅游集散地、产业集聚区。搬迁应与基建、经营扶持一体推进，通过交通物流与电子商务协同建设，扶持政策优化，为搬迁农户开展经营提供好的基础设施建设和营商环境。

第二，普惠支撑应与精准帮扶双管齐下，产业扶贫与精神扶贫有效融合。在搬迁安置地政府应完善信息、教育、医疗、培训等普惠性支持，扶贫干部应引导农户重塑生计。利用安置地产业规划与培育中的后发优势，确立特色产业培育方向，将帮扶力量聚焦在产业链培育上，发挥"传统农业转型""安置地工商业集聚""龙头企业带动"效应，推动有市场和商业渠道的务工经商者回乡创业；区分健全劳动力、半（弱）劳动力，对其实施生产奖补、公益岗支持、庭院经济奖励等自主生计激励，有助于克服"精神贫困"，规避"救济陷阱"。

第三，高度重视深度贫困农户搬迁之后的生计接续和产业赋能。通过庭院经济开发、扶贫车间设置、低劳动强度种养及工商业扶持，推动半（弱）劳动力为主的贫困家庭有效融入乡村产业发展，获得可持续收益回报，降低搬迁之后生计脆弱性，缓释相对贫困。构建深度贫困农户搬迁之后的生计失能监测与返贫风险预警机制。

第四，精准开展搬迁农户的产业技能培训。结合搬迁安置之后的产业转型与产业培育方向，开展种养专业技能培训和工商经营知识教育，针对农户规模化种养的虫害疫病防治难题，建立健全专业技术队伍入村指导与培训的长效机制。发挥龙头企业和产业组织的主导功能，推动技能培训与就业、经营一体化，强化技能培训的市场导向与职业实效。优化时间安排、发展在线培训，提升青壮年劳动力培训参与度。

第五，加强搬迁农户融入乡村产业的信贷支持和信息供给。优化扶贫小额信贷审批监管流程，抑制其消费性泛用和滥用以及城镇化外流，提升其对搬迁农户的产业引导和扶持功效；探索构建搬迁农户经营扶持专项基金；在产业链发育较好的安置区域适度引入产业链、供应链金融，支持搬迁农户产业经营融资。推进安置区域信息网络建设，由县（乡）政府主导构建产业信息公共服务体系，提升产业信息引导的精准性，支持乡村企业家、种养大户、创业者到先进地区培训与学习。

第六，优化政策安排与组织链接，推动搬迁农户深度融入乡村产业链并显著受益。基于安置区域比较优势，精选和培育有市场前景、收益分享度高的乡村产业链，通过土地、信贷和产业政策优化和信用、营商环境改进，引进产业链平台类龙头企业，如大型农副产品电商平台和乡村创业孵化平台，带动搬迁农户进入产业链的较高层次环节，开展高附加值生产经营，分享产业链的增值收益。合理使用涉农资金，争取扶持资金，建设冷链物流等关键基础设施，补齐产业链短板。争取人才、税收、土地政策支持，孵育集体经济组织和规模化农户，通过政策动态优化促进集体经济组织与规模农户向现代企业转型。

4.3　金融扶贫的精准性与成效：对信贷益贫与小额贷款扶贫的分析

4.3.1　信贷支持贫困农户脱贫的有效性：信贷供求视角的经验实证

作为金融精准扶贫的重要实现方式，信贷支持贫困农户脱贫的有效性体现为信贷支持贫困农户的精准性和助益农户生产与可持续脱贫的定向性。本部分基于农户相对贫困的分层测度,采集农户信贷活动数据,从供求两个方面对信贷支持贫困农户脱贫的有效性进行实证分析。研究发现,信贷支持贫困农户的精准性与助益农户生产脱贫导向不明显;金融信息以及学历、生计结构影响农户信贷需求,信息、亲朋关系、收入结构制约农户信贷可得;贫困农户更依赖非正规信贷,对正规信贷有惧贷心理,正规信贷投放存在"嫌贫爱富"倾向。应开拓"亲贫性"产业振兴类信贷业务,强化信贷帮扶的瞄准效果与益贫效应;做好信贷扶贫宣传,破解"信息贫困"与惧贷心理;发掘信贷扶贫的商业回报及声誉价值,增加对生产脱贫项目的信贷供给;合理引导非正规信贷活动,保障贫困农户生活应急与可持续生计资金。[①]

1. 问题提出:如何度量信贷支持农户脱贫的精准性和有效性

商业信贷能否支持农户精准脱贫,如何支持贫困农户脱贫,是值得探讨的前沿命题。商业信贷在多大程度上被用于产业发展和生产脱贫?当前金融扶贫的精准性与实际效果有待商榷。部分地区出现了诸如商业贷款"嫌贫爱富""济贫不达""粗投乱放",以及贫困村户"惧贷""盲目借贷"等信贷供求偏差导致的扶贫失灵现象。

问题的解决及运行偏差的矫正,有赖于对信贷扶贫的重新认知与合理的政策引导。我们将信贷支持农户脱贫的有效性分解为两个维度:一是信贷瞄准贫困农户的精准性,即商业信贷甄别具有脱贫意愿及能力的贫困农户,形成精准扶贫的市场机制;二是信贷助益贫困农户内生发展与可持续脱贫的定向性,即信贷资金投向有市场前景及成长潜力的生产经营项目或人力资本发展项目,实现信贷扶贫的可持续性。

信贷资金可以精准流向贫困农户并用于其内生发展脱贫吗?贫困农户存在更强的借贷需求以及能得到有效的信贷供给吗?正规信贷和非正规信贷的扶贫成效有何区别?对上述问题的解决及运行偏差的矫正,有赖于对信贷扶贫的重新认知与合理的政策引导。

本部分采集四川省贫困市(县)的村户信贷活动数据,分析农户的信贷需

---

① 贺立龙、黄科、郑怡君:《信贷支持贫困农户脱贫的有效性:信贷供求视角的经验》,载于《经济评论》2018 年第 3 期。

求意愿与供给可得性及其影响因素，并区分正规和非正规信贷进行比较，以考察信贷对贫困人口识别的精准性与项目投放的定向性。

假说一：信贷有效支持农户脱贫的实质是破除贫困人口的金融约束并助其可持续发展，资金应流向贫困农户的生产经营项目，体现其助益相对贫困人口发展脱贫的精准性和定向性。

假说二：贫困农户缺乏货币资金，理论上有高的资本边际收益率，借贷需求强，可获得信贷供给多，但现实中其信贷供求受到生计方式、信息、信用、社会资本等因素制约。

假说三：相比授信条件严格、程序复杂的正规信贷，以亲朋借贷、熟人借贷为代表的非正规借贷方式因其灵活性和便捷性更为贫困农户青睐，但容易受到亲朋关系和社会资本的影响。

2. 相对贫困测度、研究方法及数据来源

（1）相对贫困程度的主观测度及其修正。

通过村户主观自评方法确定其相对贫困程度的 5 个层级，再用客观的收入指标将村户分为 5 层，与主观自评的相对贫困分层进行比较，验证主观自评的精准性。通过对抽样农户的面对面访谈及问卷信息整理，获得样本农户相对贫困程度的主观自评值，将其分别标记为"非常贫困""较为贫困""中等""中等偏上""富裕"，分别赋值为 1、2、3、4、5，形成农户相对贫困程度及其动态变化的数据基础。另外，采集农户家庭收入以及财产、福利信息，形成农户相对贫困程度的客观指标测度，用于对主观自评指标进行佐证与适度修正。

（2）研究方法及模型设定。

基于抽样调研的农户数据，进行信贷支持贫困农户脱贫精准性的统计分析。一是确定样本农户相对贫困程度的分层测度值；二是识别样本农户信贷需求意愿，计算不同贫困层级农户的需求率，观察是否存在"信贷需求意愿随贫困程度加深而增强"的变化趋势，以及对正规信贷与非正规信贷的需求特征差异；三是采集农户信贷供给可得的信息，计算不同贫困层级农户的信贷供给可得率，观察是否存在"信贷供给可得性随贫困程度加深而增强"的变化特征，以及正规信贷与非正规信贷渠道资金可得性差异。

进而，构建计量模型，考察信贷供求两侧的影响因素，检验正规信贷与非正规信贷支持贫困人口发展脱贫的精准性与定向性。

具体采用需求可识别的双变量 Probit 模型。生计、信贷用途、信息、社会关系均会对农户的借贷积极性以及偿付能力造成影响，影响到信贷需求与信贷供给可得性，模型构建将考虑这些因素。

假设影响信贷需求、供给的因素分别为向量 X_D、X_S。选择极大似然法，相应的对数似然函数为：

$$\ln L(\beta_D, \beta_S, \rho) = \sum_{i=1}^{n} \{ Y_D Y_S \ln \Phi_{BN}(X_D \beta_D, X_S \beta_S, \rho) + Y_D(1 - Y_S) \ln [\Phi(X_D \beta_D)$$
$$- \Phi_{BN}(X_D \beta_D, X_S \beta_S, \rho)] + (1 - Y_D) \ln \Phi(-X_D \beta_D) \} \quad (4.18)$$

调研还发现，农户的正规信贷与非正规信贷的供求存在显著差异。从信贷需求来看，富裕农户由于信息较充分，呈现出正规信贷需求主导的特征；贫困农户受困于信息不足，呈现出非正规信贷依赖的特征。从信贷可获得性看，富裕农户还贷预期高、信用好，正规信贷、非正规信贷可得性强；贫困农户因为偿贷能力不足，正规信贷满足率低，更多寻求非正规信贷。农户生计与信息充分度不同，在两种信贷类型上的供求表现不同，有必要对两种信贷类型做比较分析。因此，本部分不仅考察农户总体信贷（或一般信贷）的供求影响因素，而且调整计量模型与变量，对正规信贷、非正规信贷进行比较分析。

将农户是否表达了借贷需求、信贷服务是否可得分别作为需求方程和供给方程的因变量。农户表达信贷需求的取值为 1，反之取值为 0；得到信贷服务的取值为 1，反之为 0。变量界定如表 4-54 所示。

表 4-54　　　　　　　　　变量界定

变量名称	变量含义
户主年纪	户主岁数
男户主受教育程度	男户主的学历（初中或中专以下 = 1，初中或中专 = 2，初中或中专以上 = 3）
女户主受教育程度	女户主的学历（初中或中专以下 = 1，初中或中专 = 2，初中或中专以上 = 3）
总人口（人）	家庭成员总数
相对贫困程度	总体信贷模型中：相对贫困 = 0，相对富裕 = 1　细分信贷的模型中：非常贫困 = 1，较为贫困 = 2，中等 = 3，中等偏上 = 4，富裕 = 5

续表

变量名称	变量含义
家庭负担人口（人）	包括未成年及未工作成员数
家庭中长期生病人口（人）	有残疾、慢性病、重病的家庭成员数
家庭中就学人口（人）	处于脱产入学状态的子女数
商业收入占比（%）	家庭年收入中的商业经营收入占比
工资收入占比（%）	家庭年收入中的工资性收入占比
与干部关系紧密度	与各级扶贫干部的关系紧密度（不紧密=0，紧密=1）
与亲朋邻里关系良好度	与亲朋邻里的关系良好度（关系良好=1，否则=0）
从金融机构贷款的经历	是否从银行贷过款（没有贷款经历=0，有过贷款=1）
获取信贷信息的主动性与积极性	是否积极通过各种渠道了解信贷政策及业务信息（没有怎么了解=0，积极了解=1）
是否用于购置生产资料	所获贷款是否用于购置生产资料（不是=0，是=1）
是否用于进行生活消费	所获贷款是否用于进行生活消费（不是=0，是=1）

相对贫困程度是考察信贷支持贫困农户精准性的关键变量。将修正后的相对贫困主观自评分层取值设定为计量分析中的相对贫困测度指标。在总体信贷模型中，该变量为 0~1 变量，相对贫困取值为 0，相对富裕取值为 1。在区分正规信贷与非正规信贷的计量分析模型中，该变量为分层顺序变量，即非常贫困、较为贫困、中等、中等偏上、富裕，取值分别为 1、2、3、4、5。调查发现，农户收入主要由务工收入、工资收入和商业收入三部分组成，其中农业收入占比极小，因此仅将商业收入占比和工资收入占比纳入自变量考察。

（3）数据来源。

样本农户数据是由课题组调研员（黄科等）农村入户调研所得。调研采取抽样村户面对面访谈方法，获取农户信贷需求及供给的数据信息。课题组在第一阶段即 2016 年 6 月前往四川省内江市书房湾村等地开展农户调研，采集样本农户数据 306 份，但信贷用途信息不全；在第二阶段即 2017 年 6 月又进一步回访书房湾村等地进行补充性调研，将有效样本农户数据扩充到 459 份，补充了信贷用途的数据。

3. 样本统计与实证结果

（1）样本统计分析。

从对样本农户信贷需求和供给两侧的综合统计分析看，信贷尤其是正规信贷精准支持穷人的成效不明显。尽管农户对信贷的需求意愿随贫困程度的加深而增强，但获得的供给满足却随之降低，信贷资源没有更多流向相对贫困的家庭，即没有实现"精准扶贫"，反而为相对富裕群体"捕获"，走入"嫌贫爱富"的配置误区。

分类来看，就非正规信贷而言，农户信贷需求及供给获取表现出与总体信贷相似的趋势，非正规信贷未实现对贫困农户的精准供给；就正规信贷来看，农户信贷需求和信贷供给获得程度均随着相对贫困程度的加深而减弱或降低，正规信贷的精准扶贫成效相对更弱。

（2）实证分析：总体信贷需求与供给的影响因素分析。

将"相对贫困程度"变量划分为两个等级，作为 0~1 变量处理。"非常贫困""较为贫困""中等"三个等级合归为"相对贫困"，取值为 0；"中等偏上""富裕"两个等级合归为"相对富裕"，取值为 1。农户总体信贷需求及供给可得性影响因素的实证结果如表 4-55 所示。

表 4-55　　　　农户总体信贷需求及供给可得性影响因素的实证结果

变量	需求	供给
	总体信贷	总体信贷
户主年纪	0.083 (0.053)	-0.019 (0.016)
男户主受教育程度	3.903* (2.077)	1.638 (1.092)
女户主受教育程度	2.410 (2.446)	0.917 (1.659)
相对贫困程度	1.312 (0.923)	1.205* (0.725)
家庭总人口	-0.699** (0.308)	-0.100 (0.203)
家庭负担人口	0.829* (0.468)	0.239 (0.221)
家庭中长期生病人口	0.484 (0.714)	-0.014 (0.317)
家庭中就学人口	0.493 (0.778)	-0.023 (0.362)

续表

变量	需求	供给
	总体信贷	总体信贷
商业收入占比	0.334 ** (0.147)	0.299 ** (0.117)
工资收入占比	-0.064 (0.111)	0.154 * (0.088)
与亲朋邻里关系良好度	-1.006 (0.883)	1.383 ** (0.662)
与干部关系紧密度	-0.397 (1.000)	0.008 (0.926)
从金融机构贷款的经历	0.904 (0.725)	0.074 (0.352)
获取信贷信息的主动性与积极性	3.120 * (1.862)	1.122 *** (0.435)
是否用于购置生产资料	8.613 (1312451)	2.262 *** (0.814)
是否用于进行生活消费	5.486 *** (1.705)	3.153 *** (0.502)
最大似然函数值	-44.997	
观测值	459	

注：*、** 和 *** 分别表示在 10%、5% 和 1% 的显著性水平上显著。

从表 4-55 可以看出，第一，信贷需求与供给未体现出显著的发展用途偏向性。就贷款用途偏向性而言，"用于生活消费"的借贷动机对信贷需求强弱有显著影响，而"用于购置生产资料"则无，这体现出目前内生脱贫动力欠缺，因产业而贷、为发展而贷的动机不强。就信贷供给对发展性项目或资金用途的偏向性而言，"用于生活消费"和"用于购置生产资料"对信贷供给均有显著的促进作用，反映出信贷供给方没有对农户信贷动机或资金用途进行仔细甄别，未对生产发展或产业脱贫类项目给予明显的资金配置倾斜。信贷供给的生产支持导向不明显。

第二，信贷需求与供给未体现出支持贫困农户的精准性。实证结果显示，"相对贫困程度"对信贷需求的影响不显著。这反映出农户信贷需求与其家庭的相对贫困程度关系不大；"相对贫困程度"对信贷供给产生显著的正向影响，表明金融机构等放贷方更愿意将资金贷给偿付能力较强的客户群体。因此，相对贫困农户尽管表现出较强的信贷需求意愿，但更难以得到信贷供给，其在生产经营及发展脱贫上未得到倾斜性质的信贷资金配给，制约了精准扶贫成效。

第三，信贷需求意愿的影响因素。实证结果表明，农户的信贷需求意愿主要受信息充分程度、家庭特征的影响。就信息充分程度而言，"获取信贷信息的主动性与积极性"对信贷需求有显著促进作用，反映了金融信息在激发农户信贷需求方面的关键作用。贫困农户主动获取各种政策信息可以增加借贷积极性。就家庭特征而言，"男户主受教育程度"对总体信贷需求存在显著正向影响，可能因为受教育程度高的家庭户主有更强的借贷需求。"家庭总人口"对农户的正规信贷需求有显著的负向影响，这可能是因为家庭人口越多，意味着劳动力更充足，劳动收入高，弱化了正规信贷需求。"家庭负担人口"对总体信贷需求有显著正向影响，这可能是因为家庭负担人口越多则开销越大，产生较强的信贷需求。"商业收入占比"对信贷需求有显著正向影响，这可能因为从事商业经营会产生更强的融资需求。

第四，信贷供给可达的影响因素。农户获得信贷供给的可达性主要受信息充分程度、家庭收入结构以及家庭关系的影响。信息充分带来的影响是双重的，一方面提升了信贷的积极性，增加了获得信贷的概率；另一方面有利于降低交易费用与业务成本，增加了对信息透明、信用良好、回报可期的贫困农户进行信贷供给的概率。就家庭收入结构而言，"商业收入占比""工资收入占比"对信贷供给可得有显著的正向影响。"商业收入占比""工资收入占比"大，意味着农户有较为稳定的增收渠道和借贷偿付能力，容易获得金融机构及非正规渠道的信贷供给。就农户家庭关系而言，"与亲朋邻里关系良好度"对信贷供给有显著正向影响。这可能是因为，与亲朋邻里关系良好度作为一种社会资本，能扩大农户的社会信息渠道与信用网络，同时表明其具有较好的信用状况，更容易获得信贷供给尤其是非正规借贷资金。

（3）实证分析：正规信贷与非正规信贷在供求影响因素上的比较。

在非正规信贷和正规信贷供求分析模型中，将农户相对贫困程度测度还原为顺序变量，使用修正后的农户相对贫困程度分层测度值，即划为非常贫困、较为贫困、中等、中等偏上、富裕5个层级，分别赋值1、2、3、4、5。农户非正规信贷和正规信贷供求影响因素的实证结果如表4-56所示。

表 4 - 56 农户非正规信贷和正规信贷供求影响因素的实证结果

变量	非正规信贷		正规信贷	
	需求	供给	需求	供给
户主年纪	-0.014 (0.012)	-0.017 (0.012)	0.001 (0.012)	-010 (0.016)
男户主受教育程度	0.323 (0.519)	-0.241 (0.518)	1.448 * (0.767)	-0.554 (0.608)
女户主受教育程度	0.526 (0.872)	0.298 (0.872)	0.006 (0.899)	0.021 (0.844)
相对贫困程度	-0.383 * (0.226)	-0.066 (0.236)	-0.192 (0.244)	0.482 * (0.274)
家庭总人口	0.229 * (0.120)	0.234 * (0.121)	0.001 (0.126)	0.074 (0.169)
家庭负担人口	0.037 (0.147)	0.050 (0.146)	0.227 (0.168)	-0.104 (0.189)
家庭中长期生病人口	0.296 (0.201)	0.216 (0.200)	0.186 (0.226)	-0.010 (0.238)
家庭中就学人口	-0.457 (0.214)	-0.058 (0.214)	-0.008 (0.216)	0.245 (0.279)
商业收入占比	-0.033 (0.034)	-0.056 (0.034)	0.073 * (0.044)	0.025 (0.030)
工资收入占比	-0.034 (0.054)	-0.045 (0.054)	0.057 (0.054)	-0.077 (0.062)
与亲朋邻里关系 良好度	0.341 (0.408)	1.020 ** (0.515)	-0.323 (0.442)	0.074 (0.689)
与干部关系紧密度	-0.990 *** (0.376)	-1.243 *** (0.376)	0.176 (0.479)	-0.123 (0.621)
从金融机构贷款的 经历	0.283 (0.231)	0.196 (0.237)	-0.171 (0.255)	0.566 * (0.338)
获取信贷信息的 主动性与积极性	0.644 ** (0.261)	0.616 ** (0.261)	1.781 *** (0.284)	1.374 *** (0.322)
最大似然函数值	-98.360		-101.697	
观测值	459		459	

注：*、** 和 *** 分别表示变量在 10%、5% 和 1% 的显著性水平上显著。

第一，根据表 4-56 的实证结果，对非正规信贷和正规信贷需求意愿影响因素的比较分析如下。其一，从"相对贫困程度"对信贷需求的影响看，非正规信贷呈现出"越贫越需要"的精准性，正规信贷呈现出"贫富偏好中性"。"相对贫困程度"这一变量对非正规信贷需求有显著的负向影响，即越贫穷的农户非正规信贷需求意愿越强。"相对贫困程度"与正规信贷需求无显著相关性，即正规信贷不能实现对相对贫困农户需求的自动识别。

其二，信息极大地制约了农户的非正规信贷需求和正规信贷需求。"获取信贷信息的主动性与积极性"均对农户信贷需求产生正向影响。农户主动了解金融信息，降低了农户放弃信贷需求的概率。

其三，从其他因素看，"与亲朋邻里关系良好度"很大程度上提升了农户的非正规信贷需求意愿，具有较高的文化素质和商业收入占比的农户则表现出更强的正规信贷需求意愿。除"获取信贷信息的主动性与积极性"外，"家庭总人口"对农户的非正规信贷需求有显著的正向影响。"与干部关系紧密度"对农户的非正规信贷需求有显著的负向影响。

其四，文化素质和商业收入占比对农户正规信贷需求意愿有重要影响。"男户主受教育程度"显著增加农户的正规信贷需求。男户主属于家庭决策者，文化素质越高，越会主动寻求正规金融机构的信贷信息，容易获得相关信息，强化了家庭正规信贷需求意愿。"商业收入占比"对农户的正规信贷需求也有显著的正向影响，商业收入越高的家庭资金需求越强且有较多的社会资本，倾向于寻求正规信贷解决经营问题。

第二，对正规信贷和非正规信贷供给可得的影响因素比较分析如下。其一，从相对贫困程度对供给的影响看，"相对贫困程度"这一变量与非正规信贷供给无显著相关性，非正规信贷流向呈现"贫富偏好中性"；但是"相对贫困程度"对正规信贷供给有显著影响，具体表现为：正规信贷不仅没有实现对贫困农户的精准供给，而且供给对象甚至上移到了更为富裕的农户，呈现出"嫌贫爱富"的信贷配给特征。

其二，信息对非正规信贷和正规信贷的供给偏向有显著影响，尤其关系着农户正规信贷供给的获得。无论非正规信贷还是正规信贷，"获取信贷信息的主动性与积极性"均显著正向影响农户获得的信贷供给。

其三，非正规信贷供给看重人情，与亲朋邻里的良好关系有助于农户获得非正规信贷供给；正规信贷供给的回报动机更强，使家庭经济水平成为关键指标。"与亲朋邻里关系良好度"能显著增加农户获得非正规信贷供给的概率。亲戚朋友充当非正规信贷的供给方，出于人情动机而提供借款。此外，非正规借贷带来的信息传播与信用担保机制，有利于降低借贷交易成本，提升借贷实现概率。"家庭总人口"对非正规信贷供给有显著的正向影响。"与干部关系紧密度"对获得非正规信贷供给有负向影响。"相对贫困程度"对农户正规信贷供给可达性有显著影响，家庭越富裕的农户越易受到正规信贷供给方的青睐。

4. 结论与政策启示

（1）结论。

综上所述，可得出以下结论：信贷支持农户内生发展的定向性不明显；农户信贷动机与用途关系到信贷需求意愿，但对信贷供给无显著影响；信贷扶贫针对贫困人口的精准性不足；未有一致证据表明贫困农户释放出更强的信贷需求，但有明确证据反映农户越贫困越不容易获得信贷供给；农户信贷需求的强弱受制于金融信息以及学历、生计状况；农户的信贷可得性与信息因素、与亲朋邻里关系良好度、收入结构相关；正规信贷与非正规信贷在农户供求两侧有不同表现。对比分析发现：非正规信贷存在"越穷越需要"特征，正规信贷未呈现明显的贫富需求差异；与亲朋邻里关系良好、家庭人口多的农户依赖非正规信贷，教育水平高、商业收入多的农户倾向于正规信贷。非正规信贷供给与亲朋邻里关系有关；正规信贷"嫌贫爱富"特征明显，且更偏好有贷款经历的农户。

（2）政策启示。

第一，设计"脱贫产业支持型"信贷产品，强化信贷帮扶的内生脱贫效应。针对短期消费或生计应急的"保障型"信贷产品在支持农户生产脱贫方面效果有限。

第二，开拓"亲贫式"信贷业务，提升信贷扶贫的精准性。针对贫困人口的信贷需求特征，开发"亲贫、益贫"的信贷业务，将信贷资金投向边际收益高、脱贫效应大的贫困户创业就业领域。

第三，破解"信息贫困"与惧贷心理，激活贫困农户的信贷需求。强化信贷扶贫政策与业务宣传，减少信息不对称。同时，做好农户信贷引导，约束不当信贷诉求，防止信贷致贫现象发生。

第四，发掘信贷扶贫的商业回报及声誉价值，增加对贫困村户的信贷供给。识别人力资本素质高、生计能力强、有特色资源依托的贫困农户，推出行之有效的信贷扶贫产品与服务，在精准帮扶中形成显著的声誉效应。

第五，积极引导非正规信贷活动，保障贫困农户生活应急与可持续生计资金。引导亲朋信贷、村户互助借贷活动健康发展，引导非正规信贷资金流向生产活动，减少人情来往的资金空转。针对无偿贷能力的贫困群体，出台兜底性信贷政策。

4.3.2　政策性金融扶贫的精准性：对小额扶贫信贷运行的村户调研

1. 小额信贷作为一种政策性金融扶贫工具的精准扶贫功能

政策性金融扶贫是破解贫困农户因资金缺乏而陷入长期贫困的重要制度安排。作为政策性金融扶贫的有效工具，扶贫小额信贷对贫困农户获得初始发展资金、实现内生发展有重要的推动作用。

按照马克思主义政治经济学的观点，小农贫困是一种生产方式"贫困"（经营规模受限、市场竞争力不足），其受制于规模化经营所需的周转资金不足，又束缚了货币资本及经营资金的自我积累。打破小农经济因货币资本自我积累不足导致的经营困境，需要外源性货币资金，其中政策性帮扶是商业性融资的必要补充，这是金融扶贫的价值所在。金融扶贫的制度要义是生产赋能，即给予小农经营主体以货币资本支持而非消费资金救济，这种货币资本支持要以小农维持或扩大再生产为导向，其支持效能取决于小农的生产经营绩效与市场效率，后者与小农经营主体的企业家精神与企业家才能激发、市场理念革新、经营业务优化、适度经营规模密切相关。

受农业弱质性制约与经济规模所限，小农经济市场能力不足、收益回报率低，加之分散经营的信用与信息劣势，使之在与大工业的融资竞争中受到挤压，陷入"融资难、融资贵"困境，此时以免抵押、免担保、政府贴息的扶贫小额信贷为典型形式的政策性金融扶贫将对遭受商业金融排斥的小农生产起到必要的融资支持作用。但是，相比商业信贷，政策信贷有时难以精准识别真正有生产经营动机和市场回报能力的小农经营者，加上受公共政策目标约束，信贷发放的风险意识与收益回报约束不够，容易出现"坏账风险"。

因此，有别于一般商业金融，以扶贫小额信贷为代表的政策性金融具有较强的支贫、益贫的公益属性，在扶贫脱困中发挥着重要的作用。作为一种"到户到人"的政策性金融扶贫产品，扶贫小额信贷的精准扶贫效应体现为：精准甄别有经营潜力的贫困农户，给予其生产用途导向的信贷资金帮扶，使之赖以开展适度规模种养自营或创新创业，从而走出"贫困陷阱"——即使信贷扶持到期后仍可维持经营。扶贫小额信贷精准支持贫困农户实现产业脱贫的有效性体现为两个维度：一是帮扶贫困农户发展生产的配给精准性；二是推动产业发展与内生脱贫的市场有效性。衡量和提高扶贫小额信贷等政策性金融扶贫的精准性和有效性必须考虑其以下属性。

其一，贫困农户对扶贫小额信贷的需求及供给可得有产业派生性。扶贫小额信贷为农户提供货币资本即生产性资金。一方面，农户对扶贫小额信贷的需求主要源自生产动机，需求强弱取决于生产自营或创新创业的货币资本需求强弱，以及资金供求缺口的大小。大量的调研观察表明，贫困农户不愿借贷的常见原因是"贷而无用""无业可做"。另一方面，信贷机构对农户的信贷供给仍然考虑信贷回报与风险预期，这从根本上取决于农户对资金的产业化运用绩效。尽管扶贫小额信贷有相应的财政贴息保障与风险补偿机制，但仍存在本金偿还的诉求，并设定了供给对象与产业用途的门槛要求，即应授信于有发展能力的农户，使之用于特色农业经营。因此，农户的人力资本素质与产业可及性将对农户信贷需求强度、信贷供给的可得性产生重要影响。

其二，贫困农户对扶贫小额信贷的需求及供给呈现出"因村因户而不同"的异质性。作为一种"到人到户"的"零售型"信贷产品，扶贫小额信贷对不同的农户可能产生不同的资金成效，即不同的农户有个性化的资金效用函数。信贷机构面对的异质性信贷需求，将制约其信贷供给规模经济的实现，生成较高的征信成本，从而削弱信贷供给的商业动力，并影响到信贷供给的精准性。农户劳动力结构、脱贫动力，以及所得经济资源与市场机会的不同，决定了其存在资金规模、信贷品种期限、信贷成本等多个维度的信贷需求差异。信贷品种设计若能精准契合农户需求，可激发异质性农户的内生信贷诉求，规避农户对同质性信贷的"争夺"，在供需匹配意义上为农户提供更高效的资金支持，提升信贷脱贫的精准性与经济成效。其中，信贷供求中的信息因素与制度性交易成本将起到关键作用。例如，农户社会资本多、声誉好，可以降低信贷机构的征信成本，也有利于农户发现与识别信贷机会；信贷程序简化、信贷配给公正，可以减少信贷供求运行中的制度性交易成本，规避富裕村户的"信贷捕获"，提升信贷脱贫效率。

其三，扶贫小额信贷作为政策金融工具，是一种短期帮扶性质的发展脱贫融资支持。作为一种金融扶贫工具，扶贫小额信贷所具备的政策要求，如5万元以下、3年期以内、免担保免抵押、以基准利率放贷、进行财政贴息、政府设立风险补偿金等，体现出显著的政策金融支持性质，是贫困农户发展生产获得的外源性融资帮扶。这些性质将影响小额信贷的供求运行特征：一是来自供给侧的信贷配给可能引起信贷人员寻租行为，因此，依法放贷与公众监管很重要，以保证有发展能力的贫困农户获得更多信贷配给；二是需求方获得免费或低成本信贷，容易引发富裕农户的信贷竞争，因此，强化信贷产品"亲贫性"、提升富人获贷成本，有利于对信贷需求方的自动识别与筛选。此外，信息与社会资本将在信贷竞争中起到重要影响，贫困农户有更强的帮扶需求，但往往受限于信息匮乏以及信贷程序的烦琐，从而放弃信贷申请或失去信贷机会。扶贫小额信贷存在农户资金帮扶的外源性与周期效应，即扶贫小额信贷为农户提供外源性的资金要素，但资金功效取决于农户的内生脱贫动机、发展机会，以及所处的生产自营、创业经商环境。在信贷扶贫的执行周期内，农户必须获得产业发展能力，以实现资金自我积累与自生循环；若不能获得自生能力，信贷退出后农户可能又会陷入资金短缺与"贫困陷阱"。农户从扶贫小额信贷中只能获得产业发展的"初始资金"与"时间窗口"，其内生动力与产业能力培育，才是精准脱贫与可持续生计的决定因素。[①]

2. 小额信贷扶贫的精准性及影响因素：精准扶贫初期的调研

在精准扶贫方略实施初期，小额扶贫信贷被用于支持贫困农户发展生产与经营脱贫。在运行初期，出现了一些不尽如人意的地方。例如，出现信贷资金"济富弃贫""受穷人漠视""济贫易、脱贫难"等政策执行困境，以及一些扶贫信贷资源难以"精准到达目标穷人"等情形。这一时期，提升小额信贷这一

---

① 刘丸源、贺立龙、涂云海：《政策性金融扶贫的精准性：基于扶贫小额信贷乡村调研的经验考察》，载于《当代经济研究》2020年第7期。

政策性金融工具的扶贫精准性和有效性，是亟须解决的现实问题。

课题组通过实地调研和访谈，考察扶贫小额信贷支持贫困村户产业脱贫的精准性与经济成效，从农户生产脱贫中的货币资本需求出发，通过对扶贫小额信贷的供求结构匹配问题及其原因等方面进行研究，分析政策性金融的精准益贫功效，以提出有针对性的政策建议。

课题组调研员（贺立龙、涂云海等）采用随机抽样法和典型抽样法相结合的方法，前往四川省彭州市、广安市贫困乡村，开展贫困村户家庭调查，以获取反映农户对小额扶贫贷款需求意愿以及受益状况的数据资料。2016 年 11 ~ 12 月，课题组对 5 个村庄共计 350 户农户进行了实地入户走访，与农户就扶贫贷款申请与使用状况进行面对面访谈并录入问卷信息，形成样本数据系列。此次调查共收回问卷 304 份，除去存在数据缺失和逻辑矛盾的问卷，获得有效问卷 237 份。

为了分析农户小额贷款需求意愿与供给可得情况，设定变量如表 4 - 57 所示。

表 4 - 57　　　　　　　　　　模型变量解释与处理说明

变量	变量定义
农户的扶贫贷款需求（$Y1$）	农户对贷款的需求程度：基本无需求 = 0，有明确需求 = 1
农户的扶贫贷款可获得性（$Y2$）	农户评价获得贷款的难易程度：不能获得或较难获得 = 0，较易获得 = 1
农户的扶贫贷款政策获益程度（$Y3$）	农户政策受惠情况：基本不能受益 = 0，能缓解或彻底摆脱贫困 = 1
农户家庭年人均可支配收入（$X1$）	根据调研数据分为五级：$[300,1040) = 1$，$[1040,1780) = 2$，$[1780,2520) = 3$，$[2520,3260) = 4$，$[3260,4000) = 5$
相对贫困分层（$X2$）	结合农户对其在所处村组里相对经济地位的主观评价，考察农户房屋以及彩电、冰箱、洗衣机（简称"三大件"）的资产状况，将农户相对贫困程度划分为 5 个层级。具体为：自评最贫困，有茅草屋或土坯房，无家电，赋值为 1；自评较贫困，有砖石平房，三大件不齐，赋值为 2；自评一般水平，有砖石平台，三大件齐全，赋值为 3；自评生计较好，有楼房、三大件，甚至有空调、电脑，赋值为 4；自评富裕，有楼房，家电齐备，有汽车等资产，赋值为 5
生活满意度（$X3$）	从农户生活条件、身心状况、精神面貌三个方面综合衡量农户的生活满意度。具体为：生活条件差，有残疾或身心疾病，精神面貌不佳，赋值为 1；生活较差，有轻微身心疾病，赋值为 2；生活条件一般，身心无明显疾病，精神面貌一般，赋值为 3；生活水平较高，身心健康，精神面貌较好，赋值为 4；生活水平高，身心状况佳，精神面貌好，赋值为 5

续表

变量	变量定义
社会福利可获取度（X4）	无入学人口，居住偏僻、出行不便，难以获得医疗、金融资源，赋值为1；有孩子上学，偶尔出行，难以及时获得医疗及金融服务，赋值为2；孩子就学方便，交通较便利，普通疾病就医较方便，周围有金融机构，赋值为3；孩子就近入学，交通便利，重病就医方便，金融服务便利，赋值为4；孩子就近入学，交通发达，重病与急病就医方便，线上线下金融服务便利，赋值为5
贷款目的（X5）	全部用于生活消费，赋值为1；大部分用于生活消费，赋值为2；有一半用于生产经营，赋值为3；大部分贷款用于生产经营，赋值为4；全部用于生产经营，赋值为5
户主（或家庭支柱成员）的受教育水平（X6）	无正规教育经历，赋值为1；小学，赋值为2；初中，赋值为3；高中或中专，赋值为4；大专及以上，赋值为5
户主（或家庭支柱成员）的主要职业（X7）	无工作或经常赋闲在家，赋值为1；务农为主，赋值为2；极小规模的特色种植或畜牧养殖，小商贩、个体户，普通务工，赋值为3；有一定规模的农业或畜牧业自营，饭馆、超市、"农家乐"经营，外出从事技术性工种，赋值为4；有较大规模的特色农业或乡村第三产业，在外为企业高级技术或管理人员，赋值为5
农户社会关系（X8）	涉及政府部门、金融机构、企事业单位：基本没有什么社会关系，赋值为1；有关系一般的亲戚朋友在这些单位从事一般工作，赋值为2；有关系一般的亲朋从事重要岗位工作，赋值为3；有旁系亲属或好友从事一般工作，赋值为4；有亲属或好友担任要职，赋值为5
农户对政策的了解情况（X9）	完全不知道有扶贫贷款政策，赋值为1；听说过这些政策但不了解政策，赋值为2；了解过政策但不大清楚用途，赋值为3；了解政策但对申请程序有疑虑，赋值为4；充分了解政策与贷款程序，赋值为5

我们从政策性金融扶贫的经济性质与精准化制度诉求出发，对小额信贷扶贫的精准性从信贷供求两侧进行实证研究。具体而言，在对农户贷款供求情况进行统计分析的基础上，从农户申请意愿、贷款可得性、脱贫受益结果三个层面，基于二元 Logistic 模型对扶贫小额贷款精准益贫的可达性及影响因素进行实证考察，从而围绕政策性金融扶贫的精准性及其成效的提升，得到以下研究结论与政策建议。

第一，相比富裕村户，相对贫困的村户对小额贷款的需求意愿更强，但却难以获得和从中受益。这一方面印证了小额贷款等金融扶贫手段更贴近相对贫困人口的资金需求；另一方面也反映出小额信贷精准扶贫的潜力及成效还未充分发挥，资金传递渠道不畅，精准益贫的可达性不足。优化政策执行的制度安排，切实提升扶贫金融政策工具"精准益贫"的可达性与长效性，成为亟待解决的重要现实命题。

第二，相比贫困程度、受教育水平、职业、收入结构因素，"政策了解程度"对农户小额贷款需求的影响更显著。考虑到扶贫部门、发贷机构与农户之间的信息不对称性，小额贷款等金融扶持政策不能被贫困村户充分了解，弱化了贫困人口申请贷款的主动性，助长了有信息优势的富裕村户先行争取的投机心理。因而，应加大政策宣传度，强化政策透明度，使扶贫贷款与公共资金"在阳光下运行"，建设信贷服务体系，发挥金融机构、基层组织和驻村工作队的作用，建立到村到户的小额信贷服务平台，使村户不出村即可得到申报、信用评级和授信服务，有助于降低贫困村户申请成本，提升其寻求信贷帮扶的积极性。此外，由于本地创业或生产导向的资金需求意愿较弱，外出务工人口群体对小额贷款的申请动力不足，也在一定程度上反映了金融扶贫项目与产业帮扶项目的内在协同要求。因此，区分帮扶对象，瞄准其异质性的资金需求，进行金融扶贫产品与服务的定向精准供给，可以更好地激发相对贫困农户内生的资金需求，使其更有效地使用信贷资金，实现政策性金融精准益贫效应。

第三，富裕村户对小额贷款的需求弱于贫困村户，但有些富裕村户获得贷款更多，说明低利率或补贴性的扶贫贷款存在"精英捕获"与供给失准。究其原因，一是小额贷款为不同贫困程度人口提供几乎无差异的效用，且获得成本差异较小，引发"争夺廉价贷款""不得白不得"的心理效应；二是政策性贷款受限于政绩导向以及监管不善，出现发贷机构与富人合谋发贷甚至违规贷款现象。此外，小额贷款偏向于生产性用途申请（后者更易通过审批），也反映出小额贷款有一定的逐利性以及"嫌贫爱富"倾向。观察表明，普惠或特惠性质的扶贫金融类产品或服务，若提供过于优惠的低利率或贴息，不仅会引发富人竞夺，且容易形成救济效应而不利于穷人主动脱贫。因此，甄别并瞄准贫困村户的资金需求特征，设计益贫不益富、有附加条件的贷款产品（如针对教育培训、创业经营的扶贫信贷），强化扶贫信贷对富人无用但成本高、对穷人有用且成本低的社会预期，形成扶贫信贷对贫困需求"自动捕捉"的机制，可有效提升政策性金融的益贫可达性。针对"合谋争夺"扶贫信贷的现象，强化公众监管，提升贫困人口话语权，有利于规避"关系贷"与"违规贷"，管控"济富弃贫"行为。

第四，扶贫贷款是发展资本而非救济资金，有经营潜力的村户可以借以发展生产，从中受惠程度更高，极端贫困村户因还贷能力差，存在被信贷排斥或"越贷越贫"的风险。因此，小额贷款等政策性金融扶贫应与产业扶贫、社保兜底协同进行，基于贫困户发展能力培育，给予生产性资金扶持。地方政府应与金融机构尤其是涉农银行紧密合作，将财政扶贫政策和信贷资金有效结合，设立风险补偿金，形成精准、可持续、风险可控的扶贫贷款业务，激发贫困群众内生动力，发展扶贫特色优势产业，让贫困户"贷得到、用得好、还得上、逐步富"。

3. 小额信贷扶贫的精准性与成效：区分农户劳动力结构的考察

为进一步探究小额信贷扶贫过程中信贷资金使用效率偏低、赋能效果不理想等问题，课题组调研员（贺立龙、郭敬廷、杨子瑜、闫俊卓、张亚婷等）在2018年和2019年前往凉山彝族聚居区和四川南部山区贫困乡村采集农户信贷活动数据，运用样本统计和相对贫困测度方法，研究农户信贷需求意愿、信贷可得性、信贷资金用途、减贫成效与偿贷风险，并区分无劳动力家庭、弱劳动力家庭和全劳动力家庭三类贫困农户，进行信贷政策助益不同农户脱贫效果的比较分析。

对信贷政策助益农户脱贫的效率考察内容集中于贫困识别的精准性、信贷用途的精准性、助益脱贫的精准性：一是信贷流向贫困农户的精准性，即商业信贷能甄别出真正需要信贷以维持生计与谋求发展的贫困农户，形成精准扶贫的市场机制；二是信贷用途的精准性，即贫困农户在拿到信贷后，倾向于谋求自身内生发展与可持续脱贫，将信贷资金投向有成长潜力的生产经营项目或人力资本发展项目，实现可持续信贷扶贫；三是小额信贷助益农户脱贫的作用效果，即贫困农户在获得小额信贷后相对贫困程度是否得以改善。

根据家庭人口特征、家庭人力资本、家庭经济资源、家庭社会资本四个因素，可将农户划分为三类劳动力结构类型：无劳动力家庭、弱劳动力家庭和全劳动力家庭（见表4-58），根据农户致贫成因与贫困类型进行补充性分类佐证。

表 4－58　　　　　　　　　劳动力的界定（以户主为例）

分组	特征
无劳动力家庭	没有劳动能力
弱劳动力家庭	身体健康，但受教育程度低，未完成小学教育或技能掌握单一等导致只能从事简单劳动
全劳动力家庭	身体健康，完整接受小学以上教育或掌握多种技能，有从事复杂劳动的能力，但因客观条件限制了发展机会

进一步借助主要致贫成因与贫困类型匹配，对上述分类进行贫困状态佐证发现，无劳动力家庭多为因病残老弱致贫，弱劳动力家庭多为因文化技能欠缺致贫，全劳动力家庭多为因生存条件恶劣、乡村没有产业机会、缺少资金资源或是缺少产业或市场等因素致贫。

接下来依据凉山彝族聚居区和四川南部山区贫困乡村的村户调查，分析小额信贷扶贫的精准性与成效。

（1）信贷扶贫精准性与成效评估方法。

其一，小额信贷帮扶对象的精准性评估。将贫困户划分为无劳动力（劳动能力缺失型）、弱劳动力（人力资本贫瘠型）、全劳动力（发展机会受限型）三类。在每类劳动力群体中，剔除无信贷需求人口，在剩余的信贷需求农户群体中，引入信贷供需结构指标，以刻画小额信贷服务贫困群体的精准性。

$$信贷供需结构 = \frac{家庭信贷实际获得额}{家庭信贷需求额}$$

将信贷供需结构指标的结果分别标记为没有满足、基本满足和超预期满足，形成贫困户对信贷政策的响应程度及其动态变化的数据基础，据此进行统计描述与计量分析。

现实中可能存在部分村民虚报情况或与村干部关系较好等，从而出现扶贫政策的"精英捕获"现象，信贷并没有惠及真正的贫困人口。如果出现这一问题，可采用农户互评指标和具体生活指标（如水电费、住房装修水平、住房区位、卫生条件）来进行综合评判。

其二，小额信贷用于农户发展赋能用途的精准性评估。贫困户信贷用途分为两种。一是赋能型用途，主要是生产、谋求自身内生发展与可持续脱贫，主要用于给贫困户提供生产经营投入、人力资本投资，提升农户发展能力，回报周期较长；二是非可持续性的纾困型用途，主要是消费，往往没有回报，用于帮助贫困户生活应急、进行贫困救济，短期内解决农户某方面生活难题。为实现可持续性脱贫，减少脱贫农户返贫比率，信贷资金应投向有成长潜力的生产经营项目或人力资本发展项目，实现信贷扶贫可持续。

实地考察中，一些贫困农户认为可以通过努力实现自给自足，另一些贫困农户则因为惧怕信贷高风险与高利息而不敢贸然申请扶贫信贷。对有信贷需求的农户进行分析可知，一部分农户在回应信贷需求时明确表明会用于建设厂房进行生产、承包土地进行农业种植与养殖畜牧、上学进行技术培训等发展性用途；另一部分农户则明确表明会用于婚丧嫁娶、新建房屋和维持生活消费的消费型用途；还有一部分农户有信贷需求，但是信贷的用途不明，对于这一类人，依据其现有生计方式变化及其希望的生计方式进行合理推测，归入相应的信贷用途。

对于每一组贫困户，分别引入信贷的可得性与用途比率，分别计算每一小组的已得信贷用于赋能型用途的户数/样本总户数、未得信贷计划用于赋能型用途的户数/样本总户数、已得信贷纾困型用途的户数/样本总户数、未得信贷计划用于纾困型用途的户数/样本总户数等指标进行测度探究。

其三，小额信贷是否切实产生脱贫实效的评估。政策助益不同农户群体脱贫的有效性主要通过不同农户群体相对贫困程度的现阶段情况和政策实施以来历年的程度变化来反映。所以，必须就农户相对贫困程度的界定与测度进行探究。

考虑到家庭对贫困程度主观自评的信息失真与农户受自身知识水平限制导致对自身贫困认知的差异，参考斯塔克等（Stark et al.，2015）的研究，进行相对贫困（relative deprivation，RD）测度。

假设有一个群体 α，其中的人数是 $||\alpha||$。这个群体里某一个人的收入为 $\beta_i(i \in [1, ||\alpha||])$，可以算出这个人相对于群体中其他人的相对贫困。具体做法如下：把每一个人的收入 β_i 跟其他人的收入 β_j 进行对比。如果 β_i 的值更大，就取值为 0（即没有相对贫困）；如果 β_j 的值更小，就认为存在相对贫困，用 $\beta_j - \beta_i$ 来代表这个相对贫困值。最后把每一个值加起来除以人数，得到该人的相对贫困值。公式如下：

$$\text{RD}(\beta|\alpha) = \frac{1}{||\alpha||} \sum_{\alpha_n \in \alpha} \max\{\beta_j - \beta_i, 0\} \qquad (4.19)$$

根据式（4.19），相对贫困值越大的农户，其相对贫困程度越深；相对贫困值越小的农户，其相对贫困程度越浅。依次代入西昌市俄池格则村与柑子尔村共 278 户农户 2014 年收入以及 2018 年收入的有效数据，可得到每一户农户的相对贫困值。

每一家农户的境况是否有所改善？将农户 2014 年和 2018 年的相对贫困值进行对比，并进行增长率的计算，若增长率为负（即相对贫困程度下降），则境况有所改善；若增长率为正（即相对贫困程度上升），则境况有所下降。

$$相对贫困变化率 = \frac{（2018\ 年相对贫困值 - 2014\ 年相对贫困值）}{2014\ 年相对贫困值}$$

随着全面脱贫临近，扶贫小额信贷陆续进入偿还期。偿贷风险成为亟须关注的话题。偿贷风险是对贫困农户能否按时偿还信用贷款的测度，这一测度不仅关系到商业银行的成本和收益，更关系到贫困户能否有效摆脱返贫。但偿贷风险是难以获取的数据。一方面，它涉及农户隐私，农户对自己能否偿还信贷或因为不愿透露而含糊其词，或估计失真；另一方面，商业银行发放信贷的呆坏账率及用户信用数据等并不对外公开。

由于以上原因，仅凭调研难以对农户的偿贷风险进行精准测度，只能定性而不能定量。本次调研通过走访，聆听农户在当前贫困退出时期下对自身现有生活状态的评价，以及咨询当地扶贫办及村委会关于农户如期偿贷情况，记录农户是否能如期偿还贷款、还贷是否对自身生活构成压力等指标，在一定程度上反映偿贷风险。针对 2018 年凉山调研中对于贫困退出时期偿贷风险认识不足的问题，课题组于 2019 年 5 月进行补充调研，选取刚刚完成贫困退出认定的宜宾市兴文县，重点考察贫困退出时期的偿贷风险。

（2）小额信贷扶贫精准性和成效的乡村调查与评估结果。

课题组于 2018 年 7 月对西昌市俄池格则村和柑子尔村采用随机抽样调查和访谈之后共收回数据 305 份，其中有效数据 278 份。调研问卷由七部分构成，分别为：扶贫政策的精准性、生计方式调查、信贷需求、借贷可得、扶贫政策及其效果、家庭情况（家庭支柱人力资本、家庭人口特征、家庭经济资源）和偿债风险评估。

其一，小额信贷帮扶对象的精准性考察评估结果。多数农户信贷需求得到了基本满足，一部分农户的信贷需求没有得到满足，极少数农户需求实现超预期满足。三类农户中，信贷需求基本满足的比例分别为 65.22%、65.08%、51.16%；信贷需求没有得到满足的比例分别为 23.91%、36.51%、43.02%；信贷需求超预期满足的比例为 10.86%、0.00%、3.49%，只有极少数的农户需求实现超预期满足。通过横向比较分析可知，信贷需求的满足程度随农户贫困程度的加深而提高。

三类农户中信贷需求基本满足的比例分别为 65.22%、65.08%、51.16%，逐次递减；信贷需求没有满足的比例分别为 23.91%、36.51%、43.02%，逐次递增。农户的贫困程度越高，信贷需求得到满足的程度越高。相对而言，信贷较多地流向了存在劳动能力缺陷的农户家庭，全劳动力农户获得信贷支持未达预期。

其二，小额信贷用于农户发展赋能的精准性考核评估结果。无劳动力、弱劳动力、全劳动力农户信贷获得率分别为 63.49%、48.98%、52.14%，劳动能力缺失型农户可得性最高。贫困农户只有在消费需求得到基本满足后，才可能将信贷所得用于赋能型用途。

无劳动力农户将信贷用于赋能型用途和纾困型用途的比例分别为 4.76% 和 12.70%，信贷主要流向纾困型用途，如建房、购买生活必需的消费品和婚丧嫁娶等，没有流向赋能型用途（教育、承包土地建厂房发展生产等）。对无劳动力家庭，小额信贷只产生纾困与救济效果。

弱（半）劳动力农户和全劳动力农户计划将信贷用于赋能型用途与纾困型用途的比例分别为 13.27%、6.12% 和 19.66%、4.27%，信贷主要流向了赋能型用途。赋能型小额信贷相当于"授之以渔"，如农户将信贷资金用于接受教育、承包土地、发展生产等，尽管收益回报周期较长，但可形成偿还能力，帮助降低返贫风险。

"不敢借贷"制约贫困农户的信贷可得性。未得到信贷供给的农户中，无劳动力、弱劳动力、全劳动力群体因"惧贷"而未进行借贷活动的人数比例分别为 4.76%、18.37%、11.11%。

其三，小额信贷是否切实产生脱贫实效的考察评估结果。在所调研的乡村，信贷扶贫政策施行之初（2014 年），劳动能力受限型农户相对贫困程度最高，人力资本贫瘠型农户相对贫困程度较高，发展机会受限型农户相对贫困程度最低。推行信贷政策之后，劳动能力受限型农户相对贫困程度明显下降，人力资本贫瘠型农户相对贫困程度变化不明显，发展机会受限型农户相对贫困程度明显上升。三类农户的相对贫困值有向中靠拢趋势，这反映了信贷政策施行后，农户之间贫富差距有缩小趋势。无劳动力（劳动能力缺失型）农户信贷受益最大，全劳动力（发展机会受限型）农户信贷受益最小。

无劳动力家庭得到信贷资金后，倾向于用于纾困型用途，生活消费得到改善的程度较大。全劳动力家庭得到信贷资金后，倾向于用于赋能型用途，短期内生活状况改善程度不明显。总体而言，贫困农户往往因知识和技能水平低，加之固有生计观念与生计方式的制约，难以将信贷用于生产经营，造成信贷资金空转浪费，影响信贷扶贫效果。

其四，小额信贷偿还情况的考察评估结果。农户总体上按期还贷信心较强，但部分农户对按期还贷不乐观，或认为还贷会给生活带来压力。其中，缺乏劳动力家庭有较大比例反映"难以按期还贷"，这与其"救济式"借贷行为有关。全劳动力农户借贷主要用于生产经营，有一定的回报能力，按时还贷预期较好。

（3）启示与建议。

应深化小额信贷对贫困农户的精准识别。健全信贷对象资格审核机制，引导信贷流向有一定劳动能力的相对贫困农户。除常规审核指标外，需将其他指标纳入考察指标，如每月收入、消费、资产、教育和健康等多维度的改善状况，多方面确认贫困资格，取缔不合规农户申请扶贫信贷的资格。对贫困农户信贷资格审核要动态优化。

引导农户将信贷用于赋能型用途。多数农户获得信贷之后将信贷用于纾困型用途，强调短期效益，不具有可持续性。为此可调整信贷品种和放贷方式，为农户提供专注于赋能型用途的信贷产品；信贷机构应建立完善综合性、全方位的信贷投放追踪治理机制，为农户使用信贷提供约束、建议与指导。引导农户依托"一村一品"项目，将小额信贷用于本地特色产业。完善信贷网点建设，发展数字普惠金融。

转变农户信贷保守观念，缓释"惧贷"心理。调研显示，部分贫困农户担心利息会加重负担，一些有产业经营能力的农户有较强的"惧贷"心理。为此可发挥"信贷经营致富"的正面典型引领和示范作用，使得更多有能力农户利用小额信贷开展乡村产业经营。

加强宣传教育，强化农户信用和还款意识。一些贫困农户把扶贫贷款等同于政府救济款，认为是不用偿还的资金。为此应加大信贷扶贫政策宣传，进行商业信贷知识培训，强化农户小额信贷偿还意识。贷款机构与监管机构可利用大数据手段对农户还贷能力及失信行为性质进行评估，对确无还贷能力的贫困农户给予宽限期限或财政帮扶解决；对有能力还贷但恶意不还者应出台惩罚性措施，进行失信惩戒。

4.3.3　因何而贷：对凉山彝族聚居区农户信贷需求多元化动机的调查报告

课题组在对很多贫困地区的调研中发现，影响信贷扶贫成效的，除来自供给侧的金融机构信贷供给不畅外，来自信贷需求一侧的农户信贷需求意愿不足也是重要方面。研究贫困农户信贷需求动机，对探寻农户信贷需求不足的影响因素，揭示其"惜贷"和"惧贷"行为成因具有重要意义。课题组调研员（贺立龙、符旭等）前往大凉山彝族聚居区一些贫困乡村开展入户调查，了解彝族聚居区农户信贷需求情况。通过将彝族聚居区农户的信贷动机分为安全动机、消费动机、教育动机和产业动机，探究彝族聚居区农户的生计方式、家庭人力资源特征、经济资源特征及对政策的感受四个维度因素对彝族聚居区农户信贷需求动机的影响，找到潜在信贷需求群体，为金融机构开展更为精准的信贷扶贫活动提供启示。

1. 基本概念界定与测度

信贷需求是指近期没有支付能力，以贷款的方式进行超额消费的实际需求。将农户需要借贷资金视为有信贷需求意愿，赋值为1，反之为0。通过对农户的信贷资金流向进行界定，将信贷资金用于建房和看病视为安全动机，赋值为1，反之为0；将信贷资金用于生活消费支出视为消费动机，赋值为1，反之为0；若信贷资金流向为教育或培训，则视为农户的教育动机，赋值为1，反之为0；将用于农业或畜牧业以及工商自营视为农户借贷用于发展的产业动机，赋值为1，反之为0。农户的生计方式、家庭人力资源特征、家庭资源特征及对政策的感受等变量的界定与测度见表4-59。

表 4 - 59   农户特征变量的界定与测度

变量	变量定义
相对贫困程度	非常贫困 = 1，比较贫困 = 2，一般 = 3，条件较好 = 4，条件好 = 5
产业规模化经营参与	是 = 0，否 = 1
打工经历	否 = 0，是 = 1
就业状态	否 = 0，是 = 1
受教育程度	未接受过教育 = 0，小学 = 1，初中及以上 = 2
家庭劳动力情况	抚养比 = 家庭非劳动人口数量/家庭劳动人口数量
技能掌握情况	否 = 0，是 = 1
农用地亩数	没有农用地 = 0，1 ~ 5 亩 = 1，6 ~ 10 亩 = 2，11 ~ 15 亩 = 3
感受到的政策导向	政策支持不利于乡村产业化经营 = 0，政策支持有利于乡村产业化经营 = 1
感受到的环境导向	产业环境不利于乡村产业化经营 = 0，产业环境有利于乡村产业化经营 = 1

2. 研究假说

为探究彝族聚居区农户生计方式、家庭人力资本特征、资源特征及对政策的感受等对信贷需求和信贷动机产生的影响，提出以下研究假说。

假说一：农户的生计方式影响信贷需求动机。

假说二：农户的家庭人力资源特征影响信贷需求动机。

假说三：农户对政策的感受影响信贷需求动机。

3. 变量统计与基本事实描述

表 4 - 60 列出了 4 个因变量的统计分布。从中可以看出，有 82.57% 的受访农户没有表达消费动机，有 71.56% 和 83.49% 的受访农户没有表达安全动机和教育动机，仅有 7.34% 的受访农户表达了产业动机。农户借贷资金的总体需求不强，其中，安全动机最强说明农户更倾向于把资金用于基本的生活保障；产业动机最弱表明农户借钱用于可持续性脱贫的动机很弱，缺乏良好的资金使用和生计选择引导。

表 4 - 60   信贷动机数据统计

项目	产业动机	教育动机	安全动机	消费动机
0	92.66%	83.49%	71.56%	82.57%
1	7.34%	16.51%	28.44%	17.43%
均值	0.07	0.17	0.28	0.17
标准差	0.26	0.37	0.45	0.38

表4-61列出了自变量的统计分布。从表4-61可以看出,农户生计方式单一,超过半成的受访农户选择外出打工,接近半成的农户处于接近无业边缘状态,即在家务农或待业零工;大多数农户受教育程度低,约70%的农户家庭劳动支柱的受教育程度为初中水平以下;超过九成的受访农户自评为处于较贫困的状态;产业化经营参与度低,建设性脱贫困难,农户参与产业化经营的比例仅占样本总数的3.67%,绝大部分农户没有参与地方或乡村农业规模化经营或工商经营,对资金向资本转化能力较弱;农户技术水平有限、接受培训少,超过半数的受访农户不具有生存技能;农户可用农用地数量少,87.16%的受访农户没有或只有少量的农用地;约2/3和78.90%的受访农户认为政策支持和产业环境不利于乡村产业经营,束缚了信贷动机;农户抚养负担重,63.87%的受访农户家庭抚养比超过1。

表4-61   农户基本情况统计

变量	赋值	统计分布(%)	均值	标准差
有无外出打工	0	42.20	0.5779817	0.4961626
	1	57.80		
是否接近无业状态	0	54.13	0.4587156	0.5005943
	1	45.87		
有无产业化经营	0	96.33	0.0366972	1.1888859
	1	3.67		
有无生存技能	0	58.72	0.412844	0.4946194
	1	41.28		
政策支持是否有利于乡村产业经营	0	67.89	0.3211009	0.4690561
	1	32.11		
产业环境是否有利于乡村产业经营	0	78.90	0.2110092	0.4099095
	1	21.10		
抚养比(非劳动力/劳动力)	0~1.0	36.13		
	1.0~2.0	38.88		
	2.0~3.0	14.81		
	3.0以上	10.19		
初始期相对贫困程度	1	18.35	2.238532	0.848736
	2	46.79		
	3	28.44		
	4	5.50		
	5	0.92		

续表

变量	赋值	统计分布（%）	均值	标准差
学历	0	33.03	0.963303	0.792635
	1	37.61		
	2	29.36		
农用地亩数	0	24.77	0.917431	0.695601
	1	62.39		
	2	9.17		
	3	3.67		

4. 模型与变量

为分析农户信贷需求意愿与四个信贷动机调研员（安全动机、消费动机、教育动机和产业动机）之间的关系，课题组调研员（贺立龙、符旭、王涛等）选择以下模型与变量进行实证分析。考虑农户信贷需求意愿以及信贷安全动机、消费动机、教育动机和产业动机的影响因素，五个因变量均为二元离散变量，指标取值均为 0 和 1，都受到初始期的生计方式、家庭人力资源特征和家庭经济资源特征等多方面因素即多个自变量的影响，统一选用二元 Logit 模型进行计量分析：

$$P_i = F(y_i) = P_r(y_i = 1 \mid X_i) = \frac{1}{1 + e^{-y_i}} = \frac{1}{1 + e^{-(\alpha + \beta_i X_i)}} \tag{4.20}$$

其中，P_i 表示第 i 个农户的信贷需求意愿的概率，或农户信贷安全动机的概率，或农户信贷消费动机的概率，或农户信贷教育动机的概率，或农户信贷产业动机的概率；y_i 表示第 i 个农户是否有信贷需求的意愿，或农户的信贷动机为安全动机，或农户的信贷动机为消费动机，或农户的信贷动机为教育动机，或农户的信贷动机为产业动机；X_i 为解释变量，α 为常数项，β_i 为解释变量的系数；$i = 1, 2, 3, \cdots, n$。基于五个因变量将模型细分为农户信贷需求意愿影响模型以及农户信贷安全动机影响模型、农户信贷消费动机影响模型、农户信贷教育动机影响模型和农户信贷产业动机影响模型进行相应分析。

5. 实证分析结果

（1）安全动机：抚养比高的农户借贷多是为了建房或看病。

表4-62展示了安全动机实证结果。从中可以看出，"抚养比"变量对农户安全动机有显著的正向影响，即抚养比越高的农户表现出更高的安全动机。这说明，非劳动力相对于劳动力的比例越高，老人、小孩等非劳动力住房医疗需求越高，借贷得到的资金越倾向于建造房子和用于医疗的安全动机。

表4-62 安全动机实证结果

变量	系数	标准差
初始期相对贫困程度	-0.3532395	0.3133193
有无外出打工	-0.420445	0.817193
是否接近无业状态	-0.6962195	0.7614549
有无产业化经营	2.063217	1.533187
学历	0.2738338	0.329262
抚养比（非劳动力/劳动力）	0.5090238 *	0.2178255
有无生存技能	-0.6483358	0.5208884
农用地数量	-0.2596843	0.391848
政策支持是否有利于乡村产业经营	0.7551942	0.5869789
产业环境是否有利于乡村产业经营	-0.563383	1.132916

注：* 表示在10%的显著性水平上显著。

（2）消费动机：抚养比高的、无生存技能的与农用地少的农户借贷多是为了日常消费支出。

表4-63展示了消费动机实证结果。从中可以看出，"抚养比"变量对农户消费动机有比较显著的正向影响，即抚养比越高的农户有更强的教育动机。这说明，家庭的非劳动力越多，需要用于日常消费的费用数额越大，因此消费动机越强。"有无生存技能"变量对农户消费动机有着显著的负向影响，即有生存技能的农户有更弱的教育动机。拥有劳动、职业、技术技能的农户更趋向于将贷到的资金投向生产领域和进行产业化经营，用于日常生活消费的费用较少，因此，有技能的人为了发展将借贷用于生产，消费动机较小。这反映了信贷扶贫的政策更有利于掌握一定技能的农户通过发展产业化经营而脱贫。"农用地数量"变量对农户消费动机有着比较显著的负向影响，即农用地数量越少的农户有更强的消费动机，这可以解释为更多的农用地为农户提供了满足自身需求的基本产品。

表 4 – 63　　　　　　　　　　消费动机实证结果

变量	系数	标准差
初始期相对贫困程度	– 0. 2335259	0. 3664337
有无外出打工	– 0. 5729646	0. 9789912
是否接近无业状态	– 0. 4801773	0. 9103758
学历	0. 0679388	0. 3873073
抚养比（非劳动力/劳动力）	0. 3576255 **	0. 2228163
有无生存技能	– 1. 429866 *	0. 7014413
农用地数量	– 0. 6735743 **	0. 4198649
政策支持是否有利于乡村产业经营	0. 1076111	0. 674714
产业环境是否有利于乡村产业经营	0. 3707296	0. 7524426

注：** 和 * 分别表示在 5% 和 10% 的显著性水平上显著。

（3）教育动机：外出务工或无业农户借贷多是为了教育花费。

表 4 – 64 展示了教育动机实证结果。从中可以看出，"有无外出打工"变量对农户教育动机有着显著的正向影响，即选择外出打工的农户表现出更强的教育动机。这说明，农户一方面为了生计和自身技能提高而外出打工，从而可以获得更多就业机会和接受良好的技能培训；另一方面由于城里的教育质量更高，为了给子女提供更好的教育机会，外出打工是一个有效途径。"是否接近无业状态"变量对农户的教育动机有显著的正向影响，即处于小农自营和待业零工状态的农户表现出较强的教育动机。这表明，处于小农自营和待业零工状态的农户更倾向于把借贷资金用于自身技能培养和子女教育培养，以期待下一代跳出自身"贫困陷阱"。

表 4 – 64　　　　　　　　　　教育动机实证结果

变量	系数	标准差
初始期相对贫困程度	– 0. 5189431	0. 4248079
有无外出打工	2. 116882 *	0. 8663409
是否接近无业状态	1. 523629 *	0. 789917
学历	0. 0559916	0. 4070723
抚养比（非劳动力/劳动力）	– 0. 2538626	0. 2709129
有无生存技能	0. 0800187	0. 6022509
农用地数量	– 0. 4084431	0. 4582236
政策支持是否有利于乡村产业经营	0. 4028481	0. 6713341
产业环境是否有利于乡村产业经营	0. 2534805	0. 7193816

注：* 表示在 10% 的显著性水平上显著。

（4）产业动机：无业或抚养比高的农户借贷多是考虑产业经营。

表4-65展示了产业动机实证结果。从中可以看出，"是否接近无业状态"变量对农户的产业动机有显著的正向影响，即处于小农自营和待业零工状态的农户表现出较强的产业动机。这表明，在家务农或待业的农户，趋向于将借贷获得的资金用于自家农业打理或畜牧养殖或者工商自营，说明在信贷资金的支持下更有利于可持续性脱贫。"抚养比"变量也对农户产业动机有显著的负向影响。抚养比越高，抚养负担越重，产业动机越弱，这表明家庭的支出大部分用于非劳动力如老人的生病医疗和子女教育，投入农业产业经营和工商自营的信贷较少，因此家庭的非劳动力越多，抚养比越高，越不利于农户信贷脱贫，由此凸显社会保障全面覆盖的重要性。

表4-65　　　　　　　　　　　　产业动机实证结果

变量	系数	标准差
初始期相对贫困程度	0.1837996	0.665631
有无外出打工	1.287596	1.527871
是否接近无业状态	3.273095*	1.527871
学历	-0.6382088	0.6774358
抚养比（非劳动力/劳动力）	-1.415499*	0.7196682
有无生存技能	0.7145097	0.9043279
农用地数量	-0.0376956	0.666116
政策支持是否有利于乡村产业经营	0.1489118	0.988111
产业环境是否有利于乡村产业经营	0.2676913	1.050593

注：*表示在10%的显著性水平上显著。

6. 结论与启示

本部分从农户生计方式、家庭人力资源特征、家庭资源特征和对政策的感受四个维度入手，分析这些因素对农户借贷的安全动机、消费动机、教育动机和产业动机的影响，得到以下研究结论与启示。

在基础的安全动机层次，家庭抚养比更高的农户在信贷需求上通常有更强的安全动机。这说明，非劳动力相对于劳动力的比例越高，老年人所需要的医疗费用和因为不能举家迁居而产生的住房修缮等费用也就越高。政府要关注当地农户最基本的生活条件，健全社会医疗保险以及住房保障体系的制度与实施过程，完善政府间的转移支付制度，力求做到充分保障全村人民的基本生活安全问题。

在初级的消费动机层次，家庭抚养比更高、家庭支柱没有生存技能以及农用地亩数较少的农户有更强的消费动机。由于农户在耕地少、劳动力有限且没有其他维持生计途径的情况下，种植的农作物没有办法满足家庭的自给自足，农户借贷所得的资金首先会用来解决家庭的温饱问题。当地政府需密切关注当地农户的生活需求，建立起更加完善的社会保障和特困救助制度。

在长远的教育动机层次，家庭支柱外出打工或接近无业状态的农户有着更强的教育动机。家庭支柱在维持家庭生活的过程中接受教育的意向增强，"扶贫先扶智、扶贫同扶志"充分地让当地居民认识到知识对于脱贫奔小康的重要性。农村信用合作联社与当地的小额信贷公司要积极配合政府扶贫行动的展开，设立教育专项基金。将扶贫贷款作为"发展资本"而非"救济资金"，贴息贷款等政策性金融扶贫应与教育扶贫同时进行，致力于对贫困村户发展能力的培育。

在产业动机层次，家庭支柱接近无业状态的农户与家庭抚养比低的农户有更强的产业动机。这一方面说明在家务农或待业的农户其实有更强的参与到农村产业经营活动中去的愿望，只是受到客观条件以及资金方面的约束；另一方面体现了当家庭支柱所要照顾的非劳动力人口越多时，越需要通过信贷获得生产或经营性资金。

4.3.4　用准用好用活到户型帮扶资金，助力农户融入乡村产业振兴

以扶贫小额信贷和家庭产业扶持资金为典型形式的到户型产业帮扶资金已成为实施精准扶贫方略、助力产业扶贫的重要金融工具。以扶贫小额信贷为例，据中国银保监会发布的数据显示，截至 2020 年 9 月末，全国扶贫小额信贷累计发放 5038 亿元，累计支持建档立卡贫困户 1204.3 万户次。但是，部分地区也出现了信贷或产业扶持资金发放对象失准、产业支持实效不足的问题。在新形势下，强化到户型帮扶资金（小额信贷和产业扶持金）直达农户"货币资本池"的精准性和有效性，关系到产业扶贫成果的巩固，是金融创新推动乡村产业振兴之举。

课题组于 2019 年 1 月深入地处秦巴山区的国家贫困县 X 县，就扶贫小额信

贷和产业扶持金的运行情况进行入户调查。该县近三年发放扶贫小额贷款9100万元，并向贫困户发放小额信贷贴息，协调金融机构面向贫困群众开通"养牛贷""农民安家贷"等贷款品种，惠及贫困户2700余户，投入到户产业扶持资金4320万元，支持4989户贫困群众发展乌骨鸡养殖等产业，人均增收1490元，但也出现村户资金使用低效、还款困难问题。课题组在该县抽样选择716户建档立卡户进行访谈，采集反映小额信贷、产业扶持资金申请与使用的信息，分析到户型产业帮扶资金运行中出现的问题，并就新形势下用好这类资金提出建议。

1. 提升小额信贷助力农户脱贫致富的精准性和有效性

第一，针对发放对象不够精准问题，统筹政策导向与商业准则，引导信贷资金直达货币资本紧缺的经营主体和市场前景可期的生产用途。

扶贫小额信贷在不同类型贫困户、不同用途的配置情况如表4-66所示。从中可以看出，劳动力健全家庭相比半（弱）劳动力家庭并未表现出显著的信贷资金可得优势，前者仅有29.35%的比例得到信贷资金，这比无劳动力家庭22.99%的信贷比例并未高出多少。57%～65%的信贷用于种植、养殖和个体经营，但有超过30%的比例被用于盖房（或买房），一些被用于人情支出或偿还债务等非生产性用途。小额信贷对劳动力基础好的家庭未表现出显著偏好，存在非生产性占用。

表4-66　　　扶贫小额信贷在不同类型贫困户、不同用途的配置情况

扶贫小额信贷配置结构	劳动力健全家庭	有病残成员，但有2个以上成员具有劳动力的家庭	有病残成员，只有1个成员具有劳动力的家庭
得到小额信贷（户）/比例（%）	81/29.35	106/39.85	40/22.99
用于种植、养殖（户）/比例（%）	50/61.73	60/56.60	21/52.50
用于个体经营（户）/比例（%）	4/4.94	9/8.49	2/5.00
用于盖房（或买房）（户）/比例（%）	27/33.33	38/35.85	13/32.50
用于看病（户）/比例（%）	0/0	2/1.89	1/2.50
户贷企用或类似情况（户）/比例（%）	2/2.47	2/1.89	1/2.50
用于上学（户）/比例（%）	4/4.94	2/1.89	1/2.50
其他（消费、人情）（户）/比例（%）	3（嫁娶、买车、日常开支）/3.70	3（修排水渠、还债）/2.83	2（还债、日常开支）/5.00

扶贫小额信贷面临可持续运行与质效提升要求，应进一步完善信贷申请与

发放标准，改变粗放发放局面，并简化办理手续和流程，推动信贷资金向有产业经营意愿和技术能力的脱贫农户"精准直达"，转化为经营性货币资本。支持放贷机构权衡公益目标与商业回报，瞄准刚脱贫或边缘贫困的创业农户、经营大户进行支农小额信贷发放；构建事前审核、事中监督和事后评估的全流程管理体系。

第二，针对产业扶持功效不足问题，优化产业配套和营商环境，引导有创业潜力的农户投身生产经营，激发其对资金的内生需求，使资金充分发挥货币资本效能。

如表 4 - 67 和表 4 - 68 所示，很多农户可能因信息不对称而未提出申请，或"不愿贷"或"惧贷"。至少 12.8% 的农户表示"未听说或不了解扶贫小额信贷"，至少 53.9% 的农户反映"不需要小额信贷"。经营性收入主导的农户更了解与需要小额信贷，务工收入主导的农户则相反。

表 4 - 67　　　　不同类型贫困户对扶贫小额信贷的了解、需求与可得情况（1）

类型	不了解（户）/比例（%）	了解（户）/比例（%）	无需求（户）/比例（%）	借到（户）/比例（%）
劳动力健全家庭	44/15.9	232/84.1	144/62.3	81/35.1
有病残成员，但有 2 个以上成员具有劳动力家庭	34/12.8	232/87.2	125/53.9	106/45.7
有病残成员，只有 1 个成员具有劳动力的家庭	46/26.4	128/73.6	82/64.1	40/31.3

表 4 - 68　　　　不同类型贫困户对扶贫小额信贷的了解、需求与可得情况（2）

收入结构类型	没有得到信贷的家庭			信贷用于生产性用途的家庭			信贷用于非生产性用途的家庭		
	不了解（户）/比例（%）	无需求（户）/比例（%）	得不到（户）/比例（%）	不了解（户）/比例（%）	无需求（户）/比例（%）	得不到（户）/比例（%）	不了解（户）/比例（%）	无需求（户）/比例（%）	得不到（户）/比例（%）
经营收入主导	2/7	7/25.9	3/11.1	2/6.7	8/26.7	2/6.7	5/17.2	10/34.5	4/13.8
务工收入主导	41/17	118/49	17/7.1	33/13.9	96/39.9	21/8.8	24/24.9	40/40.8	7/7.1
转移收入主导	1/9.1	4/36.4	5/45.5	0	1/20	1/20	17/34.7	21/44.7	6/12.2

小额信贷需求由生产经营动机派生。优化小额信贷宣传，使之辐射外出务工人员，优化产业环境，吸引本地籍企业家及外出务工者回乡创业，激发脱贫农户产业经营热情，可增加对小额信贷的有效需求，并使之转化为货币资本，发挥小额信贷的支农富农功效。完善乡村水利设施、病虫害专业化统防统治体系，健全电商网络、冷链物流以及社会化服务体系，强化科技赋能和保险保障，提升农户产业经营的竞争力与抗风险能力，可为小额信贷支农富农提供支撑、配套与协同。

第三，在脱贫攻坚与乡村振兴的衔接过渡期，搞活小额信贷产业支持机制，使之由集中投放助力农户生产脱贫，转向长效运行支持农户产业致富。

分类识别不能按期还贷风险（见表4-69），妥善处理扶贫小额信贷逾期未还以及"坏账"难题。半（弱）劳动力家庭因支出负担较重、缺乏经营回报，不能按期还款的比例高，可出台统一指导意见，对其适当延长还款期限；针对缺乏信用意识而恶意不还贷的家庭，严格按合同催还贷款，必要时纳入失信名单。针对因借款盖房（或买房）而不合理使用信贷或过度负债的农户，可设定分期还贷期限。

表4-69　　　　　　　　扶贫小额信贷到期还款情况

项目	劳动力健全家庭	有病残成员，但有2个以上成员具有劳动力的家庭	有病残成员，只有1个成员具有劳动力的家庭
能按期还贷(户)/比例(%)	74/91.36	93/87.74	35/87.50
不能按期还贷(户)/比例(%)	7/8.64	13/12.26	5/12.50
不能按期还贷原因	收入不够	没钱、收成不好、收入不够、教育负担大	看病、养殖亏本、没有积蓄、有其他负债
用途分类	种养、工商	用于盖房（或买房）	看病、上学或人情
能按期还贷(户)/比例(%)	137/95.14	54/81.82	20/95.24
不能按期还贷(户)/比例(%)	7/4.86	13/12.26	1/4.76

积极推动政策性扶贫小额信贷向商业型支农惠农小额信贷转变。基于商业运行准则和可持续运营考量，设计乡村小额信贷品种及发放条件、运行程序。一是严把对象识别与发放关，使信贷资金精准流向有经营动机与潜力、项目与条件但又缺乏货币资本的创业农户，使之精准用于有市场前景的乡村产业经营；二是创新信贷支持方式，如采用先培育、再放贷方式，避免骗贷，提升资金效率。

2. 进一步用好到户型产业扶持金，使之助力乡村产业振兴

到户型产业扶持金是一种重要的产业帮扶资金类型。相比小额信贷，到户型产业扶持金具有普惠性和无偿性，因而一般被用作产业启动资金发放给农户，有时也以产业奖补金的形式出现。表 4 - 70 展示了到户型产业扶持金的配置分布。总体上，这类扶持金在有产业发展意愿的各类建档立卡贫困户中都有发放，其中，受教育程度较高、有技能培训经历的贫困农户更容易获得。

表 4 - 70　　　　　　　　　　到户型产业扶持金的可得性分布

村户标准	分类	可得（户）/ 比例（%）	不可得（户）/ 比例（%）
家庭劳动力结构	劳动力健全家庭	33/12	242/88
	有病残成员，但有 2 个以上成员具有劳动力的家庭	42/15.8	224/84.2
	有病残成员，只有 1 个成员具有劳动力的家庭	19/11	154/89
学历	初中/高中/大专及以上	26/15	147/85
	小学及以下	68/12.6	473/87.4
技能	参加过技能培训	71/19.9	286/80.1
	未参加过技能培训	23/6.4	334/93.6
区位	县城近郊村户	84/14.1	510/85.9
	偏远村户	10/8.3	110/91.7
是否贫困村	贫困村	88/17.4	419/82.6
	非贫困村（边缘贫困村）	6/2.9	201/97.1
是否发展产业	发展产业	87/17	424/83
	未发展产业	7/3.4	196/96.6
是否在带动下发展产业	在企业、合作社、大户带领下发展产业	19/18.3	85/81.7
	未在企业等带领下发展产业	75/12.3	535/87.7

但是，在该资金配置发放中，一些处于隐性贫困、边缘贫困的村户群体获得的支持力度较弱。地处县城近郊的贫困村户有 14.1% 的比例获得该扶持金，远超偏远村户 8.3% 的可得比例；属于贫困村的农户有 17.4% 的比例获得该扶持金，远超非贫困村（未纳入政策统筹的边缘贫困村）2.9% 的可得比例。

表 4 - 71 测算了到户型产业扶持金的支农成效。获得产业扶持金的农户中

有41.5%的家庭经营收入是新增收入最大部分，超过未获得产业扶持金的农户（20.6%），并且有74.5%的家庭收入质量超过贫困线的1.5倍，收入脱贫稳定。

表4-71 到户型产业扶持金的成效

是否获得扶持金	经营收入是新增收入最大部分（户）/比例（%）	经营收入不是新增收入的最大部分（户）/比例（%）	收入质量高（收入≥贫困线1.5倍）（户）/比例（%）	收入质量低（收入<贫困线1.5倍）（户）/比例（%）
否	128/20.6	492/79.4	448/72.3	172/27.7
是	39/41.5	55/58.5	70/74.5	24/25.5
合计	167/23.4	547/76.6	518/72.5	196/27.5

相比工资性收入提升，家庭经营性收入提升对高质量脱贫的影响较弱，同时乡村产业发展的支农富农动能不如城镇化及劳动力外出务工，制约了到户型产业扶持金的经济功效。此外，课题组在调研中发现，由于缺乏必要的规划和监督，农户获得产业扶持金之后，存在非生产性的消费挤占情况，一些农户将其视为一种"现金福利"，并未将之转化为生产性货币资本，造成资金浪费。

下一步应严格规范到户型产业扶持金的使用标准，既要遵循产业发展规律、尊重农户经营自主性，又要严格约束农户对这类资金的消费挤占行为，尽可能提升其产业扶持功效。例如，到户型产业扶持资金中用于补助种养产业发展的部分，应重点用于农户购买种子（种苗、种畜禽）、农药、肥料、地膜、农机具等生产资料的补助，以及产业扶持标准发展规模化种植、养殖的奖励补助等。

在脱贫攻坚与乡村振兴衔接期，优化到户资金产业帮扶体系，使之由集中投放助力农户生产脱贫，转向长效运行支持农户产业致富。严格按照"两个精准和一个有效"原则，用好用活到户型产业扶持金。一是严把对象识别关与资金发放关，使帮扶资金精准流向有经营动机与潜力、项目与条件，但又缺乏货币资本的留乡创业农户，定向用于有市场前景的乡村产业经营；二是创新与搞活产业扶贫金的配置与使用方式，如采用"先培育、再资助"方式，或改"扶持金"为"奖补金"，避免套扶、骗补，真正发挥资金的产业支持功效。

4.4　以改革创新盘活土地资源的精准扶贫效应：
　　　以宅基地为例

4.4.1　宅基地使用权流转的精准扶贫效应：基于对都江堰的村户调查

宅基地使用权流转是具有争议的现实命题。推动农村土地资源的高效配置与利用、发挥土地资源盘活的精准扶贫效应、提升农民福利水平成为乡村土地制度研究的焦点。但学界对此的研究大多是一些政策主张阐述，缺乏丰富的村户福利变化实证分析。在 2008 年汶川地震后的重建中，都江堰探索实施了以"宅基地换房"的联建模式，构成了宅基地城乡流转助益农户住房改建与福利提升的政策实验，采集联建前后农户福利变化的微观数据，可借以分析宅基地流转的精准扶贫和福利增进效应。

1. 问题提出：如何推动闲置宅基地流转，增进贫困农户福利

在一些经济欠发达地区的农村，宅基地利用率低、宅基地闲置现象普遍，这些农户往往受限于自身文化水平、农村网络信息发展滞后等因素，缺乏经营管理自己闲置房屋的能力。很多农民没能获得宅基地带来的经济收益，在外打工的农民还要支付农村闲置房屋的维护修缮费用。宅基地资源的大量浪费与国家初始宅基地分配初衷相悖，农村土地使用秩序混乱。因此，如何使宅基地使用权城乡流转的福利效应最大化，帮扶农户实现宅基地收益最大化，发挥宅基地流转的扶贫助农效应，是非常具有理论与现实意义的研究命题。

2. 理论分析与研究假说

"联建"是宅基地使用权城乡流转的一种试验形式，其运行的逻辑过程大致如下：一方面，农户作为宅基地使用权出让方，通过集体经济组织将用于建房之外的多余宅基地转变为集体建设用地，然后出让给联建方，换得住房重建资金；另一方面，联建方从集体经济组织处出资购买集体建设用地使用权用于建

设多种用途的住房，联建方虽然不具备"集体经济组织成员"身份，但是借助"住房联建"这一模式进入宅基地使用权流转体系，在保障联建农户合法权益的前提下，联建方在流转获得的土地上进行商业投入，可获得一些市场化收益回报。

联建作为宅基地使用权流转的试点政策，其施行对流转农户福利的影响是多方面的，具体可提出以下两个假说。

假说一：从农户福利水平总量变化看，参与联建的农户在将宅基地使用权流转之后，总体福利水平有所提高，产生扶贫益农效应。

假说二：从农户福利水平结构性变化看，联建推动的宅基地使用权流转，可以缩小当地农户整体的内部福利差距，促进共同富裕。

本部分借助阿马蒂亚·森可行能力理论框架及宅基地流转农户福利内涵，构建农户福利水平测度指标体系，采集都江堰联建农户的微观数据进行农户流转前后福利水平的模糊评价，基于住房联建模式来研究宅基地使用权城乡流转的福利效应。

3. 数据来源与统计分析

本部分所采用数据是课题组调研员（贺立龙、王刚）对都江堰市茶坪村、宿仙村和滨江村等农户进行实地走访调研所得。本次实地调研采用"一对一"入户调查为主，通过面对面提问交流和调查问卷填写相结合的方式，帮助农户更清晰地了解问卷涉及内容，以更精准地获取有效信息数据。调研共发放调查问卷356份，有效问卷341份，回收率为95.8%。

联建农户宅基地流转前后福利值变化的描述性统计结果如表4-72所示。

表4-72　　　　　　　　样本的描述性统计结果

指标	均值	标准差	中位数	最大值	最小值	就业率（%）
流转前	0.372	0.2401	0.477	0.612	0.299	30.47
流转后	0.563	0.1975	0.528	0.689	0.416	65.57

如表4-72所示，联建后农户福利的平均值由0.372提高到0.563，提升幅度51.34%，说明参与联建对农户福利水平的提升有显著的正面效应。一方面，样本农户福利标准差由0.2401降为0.1975，降低17.74%，从一定程度上说明联建有助于缩小农户内部的收入差距，收入水平低的农户参与联建更能改善其

生计状态；另一方面，就业率上升 35.10%，其中生计方式以务农为主的农户占比下降明显，生计方式、经济收入结构得到优化，收入来源呈现出以城镇就业为主、务农为辅的分布特征，农户收入水平较为稳定，农户参与联建整体受益明显。

参照基尼系数绘制农户福利变化的洛伦兹曲线，对联建前后的农户福利变化进行收敛性分析。如图 4-1 所示，宅基地流转前后的洛伦兹曲线非常接近，对于农户福利内部差距的影响不大，但流转后农户的福利水平曲线（虚线）更加靠近福利绝对公平线，流转后福利差异稍稍缩小。经计算，农户宅基地流转前福利差距的基尼系数为 H = 0.17，流转后的福利差距为 H′ = 0.15，减小了 0.02 个单位。可见，宅基地流转对于缩小居民的内部福利差距具有一定的积极效应，相关政策支持对农户福利差距起到"转移支付"作用。

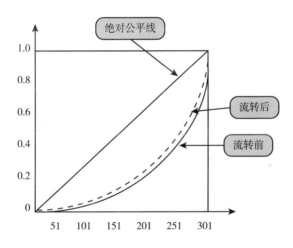

图 4-1　洛伦兹曲线

进一步将调研样本数据按相对收入水平分为三组，分别考察三组农户在宅基地流转前后的福利水平变化。计算结果如表 4-73 至表 4-75 所示。

表 4-73　　　　　　　　　低收入农户福利水平的综合评价

项目	隶属度			权重
	宅基地流转前	宅基地流转后	变化幅度	
经济收入	0.251	0.409	0.178	0.30
农业收入（C）	0.210	0.045	-0.165	0.05
非农业收入（C）	0.180	0.450	0.270	0.15

续表

项目	隶属度			权重
	宅基地流转前	宅基地流转后	变化幅度	
纯收入（C）	0.252	0.300	0.048	0.10
社保条件	0.329	0.518	0.189	0.23
恩格尔系数（C）	0.370	0.335	−0.035	0.08
养老保险（D）	0.410	0.700	0.290	0.05
医疗保险（D）	0.452	0.701	0.249	0.05
就业概率（Q）	0.407	0.560	0.153	0.03
农业用地面积（C）	0.270	0.150	−0.120	0.02
居住环境	0.358	0.518	0.160	0.21
人均住房面积（C）	0.327	0.388	0.061	0.07
基础设施完善情况（Q）	0.270	0.729	0.459	0.05
住房区位（Q）	0.410	0.677	0.267	0.06
住房结构（Q）	0.460	0.526	0.066	0.03
社区状况	0.411	0.589	0.178	0.16
噪声大小（Q）	0.490	0.500	0.010	0.02
空气质量（Q）	0.566	0.415	−0.151	0.03
自然环境（Q）	0.480	0.511	0.029	0.03
治安状况（Q）	0.289	0.710	0.421	0.04
交通出行（Q）	0.260	0.755	0.495	0.04
个体满意度	0.500	0.588	0.088	0.10
流转参与度（Q）	0.499	0.824	0.025	0.03
补偿满意度（Q）	0.500	0.761	0.261	0.03
生活满意度（Q）	0.500	0.770	0.270	0.04
总福利	0.342	0.504	0.162	1.00

注：C 为连续实义变量类型，D 为虚拟二分变量类型，Q 为虚拟定性变量类型。

表 4 – 74　　　　　　　　　中等收入农户福利水平的综合评价

项目	隶属度			权重
	宅基地流转前	宅基地流转后	变化幅度	
经济收入	0.251	0.349	0.098	0.30
农业收入（C）	0.225	0.053	−0.172	0.05
非农业收入（C）	0.251	0.487	0.236	0.15
纯收入（C）	0.270	0.340	0.070	0.10
社保条件	0.449	0.538	0.089	0.23

续表

项目	隶属度			权重
	宅基地流转前	宅基地流转后	变化幅度	
恩格尔系数（C）	0.304	0.300	−0.004	0.08
养老保险（D）	0.530	0.735	0.205	0.05
医疗保险（D）	0.520	0.690	0.170	0.05
就业概率（Q）	0.447	0.552	0.105	0.03
农业用地面积（C）	0.230	0.150	−0.080	0.02
居住环境	0.361	0.520	0.159	0.21
人均住房面积（C）	0.327	0.226	−0.100	0.07
基础设施完善情况（Q）	0.270	0.729	0.459	0.05
住房区位（Q）	0.412	0.677	0.266	0.06
住房结构（Q）	0.490	0.535	0.045	0.03
社区状况	0.411	0.589	0.178	0.16
噪声大小（Q）	0.490	0.500	0.010	0.02
空气质量（Q）	0.566	0.415	−0.151	0.03
自然环境（Q）	0.480	0.511	0.029	0.03
治安状况（Q）	0.289	0.710	0.421	0.04
交通出行（Q）	0.260	0.755	0.495	0.04
个体满意度	0.500	0.558	0.058	0.10
流转参与度（Q）	0.470	0.500	0.030	0.03
补偿满意度（Q）	0.500	0.551	0.051	0.03
生活满意度（Q）	0.500	0.668	0.168	0.04
总福利	0.370	0.488	0.118	1.00

注：C 为连续实义变量类型，D 为虚拟二分变量类型，Q 为虚拟定性变量类型。

表 4 - 75　　　　　　　　高收入农户福利水平的综合评价

项目	隶属度			权重
	宅基地流转前	宅基地流转后	变化幅度	
经济收入	0.260	0.370	0.110	0.30
农业收入（C）	0.240	0.056	−0.204	0.05
非农业收入（C）	0.271	0.496	0.256	0.15
纯收入（C）	0.299	0.411	0.112	0.10
社保条件	0.455	0.545	0.090	0.23
恩格尔系数（C）	0.270	0.251	−0.019	0.08

项目	隶属度			权重
	宅基地流转前	宅基地流转后	变化幅度	
养老保险（D）	0.500	0.780	0.280	0.05
医疗保险（D）	0.500	0.750	0.250	0.05
就业概率（Q）	0.477	0.599	0.122	0.03
农业用地面积（C）	0.388	0.111	-0.269	0.02
居住环境	0.399	0.552	0.153	0.21
人均住房面积（C）	0.327	0.226	-0.100	0.07
基础设施完善情况（Q）	0.270	0.729	0.459	0.05
住房区位（Q）	0.412	0.677	0.266	0.06
住房结构（Q）	0.490	0.555	0.065	0.03
社区状况	0.411	0.589	0.178	0.16
噪声大小（Q）	0.490	0.500	0.010	0.02
空气质量（Q）	0.566	0.415	-0.151	0.03
自然环境（Q）	0.480	0.511	0.029	0.03
治安状况（Q）	0.289	0.710	0.421	0.04
交通出行（Q）	0.260	0.755	0.495	0.04
个体满意度	0.458	0.523	0.065	0.10
流转参与度（Q）	0.471	0.500	0.029	0.03
补偿满意度（Q）	0.500	0.554	0.054	0.03
生活满意度（Q）	0.500	0.640	0.140	0.04
总福利	0.378	0.499	0.121	1.00

注：C 为连续实义变量类型，D 为虚拟二分变量类型，Q 为虚拟定性变量类型。

从表 4-73 至表 4-75 可以看出：低收入、中等收入、高收入农户总福利提升了 0.162 个、0.118 个和 0.121 个单位，分别提升 47.4%、31.9% 和 32.0%，中等收入和高收入农户福利提升幅度相近，变化最明显的是低收入农户，提升幅度较大。农村集体经济组织内部成员经济收入状况有差异，相对贫困程度较深的农户更能从宅基地流转中获益，这部分农户经济基础差，依靠自身能力无法完成住房重建。贫困程度越高的农户在宅基地流转后福利提升幅度越大，即在联建过程中受益越大，这说明宅基地使用权流转对提升农户福利、缩小农户内部福利差距有着正面的促进作用，体现出宅基地使用权流转扶贫效应的精准性。

4. 实证分析

基于对参与联建农户宅基地流转前后福利变化的问卷调查，对宅基地使用权流转的福利效应进行实证研究，分析宅基地流转前后农户福利变化情况及农户之间的福利差异，并运用 Logistic 二元回归模型来实证检验影响农户福利变化的异质性因素，联立模型如下：

$$p_i = F(Z_i) = F(a + bx_i) = \frac{1}{1 + e^{-2i}} = \frac{1}{1 + e^{-(a + bx_i)}} \tag{4.21}$$

其中，p_i 为事件发生概率的大小，F 为事件发生的概率分布函数，a、b 分别为待估计系数，x_i 表示事件发生的影响因素（$i = 1, 2, \cdots, n$），e 为 2.718。

在模型中将参与联建农户福利变化状态作为因变量 y，并且将联建后福利提升家庭赋值为 $y = 1$，反之赋值为 $y = 0$。设 $y = 1$ 的概率为 p，则其分布函数为：

$$f(y) = p^y (1 - p)^{1-y}, \quad y = 0, 1 \tag{4.22}$$

该模型的基本形式为：

$$p_i = F(Z_i) = \left(a + \sum_{j=1}^{n} b_j X_{ij}\right) = \frac{1}{1 + e^{-Z_i}} = \frac{1}{1 + e^{-\left(a + \sum_{j=1}^{n} b_j X_{ij}\right)}} \tag{4.23}$$

其中，p_i 为参与联建后农户福利提升的概率；i 为调研农户家庭的编号；b_j 为引起农户福利变化差异影响因素的编号；n 为引起农户福利变化差异影响因素的个数；X_{ij} 为模型的自变量；a 为模型的截距。

模型中涉及的主要变量及其赋值如表 4 - 76 所示。

表 4 - 76　　　　　　　　主要变量及其赋值情况

变量	变量定义
户主文化程度（X_1）	小学及以下 = 1，初中 = 2，高中 = 3，大专及以上 = 4
宅基地参与流转比例（X_2）	< 20% = 1，20% ~ 40% = 2，50% 左右 = 3，60% ~ 80% = 4，> 80% = 5
农业收入占比（X_3）	< 20% = 1，20% ~ 40% = 2，50% 左右 = 3，60% ~ 80% = 4，> 80% = 5
非农收入来源（X_4）	无 = 1，打工 = 2，兼营 = 3，经商 = 4
家庭负担（X_5）	无负担 = 1，负担轻 = 2，负担中 = 3，负担重 = 4
农户相对贫困度（X_6）	一般贫困 = 1，比较贫困 = 2，非常贫困 = 3
福利是否提升（Y）	是 = 1，否 = 0

本章采用统计分析软件 SPSS 对引起农户福利变化差异的影响因素进行实证

分析，在此过程中采用了直接强迫回归法，将上述 X_1、X_2、X_3、X_4、X_5、X_6 作为模型的自变量，Y 作为模型的因变量，利用二元 Logistic 回归模型进行分析，结果如表 4 – 77 所示。

表 4 – 77   **Logistic 回归分析结果**

变量	B	S. E,	Wals	df	Sig.	Exp（B）
户主文化程度（高中以上）	1.712	0.463	5.128	1	0.004	4.317
宅基地参与流转比例（80%）	0.815	0.572	4.681	1	0.0013	2.453
农业收入占比（80%）	− 1.573	0.427	7.623	1	0.032	9.759
非农收入来源（经商）	1.803	0.553	6.932	1	0.041	5.217
家庭负担（重）	− 1.104	0.469	5.754	1	0.008	3.841
农户相对贫困度	2.037	0.497	5.983	1	0.026	4.005
常数项	0.593	0.594	9.463	1	1.154	1.003

表 4 – 77 回归结果表明，户主文化程度、宅基地参与流转比例等对农户福利变化具有显著的正向影响，农业收入占比及家庭负担等对农户福利变化具有显著的负向影响。

第一，联建农户户主的文化程度与农户福利变化呈正相关关系，户主文化程度高的农户意味着容易掌握更多的生存技能，不会受制于市场技术革新对传统农业的冲击；而受教育程度低的农户由于自身与市场经济严重脱离，在参与联建后福利提升幅度相对较小。同时，由于部分农户文化程度低，维权意识薄弱，在流转过程中常常处于被动地位，难以掌握话语权及主动权，导致自身利益受损，因此在完善宅基地使用权流转机制的同时，要科学合理地分配宅基地使用权流转收益，建立宅基地流转市场监管机制，保障农民的合法权益。

第二，宅基地参与流转比例影响了农户福利提升的程度，农户宅基地参与流转比例越大，福利提升程度越大。联建农户宅基地参与流转比例的大小要综合考虑农户的家庭结构、收入来源构成、经济支出项目等具体因素，在调查走访中也发现个别贫困程度深且对农业收入依赖性高的农户，宅基地流转比例控制在50%左右为宜。

第三，以务农为主的农户参与联建后福利提升水平和提升幅度并不显著，即经济收入中农业收入占比越高，福利提升幅度越小；有非农收入来源、方式多元的农户福利水平提升较明显。因此，在完善农户宅基地使用权流转补偿方案时要充分考虑到农户的个性化需求，可以提供适当的专业技能和信息科技普及方面的培训，加大社会保障力度，增强农户收入能力的同时有助于彻底解决流转农户的"后顾之忧"，加强农户宅基地使用权流转意愿，巩固农户福利水平。

第四，家庭负担与农户福利提升状况呈负相关关系，家庭负担重的农户宅基地使用权流转后福利提升较少，同时贫困程度深的农户福利提升水平较高——贫困群体中经济收入水平处于中下层的流转农户更能从宅基地使用权流转中获益，体现出精准扶贫效应。为提高流转农户福利水平，减轻流转农户家庭负担，可从建立农村基本医疗保障制度、养老保险制度等方面入手，完善宅基地所有权流转服务体系。

5. 政策建议

联建作为宅基地使用权城乡流转的有效方式，整体上提升了流转农户的福利水平，体现了宅基地使用权城乡流转的精准益贫效应，但是也存在一定的局限性，产生了一些负面效应。可进行如下改进。

第一，在农户安置费等经济补偿方面严格遵守市场经济规律，保护流转中各个权利方的合法权益。宅基地的福利性和获取无偿性决定了其主体必须是集体经济组织的成员。参与宅基地城乡流转的农户必须有稳定的住所和稳定的非农收入来源，避免市场对宅基地保障功能的损害。建立宅基地流转市场，凸显宅基地资产价值。因地制宜发挥宅基地使用权流转的益贫功能。抑制部分地区宅基地的隐形交易，规范宅基地流转市场，经济发展欠佳的地区秉承政府规划先行的原则。推动形成宅基地流转的合理价格体系，体现宅基地市场价值，充分尊重农户的宅基地用益物权，建立统一的宅基地流转价格信息平台，提供全面的流转交易价格查询服务，保证宅基地流转市场公开透明化。为农户提供多元的流转补偿模式，让农户在一次性货币补偿、社会保障（养老、医疗保险等）、安置性住房等多样化的补偿模式之间根据自身实际情况自由选择，使农户福利需求与政府制度供给高度匹配。完善宅基地流转产权变更制度，规范宅基地使用权变更、注销等流程。

第二，宅基地使用权的城乡流转，最大的受益主体应该是农户，应该结合项目施工成本、农户生计方式等因素，以联建双方协商为主、政府适当引导为辅，补偿形式应当多样化，包括一次性货币补偿、联建保障房安置、就业岗位和相应社会保障的提供等，提高农民主体地位，确保宅基地用益物权不受侵犯，发挥宅基地流转的益贫惠农效应。

第三，完善宅基地城乡流转机制相关配套服务体系。在宅基地流转过程中，强化对农民的技能培训、法律和科技信息常识的普及，帮助农民打破就业壁垒，完善农村相关服务设施体系。加大农村基础教育力度，提高农户主动维权的法律意识，加强社会法制建设。拓展非农收入来源，使农户获得稳定长期的经济收益，拓宽农村社会保障筹资渠道。完善流转农户的包括医疗、养老、最低生活保障在内的社会保障体系，促进城乡社会保障体系互融，解决流转农户的后顾之忧。

第四，以保障流转农户合法权益为出发点，对流转过程中双方交易信息进行网上公示，建立统一、透明的网上公示平台，明确交易关系基本信息，若有不妥之处，农户可以提出异议，由相关监管部门复核并解决。建立定期的监管复查制度，对流转后的宅基地做定期监督检查，就是否私拆乱建、改变土地初始设定用途等方面做记录并上报土地管理部门，防止变相侵占农民私有财产等以权谋私的情况出现。

4.4.2 社会资本参与宅基地盘活的减贫兴农效应：以农房联建为例

放活宅基地和农民房屋使用权是释放宅基地经济价值、保障乡村振兴用地的改革尝试。在宅基地使用权、发展权及其空间权利"流转配置—租金释放"的理论框架下，宅基地盘活的本质是宅基地使用权、发展权的空间融合再配置，通过使用权向集体外流转以及发展权向乡村产业转换，提升宅基地集约利用效率与产业化潜力，释放潜在的经济租金，发挥减贫兴农效应。宅基地盘活面临资金缺口与经营主体短板，需要城乡社会资本的参与。都江堰市灾毁农房联建的政策实践，促成了一场社会资本参与宅基地盘活的"自然实验"。基于这一地区农户调查数据的实证分析表明，社会资本参与住房重建及宅基地利用，减轻了村民的多维贫困，通过基建改进与环境改善，支持了乡村工商业发展，推动了城乡融合。但是，这一模式也面临区位异质性、法律限制与监管不足等方面的现实困境。由此建议，可探索设定宅基地农用红线，对红线之外闲置宅基地进行分类盘活，完善流转"入市"机制，做好综合监管，推动精准扶贫与乡村振兴融合。[①]

1. 问题的提出

社会资本通过受让、承租、联营方式流转盘活宅基地，在多大程度上有助于乡村产业振兴和农户生计改善？

推进宅基地制度改革，放活宅基地和农民房屋使用权，可以提升农民土地综合收益，增加乡村振兴产业用地。在宅基地和农房闲置、建设资金短缺的贫困乡村，合理引导工商资本、社会资金参与宅基地的盘活利用，发展乡村产业，释放宅基地市场价值，是减贫兴农的有益探索。2020 年 1 月 1 日实施的新修订的《中华人民共和国土地管理法》（以下简称"新《土地管理法》"），为社会资本参与宅基地盘活拓展了法律和政策空间。总结试点经验，推进宅基地管理制度改革，健全宅基地权益保障方式，探索宅基地有偿使用和自愿有偿退出机制，是以土地制度改革推进乡村振兴的重要突破口。其中，推动社会资本参与宅基地的流转盘活与产业化利用将是下一步重要的改革探索。社会资本参与流转盘活宅基地，在多大程度上有助于乡村产业振兴和农户生计改善、是否存在宅基地被侵占及村民权益受损风险、如何开展政策引导与规制等问题，还有待于因地制宜地的实证分析与评估。都江堰市为解决地震灾毁农房重建的资金难题，实施了以宅基地使用权吸引社会资金联合共建住房的模式，不同区位宅基地参与流转，为分析社会资本参与不同特征宅基地盘活的综合效应研究提供了经验数据。

2. 社会资本参与宅基地盘活的经济性质及效应

（1）宅基地功能二重性及再配置：经济租金的产生。

宅基地使用权被配置给农户及其他市场主体，实现了居住使用（农房）与产业利用（工商用房建设或农房的产业化利用）的双重功能。宅基地在农户居住功能与产业功能之间进行再配置，有助于推进农户多维减贫和乡村产业振兴，形成宅基地盘活的"经济租金"：一是闲置宅基地流转利用，包括建房与居住价值的实现，以及工商业用房与基础设施建设带来的产业发展；二是非闲置宅基地的

---

① 贺立龙、曾玉婷、付春生、龚驰：《乡村振兴视角下社会资本参与宅基地盘活的减贫兴农效应——来自农房联建的案例与证据》，载于《管理学刊》2020 年第 2 期。

立体化、集约化利用带来的居住福利提升，以及发展乡村产业带来的收益增加。

（2）宅基地再配置的三个维度：经济租金的释放。

基于权利的结构化分解，宅基地配置呈现为三个维度的"权利"流转与利用。一是宅基地使用权的流转。宅基地在保持集体所有属性的前提下，使用权由集体或农户出让、出租或转让给集体组织其他成员，甚至是集体组织之外的经济主体，具体可分为集体内流转、乡村内流转和跨城乡流传（向外流转即入市）三类。二是宅基地发展权的转换，即宅基地由农房建设使用转化为工商业用途的产业化利用。三是宅基地配置的空间优化。宅基地使用权的流转遵循由"集体内部"扩展到"乡村内部"，再到跨城乡的"由乡入城"的空间线索。在近郊和偏远乡村，宅基地再配置的经济租金有所不同，通过增减挂钩制度的运用，宅基地流转盘活可以实现不同空间的转换，释放更多经济租金。

宅基地配置在三个维度上的变迁融合，推动了潜在经济租金的释放。在集体内部，农户对宅基地使用权的行使大多用于农房建设。若突破集体组织范围，宅基地使用权被流转给社会资本方（先变为集体经营性建设用地），由其进行农房改造，实现立体化、集约化利用，并用于工商业经营，可带来宅基地经济租金的释放（表现在农户减贫、乡村产业振兴等方面）。一旦突破乡村边界，宅基地使用权"入市"流转给城镇工商资本方，由其进行工商业开发，可推动经济租金的进一步释放。但是，上述权利流转并非对经济租金的单调线性促进，宅基地功能二重性决定了其在跨城乡流转中要有一定的区间边界，以保证宅基地在农房建设与产业化使用之间、在城乡配置之间维持一定比例，既为乡村产业振兴提供建设用地，又保证农户基本居住权不受影响。

宅基地使用权和发展权的流转配置所释放的经济租金，随着宅基地的配置数量、地块类型的变化而有所不同。闲置宅基地过去处于资源沉寂状态，一旦盘活，将通过乡村建设与乡村产业振兴产生较高的边际收益，释放较高的经济租金；随着闲置地配置完毕，一些非闲置宅基地进入流转盘活体系，其边际成本迅速增加（盘活此类宅基地需要农房拆迁安置），边际收益开始降低，当边际收益曲线与边际成本曲线相交时宅基地盘活量达到最优；宅基地配置利用进入限制流转区间开始突破必要的"居住保有量"边界，进而影响农民基本居住权，或处于规划与用途管制区域，或处于生态功能区，流转配置的边际成本变得极高，这一区间的经济租金由正转负。从宅基地配置变化的三个区间来看，闲置宅基地流转盘活是一种帕累托改进，经济租金边际释放量最大；但处于限制流转区间的宅基地，进行跨城乡流转、产业化利用则是不经济的；最佳的流转配置点应处于非闲置宅基地期间的边际成本与边际收益的交点处，此时宅基地再配置（盘活）所释放的经济租金最大。

3. 联建作为社会资本参与宅基地盘活模式的理论分析

社会资本参与受灾农户住房联建，本质上是社会资本参与宅基地的向外流转、盘活与产业化利用。其一，宅基地使用权的市场化流转突破了集体成员限制，由农户向集体成员之外的城镇居民与工商资本流转，带有"入市"性质。其二，宅基地向社会资本流转后，可用于酒店经营、旅游开发，属于非农产业开发的发展权重塑。其三，宅基地由农户向社会资本方流转，可以采用租赁或出让方式，具有市场流转属性。其四，联建作为社会资本参与宅基地利用的特定模式，有"点对点"的交易特征，即分散的受灾农户与分散的社会资本可以进行合作谈判与商住房使用合作。即使是在流转式联建中，社会资本取得的是统一的集体建设用地使用权，也可为先前让渡宅基地使用权的受灾农户修建住房。其五，宅基地使用权与房屋产权的分割方式是多元的，对各种层次的乡村业态创新有较强的灵活性与适应性。

联建的减贫兴农效应表现在三个方面。其一，农房重建融资与农户生计机会创造的支持效应。社会资金参与住房联建，弥补了农房重建的资金缺口，改善了农户的居住条件，并通过旅游业、生态观光业、酒店服务业的发展，支持农户就业创业。其二，农庄基建打造与农村生态文化升级的扩散效应。联建方与农户对灾毁农房的合作重建，也是一个农房及配套设施"再规划"的过程。投资方利用流转的宅基地进行建房与商业经营，需要完善基础设施、修复生态环境、植入现代城乡文化。其三，城乡融合与乡村振兴的要素流动渠道效应。社会资本以联建方式参与农户宅基地的盘活利用，推动了区位好、商业潜力大的宅基地使用权"由乡入城"，弥补城镇用地缺口，支撑都市农旅、酒店经营等新兴业态的发展；吸引工商资本、人才、科技、文化等城镇要素"由城入乡"，助力乡村产业振兴。

4. 农户生计测度的方法和数据来源

本部分采用阿尔基尔—福斯特（Alkire-Foster）多维贫困指数（以下简称

"A－F 多维贫困指数"），对农户生计水平变化进行测度。四个维度分别为收入、医疗、养老和实物资产，通过对样本农户的多维生计变化的考察，论证联建对不同农户生计水平的影响。A－F 多维贫困指数和平均被剥夺份额计算公式分别如下：

$$M_0 = \frac{\sum_{i=1}^{n} c_i(k)}{nd} = P \times A = (q/n) \times A \qquad (4.24)$$

$$A = \sum_{i=1}^{n} c_i(k)/qd \qquad (4.25)$$

其中，n 表示家庭户数，q 表示维度为 k 时生计不达标的家庭户数，$c_i(k)$ 表示维度为 k 时 c_i 的取值，生计不达标率 $P = q/n$，A 表示平均被剥夺份额。我们发现，$M_0 = P \times A$。则综合生计指数由生计不达标率和平均被剥夺份额决定。

分析所用数据来源于课题组前往都江堰市大观镇的实地考察。2018 年 8 月，课题组调研员（贺立龙、黄科、周昱君、于思涵、付春生等）前往大观镇茶坪村、滨江村、宿仙村、红梅村以及青城山镇的泰安村，采用与农户"一对一"访谈的形式，采集了 200 份问卷，考虑到样本随机性及信息完整性，最终选取100 份有效问卷进行分析。问卷数据反映联建政策实施前（2007 年）与实施后（2017 年）的农户生计状况，涵盖家庭人口数、劳动人口数、户主受教育程度、受灾程度、收入、负担程度、医疗、保险、大型家电等各个指标的信息。不同区位禀赋及生计状况的家庭，从宅基地流转中获得的生计改善程度也有差异。为测度因家庭异质性形成的生计受益状况差异，本部分根据农户宅基地所处地理位置及生计状况的差异，将农户样本分为两组：A 组（实验组）和 B 组（对照组）。A 组中的农户宅基地及住房主要位于山上，联建前生活水平较差；B 组中的农户生活水平较高。

5. 实证结果

课题组调研员（贺立龙、付春生、曾钰婷）对不同生计水平农户因联建带来的生计变化进行测算，结果显示，宅基地在山上的相对贫困的农户更能从联建中受益，各维度不达标率和综合生计指数下降较快。我们引入家庭劳动力的受教育程度、家庭劳动人口数、家庭劳动人口数/家庭总人口数、转化率等一系列控制变量，考察农户生计水平（相对贫困程度）对其受益情况的影响，并分析收入维度与其他维度的相关性。

模型所用到的关键变量的描述性统计结果如表 4 - 78 所示。

表 4 - 78　　　　　　　　　　主要变量的描述性统计

变量	变量含义	样本量	均值	方差	最小值	最大值
Annual growth	家庭人均收入年增长率	100	0.431	0.031	0.120	0.874
dimension	生活水平变化（均为减少或不变）	100	1.42	1.054	0	4
join	参与情况	100	1	0	1	1
poor×join	低生活水平×参与情况	100	0.38	0.238	0	1
education	家庭劳动者的受教育程度	100	0.51	0.252	0	1
labor	家庭劳动人口数	100	2.66	0.974	0	5
L/p	家庭劳动人口数/家庭总人口数	100	0.617	0.040	0	1
transRIO	转化率（新住宅面积/原宅基地面积）	100	0.625	0.060	0.150	1.625

使用多元线性回归模型对相关变量进行回归分析，结果如表 4 - 79 所示。

表 4 - 79　　　　　　　　　　主要变量的影响估计

变量	（1）家庭人均收入年增长率	（2）维度变化（加入收入变化因素）	（3）维度变化（未加入收入变化因素）
annual growth	—	3.764 *** (0.495)	—
poor×join	0.094 ** (0.040)	0.529 *** (0.159)	0.882 *** (0.218)
education	- 0.030 (0.035)	- 0.042 (0.137)	- 0.156 (0.192)
labor	- 0.011 (0.019)	0.029 (0.075)	- 0.011 (0.104)
L/p	0.020 (0.106)	- 0.144 (0.368)	- 0.068 (0.578)
transRIO	0.043 (0.069)	- 0.104 (0.263)	0.056 (0.343)
constant	0.392 *** (0.094)	- 0.277 (0.363)	1.200 ** (0.486)
R^2	0.090	0.571	0.187

注：** 和 *** 分别表示在 5% 和 1% 的显著性水平上显著。

基地在山上的、相对贫困的农户组从联建中生计受益更大。表 4 - 79 中第（1）列回归结果显示，生计水平低的农户的收入增长率，比一般农户要高近 9.4

个百分点，显著水平为 5%，说明生计水平较低的农户更能从联建中受益。社会资本参与住房联建，对生存环境不佳、居住质量不高的贫困农户帮助更大，可以为之改善住房条件，提供更多生产机会。

收入水平的上升往往伴随着多个维度的生计改善。表 4-79 第（2）列回归结果显示，加入家庭人均年收入增长率这一因素后，收入对生活不达标维度的改变有显著影响。家庭人均年收入每增长 10 个百分点，不达标维度就会下降 0.376 个维度，显著性水平为 1%。

从表 4-79 可知，加入收入水平影响因素前，生计水平较低的农户比一般农户多减少 0.882 个维度［第（3）列结果显示］；加入收入水平影响因素后，生计水平较低的农户比一般农户多减少 0.529 个维度［第（2）列结果显示］；生计较差农户收入增长比一般农户高 9.4 个百分点［第（1）列结果显示］，这一差异使生计较差的农户比一般农户多减少 0.353 个贫困维度，与 0.882 和 0.529 的差值吻合。

收入维度在多维生计中占 1/4 权重，但对生计改善影响显著。社会资本参与住房联建，盘活宅基地以发展产业、改善基建，改进了农户的生产生活条件，增加了就业机会，提升了贫困农户的收入水平，进一步降低了贫困农户的多个方面不达标维度。收入增加有利于贫困农户投入更多资源提高医疗和养老保障水平。

6. 局限性与现实约束

灾后重建时期社会资本参与受灾农户住房联建，作为社会资本参与宅基地盘活的一种特殊条件下的模式"试验"，从住房修建、基建改善、旅游发展、生产就业等几个方面优化了居住与生存条件，推动了乡村产业振兴，给农户带来了多维减贫及综合福利效应，但也产生了一些政策偏差，带有一定的区域及阶段局限性。首先，宅基地的区位分布差异大，除非毗邻城市与景区，否则难以释放足量的经济租金，发挥以地营商和减贫兴农效应。其次，用地过程缺乏严格监管，违规开发"三超一占"的用地扩张现象多见。最后，以"联建"方式适度流转宅基地使用权，推动灾毁农房重建，是灾后重建特殊时期一项"法外"试点，制约宅基地盘活的预期和模式可复制性。

7. 政策启示

第一，引入红线制度，平衡好宅基地的居住保障功能与发展支持功能，发挥对脱贫农户的生计保障功能。借鉴耕地红线与生态红线的用途管制制度，探索制定宅基地用途管制红线制度。一方面，按照新《土地管理法》将鼓励入市的"集体经营性建设用地"严格限制在"规划确定为工业、商业等经营性用途，并经依法登记的集体经营性建设用地"这一前提下，坚持宅基地制度改革"严格实行土地用途管制"，设定宅基地农用、居住使用的最低量标准及空间分布"红线"，强化农户居住保障功能，维护农户居住用地利益；另一方面，按照新《土地管理法》以及最新宅基地管理政策关于鼓励宅基地盘活的精神，在管控基线之外，盘活闲置宅基地，积极引入社会资本参与"线外"宅基地的市场化利用。宅基地红线可划分为"农房专用基线"和"农用基线"。前者类似于"基本农田保护面积"，对专门用于农民住房建设的宅基地进行严格的总量管控；后者为宅基地使用权的农用红线，即宅基地使用权只能在乡村内部进行乡村建设用途的流转或盘活利用，可以转为经营性建设用地，但不能向城镇居民、企业流转，不能用于城镇建设开发。在两条红线之外，引入社会资本盘活闲置宅基地，加快城乡流动，最大限度地开发宅基地的市场化利用价值。

第二，实行分类引导，精准引导社会资本参与宅基地盘活及乡村振兴，推动农户脱贫奔小康。宅基地区位不同，市场价值与商业潜力不同。分类推进宅基地制度改革，精准引导宅基地使用权分类流转与多元化盘活。一是区位瞄准与分类引导。对城中村、城郊村或大都市远郊的宅基地，在严格遵守用地红线的前提下，允许社会资本按市场规则参与宅基地的非农化流转或盘活利用，并维护农户长期生计利益，给予足够补偿；对偏远乡村宅基地，鼓励社会资本"下乡"盘活宅基地，发展乡村高附加值产业，但谨防破坏耕地与生态红线。二是资源瞄准与分类引导。对毗邻旅游景区乡村、特色资源富集乡村，有序引导社会资本参与宅基地利用，发展乡村旅游、特色农业；对缺乏特色资源的乡村，鼓励资本下乡开展宅基地土地整理，助力乡村振兴。

第三，做好系统监管，有序推进宅基地入市流转与市场化配置，防止农户失地返贫。通过完善立法、系统规划、严格监管，合法合规、有序有度地推进闲置宅基地的市场化流转与产业化利用，防止无序开发，侵害农户利益。一是从中央层面出台加快闲置宅基地盘活以支持乡村产业振兴的指导意见，系统审慎地推进闲置宅基地的市场化流转，使之服务于乡村振兴战略。二是严守"土地公有制性质不改变、耕地红线不突破、农民利益不受损"三条底线，坚持

"不影响农民居住权益"基线，遴选闲置宅基地进行适度盘活。完成农村"房地一体"确权登记发证，将农房等地上建筑物、构筑物纳入宅基地使用权登记发证范围。三是做好宅基地产业化利用的环境监管，确保社会资本参与宅基地开发时不破坏生态资源环境。四是建立健全宅基地租赁、出让（转让）、抵押、作价入股的交易平台与交易秩序，构建市场决定的宅基地流转价格形成机制、农户对宅基地市场化利用的中长期收益分享机制，抑制宅基地流转中的"短视""失信"行为。

4.5　来自市场的减贫动能：上市公司扶贫行为偏好、特征及动机

　　习近平在 2015 减贫与发展高层论坛的主旨演讲中指出，我们坚持动员全社会参与，发挥中国制度优势，构建了政府、社会、市场协同推进的大扶贫格局。[①] 企业参与精准扶贫是构建"三位一体"大扶贫格局的重要支撑，国有企业（中央单位）在定点抗贫、行业扶贫方面承担了重要责任，民营企业开展"万企帮万村"实践，也成为我国全面脱贫的重要力量。在全面打赢脱贫攻坚战的时代背景下，中央企业和民营企业共同发力。中央企业重点帮扶的 246 个贫困县，占全国 592 个重点县的 42%。此外，中央企业还支援西藏 21 个贫困县、青海藏族聚居区 16 个贫困县。中央企业在各地的分支机构还承担了当地党委政府安排的数千个县（乡、村）的对口帮扶任务。[②] 截至 2020 年 6 月底，全国进入"万企帮万村"精准扶贫行动台账管理的民营企业有 10.95 万家，精准帮扶 12.71 万个村，其中有建档立卡贫困村 6.89 万个。[③] 民营企业充分发挥其市场机制灵活、吸纳就业主渠道、公益基金量大面广等优势，激发了贫困群众的内生动力。

　　上市公司一面与资本市场连接，一面可以对接群众脱贫需求，是我国脱贫致富的重要参与主体。从 2017 年开始，上市公司实施扶贫投资项目并及时披露

---

　　① 《习近平主席在 2015 减贫与发展高层论坛上的主旨演讲（全文）》，新华网，2015 年 10 月 16 日。
　　② 周雷：《央企今年投入 32.01 亿元无偿帮扶 246 个定点扶贫县》，经济日报，2020 年 3 月 6 日。
　　③ 齐健、刘智强：《10.95 万家民营企业参与"万企帮万村"精准扶贫行动》，光明网，2020 年 9 月 14 日。

相关扶贫信息。中国社会科学院发布的《中国企业扶贫研究报告（2018）》显示，2017 年，在 1892 家 A 股主板上市公司中，共 583 家明确披露了 2017 年度精准扶贫投入金额，占比 30.81%，金额投入总额为 646191.47 万元，平均投入 1108.39 万元。

作为市场化扶贫援助的主要社会力量，企业有无动力切实投入相关资源参与精准扶贫？一般采用什么方式和渠道？企业异质性因素对其扶贫特征产生什么影响？企业扶贫的动机与行为逻辑是什么？

从 2017 年开始，上市公司在公司年报中披露是否参与精准扶贫以及具体参与精准扶贫的情况，到目前为止已有两年的数据可以进行分析。本部分通过使用爬虫程序，从 2017 年各企业年报中找出了 A 股上市公司中参与精准扶贫的企业，最后统计出 619 家参与精准扶贫的上市公司的扶贫资金、扶贫方式，囊括 90% 以上的参与扶贫的上市公司数据，根据其年报中披露的精准扶贫信息，对上述问题进行实证研究。

1. 上市公司扶贫的经济行为特征及影响因素

（1）理论分析。

行业、产权、区域、规模对公司参与精准扶贫的动机存在影响，进而影响公司参与精准扶贫的行为方式。公司的产权、公司所在的行业、公司所在地区、公司自身规模大小、公司资金流动性、公司经营质量、公司的财务风险以及公司成长性都有可能对公司参与扶贫的动机产生影响，进而影响公司参与扶贫的方式和渠道。

从公司参与扶贫的动机来看，分为基于产业链扩充的动机、政商关系获取的动机、公司发展战略动机、高管情感和心理动机、以扶贫洗刷污点的动机五类。规模较大的公司在延伸产业链上更容易，可以将扶贫区域与自身优势相结合，选择合适的产业。民营企业多布局新兴产业且一般为全产业链，比国有企业更有产业链动机。上市公司在扶贫过程中可以不断加强公司品牌建设，使得品牌个性与消费者的期望更加贴近，扶贫相关的新闻报道有利于增强消费者对公司品牌的认知。作为发展战略的一部分，民营企业参与精准扶贫具有从政府获取关键性资源和降低资源获取风险的可能性。当通过参与扶贫等社会责任寻租的收益与其他收益的总和是正收益时，民营企业就有动机持续实施下去。中西部贫困地区的企业通过参与精准扶贫与当地政府建立政治关联。企业家的身份（党员、人大代表、政协委员）或者经历会使之积极参与精准扶贫。出现负面舆情的上市公司有时也选择通过参与扶贫缓解负面影响，进行声誉管理。

公司参与精准扶贫的主要途径是投入资金和物资，按照项目方式可以分为产业脱贫、教育扶贫、健康脱贫、异地搬迁脱贫等方式，不同性质的公司会根据贫困地区自身特色选择不同的扶贫方式。

（2）扶贫行为特征的统计描述分析。

我们通过对上市公司披露的数据进行整理，统计出 619 家上市公司的数据，其中有 322 家国有企业、297 家民营企业或外资企业。西南和华东地区上市公司参与精准扶贫的较多。在 619 家参与扶贫的上市公司中，近两年净利润为负的企业有 36 家，占 5.8%。2017 年参与扶贫的 619 家上市公司中，有 49 家企业 2018 年未参与扶贫，占 7.9%，其中包括 18 家国有企业和 31 家民营企业。

制造业参与精准扶贫的上市公司数量最多，其次是金融业和电力、热力、燃气及水生产和供应业，综合行业和住宿餐饮业只有 1 家上市公司参与扶贫，教育业 3 家上市公司里没有参加精准扶贫的。

参与扶贫的上市公司分布在 31 个省（区、市），广东的上市公司最多（86 家），其次是北京（46 家），青海的上市公司最少。西南地区对口帮扶上市公司最为集中，共有 230 家；其次为华东地区，有 195 家；再次为西北地区，有 156 家；华中和华南地区分别有 111 家和 84 家上市公司进行对口帮扶；东北和华北地区对口帮扶的上市公司最少，分别为 65 家和 55 家。

A 股主板上市公司分为三类，第一类是营业收入超过 100 亿元的企业，共 425 家，其中 214 家披露精准扶贫投入，参与率为 50.3%，总投入为 532340 万元，平均投入 2487.57 万元；第二类是营业收入介于 10 亿～100 亿元的企业，共 1001 家，其中 297 家披露精准扶贫投入，参与率为 29.7%，总投入为 85980.01 万元，平均投入为 289.49 万元；第三类是营业收入为 10 亿元以下的企业，共 466 家，其中 72 家披露精准扶贫投入，参与率为 15.5%，总投入为 27871.46 万元，平均投入为 387.10 万元。上市公司规模越大，精准扶贫的参与率越高，其中营收超 100 亿元的上市公司精准扶贫投入最多，平均投入最多。

上市公司精准扶贫方式多样化，覆盖产业发展脱贫、教育脱贫、社会扶贫、转移就业脱贫、健康扶贫、生态扶贫、兜底保障、异地搬迁脱贫项目。教育脱贫最为集中，有 367 家企业（占参与精准扶贫企业的 59.2%）；其次是产业发展脱贫，有 311 家企业（占参与精准扶贫企业的 50.2%）。教育扶贫和产业扶贫是目前最受关注的扶贫方式，兜底保障、生态保护扶贫和异地搬迁脱贫等领域企业参与较少。

（3）扶贫行为方式影响因素的分层回归分析。

哪些因素影响上市公司参与扶贫，哪些因素影响上市公司参与扶贫的行为方式？我们采用分层回归进一步检验参与扶贫的影响因素。

课题组调研员（贺立龙、戈婧佼）选择 2017~2018 年上市公司中参与精准扶贫的数据，对存在资金极小或数据异常（如投入扶贫的资金超过营业收入、部分银行把农村商业贷款看作精准扶贫资金）进行删除处理，最终保留了 619份样本。数据处理及实证分析运用 SPSS 完成。

根据沪深交易所扶贫信息披露指标，我们将产业投入、教育投入、健康投入等扶贫方式或类型，依次作为被解释变量；解释变量涵盖产权、区域、行业、公司规模、资金流动性、公司收益性等多个方面；控制变量包括公司经营质量、财务风险、企业成长性。

本部分运用截面数据对上市公司参与扶贫的影响因素进行实证分析，在具体的回归分析中，采用分层回归进行预估，构建了三个主要模型，分别为模型 I、模型 II 和模型 III，具体如下所示。

模型 I：$y = \beta_0 + \beta_1 assetlib + \beta_2 roe + \beta_3 revenue + u_{it}$

模型 II：$y = \beta_0 + \beta_1 assetlib + \beta_2 roe + \beta_3 revenue + \beta_4 totalassets + \beta_5 roa + \beta_6 assetturn + \beta_7 operating + \beta_8 profits + u_{it}$

模型 III：$y = \beta_0 + \beta_1 assetlib + \beta_2 roe + \beta_3 revenue + \beta_4 totalassets + \beta_5 roa + \beta_6 assetturn + \beta_7 operating + \beta_8 profits + \beta_9 property1 + \beta_{10} industry + \beta_{11} region + u_{it}$

其中，y 代表上市公司在参与精准扶贫中的不同投入，β_0 代表常数项，$assetlib$ 代表资产负债率，roe 代表净资产收益率，$revenue$ 代表营收增长率为第一层变量，$totalassets$ 代表总资产规模，roa 代表总资产净利率，$assetturn$ 代表资本周转率，$operating$ 代表总营业收入，$profits$ 代表净利润为第二层变量，$property1$ 代表产权，$industry$ 代表行业，$region$ 代表地区为第三层。模型含义为：由于自变量之间存在较高的相关性，自变量的独特贡献无法确定，因此对每层的变量进行单独分析。

将企业参与扶贫的总投入作为被解释变量，企业产权、企业所在地、企业所在行业作为最主要解释变量放在最后一层，公司规模、资金流动性、公司收益性作为次要解释变量放在第二层，经营质量、财务风险、企业成长性作为相对不那么重要的解释变量放在第一层，构造的上市公司参与扶贫总投入的影响因素模型如下所示。

模型 I：$Ptotal = \beta_0 + \beta_1 assetlib + \beta_2 roe + \beta_3 revenue + u_{it}$

模型 II：$Ptotal = \beta_0 + \beta_1 assetlib + \beta_2 roe + \beta_3 revenue + \beta_4 totalassets + \beta_5 roa + \beta_6 assetturn + \beta_7 operating + \beta_8 profits + u_{it}$

模型 III：$Ptotal = \beta_0 + \beta_1 assetlib + \beta_2 roe + \beta_3 revenue + \beta_4 totalassets + \beta_5 roa + \beta_6 assetturn + \beta_7 operating + \beta_8 profits + \beta_9 property1 + \beta_{10} industry + \beta_{11} region + u_{it}$

上市公司参与扶贫总投入的影响因素的回归结果：由模型 I 可知，资产负债率会对上市公司参与扶贫的总投入产生显著的正向影响。但是，净资产收益率、营收增长率并不会对上市公司的投入产生影响。

模型 II 在模型 I 的基础上加入新变量后，F 值变化呈现显著性（$p < 0.05$），意味着新变量加入后对模型具有解释意义。另外，R^2 值由 0.048 上升到 0.209，意味着新加入的 5 个变量可对上市公司参与扶贫总投入产生 16.1% 的解释力度。具体来看，总资产规模对上市公司参与扶贫总投入产生显著的正向影响，总资产规模越大的公司参与精准扶贫的力度越大。总资产净利率并没有呈现出显著性，意味着上市公司总资产净利率对企业参与扶贫的总投入没有影响。资本周转率呈现显著性（$t = 3.747$；$p = 0.000$，小于 0.01），意味着资本周转率对上市公司参与扶贫总投入产生显著的正向影响关系，资本周转率越大的企业，越愿意参与精准扶贫。总营业收入呈现出显著性（$t = -3.176$；$p = 0.002$，小于 0.01），意味着总营业收入对精准扶贫的总投入产生显著的负向影响，并不是营业收入高的企业就会积极参与精准扶贫。净利润没有呈现显著性，意味着净利润并不会对上市公司产生影响，因为部分亏损企业会为了政商关系和转移关注而参与精准扶贫。

模型 III 在模型 II 的基础上加入产权、行业、区域后，F 值变化呈现显著性（$p < 0.05$），意味着新变量加入后对模型具有解释意义。产权呈现出显著性（$t = -7.310$；$p = 0.000$，小于 0.01），意味着产权会对企业参与精准扶贫产生显著的负向影响。国有企业承担精准扶贫责任的公司较多，但由于政策要求，

国企参与精准扶贫倾向于完成政治任务，而民企参与扶贫是基于各种动机，在参与时相对更愿意积极投入。行业对扶贫方式的影响也呈现出显著性（t = −2.497；p = 0.013，小于 0.05）。上市公司所在地区呈现显著性（t = 2.037；p = 0.042，小于 0.05），意味着企业所在地区会对上市公司参与精准扶贫产生显著的正向影响。

将企业参与扶贫资金投入作为被解释变量，企业产权、企业所在地、企业所在行业作为最主要解释变量放在最后一层，公司规模、资金流动性、公司收益性作为次要解释变量放在第二层，经营质量、财务风险、企业成长性作为相对不那么重要的解释变量放在第一层，构造的上市公司参与扶贫总投入的影响因素模型如下所示。

模型 I：$Pcapital = \beta_0 + \beta_1 assetlib + \beta_2 roe + \beta_3 revenue + u_{it}$

模型 II：$Pcapital = \beta_0 + \beta_1 assetlib + \beta_2 roe + \beta_3 revenue + \beta_4 totalassets + \beta_5 roa + \beta_6 assetturn + \beta_7 operating + \beta_8 profits + u_{it}$

模型 III：$Pcapital = \beta_0 + \beta_1 assetlib + \beta_2 roe + \beta_3 revenue + \beta_4 totalassets + \beta_5 roa + \beta_6 assetturn + \beta_7 operating + \beta_8 profits + \beta_9 property1 + \beta_{10} industry + \beta_{11} region + u_{it}$

上市公司参与扶贫资金投入的影响因素的回归结果：由模型 I 可知，资产负债率会对上市公司参与扶贫的资金投入产生显著的正向影响。但是，净资产收益率、营收增长率并不会对资金投入产生影响。

模型 II 在模型 I 的基础上加入新变量后，F 值变化呈现显著性（$p < 0.05$），意味着新变量加入后对模型具有解释意义。另外，R^2 值由 0.049 上升到 0.214，意味着新加入的 5 个变量可对上市公司参与扶贫总投入产生 16.5% 的解释力度。具体来看，总资产规模对上市公司参与扶贫资金投入产生显著的正向影响，总资产规模越大的公司参与精准扶贫时越愿意选择资金投入。总资产净利率并没有呈现显著性，意味着上市公司总资产净利率对企业参与扶贫的资金投入没有影响。资本周转率呈现显著性，意味着资本周转率对上市公司参与扶贫资金投入产生显著的正向影响，资本周转率越快的企业，越愿意参与精准扶贫。总营业收入呈现显著性，意味着总营业收入对精准扶贫的资金投入产生显著的负向影响，并不是营业收入高的企业就会积极参与精准扶贫。净利润没有呈现显著性，意味着净利润并不会对上市公司产生影响，存在部分亏损企业为了政商关系和转移关注动机而积极地参与精准扶贫。

模型Ⅲ在模型Ⅱ的基础上加入产权、行业、区域后，F值变化呈现显著性（p < 0.05），意味着新变量加入后对模型具有解释意义。产权呈现显著性，意味着产权会对上市企业投入扶贫产生显著的负向影响。行业呈现显著性，意味着行业会对企业参与精准扶贫产生显著的负向影响。上市企业所在地区没有显著性，意味着企业所在地区对上市公司资金投入没有产生显著影响，资金的灵活性较大，上市公司在任何地区进行资金投入都是最直接最简单的。

进一步，分别将企业参与产业扶贫投入、参与教育扶贫投入、参与健康扶贫投入作为被解释变量，将企业产权、企业所在地、企业所在行业作为最主要解释变量放在最后一层，将公司规模、资金流动性、公司收益性等作为次要解释变量放在第二层，将经营质量、财务风险、企业成长性作为相对不那么重要的解释变量放在第一层，构造上市公司参与扶贫总投入的影响因素模型，进行实证分析。

我们通过建立上市公司在参与精准扶贫中不同投入影响因素的模型，实证检验企业产权、企业所在地、企业所在行业、公司规模、资金流动性、公司收益性等因素对公司参与扶贫的影响，结论如下。

第一，企业产权性质对上市公司参与扶贫有显著影响。企业产权对上市公司参与扶贫的投入产生显著负向影响，国有企业在参与精准扶贫时能发挥的作用没有民营企业强。部分国有企业参与精准扶贫是所在省份的政策要求，由政府划分定点帮扶区域，作为任务参与扶贫。而民营企业参与精准扶贫是受到各种利益动机的驱使，从而具有内在动力去积极参与。

第二，企业所在行业对上市公司参与扶贫的总投入、资金投入和产业投入均有显著影响，对上市公司参与教育扶贫和健康扶贫没有显著影响。部分行业的企业会根据自身的行业、技术、人才等优势，结合当地实际情况进行精准扶贫。从行业相关性来说，教育扶贫和健康扶贫需要教育和健康相关行业企业的积极参与，而整个上市公司样本中教育行业的公司仅有3家，但都没有参与精准扶贫，健康相关行业参与精准扶贫的公司只有5家。

第三，企业所在地区仅对上市公司参与扶贫的总投入有明显影响，对上市公司参与扶贫的其他行为特征均没有影响。不同地区的上市公司参与精准扶贫的积极程度不同，西部地区需要精准扶贫的地区更多，所以西部地区的上市公司参与精准扶贫的积极程度相对较高。

总资产规模对企业参与精准扶贫投入有明显影响，规模较大的企业对精准扶贫的投入更大，对产业扶贫、教育扶贫、健康扶贫均存在正向影响。资本周转率对企业参与精准扶贫投入有明显影响，资本周转率高的企业的总投入和在产业扶贫上的投入更大，对教育扶贫和健康扶贫的投入没有影响。营业总收入高对企业的总投入和资金投入有明显影响，对分项投入均没有影响。资产负债率越高的企业在精准扶贫中的投入越多，而且对产业投入和教育投入的也更多。资产收益率对企业参与精准扶贫的总投入没有明显影响，但对教育扶贫和健康扶贫具有明显影响，资产收益率越高的企业对教育扶贫和健康扶贫的投入越多。净利润和净资产收益率对精准扶贫的投入均没有明显影响。

（4）基于数据补充的固定效应和随机效应分析。

我们对 2019 年的数据进行进一步补充，以 2018～2019 年 619 家上市公司披露的扶贫数据为对象，分析上市公司参与精准扶贫的行为特征及影响因素。样本数据来自 2017 年在公司年报中披露精准扶贫数据的 619 家上市企业，涉及其 2018 年、2019 两年的数据。相关变量设定如下。

被解释变量为上市公司扶贫投入，使用上市公司精准扶贫投入金额的自然对数，用 PPA 表示。

解释变量：公司规模，这里使用总资产的自然对数，用 $SIZE$ 表示；公司收益性，这里使用总资产净利率，考虑到业绩的滞后性，使用上一年的数据，即上一年的净利润/总资产，用 ROA 表示；资金流动性，这里使用上一年的资本周转率，用 CAU 表示；公司利润，这里使用上一年净利润的自然对数，用 NEP 表示；产权，用 SOE 表示，如果是国企取值为 1，否则取值为 0；区域，用 LOA 表示，东部取值为 1，中部取值为 2，西部取值为 3；行业，用 IDS 表示，农林牧渔取值为 1，采矿业取值为 2，电力、热力、燃气及水生产和供应业取值为 3，房地产业和建筑业取值为 4，教育、卫生和社会工作取值为 5，批发和零售业交通运输、仓储和邮政业住宿和餐饮业居民服务、修理和其他服务业取值为 6，制造业取值为 7，金融业保险业取值为 8，水利、环境和公共设施管理业取值为 9，科技、信息类服务业取值为 10；经营质量，使用上一年的净资产收益率，用 ROE 表示；企业高管身份特征，用 POL 表示，公司董事长为党员取值为 1，否则取值为 0。

使用 Stata 15.0 软件进行固定效应和随机效应分析。同时豪斯曼检验结果表明，随机效应更好。建立以下模型：

$$PPA = \beta_0 + SIZE \cdot \beta_1 + ROA \cdot \beta_2 + CAU \cdot \beta_3 + NEP \cdot \beta_4 + SOE \cdot \beta_5 +$$
$$LOA \cdot \beta_6 + IDS \cdot \beta_7 + ROE \cdot \beta_8 + POL \cdot \beta_9 + Control \cdot \beta_{10} + \varepsilon \qquad (4.26)$$

如表 4 - 80 所示，企业扶贫投入与企业规模、企业产权、公司收益、公司经营质量呈现相关性。公司规模越大、业绩较好时，越愿意参与精准扶贫。

表 4 - 80　　　　　　　　随机效应回归结果

回归模型	相关系数	Z 值	概率
常量	- 23.76	- 9.28	0.00
SIZE	1.10	5.18	0.00
ROA	0.08	2.30	0.02
CAU	0.21	0.65	0.52
NEP	0.80	0.47	0.64
SOE	- 0.53	- 1.80	0.07
LOA	0.12	1.11	0.27
IDS	0.08	1.12	0.26
ROE	- 0.06	- 2.07	0.04
POL	0.06	0.21	0.84
GROWTH	- 0.00	- 0.16	0.88
LEV	0.00	0.75	0.46

2. 上市公司扶贫经济动机的实证研究

为了解上市公司扶贫存在怎样的行为倾向——为了获得品牌影响、政府支持，还是扩展公司整个业务？课题组调研员（贺立龙、崔纵宇、刘姝颖）根据 Choice 数据库中获得的 2018 年 A 股上市公司的各项截面数据分析：商品直接与消费者接触的公司是否更容易有获得品牌声誉的动机？民营企业是否因为本身缺乏和政府联系而更想通过履行扶贫责任来建立与政府的联系？上市公司是否想通过产业扶贫途径延伸自己的产业链？

首先，从品牌声誉来看，企业进行扶贫会在一定程度上提高公司的声誉，获得一定的广告效用，这对于品牌声誉动机大的公司无疑可以创造更大的优势。其次，从企业性质来看，民营企业为了自身利益更需要与建立政府联系，扶贫无疑是一条较好的路径。最后，从扩大公司规模、延伸公司产业链来看，通过扶贫更容易开拓市场、打开销路。当然，公司业绩、营业收入、总资产、抗风险能力、公司成长性、资产周转率等因素对于企业扶贫也是不得不考虑的因素。

课题组从不同方面研究上市公司扶贫的经济行为动机，提出以下研究假说。

假说一：所生产产品及业务直接与消费者接触的公司有动机扶贫。

假说二：没有国资背景的企业出于政商关系考虑更愿意扶贫。

假说三：进行产业扶贫可以增进公司的业务经营水平。

为了验证上市公司扶贫是否存在上述动机，课题组选择以下三种模型分别验证三大假说是否成立，并进行实证分析。

模型一：

$$\ln TPA = \alpha + \beta_1 DIRECT + \beta_2 QUALITY + \beta_3 LEV + \beta_4 SCALE + \beta_5 \ln FIRST + \beta_6 TAT + \beta_7 ROE + \varepsilon$$

其中，所生产产品及业务是否直接与消费者接触，采用虚拟变量刻画（是取值为 1，否取值为 0）。引入了公司规模（$SCALE$）、经营质量（$QUALITY$）、资产负债率（LEV）、控股集中度（$\ln FIRST$）、资产周转率（TAT）、经营质量（ROE）作为控制变量。

模型二：

$$\ln TPA = \alpha + \beta_1 STATE + \beta_2 LOCATION + \beta_3 QUALITY + \beta_4 SCALE + \beta_5 GROWTH + \beta_6 AALCER + \varepsilon$$

其中，TPA 代表总的扶贫投入。引入了公司资产负债率（LEV）、公司成长性（$GROWTH$）、实际控制人属性（$AALCER$）（分别用 0、1、2、3、4 代表境外、个人、地方国资、国资、中央国企）作为控制变量。

模型三：

$$QUALITY = \alpha + \beta_1 \ln INDUSTRYDON + \beta_2 GROWTH + \beta_3 LEV + \beta_4 TAT + \beta_5 ROE + \beta_6 \ln INCOME + \varepsilon$$

其中，$QUALITY$ 代表公司的业绩，此处用公司营收的自然对数表示；$\ln INDUSTRYDON$ 代表产业扶贫的自然对数。引入公司资产负债率（LEV）、公司成长性（$GROWTH$）、资产周转率（TAT）、经营质量（ROE）、公司营收的自然对数（$\ln INCOME$）作为控制变量。

课题组选择 2017 年上市公司的各项财务数据，去掉部分 ST 公司共得到 619

个观测值。从表4-81可以看出，各个上市公司扶贫总投入差距较大，其中最大值为14900000万元，而最小值为10万元，平均值为66613.46万元，样本中所生产产品及业务与消费者有直接接触的公司占比为24.23%，一些有亏损的公司也有扶贫行为。国有企业占比约为52%，非贫困地区企业占比约达到95%。企业的资产负债率差距较大，同时在产业扶贫金额上也有较大差额。

表4-81 变量设定与统计描述

变量标识	变量定义	均值	标准差	最小值	最大值
TPA	扶贫总投入（万元）	66613.46	848232.9	10	14900000
lnTPA	扶贫总投入的自然对数	5.18482	2.136925	2.302585	16.51898
DIRECT	企业是否和消费者直接接触	0.2423263	0.4288372	0	1
SCALE	企业总资产的自然对数	23.2587	1.766743	19.5463	30.89246
QUALITY	ROA（%）	5.562049	4.907135	0.0497	42.9631
LEV	资产负债率（%）	47.8561	20.88844	3.2878	95.8826
lnFIRST	控股集中度	19.85159	1.441809	16.5186	25.6846
TAT	资产周转率（%）	64.20937	48.47236	1.86	340.42
ROE	净资产收益率（%）	1090.445	915.0835	28.78	9295.6
STATE	企业是否为国有企业	0.5201939	0.4999961	0	1
LOCATION	企业是否在贫困区域（是=0；否=1）	0.9483037	0.2215922	0	1
GROWTH	营收同比增长率（%）	1987.268	3235.043	-8718.29	26393.89
AALCER	实际控制人属性	1.782383	0.9042196	0	4
lnINCOME	公司营收的自然对数	13.12749	1.799819	4.796	19.2794
lnINDUSTRYDON	产业扶贫额的自然对数	4.635748	2.69328	-2.65926	15.42495

计量分析结果如表4-82所示。

表4-82 计量分析结果

变量	模型一	模型二	模型三
常量	-8.050 *** (0.000)	-8.860 *** (0.000)	9.046 *** (0.000)
DIRECT	0.061 *** (0.009)		
SCALE	0.724 *** (0.000)	0.607 *** (0.000)	
QUALITY	0.024 (0.484)	0.008 * (0.096)	

续表

变量	模型一	模型二	模型三
LEV	0.002 (0.731)		-0.107 *** (0.000)
GROWTH		0.001 (0.519)	0.007 * (0.082)
STATE		-0.920 *** (0.000)	
LOCATION		-0.223 (0.514)	
lnINDUSTRYDON			0.008 * (0.076)
lnFIRST	-0.197 ** (0.060)		
AALCER		0.064 (0.145)	
TAT	-0.033 ** (0.047)		0.908 *** (0.001)
ROE	0.006 * (0.099)		0.312 *** (0.000)
lnINCOME			0.104 (0.186)
R^2	0.3020	0.2102	0.2236
F	30.44	54.21	29.89
Prob > F	0.0000	0.0000	0.0000

注：*** 、** 和 * 分别代表在 1%、5% 和 10% 的显著性水平上显著。

如表 4-82 所示，从模型一的结果来看，解释变量 DIRECT 的系数为正，可以看出所生产产品及业务直接与消费者接触企业的扶贫总投入要比所生产产品及业务不直接与消费者接触企业的扶贫总投入高 10%。公司的经营质量和企业规模都对公司的扶贫总投入有正向影响。公司经营质量越好，扶贫投入越大；公司规模越大，扶贫投入也越大。公司扶贫投入与公司整体经营情况及其自身的经济实力是有一定关系的。

从模型二的结果来看，解释变量 STATE 的系数为负，并且在 1% 的水平上显著，说明非国有企业在扶贫投入上要高于国有企业。民营企业在扶贫活动中更具有积极性与主动性。

从模型三的结果来看，解释变量 ln*INDUSTRYDON* 的系数为正，说明企业在产业扶贫中的投入对于公司经营业绩是利好的。除了资产负债率系数为负外，其他控制变量均为正，说明其他因素对企业经营业绩有正向推动作用，体现出一定的产业链扩张动机。

综上所述，所生产产品及业务直接与消费者接触的公司的确会在扶贫工作中投入更多；同时，企业的经营质量和企业规模都对公司的扶贫总投入有正向影响，民营企业出于政商关系考虑将有更高的扶贫积极性。

3. 上市公司延伸产业链参与扶贫的影响分析

上市公司参与扶贫的一种方式是将贫困户以经营主体、投资者或雇用劳动者的形式，纳入公司产业链之中。哪些上市公司会通过延伸产业链参与精准扶贫？影响因素有哪些？课题组调研员（贺立龙、赵柳青）基于从东方财富网手工收集的上市公司样本进行实证分析。

从动机上看，上市公司延伸产业链参与扶贫一方面可以提升公司品牌形象，另一方面可以满足公司自身产业发展需求。但不是所有的上市公司都有意愿和能力通过延伸产业链参与扶贫。从对上市公司基本情况的了解与统计分析来看，公司规模越大、财务绩效越好、成长性越好的公司经营效率越高，更愿意且有能力通过延伸产业链参与扶贫；相比国有企业，民营上市公司更愿意通过延伸产业链参与扶贫；公司资产负债率越高，对资金使用效率要求也越高，可能更愿意在能力范围内通过延伸产业链参与扶贫；公司成立年限较长，在竞争中存活的能力也越强，更愿意在能力范围内通过延伸产业链参与扶贫。

据此，就上市公司延伸产业链参与扶贫的影响因素提出以下研究假说。

假说一：公司规模越大，越容易通过延伸产业链参与扶贫。

假说二：公司绩效越好，越容易通过延伸产业链参与扶贫。

假说三：公司成长性越好，越容易通过延伸产业链参与扶贫。

假说四：公司资产负债率越高，越容易通过延伸产业链参与扶贫。

假说五：成立年限长的公司更容易通过延伸产业链参与扶贫。

假说六：没有国资背景的公司更容易通过延伸产业链参与扶贫。

为验证上市公司延伸产业链参与扶贫的影响因素，建立以下模型进行实证分析：

$$IPA = \alpha + \beta_1 ROE_{t-1} + \beta_2 SIZE_{t-1} + \beta_3 LEV_{t-1} + \beta_4 EAGE + \beta_5 NATURE +$$
$$\beta_6 GROWTH_{t-1} + \varepsilon$$

其中，是否发生延伸产业链参与扶贫的行为，采用虚拟变量 IPA 刻画（是取值为 1，否取值为 0）；有无国资背景采用虚拟变量 NATURE 刻画（有取值为 1，无取值为 0）；SIZE 代表总资产的自然对数；GROWTH 代表主营业务收入增长率。

课题组选择 2016 ~ 2018 年上市公司相关数据，去掉部分 ST 公司共得到 549 个观测值。对数据的描述性统计结果如表 4 - 83 所示。

表 4 - 83　　　　　　　　　　　　描述性统计结果

变量	变量定义	均值	标准差	最小值	最大值
IPA	公司是否延伸产业链参与扶贫	0.240437	0.427739	0	1
ROE	公司净资产收益率	8.982732	13.04238	- 101.6	76.11
SIZE	公司总资产的自然对数	3.582	1.101144	0.86878	7.204893
LEV	公司资产负债率	35.181	17.38925	2.81	89.78
GROWTH	主营业务收入增长率	30.12479	354.7879	- 91.06	8269.92
NATURE	公司有无国资背景	0.355191	0.479008	0	1
EAGE	公司成立年限	19.47723	4.64447	6	39

从表 4 - 83 中的数据来看，IPA 的整体均值为 0.24，标准差为 0.43，说明样本上市公司中延伸产业链参与扶贫的比例不高；ROE 的整体均值为 8.98，标准差为 13.04，最大值为 76.11，最小值为 - 101.6，说明样本上市公司整体盈利水平存在一定的差距；SIZE 整体均值为 3.58，标准差为 1.10，最大值为 7.20，最小值为 0.87，说明上市公司整体规模处于样本内中等水平，且存在一定的差距；LEV 整体均值为 35.18，标准差为 17.39，最大值为 89.78，最小值为 2.81，说明样本上市公司的融资结构存在一定的差距；GROWTH 均值为 30.12，标准差为 354.79，最大值为 8269.92，最小值为 - 91.06，说明样本上市公司整体成长性水平差距很大；NATURE 整体均值为 0.36，标准差为 0.48，说明样本上市公司中没有国资背景的占大多数；EAGE 整体均值为 19.48，标准差为 4.6，最小值为 6，最大值为 39，说明样本上市公司成立年限整体较长，且存在一定的差距。

从表 4 - 84 的数据来看，ROE、SIZE、LEV、EAGE 与 IPA 之间存在正相关关系，GROWTH、NATURE 与 IPA 之间存在负相关关系。

表 4 – 84   相关性分析结果

变量	IPA	ROE	GROWTH	LEV	SIZE	NATURE	EAGE
IPA	1.000						
ROE	0.139	1.000					
GROW	−0.024	−0.017	1.000				
LEV	0.104	−0.207	0.081	1.000			
SIZE	0.228	0.232	−0.039	0.189	1.000		
NATURE	−0.008	−0.110	−0.048	0.084	0.162	1.000	
EAGE	0.169	0.028	−0.040	0.096	0.183	0.167	1.000

从表 4 – 85 的结果来看，LR 统计量为 49.32，对应的 p 值为 0.000，说明整个方程的系数联合显著性很高。ROE 对 IPA 具有正向影响且在 5% 水平上显著，SIZE 对 IPA 具有正向影响且在 1% 水平上显著，说明公司规模和公司业绩对公司延伸产业链参与扶贫有正的显著影响；LEV 对 IPA 具有正向影响且在 10% 水平上显著，说明公司注重扶贫资金使用效率的提升，更容易发生延伸产业链参与扶贫的行为；EAGE 对 IPA 具有正向影响且在 1% 水平上显著，说明在竞争中存活时间较长的公司注重企业文化和资金使用效率，更容易发生延伸产业链参与扶贫的行为；GROWTH 对 IPA 具有负向影响但不显著，与假设不符，可能是因为公司成长性水平偏低且差距太大；NATURE 对 IPA 具有负向影响但不显著，可能是因为有国资背景的样本占少数。

表 4 – 85   计量结果

变量	IPA
ROE	0.0247 **
	(0.022)
GROWTH	−0.0021
	(0.497)
LEV	0.0119 *
	(0.064)
SIZE	0.377 ***
	(0.0002)
NATURE	−0.2994
	(0.192)
EAGE	0.0724 **
	(0.0018)
LR 统计量：49.32 *** (0.000)	

注：***、** 和 * 分别代表在 1%、5% 和 10% 的显著性水平上显著。

基于上述分析，得到如下结论与启示。

第一，公司规模和业绩对公司延伸产业链参与扶贫有正的显著影响，延伸产业链参与扶贫的行为与上市公司本身的经济状况有关。可进一步引导有规模和有业绩的上市公司积极通过延伸产业链参与扶贫。

第二，资产负债率对公司延伸产业链参与扶贫有正的显著影响，说明这类上市公司会自发寻求扶贫资金使用效率较高的扶贫方式。公司成立年限对公司延伸产业链参与扶贫有正的显著影响，说明这类上市公司通过延伸产业链参与扶贫的意识较强。由此，可以有针对性地对上述类型的公司延伸产业链参与扶贫方面给予相应支持。

第三，上市公司延伸产业链参与扶贫，将自身产业发展需求与扶贫责任有机融合，体现出较好的扶贫内生动能和扶贫效果。下一步应积极引导和鼓励经营能力较强、有产业合作基础的公司实施产业链扶贫。政府应在上市公司延伸产业链参与扶贫中做好引导和支持工作。

4.6　社保支撑脱贫的精准性及影响因素：基于村户调查的分类检验

基于对农户获得社保情况及保障成效的调研数据，课题组调研员（贺立龙、黄科）对新农合、新农保、低保支撑农户脱贫的精准性进行分组统计，利用最小二乘回归模型对新农合、新农保支撑脱贫的精准性及影响因素进行实证分析。分组统计描述发现：新农合能够支撑精准脱贫；而新农保没有支撑精准脱贫；虽然低保对不同相对贫困程度农户的"瞄准"实现了精准，但在得到低保的农户中，仅有少数劳动力占比较高的农户能借助其提高谋生能力。进一步的实证分析证实了新农合相比新农保更能支撑精准脱贫的结论。另外还发现，户主文化素质越高的家庭越能借助新农合脱贫，而户主配偶文化素质越高的家庭越能借助新农保脱贫；户主拥有的女儿数量能显著增加农户中加入新农保的人数，"养儿防老"的思想观念成为新农保支撑精准脱贫的一定阻碍。

1. 问题的提出

新农合、新农保以及农村低保成为贫困地区实施"社会保障兜底脱贫一批"

的主要政策工具。这三项社保制度在支撑缺乏劳动力的贫困人口精准脱贫上取得了一定的成效,但仍存在"瞄准上移"等问题。

现有文献缺乏针对社保兜底脱贫的实证研究。本部分基于对农户调研的微观数据,分别检验新农合、新农保、低保支撑脱贫的精准性,并对新农合、新农保、低保支撑脱贫的精准性及影响因素进行实证分析。

2. 数据来源与统计描述

研究数据来自课题组调研员(黄科等)2018 年 2~4 月在四川省内江市市中区龙门镇进行的农户调查。调查方法为随机抽样。通过与随机抽取的农户进行当面访谈并填写问卷的调查方式,最终得到有效问卷 148 份。样本数据分组统计描述结果如下。

(1)样本农户相对贫困程度分布。

相对透露具体收入,被调查农户更倾向于对自身在全村的相对贫困程度作出评价。另外,居住在被调查农户周围的家庭往往也无法得知被调查农户的实际收入,但是能对被调查农户在全村的相对贫困程度作出较为真实的评价。因此,以主观评价"相对贫困程度"取代客观数据"具体收入"往往更具真实性。基于此,本部分将农户相对贫困程度划分为五个阶层,由低到高分别为"贫困""较为贫困""一般""较为富裕""富裕"。该项结果来源于被调查农户及周围农户对自身在全村的相对贫困程度所作出的评价。为避免出现故意夸大或隐瞒等情况,在询问农户时,调查人员也详细询问了其周围家庭对其贫困程度的评价,以对结果作出相应修正。具体情况如表 4-86 所示。

表 4-86　　　　　　　　　　　样本农户相对贫困程度分布

经济水平	农户数(户)	占样本总农户数的比重(%)	经济水平	农户数(户)	占样本总农户数的比重(%)
贫困	22	14.86	较为富裕	28	18.92
较为贫困	34	22.97	富裕	6	4.05
一般	58	39.19	总计	148	100

(2)新农合的精准扶贫效果。

越是贫困的农户越能从新农合中获益,新农合能够支撑精准脱贫。若患病农户预期能够从新农合中获益,那么他们在很大程度上愿意前往医院接受医疗服务。因此，与农户在参保后的住院次数相比，参保前住院次数的变化值可以作为衡量农户获益程度的指标。课题组在研究中剔除了无法真实反映患病严重程度的门诊服务，只保留住院服务来代表医疗服务。分别将五档贫困程度农户群体中每一档农户的住院次数变化值进行加总，得到相应贫困程度农户群体的住院次数变化值。将变化值除以相应贫困程度的农户数，得到该贫困程度农户住院次数的平均变化值。如表 4 - 87 所示，越是贫困的农户组参保后住院次数增加值越多。这就说明，越贫困的农户越能从新农合中获益，即越贫困的农户越能借助新农合脱贫，新农合能够支撑精准脱贫。

表 4 - 87　　　　　　不同相对贫困程度农户住院次数的平均变化值

相对贫困程度	贫困	较为贫困	一般	较为富裕	富裕
住院次数总变化值（次）	38	54	52	20	2
农户数（户）	22	34	58	28	6
住院次数平均变化值（次/户）	1.73	1.59	0.9	0.71	0.33

（3）新农保扶贫的精准性。

越是相对贫困的农户群体，加入新农保的人数越低，新农保没有支撑精准脱贫。若农户能从新农保中获益，那么他们在很大程度上就越愿意加入新农保。因此，一户家庭中加入新农保的人数可以作为衡量农户从新农保中获益程度的指标。我们分别将不同贫困程度下所有农户中加入新农保的人数加总，得到相应贫困程度农户加入新农保人数的总和。将总人数除以相应贫困程度的农户数，得到该贫困程度农户加入新农保人数的平均值。如表 4 - 88 所示，越贫困的农户加入新农保的人数越少。这说明，越贫困的农户越难从新农保中获益，即越贫困的农户越难以借助新农保脱贫，新农保没有支撑精准脱贫。

表 4 - 88　　　　　　不同相对贫困程度农户加入新农保人数的平均数

相对贫困程度	贫困	较为贫困	一般	较为富裕	富裕
加入新农保人数总和（人）	18	50	96	64	18
农户数（户）	22	34	58	28	6
加入新农保人数平均值（人/户）	0.82	1.47	1.66	—	3

（4）低保扶贫的精准性与脱贫赋能效果。

越贫困的农户越能得到低保，但低保难以促进农户生计能力提升。从表 4 - 89

可以看出，随着贫困程度的降低，该群体农户获得低保的比例也随之降低，说明农村低保基本实现了对贫困农户的精准识别。但是，精准识别并不等于精准脱贫。在得到低保的农户群体中，因低保而提升生计能力的户数占比均不超过20%，低保难为农户生计赋能。与因孤寡得到低保的农户相比，因病残得到低保并且家庭劳动力较多的农户更能借助低保提升生计能力。

表4-89　　　　　　　　不同相对贫困程度农户的低保相关数据

相对贫困程度	户数	低保户数（低保户数/样本户数）	因孤寡得到低保户数	因病残得到低保户数	谋生能力得到改变户数	谋生能力得到改变户数占低保户数的比重（%）
贫困	22	11（0.5）	2	9	2（因病残）	18.18
较为贫困	34	6（0.18）	0	6	1（因病残）	16.67
一般	58	4（0.07）	9	4	0	0

注：谋生能力得到改变的农户的劳动力占家庭总人口数比值均在40%及以上。

我们在调研中发现，农户得到低保的原因有病残和年迈孤寡两种。生计能力改变的低保农户有两个共同特点：一是得到低保的原因不是年迈孤寡；二是家庭劳动力占家庭总人口的比值均在40%以上。这两个特点有一定交叉，因年迈孤寡得到低保的农户家庭劳动力少。较高的劳动力占比能帮助农户更好地借助低保实现生计能力提升与脱贫增收。

3. 研究方法与模型、变量

选用最小二乘回归模型，分别对新农合和新农保支撑脱贫的精准性及其影响因素进行估计。需要说明的是，由于得到低保的农户样本数太少，无法很好地进行实证分析，因此仅对新农合和新农保进行实证分析。模型的基本表达式如下：

$$Y_j = C_j + \beta_{ji} X_{ji} + \mu_j \tag{4.27}$$

其中，$j = 1$，2；$i = 1$，2，$\cdots$，n_1（新农合方程）；$i = 1$，2，$\cdots$，n_2（新农保方程）。Y 为因变量，C_j 为常数项，β_{ji} 为自变量的系数向量，X_{ji} 为自变量，μ_j 为随机误差项。Y_1 代表新农合方程，Y_2 代表新农保方程；n_1 对应新农合方程的自变量个数，n_2 对应新农保方程的自变量个数，这里 $n_1 = 13$、$n_2 = 15$。因变量和自变量的具体选取如下所示。

由于要考察社保支撑脱贫的精准性及成效，因变量设定要反映社保支撑精准脱贫的程度。对新农合而言，农户在参加新农合后住院次数的增加值可以作为衡量农户是否借助新农合缓解贫困的指标，故将其设为新农合方程的因变量；对新农保而言，贫困农户中加入新农保的人数可以作为衡量新农保助贫精准性的指标，将其设为新农保方程的因变量。

对于新农合和新农保方程共有的自变量，主要从贫困程度、家庭主要人员特征两方面考虑。

刻画农户的贫困程度、表现不同农户的贫困差异性对本部分研究社保支撑脱贫的精准性尤为重要。农户的贫困程度可以由主观评价和客观事实两方面共同反映。主观评价即为农户自身及其周边农户对其在全村的相对经济水平作出的主观评价，为相对贫困程度。以此变量来检验不同贫困程度农户借助社保脱贫的差异，体现社保支撑脱贫的精准性。客观事实从收入、负担及固定资产三方面考虑。以家庭总收入作为衡量农户经济水平的一项指标。为考察不同收入来源对社保支撑精准脱贫的精准性是否有影响，引入农业收入、打工收入和商业收入这三项农户主要经济活动得到的收入作为变量。而一个家庭中拥有的劳动力人口反映了家庭的潜在收入。除本部分研究的医疗、养老外，教育是一项会影响农户社保决策的重要负担，因此引入家庭中上学人口的数量来简单衡量农户的教育负担。在农村，房产可以作为一项简单明了的衡量农户财富的标志，因此引入资产价值这一变量。

家庭主要人员特征影响社保精准脱贫。户主及其配偶作为家庭的主要决策者，其年龄、文化程度都会影响该农户参与和利用社保的行为。在信息相对闭塞、文化程度相对不高的农村，社保并不被农户所熟知。

另外，考虑到新农合与新农保之间的差异，还需设定不同的变量。

首先，对于新农合来说，从农户到乡镇医院的交通便利程度是一个重要的影响因素。交通的不便一方面会削减农户在患病时前往乡镇医院接受医疗服务的需求，另一方面会阻碍乡镇医院对新农合相关政策的信息传递。家庭总人口数对农户的住院次数也有影响。

其次，对于新农保来说，子女的工作情况和子女的数量会影响父母参与新农保的行为。经商的子女往往经济更加宽裕、思想更加宽广，更有可能劝说父母购买养老保险或者帮父母负担保费；另外，受"养儿防老"思想观念的影响，儿子和女儿的数量会对父母的养老决策产生影响。

变量名称及描述如表 4 - 90 所示。

表 4 - 90   变量名称及描述

变量名称	描述
相对贫困程度	相对贫困程度（贫穷 = 1，较贫穷 = 2，一般 = 3，较富裕 = 4，富裕 = 5）
户主年龄	户主年龄
户主文化程度	户主文化程度（文盲 = 1，小学 = 2，初中 = 3，高中 = 4，大学及以上 = 5）
户主配偶文化程度	户主配偶文化程度（文盲 = 1，小学 = 2，初中 = 3，高中 = 4，大学及以上 = 5）
劳动力人口	家庭中劳动力人口数量（人）
上学人口	家庭中上学人口数量（人）
收入	总收入（万元）
农业收入	农业收入（万元）
打工收入	打工收入（万元）
商业收入	商业收入（万元）
资产价值	资产价值（万元）
交通便利程度	从家到乡镇医院的交通便利程度（非常方便 = 1，一般 = 2，非常不方便 = 3）
家庭总人口	家庭总人口数（人）
打工子女数	户主子女中外出打工的人数（人）
经商子女数	户主子女中从事经商的人数（人）
儿子数	户主拥有的儿子数（人）
女儿数	户主拥有的女儿数（人）

4. 实证结果分析

我们运用 Stata 13.0，分别对新农合、新农保的 OLS 模型进行估计，结果如表 4 - 91 所示。

表 4 - 91   计量结果

变量	新农合增加次数	新农保加入人数
贫困程度 (M)	- 0.360 * (0.195)	0.693 ** * (0.219)
户主年龄 (B)	- 0.00651 (0.0117)	- 0.0410 (0.0159)
户主文化程度 (C)	0.268 * (0.168)	- 0.127 (0.192)

续表

变量	新农合增加次数	新农保加入人数
配偶文化程度（D）	-0.0966 (0.174)	0.353* (0.198)
劳动力人口（F）	0.0783 (0.174)	-0.291 (0.221)
上学人口（H）	0.195 (0.145)	0.0406 (0.230)
收入（I）	-0.0747 (0.166)	-0.176 (0.180)
农业收入（J）	0.258 (0.234)	0.314 (0.264)
打工收入（K）	0.104 (0.175)	0.169 (0.183)
商业收入（L）	0.157 (0.173)	0.193 (0.188)
资产价值（N）	-0.00261 (0.0174)	-0.0206 (0.0202)
交通便利程度（O）	0.321 (0.195)	
家庭总人口（E）	-0.0000996 (0.118)	
打工子女数（Q）		0.181 (0.330)
经商子女数（R）		-0.945 (0.605)
儿子数（N）		0.260 (0.290)
女儿数（O）		0.481* (0.269)
常数项	2.227* (0.913)	1.377 (1.025)
N	148	148
R^2	0.370	0.490
adj. R^2	0.234	0.358

注：***、**和*分别代表在1%、5%和10%的显著性水平上显著。

（1）社保支撑农户脱贫的精准性和有效性：新农合、新农保能否支撑农户精准脱贫。

新农合：农户越穷越能从新农合中受益，新农合支撑精准脱贫。

如表4-91所示，相对贫困程度显著地负向影响农户在参保后的住院次数增加值。前面提及，住院次数增加值能够作为衡量农户从新农合中获益程度的指标。该项结果表明，越贫困的农户越能从新农合中受益，新农合能够支撑精准脱贫。在新农合政策实施之前，贫困农户受到经济水平的限制，即使患病也会压抑住院的医疗需求，以门诊看病控制病情，甚至放弃就医；而新农合政策的实施缓解了贫困农户在医疗上的经济压力，使其接受医疗服务的意愿增强，从而接受医疗服务的次数增加。在新农合的保障下，患病的贫困农户家庭成员能够在花费较低的情况下病情得到好转或治愈，使农户更有可能跳出因病致贫的怪圈。

新农保：农户越穷越难从新农保中受益，后者没有支撑精准脱贫。

如表4-91所示，相对贫困程度显著地正向影响农户中加入新农保的人数。前面提及，农户中加入新农保的人数能作为衡量农户从新农保中获益程度的指标。该项结果表明，越贫困的农户越难从新农保中受益，新农保没有支撑精准脱贫。这可能与农户的思想观念和经济水平两方面有关。在农户的思想观念里，医疗是最基本的现实问题；而养老对于他们来说，是存在于未来并不亟待解决的，并且不是必须借助保险来满足需求的不太重要的问题。因此，贫穷的农户受到家庭经济水平的桎梏，面对稍微高昂的保费就会望而却步，或者即使加入了新农保，可能一旦自身付出的保费与从新农保中得到的回报有所偏差，便倾向于放弃参与新农保。因此，越贫困的农户越无法借助新农保进行脱贫。

（2）影响新农合和新农保的共同因素：文化素质越高的家庭越能借助社保脱贫。

如表4-91所示，户主文化程度显著地正向影响农户在参加新农合前后的住院次数增加值，即户主文化程度越高的农户越能借助新农合精准脱贫。户主配偶的文化程度与农户中加入新农保的人数有显著的正相关性，即户主配偶文化程度越高的农户越能加入新农保实现脱贫。二者共同说明，文化素质能显著促进社保支撑精准脱贫。文化素质高的农户能够更好地理解新农合和新农保的相关政策，以更好地发掘和利用其中对自身有利的信息来实现脱贫。

但是，从表 4-91 也可以看到，户主配偶文化程度与农户在参加新农合后的住院次数增加值并没有统计学意义上的显著相关性。户主文化程度与加入新农合的人数也不显著相关。这可能与男主人和女主人的决策领域有关。对于农户来说，医疗是比养老更基本的需求。因此，面对基本的医疗，男主人可以在与女主人简单商议甚至不用商议的情况下作出决策。而对于相对不太基本的养老问题，往往需要文化素质高的女主人进行长远的精打细算才能作出决策。

（3）影响新农保精准脱贫的因素："养儿防老"在一定程度上成为新农保支撑精准脱贫的阻碍。

如表 4-91 所示，户主女儿数量显著地正向影响农户中加入新农保的人数，即户主女儿数量越多，该农户加入新农保的人数越多。虽然户主儿子数量与农户中加入新农保的人数在统计学意义上并没有显著相关性，但该项结果在一定程度上反映出农村根深蒂固的"养儿防老"的思想观念。在户主的思想观念里，在女儿成年外嫁另组家庭的情况下，户主很少能从女儿处得到养老的经济来源。在女儿年幼上学共同生活的情况下，户主也会对未来养老的经济来源有不乐观的预期。因此，户主必须更紧迫地着手考虑自身养老时的经济来源，新农保便成为他们的一个选择。相反，拥有更多儿子的户主受"养儿防老"观念的影响，会更多地放弃加入新农保。"养儿防老"的思想观念在一定程度上成为新农保支撑精准脱贫的阻碍。

5. 结论和启示

分组统计描述发现：新农合能够支撑精准脱贫；而新农保达不到这一效果；虽然低保在对不同相对贫困程度农户的瞄准上实现了精准，但仅有少数劳动力数量占比较高的农户能借助其得到谋生能力的提升。

进一步的实证分析表明：与分组统计结果一致，新农合能够支撑精准脱贫，而新农保没有支撑精准脱贫；文化素质越高的家庭越能借助社保脱贫，户主文化素质显著地促进新农合的精准脱贫，而能显著促进新农保精准脱贫的是户主配偶的文化素质；户主拥有的女儿数量对农户中加入新农保的人数有显著的正向影响，这在一定程度上体现了"养儿防老"的思想观念成为新农保支撑精准脱贫的阻碍。

基于上述结论，对提升社保支撑脱贫的精准性提出以下建议。

第一，实现新农合全覆盖，加大对贫困农户的新农合补贴投入。应摸清少数人员未参加新农合的原因，对因严重贫困而无法上缴保费的贫困农户，可由政府长期为其购买新农合，实现新农合的全覆盖。

第二，在低保户中精准识别有发展能力者，支撑其发展生产脱贫奔小康，如为有发展能力的低保家庭提供技术、资金等方面的生产支持。

第三，加大新农合、新农保政策宣传，发挥正面典型作用，引导低保农户积极突破"救济依赖"，寻求力所能及的生计机会。

4.7 信息贫困、信息帮扶与脱贫成效：来自重庆市云阳县的调研分析

农村信息化水平对农户脱贫成效有无影响？信息化帮扶的精准扶贫成效如何？课题组调研员（贺立龙、舒苏）考虑了村户个体差异，构建了三类共 11 项农村信息化指标，对信息扶贫绩效进行研究，使用多元线性回归模型检验信息化程度对精准扶贫绩效的影响。结果表明：村户信息化程度越高，精准扶贫绩效越明显；农村信息基础设施对精准扶贫绩效的影响并不明显；互联网用户数、外出务工人数以及出镇次数正反馈于扶贫绩效；看报纸频率对信息扶贫绩效的影响并不显著；信息化相关的消费支出越多、家中大中专学生越多，意味着家户所处信息环境越有利，扶贫成效与脱贫效果更好。综合来看，越贫困的人越需要信息，"信息贫困"影响了精准扶贫的效果。政府应加大对农村住户入网补贴的力度，培养农村信息化人才，加强农村交通网络体系建设，精准传递政策信息。

1. 问题提出与解决思路

针对农村信息化对精准扶贫绩效的影响，可提出以下相关问题：①农村信息基础设施对精准扶贫绩效的影响明显吗？②互联网用户数、外出务工人数以及出镇次数是不是正反馈于扶贫绩效？③信息化是否对经常看报纸的人作用越大？④怎样做会使得信息环境更有效？⑤是不是越贫困的人，信息化对

其越重要？

我们针对村户差异，构建信息化指标和精准扶贫绩效指标，利用层次分析法对扶贫绩效指标进行加权，得到综合指数，分为富有、一般、贫困三等经济水平，并对信息化指标构建多元回归模型，提出结论和启示。

2. 指标体系的构建

（1）农村信息化测评指标体系的构建。

参考已有文献，结合农村信息化发展水平，我们从农村信息基础设施、信息接收和信息环境三个方面选取 11 项指标（见表 4 - 92）。

表 4 - 92　　　　　　　　　　农村信息化指标构建体系

一级指标	二级指标	指标注释
农村信息基础设施	每户座机拥有量 + 手机拥有量（X_1）	反映通信规模情况
	农村每户电视拥有量（X_2）	描述农民电视普及程度
	农村每户电脑拥有量（X_3）	描述农民计算机普及程度
农村信息接收	农村互联网用户数（X_4）	描述互联网在农村的应用情况
	每年出镇次数（X_5）	考察外出获得信息的能力
	每户外出务工人数（X_6）	考察在外务工获得信息能力
	看报纸的程度（主观评价指标）（X_7）	考察接收外界信息的程度
农村信息环境	每户中大学生拥有量（X_8）	反映大学生带来的信息环境
	每户信息消费，即家庭人均信息消费（通信、交通、电脑联网费用）（X_9）	反映每户信息消费情况，进而考察信息接收能
	每户中学生拥有量（X_{10}）	反映中学生带来的信息环境
	是否算村里的信息灵通人士（主观评价指标）（X_{11}）	反映在整体上对获得信息的一个评价指标

（2）精准扶贫绩效指标构建。

扶贫绩效评估考察往往分为长期和短期两个角度，并根据考察地区的大小分为宏观和微观两个方面。我们采用短期的资产价值指标 $E1$、收入水平指标 $E2$，以及主观贫富程度 $E3$，从微观的角度对扶贫绩效指标进行分析。其中，资产价值包括房屋、汽车价值和"三电"价值。

下面利用层次分析法对资产价值指标、收入水平指标、主观贫富程度进行加权（见表 4 - 93）。

表 4 – 93 农村精准扶贫绩效指标

精准扶贫绩效衡量指标	权重
资产价值 E_1（包括房屋、汽车价值和"三电"价值）（户）	0.1692
收入水平 E_2（户）	0.4434
主观贫富程度 E_3（户）	0.3874

第一步：构造判断矩阵。邀请专家对层次指标进行两两比较，构造判断矩阵：

$$A_0 = \begin{bmatrix} 1 & \dfrac{1}{3} & \dfrac{1}{2} \\ 3 & 1 & 1 \\ 2 & 1 & 1 \end{bmatrix} \tag{4.28}$$

第二步：计算权向量和进行一致性检验。一致性程度是用一致性指标度量，即 $CI = \dfrac{\lambda - n}{n - 1}$，其中，$\lambda$ 是建立的成对比较阵的特征，n 是成对比较阵的阶数。若 $CI = 0$，则第二步建立的成对比较阵 A 是一致阵；CI 值越大，表示成对比较阵 A 的不一致程度越严重。为了定量分析成对比较阵的不一致程度的容许范围，引入了随机一致性指标 RI，计算出样本下成对比较阵的随机一致性标 RI 的数值，如表 4 – 94 所示。

表 4 – 94 随机一致性指标 RI 的数值

指标	1	2	3	4	5	6	7	8	9	10	11
RI	0	0	0.58	0.9	1.12	1.24	1.32	1.41	1.45	1.49	1.51

第三步：用一致性比率 $CR = \dfrac{CI}{RI}$ 分析特定成对比较阵的一致性，$CR < 0.1$ 时通过一致性检验。计算权向量 $W_0 = \begin{bmatrix} 0.1692 & 0.4434 & 0.3874 \end{bmatrix}^T$，得出 $CR = 0.01575$，小于 0.1，所以成对矩阵 A_0 通过一致性检验。

3. 数据来源与统计描述

所用数据来自课题组调研员（贺立龙、舒苏）2018 年在重庆市云阳县江口镇进行的农户调查。采用实地调查法和访谈法获得有效调查问卷 192 份，采取的是 2012 年和 2017 年的信息化指标和扶贫绩效指标数据。课题组在综合了解江口镇扶贫开发基本情况的基础上，整理数据，剔除了数据异常和不全值，并依据综合评价法计算出各指标得分和实现程度。信息化指标体系中 X_7、X_{11} 的主观评价指标根据常用的五分评级法赋值（见表4-95）。

表4-95　　　　　　　　　　　主观评价指标赋值

自变量	主观评价程度				
X_7	几乎不=1	较少=2	一般=3	中上=4	经常=5
X_{11}	最闭塞=1	闭塞但不最闭塞=2	一般=3	中上=4	村里最灵通=5

为了深入说明信息化对精准扶贫绩效的影响，先进行统计描述。首先依据通过2012年扶贫绩效指标加权得出的贫富程度综合指数 Y，把样本数据分为富有、一般、贫困三个经济水平，用信息改变值 $\dfrac{\overline{\Delta Y}}{X_i}$，即不同的经济水平下每一个信息指标的变化会带来多少贫富综合指数 Y 的增加值来进行比较。根据信息化指标分类描述统计结果。

（1）农村信息基础设施。

如表4-96所示，每户座机与手机拥有量随着村户由贫到富而增加，富裕家庭小孩或者老人都有手机，但主要用于打电话、了解新闻等，贫困家庭一般只有户主或主要劳动力才可能拥有手机和座机，带来的信息减贫效应更大；不同贫富水平的家庭电视拥有量差距不大；从富到穷每户电脑拥有量越来越少，但信息改变值越来越大，对减贫有正向影响。

表4-96　　　　　　　　　　基础设施的均值以及改变值

经济水平	X_1		X_2		X_3	
	均值	$\overline{\Delta Y/X_i}$	均值	$\overline{\Delta Y/X_i}$	均值	$\overline{\Delta Y/X_i}$
富有	3.0800	2.5549	1.1200	7.0260	0.3200	24.5912
一般	2.8571	1.9659	1.0286	5.2424	0.0857	47.1816
贫困	1.8571	2.1105	0.9143	4.0891	0.0286	65.4262

（2）农村信息接收。

如表4-97所示，农村互联网用户数和每户电脑拥有量一样，均对扶贫绩效有正向影响，且对贫困人群的意义更加明显。富有农户出镇次数与外出务工次数均高于贫困者，但是贫困农户外出活动或务工获得的减贫成效更显著。看报纸的频率在不同收入者之间的差距较小。农户很少看报，一般是通过电视来接触外部新闻消息，电视播放的新闻内容对农户生计引导的直接效应有限。

表 4 – 97   信息接收指标的均值和改变值

经济水平	X_4		X_5		X_6		X_7	
	均值	$\overline{\Delta Y / X_i}$	均值	$\overline{\Delta Y / X_i}$	均值	$\overline{\Delta Y / X_i}$	均值	$\overline{\Delta Y / X_i}$
富有	0.2800	28.1042	3.0778	2.5567	0.5200	13.1153	3.6400	2.1619
一般	0.0571	30.5557	1.7884	3.0151	0.6000	8.9869	3.0571	1.7638
贫困	0.1143	32.7131	0.7721	4.8419	0.4571	8.7235	2.6286	1.5041

（3）农村信息环境。

如表 4 – 98 所示，每户的大学生平均数量很少；衡量值越来越大，说明大学生承载的扶贫信息很丰富。越富有的家庭信息消费额均值越大，说明信息消费对家庭的减贫成效有更大影响。各类家庭中学生数量差距不大，承担的信息载体作用有限。越贫困的家庭信息越闭塞，而衡量值也说明信息获取程度越大的，贫困改变程度越大，说明信息扶贫是很有效的方式。

表 4 – 98   信息接收指标的均值和改变值

经济水平	X_8		X_9		X_{10}		X_{11}	
	均值	$\overline{\Delta Y / X_i}$	均值	$\overline{\Delta Y / X_i}$	均值	$\overline{\Delta Y / X_i}$	均值	$\overline{\Delta Y / X_i}$
富有	0.2800	28.1042	3.0778	2.5567	0.5200	13.1153	3.6400	2.1619
一般	0.0571	30.5557	1.7884	3.0151	0.6000	8.9869	3.0571	1.7638
贫困	0.1143	32.7131	0.7721	4.8419	0.4571	8.7235	2.6286	1.5041

4. 模型构建与实证分析

将各指标按照富有、一般、贫困三等经济水平数据分别代入多元回归方程进行拟合检验，结果如表 4 – 99 所示。

若某一自变量在两类样本中显著，则认为该变量是显著的。电话和手机拥有量 X_1 不显著；X_2 如前文描述性统计所述，贫困的人不能通过电视来有效获取财富信息、生产信息，电视主要用来满足农户的娱乐需要；X_3 与描述性统计结果相反，对减贫成效产生了负面影响；互联网用户数 X_4 高度显著，且对贫困人口的减贫成效影响更大，说明在农村地区互联网的普及对扶贫有一定意义；变

量 X_5、X_6、X_7 均不显著；对贫困家庭而言，大学生数量 X_8 的系数比其他家庭更大，说明教育是贫困家庭脱贫的重要助力；信息消费 X_9 并不显著；中学生数量 X_{10} 对于农村贫富程度的改变并没有正向的显著作用，这也和前文一致；X_{11} 同样不显著。

表 4 – 99　　　　　　　　　　　　　　实证结果

变量	富有			一般			贫困		
	系数	标准差	$P > \lvert Z \rvert$	系数	标准差	$P > \lvert Z \rvert$	系数	标准差	$P > \lvert Z \rvert$
X_1	− 1.508	1.886	0.438	0.528	0.860	0.545	0.015	0.561	0.978
X_2	4.674	5.211	0.386	− 5.633	3.108	0.083	− 4.035	1.167	0.002
X_3	− 5.799	5.254	0.289	− 6.588	3.398	0.065	− 7.555	2.973	0.018
X_4	6.465	3.299	0.071	6.383	1.934	0.003	7.396	1.659	0.000
X_5	0.096	0.142	0.508	− 0.020	0.043	0.635	− 0.175	0.092	0.068
X_6	3.057	2.301	0.206	− 0.519	0.967	0.596	0.330	0.639	0.610
X_7	0.336	2.068	0.873	− 1.675	0.779	0.042	− 0.641	0.517	0.227
X_8	5.881	6.454	0.378	0.073	3.512	0.983	4.998	1.431	0.002
X_9	− 0.557	1.926	0.776	0.868	1.074	0.427	2.846	1.446	0.061
X_{10}	0.654	5.211	0.835	− 1.532	1.659	0.365	− 0.319	1.133	0.780
X_{11}	1.865	1.886	0.568	1.815	1.263	0.164	2.226	0.800	0.010
常数项	− 17.676	14.891	0.256	6.783	6.159	0.282	− 0.081	2.008	0.968

根据回归结果，对前述五个问题作出解释。

第一，农村信息基础设施对精准扶贫绩效的影响并不明显。每户座机拥有量和手机拥有量不能充分反映农户的信息获得与运用能力。在 2008 年中央政府拨专款推行"家电下乡"后电视拥有量呈现出一种饱和状态，且农村居民通过电视获取农用信息和农用技术者较少，电视是娱乐工具而非获取信息来源的工具。此外，2012 年时电脑价格较为昂贵，农村只有少数人购买电脑，且无法较好利用，反而可能造成资源浪费。

第二，互联网用户数、外出务工人数正反馈于扶贫绩效。农户使用电脑通常关注的是庄稼的种子、肥料等，以及外出就业的岗位信息，互联网为贫困户的农业生产提供了较大帮助。在外务工比在农村农耕获取的信息更多，回乡后可以传播信息，提高信息带来的经济收益。出镇次数对于扶贫绩效结果不显著，由于农村年轻劳动力往往常年在外打工，很少回乡甚至不回，阻碍了外界信息在本地的传播。为验证这一观点，对基本全年在家的农户进行统计，对其贫富程度综合指数进行一元回归得到回归系数为 0.097，说明出镇次数越多，获得的信息越多，此类信息渠道发挥了一定的减贫成效。

第三，看报纸的频率对信息扶贫绩效的影响并不显著。在调查的农户中，2012 年定期看报纸的农户占到 60% 以上，几乎不看和很少看的在 40% 左右；2017 年几乎不看和很少看报纸的农户的比重上升到 56%。报纸的观看频率并不能体现出对扶贫绩效的影响，一方面是因为报纸等传统传播工具已经落后，手机、电脑等新兴媒体逐渐兴起；另一方面是因为报纸中的惠农政策对农户的效用有限，村民观看意愿较低。

第四，家庭中有大学生，信息消费更多，意味着信息环境更好。信息消费包括交通费用、通信费用、电脑联网费用等，信息费用比单独的手机拥有量、电脑拥有量更能体现农户的信息使用情况。大学生是信息接收能力较强的群体，家庭中的大学生越多，意味着家庭接受的外部信息量越多。与之相比，中学生接收传达信息能力有限。信息获取能力也是非常重要的因素，结果显示，信息灵通的人其脱贫成效的综合指数上升 1.85 左右，获取信息的能力将影响减贫效果。

第五，越贫困的人越需要信息。农村信息基础设施具有普惠性质，而非对穷人形成特惠支持。农户富裕程度越高，信息化水平越高，受益水平越高；贫困程度越深的人越需要生计信息，但却受限于能力和条件，难以获得并利用生计信息。

5. 研究启示

信息贫困的缓释关系到减贫成效。互联网接入与高等教育都是缓解农村因信息贫困的重要路径。通过上述研究，获得以下启示。

第一，降低入网的软硬件成本。调查显示，硬件使用费用过高，每年联网费用在 800 元/年，降低了农户购置电脑的意愿。可以加大财政补贴，降低互联网使用费用，加强涉农网站的建设和规范，整合信息平台，扩大信息开放，使农户通过互联网获得生计信息。

第二，加快高信息载体人员流动。应加强农村信息化人才培育，吸纳优秀毕业大学生提高农村信息化水平，提升村户接收信息的能力。

第三，改善交通基建与信息化设施。外出务工人数多以及常年在家的农户出镇次数多都容易接收更多的信息。调查显示，若道路设施改善，35%的人愿意增加外出次数，特别是偏远地区的农村家庭。道路建设对于减轻农村信息贫困、提高信息扶贫成效具有重要作用。

第四，对农户进行精准的信息赋能。不同农户对信息的需求存在差异，地方政府应根据实际情况，强化对信息闭塞农户的信息供给。

从精准扶贫到精准治贫：
返贫风险防控与相对贫困施治

通过实施精准扶贫方略，中国脱贫攻坚取得全面胜利，绝对贫困问题得到历史性解决。在全面建成小康社会的后脱贫攻坚时代，防止返贫和新增贫困、治理相对贫困将成为贫困治理新的战略重心。为此，应推动精准扶贫方略向精准治贫方略转型升级，建立系统完备的防治返贫风险、解决相对贫困的体制机制以及瞄准与施策体系。

5.1 相对贫困的含义、度量及治理：一个文献考察

城乡之间及城乡内部相对贫困问题的战略应对成为中国 2020 年之后的贫困治理新命题。相比绝对贫困研究，相对贫困是一个处于建构中的开放性范式。自亚当·斯密起，经济学家注意到在相对丰裕的社会中，尽管绝大多数人可以满足最基本的生活需求，摆脱绝对贫困，但仍有部分人口因收入较低而产生羞辱感，或无法正常参与社会生活，陷入一种相对贫困状态。从亚当·斯密开始，人们从社会底层人口的生活剥夺感或社会排斥感出发，逐渐形成了关于相对贫困的思想认知，推动了相对贫困理论及测度方法的产生发展。20 世纪 50 年代，英国学者汤森（Townsend）等拓展了对贫困的理解，即贫困不再是基于最低的生理要求，而是基于社会比较的一种资源剥夺或社会排斥，形成了相对贫困的概念。阿马蒂亚·森认为贫困在能力范围内是绝对的，相对贫困只能补充而不能替代绝对贫困，但是他在贫困指数上的突破性成果，为相对贫困测度奠定了基础。后续学者基于森的指标研究相对贫困的本质与测度，相对贫困研究范式

得以建立与发展。

半个多世纪以来，相对贫困理论及研究方法的发展脉络主要沿着三条线索延伸。一是相对贫困的界定。在相对收入假说、社会不平等及"能力"贫困等研究视角下，相对贫困的概念逐渐形成，其内涵与外延得到愈加丰富的阐释。二是相对贫困的测度。主要体现为"二分法"与"非二分法"两类相对贫困测度方法与标准的演进。三是相对贫困影响因素。从经济发展阶段、社会福利制度变迁到劳动力市场参与度分析，学者们对相对贫困的成因及影响因素的探索，覆盖到制度背景、经济结构与市场不平等的各个层次。课题组调研员（贺立龙、王赫）梳理了相对贫困的学术脉络与研究进展，认识相对贫困的本质、特征与发生机理以及测度方法及其应用，以推进中国相对贫困研究，为 2020 年以后相对贫困问题的精准研判与有效解决提供前瞻性启示。

5.1.1　相对贫困的界定与辨析

从斯密开始，人们就认识到贫困不仅是无法满足基本生理需要的绝对物质匮乏，还是经济地位较低状态下的不平等或被剥夺概念。第二次世界大战后世界各国出现的贫困异质性，推动了绝对贫困与相对贫困的概念分离。学者们分别从相对收入、相对剥夺及社会排斥、收入不平等与社会不公正，以及能力贫困、权利贫困等角度，阐释了相对贫困的概念。

1. 相对收入、相对剥夺与社会排斥视角下的相对贫困

亚当·斯密在《国富论》中对生活必需品有着这样的描述："我所说的必需品，不但是维持生活上必不可少的商品，而且是按照一国习俗，少了它，体面人固不待说，就是最低阶级人民，亦觉有伤体面的那一切商品。""但是，到现在，欧洲大部分，哪怕一个日工，没有穿上麻衬衫，亦是羞于走到人面前去的。没有衬衫，在想象上，是表示他穷到了丢脸的程度，并且，一个人没有做极端的坏事，是不会那样穷的。"[①] 斯密已将对贫困的理解拓展为不单是处于无法满足基本需求的极端状况，同时也是一种由于缺乏某种物品而导致蒙羞或无法融

---

① ［英］亚当．斯密：《国富论》，郭大力、王亚南译，商务印书馆，1974 年版，第 431 页。

入社会的状态。贫困已经具备了相对贫困的特征。

杜森贝利（Duesenberry，1949）的相对收入假说强调了人们的消费行为会互相影响，在该假说下个人相对于其所处团体的相对收入也会影响其消费。斯托弗（Stoffer，1949）第一次提出相对剥夺这一概念，并解释了个人在群体中的位置与主观愉悦感之间的关系。

汤森（Townsend，1979）对相对贫困进行了界定，认为"当个人、家庭及群体缺少足够的资源来达到一种饮食类型、参与各类活动及得到通常的居住环境与舒适程度，或至少是得到其所在社会的鼓励与承认时就应被认为是贫困。他们所拥有的资源严重的少于一般家庭所拥有的以至于他们被排除于一般的生活方式、习俗及活动之外"①。汤森眼中的相对贫困是由相对剥夺与社会排除引起的。

不少学者通过实证研究证实了相对剥夺与相对贫困之间的关系。例如，朗西曼（Runciman，1966）设计了问卷，调查了主观福利与相对剥夺之间的关系；杜克洛斯和格雷戈尔（Duclos and Grégoire，2002）提出了一种测度相对剥夺与绝对剥夺的方法，并证明了对于相对剥夺的不同关注程度能够显著影响对于贫困状况的描绘；拉瓦里翁（Ravallion，2008）则通过相对剥夺与风险分担效应的相对强弱分析了马拉维最贫困人口的相对贫困现象，发现随着平均收入的增加，相对剥夺效应会逐渐增强，增加了贫困程度。

2. 相对贫困的"绝对"内核：森的观点

森（1983）认为，贫困问题有着"绝对"的内核，贫困在能力范畴内是绝对的，而在商品的范畴内采取相对形式；相对贫困只有在绝对贫困（如饥饿等）得到解决后才可能成为问题。森认为通过个人能力（而非效用、商品和特性）来评估"生活水平"才是正确方式。人们需要的能力是绝对的，但是达成这种能力的商品却随着经济发展而发展，是相对的。这一观点在其出版的《商品和能力》（*Commodities and capabilities*，1985 年）中得到具体阐释。

一些学者对"能力"贫困理论在贫困测度上的优势进行了研究。希克（Hick，2012）从方法论的角度分析了采用能力角度的相对贫困测度的优势。罗

---

① Townsend P. , *Poverty in the United Kingdom*, *A Survey of Household Resources and Standards of Living*. Harmondsworth，Penguin Books，1979.

德（Rod，2014）也从理论上分析了构建"能力剥夺"角度的相对贫困评价结构的可能性与必要性。

3. 收入分配不均与"不平等"视角下的相对贫困

随着一些发达经济体采用平均收入或收入中位数的一个固定比例作为相对贫困线，部分学者认为相对贫困问题本质上成了一个收入分配不均或社会中的不平等问题。例如，米勒（Miller，1971）认为如果将贫困看作社会分层问题，就是将贫困看作收入分配的不均；爱斯兰德（Iceland，2003）的实证研究也证实 1949～1999 年美国相对贫困的变动在很大程度上可以用收入分配变动状况解释。

但森（1983）指出，在经济体发生大衰退使得平均收入大幅下降时，相对贫困状况并不会很严重，但饥饿等状况会非常严重。巴里（Barry，1998）探讨了收入分配和社会排斥的关系，认为不能简单地通过不平等来度量社会排斥进而观察相对贫困状况。缪勒和纽豪斯（Müller and Neuhäuser，2011）也认为，将相对贫困问题等同收入分配问题忽视了相对贫困的本质是人的自尊受到了威胁而非是否被公平的对待，并不能直接将相对贫困与不平等画等号。

4. 相对贫困与绝对贫困的区别与联系

不同于绝对贫困将贫困视作一个人的生存条件受到威胁，相对贫困在很大程度上被认为是与客观条件进行比较时个人所产生的社会排斥感，这使得相对贫困不单是一个经济问题，同时也是一个社会问题。但是，在绝对贫困问题未解决、绝大多数人还没有满足温饱的情况下，相对贫困显然并不是最严重的问题。

相对贫困状况与绝对贫困状况也会相互影响。布吉尼翁（Bourgignon，1999）的实证研究发现，一个较为平等的社会相比一个不平等的社会可以更好地消除绝对贫困，同时相对贫困会造成无效率并很可能造成绝对贫困。相对贫困向绝对贫困转化主要有三种机制：首先是资本市场的不完善；其次是劳动市场的歧视对特定群体内生动力的影响；最后是相对贫困带来的效率损失与社会排斥的自强化。

不同的学者根据不同的理论对相对贫困作出了界定。汤森（1979）从资源的视角将相对贫困界定为缺少资源带来的相对剥夺与社会排除。森（1983）则以"能力"对相对贫困进行了界定，但"能力"量化难度大，在实证中很难客观地确定绝对的"能力"应如何反映到相对的"商品"上。作为对森"能力"贫困理论的发展，罗宾斯（Robeyns，2002）在如何联系"能力"与"商品"方面进行了尝试并给出了可行的方法。通过多维贫困指数的设定也在一定程度上反映了"能力"这一变量（Alkire and Foster，2011），但不论是多维贫困变量的选取还是被剥夺领域数量的选择，都有着一定的主观因素。

在发达国家的实践中，相对贫困通常被看作收入分配不均导致的相对剥夺与社会排除等社会问题，即部分人因收入低于其所处客观环境中大部分人或无法享受到所处环境中被认为是常人应该享受到的商品或劳务，而无法正常参与社会活动或被社会排斥，由此带来的剥夺感与效用的下降。实践中大多采用这种定义，一方面是因为收入分配不均相较于其他致贫因素是更为普遍而根本的社会问题；另一方面则是由于收入分配更易量化，可以更直观地对相对贫困进行测度。

5.1.2　相对贫困的测度方法

相对贫困测度与分配不均程度及相对剥夺程度测度密切相关，根据是否通过某一贫困线将人口一次性分为"贫困"与"非贫困"部分，可以将相对贫困的测度分为"二分法"与"非二分法"两类。

1. "二分法"下的相对贫困测度

在"二分法"下，贫困线选择是区别贫困测度类型的重要依据。贫困指数是否能够反映穷人的相对收入状况、相对剥夺程度及收入不平等程度，也是评价该指数能否较好地反映相对贫困能力的依据。

（1）相对贫困测度的原则。

在进行任何类型的贫困分析之前要明确以下六个关键范畴，即福利指标、贫困线、观测单位、分析单位、等价算子和贫困测度指标（见表 5–1）。

用"二分法"测度相对贫困，最重要的就是确定相对贫困线以及所使用的相对贫困指数。

表 5 - 1　　　　　　　　相对贫困测度的关键概念或范畴

概念或范畴	定义
福利指标	确定衡量福利水平的指标，可选取收入（支出）水平，必需品"菜篮子"的货币价值或主观效用等指标
贫困线	划定何等收入之下为贫困的依据，是区别贫困的主要依据
观测单位	观测福利指标时针对的单位，一般为个人
分析单位	分析贫困状况时针对的单位，一般为家户
等价算子	用于折算不同人口特征的家户收入水平，使之在测度贫困时具有可比性，需要设定参照组
贫困指数	通过贫困指数来反映贫困状况，也是区分贫困测度类型的重要方式

（2）相对贫困线。

绝对贫困线并不能很好地反映一国的生活水平并测度一国的贫困状况，如美国的贫困线设定方式曾广受批评（Blank，2008）。引入一个会随着生活标准变化的贫困线对于贫困测度更有意义，相对贫困线因为对收入分布敏感而受到人们重视（Blank，2008）。汤森（1962）认为贫困不能是一个绝对标准，必须能够随着生活质量的变化而变化。诺兰和卡兰（Nolan and Callan，1989）在对英国与爱尔兰相对贫困状况变动的研究中发现，相对贫困线可以更有效地测度当前生活水平下的贫困状况。

学界就如何设定相对贫困线进行了大量比较研究。福克斯（Fuchs，1969）提出将收入的中位数作为相对贫困线。迈克尔·奥希金斯（Michael O'Hggins，1990）提出将平均收入的 50% 作为相对贫困线。福斯特（Forster，1998）列举了一些有着（0，1）之间的收入弹性的混合贫困线，弹性的大小反映了穷人应从经济增长中得到多少的价值判断。贝卢（Bellù，2005）提出了从收入水平和收入位置两个角度设置相对贫困线的方法。拉瓦里翁（2003）建立了在福利不变情况下会随着平均收入变动而变动的贫困线，提供了相对贫困线设定的新的理论基础。

根据相对贫困线收入弹性，可分为强相对贫困线与弱相对贫困线。其中，强相对贫困线在经济合作与发展组织（OECD）及欧盟等国际组织进行的贫困测度中得到应用。强相对贫困线是收入中位数（平均数）的一个比例，即：

$$z = \alpha r(x) \tag{5.1}$$

其中，z 代表贫困线；$r(x)$ 是生活标准，由收入的分布决定（通常选择收入的中位数或平均数）；α 是贫困线所选取的生活标准的比例，这类相对贫困线的收入弹性为 1。

森（1983）认为绝对贫困线仍然是某些变量的函数，这些变量也会随时间变化而变化，同时"相对的比别人少"和"因为落后于他人而绝对的少"之间存在区别，应在能力、收入、商品等不同范畴中分别讨论。使用收入平均数也可能带来贫困永远无法根除的错觉（Sen，1983）。琳格·尼尔森（Lynge Nielsen，2009）也讨论了在确定相对贫困线时选取收入中位数的某个百分比可能出现的问题。但斯贝克（Spicker，2012）认为，虽然使用中位数来确定贫困线存在问题，但还是有三个突出优点：可以在一定程度上体现出不平等；该设定方式被广泛接受，便于国际间比较；使用中位数易于计算。

拉瓦里翁和陈少华（Ravallion and Chen，2011）引入了弱相对贫困线，其收入弹性处于（0，1），同时考虑了绝对贫困与个人融入社会的成本，其一般形式为：

$$z_{it} = \max(z^*, \alpha + k M_{it}) \tag{5.2}$$

其中，z_{it} 代表国家 i 在 t 时期的弱相对贫困线；z^* 为国际贫困标准，可设定为最贫困的 15 个国家贫困线的平均数；M_{it} 是国家 i 在 t 时期的平均收入；参数 α 表示融入社会的最低成本，通过非参数估计结果进行推断；参数 k 根据发展中国家相对贫困线以及平均收入变化情况得到。可通过汉森（Hansen，2000）的门槛回归模型检验参数稳健性。

相对贫困线与绝对贫困线互补性使用，往往能够更好地描绘贫困状况。诺顿和纽伯格（Notten and Neubourg，2008a）使用美国官方的绝对贫困线与欧盟官方的相对贫困线对美国与欧盟内部国家的贫困发生率进行比较，发现两种贫困标准均衡量了经济发展对最底层人民生活的影响，但绝对贫困线关注的是真实生活水平的改善，相对贫困线则关注底层人民可以从发展中分享的比例。诺顿和纽伯格（2008b）研究了美国及欧盟的贫困线在政策上的意义，认为仅采用绝对贫困线会忽略在经济增长中出现的不平衡，仅采用相对贫困线会忽略由于经济的增长带来的普遍生活质量的提高，在政策制定中应同时参考两类贫困线。

（3）相对贫困指数。

贫困线类型——相对还是绝对，是相对贫困测度与绝对贫困测度的区分标志。测量相对贫困程度，要基于相对贫困线与相对贫困指数共同完成。贫困指

标的设定，一般认为需要在这多个公理间取舍。郑步宏（Zheng，1997）研究了
不同指数满足的公理，涉及六个公理（见表 5 - 2）。

表 5 - 2   贫困指数常见公理

公理	定义
单调性公理	保持收入分布不变，减少贫困成员收入会使得贫困指数增加
转移公理	其他条件不变时，将穷人收入转给富人会使得贫困指数增加
转移敏感性公理	在贫困成员内部相同程度的收入转移，对贫困指数造成的影响随着这部分人群收入的增加而减少
子群单调性公理	福斯特和夏洛克斯（Foster and Shorrocks，1991）认为，任何一个子群贫困程度的加深都会导致贫困指数的增加
专注公理	一个贫困指数应该关注被界定为贫困的群体的生活水平，而非所有群体的生活水平
子群可加性公理	一个贫困测度指数还应满足子群可加性公理，即总体的贫困水平是由总体中个体的贫困水平加和得出的

资料来源:: Zheng B. , "Aggregate Poverty Measures", *Journal of Economic Surveys*, 1997, 11 (2):
123 - 162.

布朗迪（Brady，2003）认为一个良好的贫困指数应具有五个特点：一是可以
有效地测度可比的历史变动；二是是一个相对指标而不是绝对指标；三是将贫困
反映为一种社会排斥；四是将税收、转移支付及状况的好转考虑在内；五是能够
将贫困深度和穷人之间的不平等加以整合。常用的贫困指数主要有以下四个。

其一，FGT 系列指数。福斯特、格雷尔和索贝克（Foster、Greer and Thor-
becke，1984）建立了一系列可分解的贫困测度指数，统称 FGT 指数，该系列指
数拥有良好的统计性质，为贫困指数的发展提供了重要参考，在实证研究中得
到广泛使用。FGT 指数如表 5 - 3 所示。

表 5 - 3   FGT 指数

指数名称	内容	特点
FGT_0（贫困发生率）	$H = \dfrac{贫困人口}{总人口} \times 100$ 或 $H = \int_0^z f(Y)\,\mathrm{d}Y$ 其中，z 表示该国相对贫困线，$f(Y)$ 表示收入的概率密度函数，Y 表示个人收入	假定所有贫困人口的贫困程度相同，简便但只能测度贫困广度

续表

指数名称	内容	特点
FGT_1 或贫困差距指数（PGI）	$$PGI = \frac{1}{N}\sum_{i=1}^{q}\left(\frac{z-y_i}{z}\right)$$ 其中，z 表示贫困线，y_i 表示贫困线之下个人的收入，q 表示贫困线之下个人的数量，N 表示总人口数	贫困距虽然衡量了贫困深度，但无法衡量穷人之间的不平等情况
FGT_2	$$FGT_2 = \frac{1}{N}\sum_{i=1}^{q}\left(\frac{z-y_i}{z}\right)^2$$ 或 $$FGT_2 = q\mu^2 + (1-\mu^2)C_V^2$$ 其中，$\mu = \frac{1}{N}\sum_{i=1}^{q}\left(\frac{z-y_i}{z}\right)$，$C_V$ 表示穷人收入分布变异系数	对不同的贫困程度进行赋权，测量了穷人间收入不均等程度
HI 指数	$$HI = H \times I$$ 其中，H 表示贫困发生率，$I = \frac{1}{q}\sum_{i=1}^{q}\left(\frac{z-y_i}{z}\right)$	作为 PGI 变体，与 PGI 相同

资料来源：Foster J.，Greer J.，Thorbecke E.，"The Foster-Greer-Thorbecke（FGT）Poverty Measures：25 Years Later"，*Journal of Economic Inequality*，2010，8（4）：491–524.

其二，森指数与一般化森指数。森（1976）明确提出了一个贫困指数——森指数，并且提出了贫困的序数测度方法，其渐进一般形式为：

$$P = H[I + (1-I)G] \tag{5.3}$$

其中，P 为对于贫困的测度，H 为贫困发生率，I 为标准化收入差距，G 为穷人之间的基尼系数。森指数满足了单调性公理，同时被视为是 FGT_0、FGT_1 与基尼系数的复合体，能够测度贫困的深度、广度及穷人间的不平等程度。森指数需要用到基尼系数，所以可能存在数据可得性问题，同时森的贫困指数无法分解，无法确定不同子群各自的情况。

沙罗克和福斯特（1995）对森指数进行了回顾，他们将森指数总结为如下函数形式：

$$P(y;z) = a\sum_{i=1}^{q}(q+1-i)(z-y_i) + b \tag{5.4}$$

其中，q 为贫困人口数量，z 为贫困线，a、b 为经过适当标准化的因素，y_i 为贫困个体的收入。这一形式的森指数隐含着三个假设：一是该指数对非贫困人口的收入不敏感，是贫困差距的加权总和；二是贫困个体收入差距的权重根据在收入分布中所处的位置确定；三是只要改变赋权的方式就能得到不同的贫困指数。

森指数是不连续的，同时也并没有满足转移公理。为了满足转移公理可以认为所有人均为穷人，由于排除了非贫困人口因而同时满足了福斯特（1984）的专注公理。当 $H=1$ 时：

$$P(y;z) = I + (1 - I) G_p = \frac{1}{n^2} \sum_{i=1}^{n} (2n - 2i + 1) \frac{z - y_i}{z} \qquad (5.5)$$

即使放松假设使 $H<1$，在满足专注公理的情况下定义 $y^*(\zeta) = \min\{y_i, \zeta\}$ $(i = 1, 2, 3, \cdots, n)$ 是在贫困线 ζ 之后就保持不变的向量，仍可保证式（5.5）成立。式（5.5）可以通过几何方式将贫困差距表示出来。

令 $x = (x_1, x_2, \cdots, x_n)$ 为表示贫困差距的向量，则有：

$$P(y;z) = \mu(x)[1 + G(x)] \qquad (5.6)$$

其中，$\mu(x)$ 为 $x_1, x_2, \cdots, x_n$ 的平均数，$G(x)$ 为 $x_1, x_2, \cdots, x_n$ 中的基尼系数。

如果定义贫困差距曲线为：

$$D(x;p) = \mu(x)[1 - L(x; 1 - p)] \qquad (5.7)$$

其中，$p \in [0, 1]$，表示 x 的 p 分位数，$L(x; 1 - p)$ 为 x 的洛伦兹曲线，则：

$$P(y;z) = 2\int_0^1 D(x;p) \, dp \qquad (5.8)$$

在图形上表现为 $D(x;p)$ 曲线下方面积的 2 倍。这种一般化的森指数结合了洛伦兹曲线，可以同时反映贫困人口间的不平等状况和福利状况，是一种测度相对贫困的适当方式。

其三，瓦特（Watts）指数。瓦特（1968）提出了著名的瓦特指数，其一般形式为：

$$W = \frac{1}{N} \sum_{i=1}^{q} \ln\left(\frac{z}{y_i}\right) \qquad (5.9)$$

其中，N 为总人口，q 为贫困人口数，z 为贫困线，$y_i(i = 1, \cdots, N)$ 为个人的收入。若收入的密度函数为 $f(y)$，则有瓦特指数的连续形式：

$$W = -\int_0^z \ln\left(\frac{y}{z}\right) f(y) \, dy \qquad (5.10)$$

瓦特指数可以同时满足专注公理、单调性公理、转移公理及可加性公理；同时，由于使用了对数函数形式，因此也是一个对收入分配敏感的指数，是测度相对贫困的可靠工具。

其四，总和序数测度法。布朗迪（2002）引入了一种新的贫困测度法，其做法是分别将收入中位数的60%、50%、40%、30%、20%、10%、5%下的贫困发生率相加，该指数既具有 HI 指数方便得到且能够度量不平等程度的优点，还能通过赋予低收入比例更大的权重得到类似森的序数测度法中所考虑的收入不平等程度，但是相较 HI 指数和森指数，其得到的关于穷人间的分配状况可能不是那么准确。

（4）"二分法"下其他相对贫困测度方法。

第一，道德指数法。基于一般化森指数，杜克洛斯和格雷戈尔（Duclos and Grégoire，2002）通过对相对剥夺与绝对剥夺施加不同权重得出了一系列贫困指数。

他们首先定义了总贫困距：

$$G(p) = \int_0^p z - y(s)\,\mathrm{d}s = p(z-\mu) + \mu = p \times HI + \mu(p-L(p)) \quad (5.11)$$

其中，z 是贫困线，$y(s)$ 表示不同百分位上的个人经核实的收入情况，μ 为平均收入，$L(p)$ 为洛伦兹曲线在 p 百分位上的值。$p \times HI$ 可以看作 $100 \times p\%$ 最贫困的人口所共同分担的贫困（绝对剥夺），$\mu(p-L(p))$ 可以看作在 $100 \times p\%$ 最贫困的人口中由于不平等带来的贫困（相对剥夺）。他们又进一步引入了权重函数：

$$k(p,v) = v(v-1)(1-p)^{v-2} \quad (5.12)$$

个人相对剥夺函数：

$$\delta(p_i,p_j) = \begin{cases} y(p_j) - y(p_i), & \text{如果 } p_j > p_i \\ 0, & \text{如果 } p_j \leqslant p_i \end{cases} \quad (5.13)$$

那么总和相对剥夺函数可以表示为：

$$c(p_i) = \int_0^1 \delta(p_i,p)\,\mathrm{d}p \quad (5.14)$$

进而得出有单参数的贫困指数：

$$\begin{aligned} S(v) &= \int_0^1 k(p,v)G(p)\,\mathrm{d}p \\ &= \int_0^1 k(p,v)p \times HI + \int_0^1 k(p,v)\mu(p-L(p)) \\ &= HI + \frac{1}{v}\int_0^1 k(p,v)c(p)\,\mathrm{d}p \end{aligned} \quad (5.15)$$

该指数衡量了社会中相对剥夺与绝对剥夺的总情况，HI 指数表示平均绝对剥夺，$\frac{1}{v}\int_0^1 k(p,v)c(p)\,\mathrm{d}p$ 表示平均相对剥夺，通过改变 v（即对相对剥夺的重视程度）的大小可以得到不同的相对贫困指数，v 越大表示对不平等的重视程度越高。但该指数并不具有可加性。

第二，增长发生率曲线（growth incidence curve，GIC）法。拉瓦里翁和陈少华（2003）利用瓦特指数测度了增长发生率并绘制了增长发生率曲线，函数形式为：

$$g_t(p) = \frac{L_t'(p)}{L_{t-1}'(p)}(\gamma_t + 1) - 1 \qquad (5.16)$$

其中，$L_t'(p)$ 为 t 时期洛伦兹曲线在 p 百分位的斜率；$\gamma_t = \frac{\mu_t}{\mu_{t-1}} - 1$，$\mu_t$ 为 t 时期的平均收入。GIC 度量了不同百分位数下人群的收入增长率，因而可以了解经济增长与不平等的状况。他们进一步借助瓦特指数随时间的变化率来衡量经济增长是否有利于穷人。

$$W_t = \int_0^{H_t} \log\left(\frac{z}{y_t(p)}\right)\mathrm{d}p \qquad (5.17)$$

其中，z 为贫困线，H_t 为贫困发生率，$y_t(p)$ 为 p 百分位数个体收入。对时间求导得：

$$-\frac{\mathrm{d}W_t}{\mathrm{d}t} = \int_0^{H_t} \frac{\mathrm{d}\,\log\left(\frac{z}{y_t(p)}\right)}{\mathrm{d}t}\mathrm{d}p = \int_0^{H_t} g_t(p)\,\mathrm{d}p \qquad (5.18)$$

将瓦特指数的变化率与贫困发生率做比较可以得到贫困人口收入平均增长率，与所观测时段的国民收入平均增长率进行比较，衡量经济增长是否改善了收入不平等的情况。

此外，克拉森（Klasen，2008）辨析了对穷人有利的增长中的相对与绝对观点，将这种方法应用到了非收入指标上。

2. 非"二分法"下的相对贫困测度

非"二分法"下的相对贫困测度并不需要一个明确界限，通常可以衡量个体的贫困深度与多维贫困状况，近年来常用于实证研究中。

（1）相对贫困的模糊测度法。

通过"二分法"测度相对贫困，需要设定相对贫困线，该测度方式往往会忽略边缘贫困户的状况。运用模糊集的概念可以在一定程度上解决这类问题，同时，在模糊集测度时引入非收入变量（如与相对剥夺有关的变量）可以很好地刻画多维贫困与"能力"上的贫困。

扎德（Zadeh，1965）介绍了模糊集的概念；塞里奥利（Cerioli，1990）将模糊集法引入贫困测度中，称为完全模糊方法（totally fuzzy approach，TFA）；马迪尼蒂（Martinetti，1994）应用模糊集的概念对森的贫困能力理论如何应用于实证研究进行了探索；切利和莱米（Cheli and Lemmi，1995）引入了相对贫困的模糊测度方法，称为完全模糊和相对方法（totally fuzzy and relative approach，TFR）。一般而言，使用 TFR 方法需要进行以下几个步骤。

第一步，确定代表剥夺的变量，可以是二值的、离散的或连续的。设置 j 为某个剥夺变量，$j = 1, 2, \cdots, k$，则 Ξ_j 代表承受 j 这种剥夺的一群人。

第二步，确定隶属度函数的组成。ξ_{ij} 表示个体 i 承受剥夺 j 的程度，F_j 代表 j 的分布函数，则隶属函数一般根据隶属度随剥夺程度增加还是减少来确定，一般有：

$$\mu_{\Xi_j}(i) = F(\xi_{ij}) \tag{5.19}$$

或

$$\mu_{\Xi_j}(i) = 1 - F(\xi_{ij}) \tag{5.20}$$

但当一个群体的贫困发生率过低，使得剥夺指数过高时，可能会将本不处于贫困状态的个体记录其中，对此切利和莱米（1995）给出的解决方法是，对 ξ_{ij} 按照大小进行排序，得 $\xi_{j(m)} \, m = 1, 2, \cdots, s$，则：

$$\mu_{\Xi_j}(i) = \begin{cases} 0, & \text{如果 } \xi_{ij} = \xi_{j(1)} \\ \mu_{\Xi_j}(\xi_{j(m-1)}) + ((F_j(\xi_{j(m)}) - F_j(\xi_{j(m-1)}))/(1 - (F_j(\xi_{j(1)}))), & \text{如果 } \xi_{ij} = \xi_{j(m)}, m > 1 \end{cases} \tag{5.21}$$

其中，$\mu_{\Xi_j}(\xi_{j(m-1)})$ 是受剥夺程度为 $\xi_{j(m-1)}$ 的个体，这种方法正是相对性的体现。

第三步，确定个人隶属函数。在对个人的每个剥夺指标进行度量后要对不同指标的度量结果进行加权平均来得到个人的剥夺指数，传统的 TFR 方法中权重可以直接根据隶属函数的平均值的对数来得到，即：

$$w_j = \frac{\ln\left(\frac{1}{\mu b_{\Xi_j}}\right)}{\sum\limits_{j=1}^{k} \ln\left(\frac{1}{\mu b_{\Xi_j}}\right)} = \frac{\ln(\mu b_{\Xi_j})}{\sum\limits_{j=1}^{k} \ln(\mu b_{\Xi_j})} \tag{5.22}$$

其中，$\mu b_{\Xi_j} = (1/n)\sum\limits_{1}^{n} \mu_{\Xi_j}(i)$。

在得到对每个剥夺指标所赋予的权重之后，就可以求得对个人剥夺状况的模糊测度：

$$\mu_p(i) = \sum_{j=1}^{k} w_j \mu_{\Xi_j}(i) \tag{5.23}$$

但在选取的剥夺变量之间很可能存在很强的相关性，对于这一问题，维罗和韦金（Vero and Werquin，1997）给出了一种解决方案。

定义个人的剥夺指标为：

$$m_p(i) = \frac{\ln\left(\frac{1}{f_i}\right)}{\sum\limits_{i=1}^{n} \ln(1/f_i)} \tag{5.24}$$

其中，f_i 定义为至少与个人 i 一样穷的人所占的比例，那么个人的隶属函数可以写作：

$$\mu_p(i) = \frac{[m_p(i) - \min\{m_p(i)\}]}{[\max\{m_p(i)\} - \min\{m_p(i)\}]} \tag{5.25}$$

第四步，确定整体隶属度。总体剥夺可由个体剥夺的模糊测度平均而来：

$$p = (1/n)\sum_{i=1}^{n} \mu_p(i) \tag{5.26}$$

模糊测度法可以测度多维贫困且能很好地反映贫困的深度，得到了广泛应用。贝蒂和维玛（Betti and Verma，2008）研究了模糊测度法在实证研究中的应用，并对意大利 2001 年的多维贫困状况进行了分析。他们进一步研究了模糊测度法在相对贫困测度中的作用，并将这种方法应用到纵向对比中，证明了该方法在时间上具有一致性因而在纵向比较上具有优势。

（2）有限混合模型。

有限混合模型（finite mixture model，FMM）可以在无法得知个体所属类别时使用。该方法将总体分为几个异质性的子群，区别不同程度的贫困人口，同时能估计不同类别的子群体在某一指标上的分布情况，因而可以进行纵向对比。

一个混合模型的一般形式为：

$$p(x) = \sum_{k=1}^{K} \pi_k N(x \mid \mu_k, \Sigma_k) \tag{5.27}$$

其中，$p(x)$ 为观测到样本值为 x 的概率；混合系数 π_k 是观测个体属于群体 $k(k=1,2,\cdots,K)$ 的概率，它是一个先验概率，$\sum_{k=1}^{K} \pi_k = 1$；$N(x \mid \mu_k, \Sigma_k)$ 表示该个体观测值为 x 的概率，μ_k 和 Σ_k 分别为均值和协方差。

建立似然函数。一般而言，对数形式的似然函数可以写作：

$$\ln p(X \mid \pi; \mu; \Sigma) = \sum_{n=1}^{N} \ln\left(\sum_{k=1}^{K} \pi_k N(x_n \mid \mu_k, \Sigma_k)\right) \tag{5.28}$$

进行期望最大化算法：

① 为 μ_k、Σ_k 与 π_k 赋值；

② 执行 E 步骤：根据设定值计算后验概率：

$$\gamma(z_{nk}) = \frac{\pi_k N(x_n \mid \mu_k, \Sigma_k)}{\sum_{j=1}^{K} \pi_j N(x_n \mid \mu_j, \Sigma_j)} \tag{5.29}$$

③ 执行 M 步骤：利用步骤②中得到的概率重新估计参数：

$$\mu_k = \frac{1}{N_k} \sum_{n=1}^{N} \gamma(z_{nk}) x_n \tag{5.30}$$

$$\Sigma_k = \frac{1}{N_k} \sum_{n=1}^{N} \gamma(z_{nk})(x_n - \mu_k)(x_n - \mu_k)^{\mathrm{T}} \pi_k = \frac{N_k}{N} \tag{5.31}$$

④ 计算对数化似然函数是否收敛，如不收敛则重复步骤②和步骤③。迈特拉（Maitra，2015）运用混合模型对印度相对贫困变动情况进行了研究，他根据长期所有权来划分收入层级，在无法得到相应收入数据的情况下对收入情况进行合理估算。通过将收入划分为低、中、高三个等级并对相关参数进行估计，迈特拉发现印度最贫困人口的数量在减少，但是这部分人的贫困状况随着经济发展反而恶化。

（3）阿特金森指数。

相对贫困会随着收入分配情况的改变而改变，阿特金森（Atkinson，1970）设计了一种通过不同的"不平等厌恶参数"来为处于不同收入水平的人赋权，从而衡量社会不平等程度的指数，称为阿特金森指数，其一般形式为：

$$A_\varepsilon\{y_1, \cdots, y_N\} = \begin{cases} 1 - \dfrac{1}{\mu}\left(\dfrac{1}{N}\sum_{i=1}^{N} y_i^{1-\varepsilon}\right)^{1/(1-\varepsilon)}, & 0 \le \varepsilon \ne 1 \\[3mm] 1 - \dfrac{1}{\mu}\left(\prod_{i=1}^{N} y_i\right)^{\frac{1}{N}}, & \varepsilon = 1 \end{cases} \tag{5.32}$$

其中，y_i 为个人收入，$i = 1, 2, \cdots, N$；μ 为收入均值；ε 为"不平等厌恶"的参数，随着该参数的增大，社会对不平等的厌恶程度也增大。当 $\varepsilon = 0$ 时代表社会并不关注不平等程度，即完全无不平等厌恶；当 $\varepsilon = 1$ 时该指数对于低收入人群的收入状况更为敏感。通过正确的设定 ε，政府可以对低收入群体的不平等状况设定更多权重，从而有效监控收入分配不均产生的相对贫困问题。

（4）其他非"二分法"下的相对贫困测度方法。

相对剥夺指标也可用于相对贫困测度。麦克和兰斯利（Mack and Lansley，1985）首次引入"社会必需品"这一概念，并通过这一概念对不需要这类必需品的人和无法负担这部分必需品的人进行区分，据此测度相对剥夺与贫困状况。哈勒德（Halleröd，2006）认为，这种客观相对剥夺指数可能会因主体存在适应性偏好（即随着其周围环境而改变偏好）或参考标准不同而产生主观偏差。他检验了这种偏差，认为这种客观相对剥夺指数在相对剥夺及贫困测度上仍有一定的作用，但在对不同群体进行比较时，客观相对剥夺指数可能会受到相对剥夺的主观性的影响。

有时需要对同一总体（如一个国家中的全部人口）中使用同一相对贫困线的不同子群（如男性与女性）的贫困状况进行对比，汤普森和布伦南（Thompson and Brennan，2013）提供了这样的方法，即经验似然估计法。

汤森（1979）也提出了一种通过设定一系列代表整个社会的消费事件并衡量个人在同一系列事件中家户与社会体验的差距来测度相对剥夺与贫困。但由于缺乏对家户偏好的考虑，该方法也受到了批评。德赛和沙阿（Desai and Shah，1988）则提出了一种改进方法。

现行的贫困测度方法均只能从某一侧面测度贫困。任何以"二分法"为前提的方法均需要设定相对贫困线，这使得弹性选取十分重要。强相对贫困线设定时会人为地判断在经济增长中处于收入最底层的人口应该分得多少，存在着随意性；而弱相对贫困线在决定贫困线随平均收入变动的斜率时建议采取最贫穷的发展中国家贫困线对平均收入的弹性，这显然也并不适用于每一个国家。麦登（Madden，2010）针对爱尔兰的实证研究中展示了收入弹性的重要性。惠兰（Whelan，2001）也通过与剥夺指标的对比研究发现，以平均收入的一定比例确定相对贫困线并不能很好地反映剥夺情况。

部分相对贫困指标忽略了结构因素，实证研究发现，即使同一标准下贫困测度的结果相同，总体贫困人口构成也可能有很大不同。例如，古斯塔夫森和尼沃罗兹基纳（Gustafsson and Nivorozhkina，1996）的研究结果显示，发生制度变革之前塔甘罗格的相对贫困情况与瑞典的相对贫困情况相同，但前者的相对贫困问题主要集中在大龄的、很少接受教育的女性群体中，后者则主要集中出现在年轻人中。

运用相对贫困指数要考虑数据的可得性及可靠性，因此即使贫困发生率广受批评（Atkinson，1987），但仍得到广泛应用。

5.1.3　相对贫困变动的影响因素

相对贫困发生率数值的变动，首先直接受制于贫困测度方法及真实生活水平变化。相对贫困线设定的不同，影响相对贫困的测算结果。诺顿和纽伯格（2011）根据美国和欧盟的贫困线设定方法，测度了1993~2000年美国和欧盟15国绝对贫困和相对贫困的变动状况，分析了1993~2000年平均收入和收入分配的变动以及贫困线的变动这两个因素对贫困测度结果的影响。结果表明，贫困线变动造成贫困发生率的变化，但相对贫困的减轻更多是生活水平提高的结果。此外，等价算子的选取并不会改变相对贫困的测算结果，伯克豪萨等（Burkhauser et al.，1996）通过不同的等价算子对美国与德国的不平等状况进行了实证研究，发现等价算子选择与不平等测算结果无关。

相对贫困真实状况的改变及其测算结果，根本上受到一系列内生致贫因素的影响，测算结果主要与制约经济不平等的宏观因素密切相关。

根据库兹涅茨曲线，收入分配状况随经济增长呈现倒"U"型。大量实证研究显示，发展中国家相对贫困状况有时会随着经济增长反而恶化。布斯（Booth，2000）检验了苏哈托执政时期印度尼西亚经济发展与贫困及不平等的关系，使用人均收入的50%作为相对贫困线衡量城乡贫困发生率，并与官方贫困线下的贫困发生率进行对比。研究发现，相比官方绝对贫困线推导出的贫困发生率，相对贫困发生率下降速度更慢，城市区域相对贫困状况从1987~1996年有所恶化。安华（Anwar，2005）使用相对贫困线及多个FGT指数对巴基斯坦的相对贫困进行了测度。结果显示，在所选择的15年的考察期间，经济增长大部分收益被富人所取得。拉瓦里翁（2005）对70个发展中国家的经济增长与不平等情况之间的关系进行研究，发现二者并没有显著联系。杰汀（Jetin，2016）基于社会融合视角，研究东盟国家经济增长与不同类型贫困之间的关联性，发现绝对贫困随着经济增长而缓解，但相对贫困在增加。

福利制度影响收入分配，进而影响相对贫困状况。莫勒（Moller，2003）选择相对贫困的概念，利用卢森堡收入研究数据，比较 1970～1997 年的税收/转移支付前后的贫困状况，对税收及转移支付系统的减贫效应进行统计测度。研究发现，经济发展"U"型转折相关因素对税前相对贫困的影响更为显著，福利制度对相对贫困存在"熨平"作用。布朗迪（2005）使用 18 个西方发达国家 1967～1997 年的面板数据，对福利状态与相对贫困的关系进行了实证分析，发现福利获得因素对相对贫困的影响是显著的，在福利状态的代理变量中，社会保险转移支付和公共医疗支出对贫困表现的影响最大，该影响效应在不同的福利国家中都是相同的。肯沃西（Kenworthy，1999）指出，运用相对贫困指标测度贫困，有时会鼓励政府增加穷人福利，这种福利赋予使得贫困发生率下降，但可能牺牲增长速度，给穷人带来长期危害。

劳动力市场参与以及阶层流动性在家庭生计层面构成相对贫困的重要制约。布朗迪（2006）引入结构理论，观测了 5 个发达国家相对贫困发生率在 1969～2000 年的变动情况，利用非平衡面板与随机效应模型对相对贫困的影响因素进行了测度。结果显示，女性就业率等是影响相对贫困的重要因素。阶层流动性反映了贫困人口参与市场并借此摆脱贫困的能力，会影响相对贫困的程度以及相对贫困的持续时间。邓肯（Duncan，1993）使用经家庭规模调整后的收入中位数作为指标，将本期低于这一中位数 50% 的家庭视为相对贫困家庭，该家庭下一时期收入高于该中位数的 60% 则为脱贫。据此实证分析发现，欧洲国家因为较高的阶层流动性，相对贫困状况较轻且持续时间有限；美国因收入分布不均，即使阶层流动性强，但是相对贫困状况仍较严重，且持续时间长。因此，阶层流动性只是减轻相对贫困的必要条件，不平等性才是相对贫困的结构化根源。

地理因素、金融因素、全球化水平也会影响相对贫困状况。卡雷尔（Karel，1993）运用主观贫困线和相对贫困线（欧盟推荐的相对贫困线即 50% 的平均等价收入），对欧洲几个国家和地区的贫困现象进行了测度，并研究了贫困的空间分布，发现欧盟中心国家相比外围国家的贫困状况更轻。金融对相对贫困的作用机制，主要是通过有效的金融中介来缓解收入分配的不均。贝克（2005）发现，可以通过金融资源倾斜提升穷人的金融获得感，减轻收入不平等。纳赛尔（Naceur，2016）基于1967～2011年143个国家的数据，研究金融发展程度与不平等及贫困的关系，发现金融发展可以显著缓解收入分配的不均等状况与贫困状况，但是金融自由化可能会加剧不平等与贫困问题。全球化水平在减轻收入不平等方面也有一定的作用，但主要是作用在发展中国家。内欧顿和赫斯马蒂（Neutel and Heshmati，2006）构建了全球化指数，研究了65个发展中国家的全球化水平与收入不平等及贫困的关系，发现全球化可减轻相对贫困，但这种缓释效应逐渐减弱。

相对贫困线变动与真实生活水平变动，都会影响相对贫困测度结构。但是，相对贫困主要由分配不平等问题引起，一些市场因素可能会加重相对贫困，如劳动市场参与度低、女性劳动投入低等，同时一些市场因素也可以起到缓解作用，如金融市场的发展与市场开放度的提升。大多数文献认为，一方面，市场因素对相对贫困的负效应大于其正效应；另一方面，福利政策对管控相对贫困是必要的。

5.1.4 相对贫困研究进展与展望

1. 全球相对贫困的研究进展

相对贫困及其衍生问题引起的社会后果受到全球关注，关于其测度方法的探讨仍在继续。近年来相对贫困研究视角呈现出多维、实证及跨学科特点，越来越多的文献探讨了相对贫困的管控之策。

克里格和迈耶里克斯（Krieger and Meierrieks，2019）运用计量模型对1984～2012年113个国家的恐怖主义活动状况与收入不平等之间的关系进行了研究，结果表明，低收入国家相对贫困的加剧对恐怖主义活动有着明显的正向影响。斋藤（Saito，2019）运用比例风险回归模型进行实证分析，发现相对剥夺、相对贫困会对日本65岁以上老年人的死亡率造成正向影响，当相对剥夺程度较高时，老年人非正常死亡的概率更大。他的研究还表明，比起相对贫困指标，相对剥夺指标可以更好地反映极端贫困与绝对贫困状况。值得注意的是，相对贫困研究向交叉学科方向蔓延，近年来与公共卫生政策研究有了较多的研究融合，如李等（Lee，2019）研究了韩国生活在相对贫困线之下的人口慢性阻塞性肺病的流行情况。

一些文献批评了现行的相对贫困线制定标准。英国就业与退休保障部在2015 年的文件中认为，将贫困线设置为收入中位数的60% 并不能很好地反映儿童的贫困状况，存在较为严重的缺陷。斯图尔特和罗伯茨（Stewart and Roberts，2019）则认为尽管该贫困线在设定中有着随意性，有时也会因不同比例人口收入变化与平均收入水平变化的不同步而对贫困状况产生错误的判断，但其总体上仍是贫困追踪的重要手段。多维贫困成为相对贫困测度方法研讨的热点。加西亚—佩雷斯（García-Pérez，2016）介绍了一种相对多维贫困门槛，并使用西班牙的数据进行了实证分析。萨帕（Suppa，2018）从能力出发构建了真实多维贫困指数，论证了该多维贫困指数的优势，并通过实证分析提出收入贫困测度局限性。范和穆克（Pham and Mukhopadhaya，2018）借助相对模糊测度法，选择一个货币指标与六个非货币指标，对越南的相对贫困状况进行多维测度，揭示出越南相对贫困的多维性，对比指出了传统贫困测度方式的缺陷。当和兰舟（Dang and Lanjouw，2017）提出了从相对视角设定脆弱贫困线的两类方法，作为国际间比较的指标，既衡量了穷国与富国间福利目标的差异，又可以作为划定中产阶级的标准。

基于相对贫困测度方法研究相对贫困发生与分布特征及政策干预仍是文献分析的焦点。安诺尼和韦扎克—比亚沃洛斯卡（Annoni and Weziak-Bialowolska，2016）基于相对贫困的结构性特征考察，建议欧盟因地制宜制订精准的减贫计划来达成政策目标。布里奇恩和迈耶（Bridgen and Meyer，2019）运用相对贫困线分析了一些生活困苦的移民退休后在移民国中的生计贫困状态，发现由于退休金收入未能达到相对贫困线水平，这些移民晚年生活获得感与社会融入性差，福利水平下降，相对贫困加剧。菲兰德里和斯杜夫里（Filandri and Struffolino，2019）采用个人与家户两个层次的相对贫困线，研究了工作妇女相对贫困状况的影响因素，发现在控制国内收入不平等的情况下，妇女劳动市场参与度与其相对贫困状况正相关，因此在提升妇女劳动参与度的同时，还要采取措施提高妇女在劳动市场中的地位。米哈莱克和维博斯托克（Michalek and Vybostok，2019）研究了欧盟 28 个成员国中经济增长与不平等的关系，发现经济增长未明显带来不平等程度的降低。

随着统计与计量模型的发展，反映多维剥夺的相对贫困指数得到更多的实证探讨。但是，相对贫困是一个有模糊性的概念。基于全球贫困演化现状，构建系统、明确的相对贫困概念与测度指标，仍是相对贫困研究的前沿命题。

2. 国内的相对贫困研究状况与展望

相对贫困问题早已成为学界关注的前瞻命题。蔡昉等（2002）检验了相对贫困假说，认为相对贫困与绝对贫困是促成农村劳动力迁移的共同因素。李永友等（2007）研究认为，20 世纪 80 年代以来中国相对贫困呈上升趋势且会限制增长，其成因与财富初始分配环节中劳动力价格的行业差异有关，控制相对贫困水平应调控初始分配形成的收入分配差距，提高财政支出在缓解相对贫困中的作用。黄瑾等（Huang et al.，2016）的实证研究表明，相对收入对家庭幸福程度有负向作用。

部分学者研究了相对剥夺导致的相对贫困问题。任国强和潘秀丽（Ren and Pan，2016）介绍了一种衡量相对剥夺的指数。陈熙（Chen，2016）回顾了国内相对剥夺测度的研究文献，论证了公共政策在相对贫困与相对剥夺缓解中的重要作用。卢世菊等（2018）从经济贫困、能力贫困与权力贫困三个方面对湖北恩施 5 个贫困村在旅游扶贫中所出现的相对剥夺问题进行研究，提出旅游扶贫应考虑贫困群体的非经济诉求。针对精准扶贫政策偏差导致的一些相对剥夺问题，朱冬亮（2019）观察认为，边缘贫困户由于无法获得扶贫红利而产生相对剥夺感，形成相对贫困问题。刘玉琪等（Liu et al.，2019）关注了广州城市外来移民相对剥夺对主观福利的影响，剖析了绝对收入不足引发相对剥夺感，进而降低主观福利的传导路径。

也有学者就如何缓解相对贫困提出了政策建议或参考指标。蔡亚庆等（2016）运用绝对贫困线与相对贫困线度量和分析我国农户的慢性贫困，通过计量模型研究发现人力资本、社会资本及收入来源集中度都影响着贫困持续性，认为应通过加大农村教育投入、完善户籍制度、拓展农民的增收渠道、控制农民的收入风险来控制贫困蔓延。张彦和孙帅（2016）则提出了相对贫困命题的伦理学分析视角。杨舸（2017）考察流动人口的相对贫困现状后发现，城市中的流动人口承受着收入、消费及公共资源三维相对贫困，应从完善社保体制、户籍制度及扩大基本公共服务覆盖面等方面进行调整。龙玉其（2018）针对北京市老年人的相对贫困状况进行了研究，分析了老年相对贫困的成因及相对贫困与养老保险的关系，就如何通过改进养老保险体制缓解老年人相对贫困提出了政策建议。朱姝等（2018）通过熵权法构建脱贫潜力评价体系，对广东省粤北山区相对贫困村的脱贫潜力进行评估，提出相对贫困村的脱贫能力等级的评估体系。

关于相对贫困线设定问题，陈宗胜等（2013）研究认为，中国相对贫困恶化是由其测度标准即贫困线绝对值长期保持不变，或其增幅阶段性放缓造成的，建议重视相对贫困，设定"相对贫困线"度量标准，以有效促进贫困人口增收脱贫。闫菊娥等（2018）采用基于相对贫困内涵的扩展线性支出系统模型（extend linear expenditurs system，ELES）对陕西省的贫困线进行重新设定，并将采用该贫困线与采用官方贫困线与国际贫困线得出的贫困发生率、贫困缺口率及 FGT 指数下的贫困状况进行了对比。研究显示，官方贫困线低估了贫困，基于相对贫困内涵的 ELES 模型能更好地反映贫困状况。

作为一个开放的建构中的研究范式，相对贫困文献分布于经济学、社会学及伦理学等领域，在能力、资源、权利贫困的多重视角下，逐渐形成了基于收入分配不平等、相对剥夺及社会排斥等理论视角的多元概念、理论体系。在相对贫困测度方法上，"二分法"下相对贫困线与相对贫困指数是核心测度指标，非"二分法"下的贫困测度进展则得益于统计学工具的运用。市场和非市场因素共同影响一国或地区的相对贫困表现，大量案例与实证研究表明，政府的再分配政策对缓解相对贫困有重要作用。相对贫困研究大多停留于宏观指标（如贫困发生率及各种指数）分析，难以揭示扶贫政策的传导机制。随着多维贫困理论与方法的进展，多维相对贫困测度与分析成为研究的前沿。中国特色的相对贫困理论尚未成型，合理界定与测度相对贫困，揭示相对贫困的形成与演化机理，适时提出相对贫困的预测、管控之策，是当前开展相对贫困问题前瞻性研究的核心任务。

5.2　2020 年之后的贫困治理：返贫风险
与相对贫困的精准管控

在全面消除贫困、建成小康社会的历史时刻，中国贫困性质与贫困治理矛盾也在发生新的变化，疫情防控常态化带来新挑战，双循环新发展格局正在形成，提升脱贫质量、管控返贫风险，实现巩固拓展脱贫攻坚成果与乡村振兴的有效衔接，考验着中国制度效能的持续性。

当务之急，是在常态化疫情防控中，统筹推进精准防疫、精准救灾与精准脱贫，加快推进经济秩序全面恢复和乡村经济高质量发展，破解贫困人口生计渠道梗阻，防范因疫因灾返贫致贫，确保脱贫攻坚的质量及稳定性。

长期看，应着眼于精准扶贫与乡村振兴的精准衔接，推动减贫治贫的战略重心从物质基建、要素输入驱动的超常规脱贫转向科技基建、制度供给主导的乡村振兴与贫困治理，构建全面小康时代的相对贫困治理体制机制，实现贫困治理能力和治理体系现代化。

5.2.1 精准补齐脱贫短板、有效防控返贫风险

习近平指出："脱贫摘帽不是终点，而是新生活、新奋斗的起点。""我们没有任何理由骄傲自满、松劲歇脚，必须乘势而上、再接再厉、接续奋斗。"[①]

第一，坚持精准扶贫"制度刚性"，形成中央普查评估与群众监督的治理合力，破解隐性贫困痼疾，补齐脱贫质量短板，提升边缘贫困村户发展能力，确保"应扶尽扶、应脱尽脱"。

消除隐性贫困、严防因疫致贫返贫，推动脱贫攻坚质量提升。一是针对"三区三州"深度贫困乡村，严守高质量脱贫标准，坚持精准扶贫制度刚性，强化中央集成支持、东西扶贫协作与地方自主发展的脱贫合力，确保"三保障"和饮水安全等脱贫短板得到补齐。二是针对潜在的边缘易致贫人口、不稳定脱贫易返贫人口，以及受疫情和灾情冲击的生计脆弱人口，进行分类识别与综合施策，推动其内生脱贫、稳定脱贫；将没有劳动能力的特殊困难群众纳入由低保医保、养老保险、救助供养、临时救助构筑的综合社保兜底体系。三是确保制度定力，集中攻克最后的贫困堡垒，"全面扫清"扶贫短板、脱贫死角，统筹安排专项扶贫资金，支持非贫困县（村）的"插花"贫困村户、边缘贫困村户发展脱贫。除继续强化以党建促脱贫的政治动能、中央督导普查的实际成效，

---

① 习近平：《在全国脱贫攻坚总结表彰大会上的讲话》，新华网，2021 年 2 月 25 日。

还应全面增强人民群众在扶贫考核评价中的参与度，发挥其作为脱贫主体的治理与监督功能。

第二，强化综合减贫"制度韧性"，适应疫情防控常态化形势，减少洪涝灾害影响，完善返贫风险监测预警与长效防治机制，精准追踪、有效管控因疫返贫致贫、因产业失败而群体返贫等风险。

当前一些脱贫地区存在产业基础薄弱、项目同质化、就业不稳定、转移收入占比过高的情况；边缘人口存在返贫致贫风险；在疫情突发及防控常态化的形势下，部分行业务工人员"失岗"，特色农产品"滞销卖难"，"三区三州"地区特色旅游产业因疫情防控而客流受限，造成贫困农户工资性收入与经营性收入出现缺口；有的地方脱贫摘帽后对脱贫攻坚的重视程度、工作力度减弱，资金投入增速变缓，有的脱贫人口收入甚至下降，有的贫困村退出后第一书记和驻村工作队实际不在岗。[1] 绝对贫困问题的解决是一个系统工程，难以做到一劳永逸的 100% 消除，保证脱贫人口生计能力长期提升，做好返贫及新增贫困管控才是科学的应对之策。政府应主动作为，发挥综合减贫的制度韧性，构建返贫风险识别、防控与帮扶的常态化机制。一是完善疫情防控常态化下的精准防疫与精准脱贫统筹推进与协同治理的长效机制，强化市场经济供需修复与循环再造；精准追堵可能导致疫情反弹的治理漏洞，瞄准疫情伤害民生、影响脱贫的关键渠道，开展生产脱贫的精准施策和长效赋能，识别因疫、因灾返贫与因疫致贫风险人群，给予分类帮扶和靶向施策；利用大数据及智能技术，做好贫困农民工城乡流动的追踪引导，强化务工防疫协同支持。二是必须从结构改革、治理改进、基建完善、科技赋能路径上重振经济动能，为完成脱贫攻坚、最小化管控返贫风险提供经济支撑；针对产业链因疫因灾中断导致的失岗减收、扶贫产业在政策退出后遭遇市场风险导致的密集返贫，[2] 构建风险预判、未雨绸缪长效机制，推进扶贫产业转型升级与接续替代以及洪涝地质灾害抗御能力提升，为乡村经营主体、集体企业进行市场赋能，为易受疫情灾情冲击的农户进行生计赋能。

---

[1] 刘永富：《坚决克服新冠肺炎疫情影响 全力啃下脱贫攻坚硬骨头》，载于《求是》2020 年第 9 期。

[2] 按照农业农村部数据，当前依赖产业帮扶的"摘帽村"占到 67%，存在着"干部一走、产业就散"的风险。

第三，强化脱贫攻坚"制度柔性"，聚焦"三区三州"脱贫不稳地区及人口，精准识别与补齐扶贫工作短板、脱贫质量弱项，消除返贫风险隐患。

全面夯实脱贫基础，确保贫困不反弹。在脱贫质量与实效的排查与抽查中，突出多维质量导向，精准识别各种隐性贫困和脱贫盲点，补齐短板、分类施策，切实解决"两不愁三保障"以及饮用水安全隐患，全面巩固精准扶贫与发展减贫的综合施策成果。一是边远民族地区基建困难。高寒藏族聚居区乡村海拔高、气候恶劣、地质灾害多发，基建成本高；彝族聚居区幅员辽阔，贫困村落散布，即使接入高速公路，内部基建及公共服务短期难以连接成网。对此，应从"三区三州"扶贫资源的空间配置最优出发，统筹搬迁脱贫与基建网络建设，提升基建经济性与效率。二是改变结果导向的帮扶考核方式，基于劳动力结构与收入结构的匹配状况，构建科学的识别标准，精准甄别精神贫困与能力贫困，降低全劳动力家庭转移性收入比例。应加快藏族聚居区和彝族聚居区的普通话培训进程，解决技能培训和进城务工的语言难题，坚决遏制极端宗教势力和不良文化的冲击与影响。三是扶贫产业能否经受住市场风险，实现可持续发展。例如，凉山彝族聚居区一些深度贫困村的家庭种养业和畜牧业，受制于技术限制和市场风险，规模上不去、经营无效益。四是如何平衡特色畜牧业发展与环境保护的关系。例如，藏族聚居区贫困户选择养牦牛作为脱贫生计，但会对天然草场造成一定的破坏；易地搬迁或生态移民后，却忽略对居住原址的生态修复。应加强这些区域的退耕还林还草论证与实施工作。五是部分贫困县扶贫资金的使用仍然缺乏效率。例如，一些深度贫困县将涉农资金、扶贫资金用于修建博物馆、无明显益贫效应的农业示范点。六是警惕互联网金融在深度贫困地区的扩张风险，避免其对脱贫资金资源的侵蚀吸转效应。开展移风易俗、乡风建设，控制人情支出与非生产活动对资源的过度占用。

5.2.2 引导脱贫农户融入乡村产业，推动脱贫地区全面振兴

习近平总书记指出："要保持现有帮扶政策总体稳定，接续推进全面脱贫与乡村振兴有效衔接，推动贫困地区走向全面振兴。"①

---

① 刘杨：《习近平在安徽考察》，新华社，2020 年 8 月 21 日。

1. 引导脱贫农户融入乡村产业，实现精准扶贫与乡村振兴衔接

《国务院关于促进乡村产业振兴的指导意见》提出，产业兴旺是乡村振兴的重要基础，是解决农村一切问题的前提。一方面，乡村振兴的目标取向是农民的全面发展，乡村产业振兴承载着农户的生计保障功能与生计发展使命。通过产业振兴与联农带农，把农业产业链的增值收益、就业岗位赋予农民，有助于发挥支农惠农、强农富农效应。另一方面，乡村振兴的微观动能源自农民的现代化与市场化转型，产业振兴离不开新型经营主体的培育。促进小农户与现代农业发展有机衔接、与城乡市场有效对接，推动脱贫农户融入乡村产业振兴，既是农业现代化与农民全面发展的内在需求，也是乡村产业振兴的根本保障。在精准脱贫的战略视角下，以就业效应大、附加值高的乡村新业态为载体，促进乡村产业振兴与农户生计转型的融合，是提升产业脱贫质量与可持续性的根本途径（贺立龙，2019）。

第一，脱贫农户融入乡村产业是乡村振兴接续精准脱贫的内在要求。脱贫攻坚进入决胜阶段，亟待以产业振兴巩固脱贫成果，保持农户生产就业稳定。在相当一部分贫困退出村，外出务工是农户脱贫的主要收入来源，集体经济增收贡献有限（杨光，2017）；一些农户的小规模种养业遭遇技术与市场困境，经营风险正在显现（潘文轩，2018）。在一些产业不兴、空心化严重的乡村，农户大多选择"打工脱贫"，短期内有助于加快脱贫进度，但却影响了乡村产业根基；长期看，一些农民工因人力资本层次不高，务工增收不稳，有可能转化为城市隐性贫困人口，或者滋生"回乡返贫"的风险。推进乡村产业振兴，把小农生产引入现代农业发展轨道，确保脱贫农户"有业可续"，使之实现与外部市场的有效衔接，既是破解乡村产业不兴、劳动力难留的关键，也是当前稳定脱贫成效、提升脱贫质量、管控返贫风险的重要保障。

以乡村振兴接续与巩固精准扶贫，必须主动推进脱贫农户融入乡村产业发展。乡村振兴带动脱贫农户致富不是一个自发的市场过程，增长减贫的"涓滴效应"有时会失效，乡村产业发展未必总能惠及生计能力弱的那部分脱贫人口。一些地区以区域发展之名上项目、要资金、搞产业，经济增长了、社会服务水平提高了，贫富差距却拉大了。脱贫人口参与少，乡村产业发展缺乏劳动活力，影响乡村振兴的经济动能；脱贫人口不能融入乡村产业，难以获得长效生计，可能再次返贫。因此，积极推动脱贫人口在乡村振兴中的产业融入，关系到稳定脱贫与防控返贫，决定全面小康社会的成色、乡村振兴战略的实施成效。

第二，脱贫农户与乡村产业融合共生的经济性质。乡村产业与贫困农户具有存续发展的内生契合性。一方面，乡村产业是一个多层次的业态综合体，既包括作为国民经济基础的农业（如粮食生产及其他种养业），也包括作为现代产业增长点的乡村工商业和第一、第二、第三产业融合的新业态。单一的农业生产具有先天弱质性，分工组织难以有效展开，存在生产率的相对劣势（高帆，2006），偏向于吸纳收益率要求不高、人力资本层次较低的劳动力，其中相当一部分是来自半（弱）劳动力集中的脱贫农户；家庭农场、种养大户经营的有一定规模的现代农业，农产品深加工、乡村旅游、工商经营等非农产业，要由人力资本层次较高的乡村创业者来主导——产业脱贫与务工脱贫农户是其潜在主体。另一方面，脱贫农户呈现显著的结构化特征。以半（弱）劳动力为主甚至无劳动力的贫困户要实现稳定脱贫，除了政策兜底，也离不开来自农业生产或集体收益的生计保障；而缺少发展机会致贫的全劳动力家庭，在通过务工或生产摆脱贫困之后，只有融入乡村现代产业链，才能实现生计可持续。2013～2020 年中国有 1 亿农村人口摆脱绝对贫困，但经估算仅 20% 的脱贫人口能实现稳定城镇化，绝大多数脱贫农户要以乡村产业作为生计保障与现代化载体支撑。[①]

乡村产业与脱贫农户具有成长共生的条件一致性。一是乡村产业培育中的市场机会捕捉、业务空间扩张，与脱贫农户生计选择的视野拓展，都要以破除信息藩篱为前提，根本路径是信息科技赋能（如电子商务培训与电商平台对接）。二是乡村产业运行中的交易时距压缩、流通成本消解与脱贫农户商品生产的市场可达，要以完善基建交通为支撑，关键节点在乡村冷链物流（如农产品冷链物流的供应链前置、解决乡村"最先一公里"问题）。三是乡村产业发展中的虫害疫灾防治、市场风险缓释，与脱贫农户规模化经营的商业存续，都以补齐公共服务短板为保障，核心诉求是农技精准服务（如家禽牲畜疫病防治、特色种植技术指导）。四是乡村产业扩张中的产业链成长、城乡连接融通，与脱贫农户产业链的内生融入，均以龙头企业与生产性服务业为牵引，着力点是农企

---

① 全国人民代表大会常务委员会专题调研组：《关于脱贫攻坚工作情况的调研报告》，中国人大网，2019 年 2 月 28 日。

契约设计与农业服务模式创新（如返租倒包、农业生产托管）。① 五是乡村产业现代化中的创新精神集聚、人力资本提升与脱贫农户产业经营能力的生成，均以精神脱贫与技能学习为动能，有效策略是能人带动与农户"干中学"（如种养大户示范效应、产业瞄准的技能培训）。② 上述条件的实现，从电商平台、冷链物流建设到生产性服务在乡村集聚，都需农户生产经营达到一定的规模阈值、质量门槛与分工边界，但是农户经营规模化又离不开上述条件支持——在产业贫瘠乡村，二者互为因果累积，容易陷入低水平均衡陷阱。③ 破解陷阱需要综合施策，实现全产业链、供应链与技术链培育，促成脱贫农户在龙头企业带动下的规模化生产。

乡村产业与脱贫农户的融合发展，不是一个自发的市场演进过程，而需要外生力量推动、适宜的制度与政策支持，以打破分割状态的低水平均衡陷阱。从动能重塑上，由城镇化的单向拉动——富余劳动力的城镇转移带来农村土地的集约化与产业化利用、农户务工脱贫，转向城乡融合的双向动能——一方面人口城镇化带来乡村产业用地集聚与务工脱贫，另一方面城镇资本及市场要素"下乡"、返乡农民工"逆城镇化"，推动农业的现代化改造、乡村工商业发展以及农户产业脱贫。城乡融合驱动农户融入乡村产业，一般有三条路径：进城务工脱贫与返乡创业经营；城市产业链与供应链接入乡村产业及小农户，形成城乡产业链；工商资本下乡，创新产业组织，优化基建与公共服务，带动农户就业或经营。从战略支持上，考虑乡村产业多功能与脱贫农户异质性的分层契合，应发挥政府的战略集成功能，给予精准政策支持。一是依托城乡融合动能，从基础设施建设与公共服务打造到产业链培育、农户能力提升，推动乡村产业资

---

① 美国农业劳动力只占劳动力的 2%，但农业服务人数占劳动力的 10% 以上，农业服务业分工外包，将是现代农业发展的基本规律。参见张天佐：《农业生产性服务业是振兴乡村的大产业》，载于《农民日报》2018 年 11 月 18 日。

② 农村"能人"个人条件较好，凭借经济优势在当地形成一定威望，在信息闭塞的贫困乡村和农户群体中，更容易产生带动效应。参见钱学明：《产业扶贫要用好"能人"》，载于《人民日报》2017 年 11 月 8 日。

③ 在一些乡村调研发现，贫困农户受限于土地条件、经营能力，大多从事小农经济与分散经营，农副产品规模小、质量参差不齐，不符合电商上线要求，达不到冷链物流与农业服务发展的市场容量；这些因素又制约贫困农户生产的规模化与产业化，陷入产业与农户分散并存的低水平均衡陷阱。这里借鉴了发展经济学"循环累积因果""低水平均衡陷阱"的理论。参见 Myrdal G., *Economic Theory and Under Developed Regions*, London: Gerald Duckworth and Co., 1957: 3 – 6. Richard R. Nelson, "A Theory of the Low-Level Equilibrium Trap in Underdeveloped Economies", *The American Economic Review*, 1956, 46（5）: 894 – 908.

源集成配置与业态创新；二是甄别不同类型的脱贫户与乡村业态，着眼于生计保障与生计发展，选择不同的产业链融入目标，识别融入的关键制度与资源障碍、技术及能力短板，给予精准施策。从国际案例看，政府给予科技支援、资金支持的农业现代化改造，乡村产业的非农化与多样化发展是产业振兴与农户发展的重要路径。例如，美国自 20 世纪中期，通过廉价土地供给、财政援助，从城镇引入制造业，实现乡村产业的多样化；生物研究所之类的科研机构进行农业新品种研发，普及农业机械化，推进了农田经营的集约化、信息化与自动化；2015 年联邦政府实施"乡村发展"计划，向乡村产业经营者提供了 2970 亿美元的贷款和津贴，并进行技术援助。乡村服务业和制造业为乡村居民提供了超过 70% 的就业岗位。[1]

第三，产业链经营及能力转型是农户融入乡村产业振兴的有效路径。脱贫农户融入乡村产业振兴，最有效的融入方式是产业链融入。《中共中央 国务院关于实施乡村振兴战略的意见》指出，大力开发农业多种功能，延长产业链、提升价值链、完善利益链，通过保底分红、股份合作、利润返还，让农民合理分享全产业链增值收益。脱贫农户融入乡村产业链，应是一种有效的产业链经营。其一，脱贫农户不是零散、偶发的个体经营或就业参与，而是一种深入稳定的产业链经营，只有占据乡村产业链的某一生产经营环节，脱贫农户才能获得长效收益。其二，脱贫农户不是被动联系产业链，而是通过生产经营或技术能力的提升，主动经营产业链并分享收益。若缺少融入内生动力以及对产业链的经营能力，脱贫农户就难以进入乡村产业链"核心环节"，被排斥在乡村产业振兴的"圈层之外"。

脱贫农户融入乡村产业链，要有一定的内生动力、联结方式与实现条件。脱贫农户作为刚摆脱贫困、发展能力较弱的小农群体，受限于人力资本及务农经商技能不足，生计资本、市场渠道、社会关系匮乏，往往缺少产业经营的内生动力，发展生产也多处于产业链低端环节，由于市场视野与产业意识不足，容易造成产业链融入的"动力桎梏"。乡村区位、资源禀赋、基建与公共服务、产业组织发育与政策环境、乡村信息网络与文化习俗，也会影响脱贫农户的产业融入成效。中华全国工商业联合会调研发现，很多地方产业扶

---

[1] 李晴、叶勉：《美国乡村发展的四个阶段》，http：//www.upnews.cn/archives/39748，2018 年 8 月 6 日。

贫只开发初级产品，没有深加工，脱贫户在政策倡导下开展产业经营，也多是种植、养殖等初始环节，收益率低且不稳定（郝红波，2017）。脱贫农户能否有效融入乡村产业链，生计能力的转型提升是关键，如务工脱贫人口回乡创业的动力激发、产业经营的能力获得、本地生产脱贫人口从事规模化产业经营的素质提升等。

农户从参与产业脱贫到主动经营产业链，是农户获得、运用与提升产业链能力"干中学"的强化过程。脱贫农户的产业链经营能力，涵盖产业融入内生动力、市场机会识别能力、产业链特定环节的经营能力。其一，脱贫农户融入乡村产业链，是增收动机驱动下的市场机会识别与产业经营行为。通过政策奖补或先富带动，激发农户动力，是至关重要的一步。其二，农户产业链经营能力的获得，来自技能培训、能人带动、政策引导下的农户"干中学"过程。相比"给股份、发种苗，包市场、送收益"的短期帮扶，产业孵化、创业示范、技能培训更有助于农户产业链经营能力的内生获取与可持续增进。其三，不同类型的脱贫农户，如外出务工者或本地务农者，又如半（弱）劳动力农户、全劳动力农户，融入产业链的动力、深度、环节、路径也是不同的。应从城乡产业链体系构成及其市场运行中，区分农户类型，审视其参与产业链经营的主体特性，精准引导其在产业链内外的分工协作与经营行为。

脱贫农户产业链经营能力的演化及其在产业链融入中的深化，可分为三个阶段。第一阶段，农户唤醒自身产业脱贫动力，学习与掌握小规模经营的基本技能，参与到特色种养等产业链初级环节；第二阶段，农户激发产业致富的内在活力，获得市场机会识别与专业化经营能力，与合作社或企业开展合作，融入乡村产业链并分享稳定、较高的收益；第三阶段，农户从事专业化与规模化经营，形成自我发展能力，融入产业链高附加值环节，并有较强议价能力，从中分享高收益，获得融资或吸收技术，参与产业链治理，主导乡村产业链成长。

第四，脱贫农户融入乡村产业振兴的分类实现与机制设计。不同类型脱贫农户的产业融入与产业链经营有显著的差异性。人力资本异质性、脱贫生计分化均影响农户产业链融入的路径与效率。农户资源禀赋（劳动力、资金、社会资本）不同，对产业链的要素投入不同，将形成多元化的产业融入路径、产业链经营类型与持续增收渠道。一是残疾人、孤寡老人、长期患病者三类"无业可扶"的农户，脱贫主要靠政策兜底，具有显著的公共收益配给特征。一方面进行资源确权，使之借助集体经济分红等资产收益渠道，融入养殖、光伏、水电、乡村旅游产业链；另一方面因地制宜，给予公益岗安置，引导其发展庭院经济。二是文化水平低、技能缺乏的农户，通过教育与技能培训为其生计赋能，强化生计信息供给，增加生计资本，引导其与现代产业与市场对接。三是有一定文化与技能，通过务工或生产脱贫的农户，产业融入能力强，有望成为产业链主导力量。一方面针对在城市经商、从事管理或技术工种的脱贫农户家庭成员，定向引导、精准施策，推进其回乡创业，经营产业链。另一方面针对扎根乡村从事规模种养、工商经营而脱贫的农户，充分发挥其作为致富带头人经营乡村产业链的带动作用；切实推进乡村企业家精神培育，推动有经营潜力的农户向创业农户转型。

不同生计能力的脱贫农户，如何实现在乡村产业的内生融入与长效增收？脱贫农户的产业融入不是一个自发的市场过程，而是在一系列制度安排与政策引导下，农户产业能力提升与乡村产业链培育的交互影响、融合提升过程。一方面应发挥市场决定作用，按产业链的形成与演化规律，形成脱贫农户与产业链的内生融合共生机制；另一方面通过政策引导、制度保障，提升农户议价能力，避免脱贫农户遭受资本剥夺、出现"产业旺、农民穷"。脱贫农户在产业链中的有效融入，有赖于合理的制度安排和有效的机制设计。

第一，惠农强农型乡村产业链的选择与培育机制。因地制宜，发展市场广阔、农户受益的高附加值产业链，如特色种养、乡村旅游、特色资源加工业和农业服务业等。绘制乡村产业链技术路线图，通过"选链、补链、升链"，引导第一、第二、第三产业融合与城乡对接。发挥规模化的区域市场优势，推进乡村特色产业的品牌塑造，培育全球竞争力。

第二，脱贫农户融入产业链的动力与能力内生机制。通过乡村用地与集体产权制度改革、新型经营主体培育、产业链经营的定向技能培训，激发脱贫农户自觉融入产业链的内生动力，提升脱贫农户的产业链经营能力。引导农户能力与产业链形态的交互演化。

第三，脱贫农户融入产业链的利益联结与成果共享机制。因地制宜推进以合作社、基地、园区为中间环节的产业链经营模式创新，采用订单、共营、托管契约形式，实现小农户与现代产业、城乡市场的内生融合与衔接。分类引导推进以"农户＋市场"（市场契约）、"农户＋合作社＋市场/公司"（中介契约）、"农户＋公司"（组织合作契约）为载体的产业链组织创新，加强小农户与龙头企业的市场合作与利益联结。因户施策，支持龙头企业与小农户建立契约型、分红型、股权型合作方式，推广"订单收购＋分红""农民入股＋保底收益＋按股分红"收益模式，强化契约效力与集体组织功能，保证农户合理议价与成果分享。

第四，农户产业链经营的要素供给与风险保障机制。农户参与乡村产业链经营，面临基建、物流、融资、市场、技能等系统性因素的制约。做好乡村基础设施、公共服务、普惠金融的有效供给，有助于强化产业支撑，降低交易成本。瞄准产业振兴需求，定向进行实用技术培训，推进"农超对接"，构建产销一体化，可帮助农户补齐技术短板，融入乡村产业（张建斌和徐世明，2017）。通过电商赋能，扭转"农商不联、产销脱钩"局面。多管齐下，综合采用商业保险、政策性产业风险补偿金、社员入股风险抵押等手段，构建脱贫农户参与产业链经营的风险缓释机制。

第五，乡村产业振兴中的农户治理参与机制。脱贫农户作为乡村产业振兴的微观主体，在乡村产业链的选择与治理中发挥参议与监督功能，有助于提升产业链选育的适宜性。可依托集体经济组织、农业合作社，完善脱贫农户在乡村产业链中的治理参与机制。

脱贫农户能否融入乡村产业链，融入效率如何，与政策适宜性与执行成效相关。通过更大力度的定向技术支持、龙头企业的带动，以及产业周转金（扶持基金）、小额信贷等财政信贷支持性政策的运用，发挥合作社组织的作用，可以帮助农户更有效地经营乡村产业链。

2. 实现扶贫战略和工作体系转型升级，推动贫困地区全面振兴

突出党建的政治引领作用，精准配置帮扶接续力量，强化村组干部正向激励，系统营造脱贫攻坚与乡村振兴的良好政治生态。面对国内外风险挑战增多的复杂形势，以党建引领脱贫攻坚与乡村振兴，增强党的政治领导力、思想引领力、群众组织力、社会号召力，是坚定"三农"发展的政治方向，发挥社会主义制度优势打赢脱贫攻坚战、推动乡村振兴的根本保障。在民族、宗教因素与贫困交织的"三区三州"乡村，应借助脱贫与振兴的历史契机，党建与法治建设结合，进一步夯实党建的信息化、网格化管理，进一步引导宗教适应社会主义社会，全面促进感恩教育内生化，全面推行爱国主义教育，全面提升中华民族的向心力、凝聚力。在深度贫困乡村，将党建考核与"三农"发展质量成效全面挂钩，切实改变党建的形式主义，切实扭转庸政、懒政、怠政的政治生态，切实发挥党组织在脱贫攻坚与乡村振兴中的领导核心与战斗堡垒功能。帮扶部门、帮扶干部和驻村工作队作为脱贫攻坚的指挥核心与一线尖兵，应进一步定位为乡村振兴的设计师、引导者与行动骨干。帮扶部门（干部）在政策资源、工作积极性及能力上存在不同，造成脱贫效果的村际差异，影响群众满意度与公平感。下一步可将帮扶分包的基准单位由村调整为乡镇，实行"小核心＋大网络"组团式帮扶，平衡帮扶资源配置，确保帮扶队伍接续与稳定。加强村组干部正向激励，适度提升全职村组干部工资待遇，构建工作成效与绩效奖金的挂钩联动机制。

突出市场的超大规模优势，精准补齐乡村产业链短板，激发并保护企业家精神，内生培育农企共享与城乡融合的现代产业体系。随着电商等新兴业态下沉，乡村供需潜力正不断释放，交通物流发展让城乡互补加强，城乡融合激发的超大规模市场优势为乡村产业振兴提供了强大势能。在精准扶贫与乡村振兴战略衔接期，应推动精准扶贫向精准育业转变，瞄准区域市场，发掘比较优势，用好科技赋能，精准选育市场韧性强、附加值高、共享度高的乡村产业链。从产业资金投入、经营主体培育、人才科技支撑、建设用地激活、物流基建配套等方面综合施策，改造小农经济，补齐产业链断点和短板，推动乡村现代产业体系内生发展。其中，经营规模化与企业家涌现是产业链成长的主导力量，是城乡创新资源及服务配套的集聚内核。可通过外引、内育的途径，培植产业链龙头企业，打破"经营规模小—资源聚合弱—产业贫瘠"的恶性循环。一是精准招商，推动城镇工商资本下乡、本籍企业家回乡投资创业，开发特色项目，连接城乡产业链与供应链；二是集聚帮扶资金与人才，投建有一定规模优势的集体企业以带动产业链成长，推动其向现代公司转型，培育本土经营者与技术骨干以实现经营接续。在产业基础环境上，聚力攻坚、精准施策，解决冷链物流、虫害病疫防治等突出短板问题。精准识别与有效防控乡村产业帮扶中的安全风险、市场风险与利益摩擦，打好农业基础能力提升、乡村产业链现代化的攻坚战，保持核心产业链自主性，维护主粮安全与农业稳定。当务之急是稳定恢复生猪生产，确保猪肉市场基本稳定；保护和发展中国大豆产业，修复大豆产业链条；强化产业链选育的市场前瞻性与技术可行性，防控市场风险与生态风险；优化农户与企业契约，完善风险分担机制，坚守农户权益不受损的底线。

5.2.3　研判贫困结构转换，做好绝对贫困与相对贫困协同治理

以实践为基础的科学性与革命性的统一，是马克思主义保持强大生命力的根源。习近平指出，在认识世界和改造世界的过程中，旧的问题解决了，新的问题又会产生，制度总是需要不断完善，因而改革既不可能一蹴而就、也不可能一劳永逸。[①]

在消除绝对贫困、不断推进贫困治理现代化这一时代命题上，中国共产党领导的政治优势与中国特色社会主义制度优势，不是一种静态优势，而是一种为适应贫困治理时代要求而不断改革调整、与时俱进、发展创新的动态优势。这种动态优势集中体现为，依托中国之治的政治与制度优势，不断推进贫困治理现代化。为此，应坚持城乡贫困长期防控理念，精准研判贫困时空演化，即绝对贫困与相对贫困的结构转换以及贫困的城乡双向流动，从发展减贫、精准干预、社会保障多方面构建相对贫困与绝对贫困的协同治理机制与综合应对之策。

第一，绝对贫困问题解决之后，乡村振兴与区域协调发展将成为国家高质量发展新的战略支撑，为新时期贫困治理提供强大动能。

积极推进以要素支持、基建投资为主的中央转移支付、东西部扶贫协作、对口物质支援，转向以制度供给、科技嫁接为主的中央政策支持、东西部发展合作、对口市场赋能。数字经济基建支持、产业链与供应链对接、营商环境学习、人才培训将是新一轮区域发展协作、对口支援与乡村振兴帮扶的制度要义。研判2020年全面脱贫之后新的阶段特征与发展机遇，进行乡村振兴与农户发展的前瞻性战略思考。将党建与扶贫、乡村振兴事业深度融合，精准选育产业链，关系到"三农"事业发展的政治方向、脱贫攻坚成效的巩固、脱贫人口的生计

---

① 《中共中央召开党外人士座谈会 习近平主持并发表重要讲话》，载于《人民日报》2013年11月14日。

可持续。设定减贫战略及机制、政策转型过渡期，着眼于扶贫资源再平衡，进行结构化减贫施策，考虑扶贫政策与工作体系总体稳定，分区分类实现帮扶政策及机制的转型升级或退出接续，强化地方发展动能与市场减贫力量，统筹支持非贫困县村及边缘性的贫困人口顺利脱贫，逐步减少现金转移支付，做好政策退出之后扶贫产业的风险应对，保持就业扶贫稳定，预防因产业与疫灾风险引发的"次生贫困"。

第二，突出贫困的长期防控理念，精准研判贫困性质演化，释放中国特色社会主义贫困治理的制度活力，构建相对贫困治理体制机制，做好制度、政策、科技预案，系统应对 2020 年之后城乡相对贫困问题。

贫困是长期存在的全球痼疾。中国解决绝对贫困问题之后，相对贫困仍会存在，绝对贫困也具有局部反复性。基于对精准脱贫与乡村振兴演进规律的研究，研判 2020 年全面脱贫之后新的阶段特征与发展机遇，进行乡村振兴与相对贫困治理战略融合的前瞻性思考。

一是研究贫困的空间演化与城乡传导，包括城乡融合进程中贫困的城乡双向传导，以及城市贫困问题的衍生与管控。将相对贫困治理、重大疫情防控与乡村振兴融入城乡融合发展体制机制，坚持发展减贫与内生脱贫结合，通过乡村振兴与城镇化的双向协同为相对贫困治理提供物质基础与经济动能。坚持以发展解决贫困问题的基本理念，普惠支持与精准帮扶结合，通过乡村制度改革、城乡市场开放与农户科技赋能，以及增长减贫与社会保障结合，充分释放社会主义市场经济体制的制度效能，保障共同富裕。重点围绕劳动力人口城乡流动，借助大数据平台，构建常态化疫情传染与失业返贫的协同防控体系，形成长短结合、标本兼治的城乡融合发展与防疫治贫体制机制。

二是加快构建相对贫困长效治理及绝对贫困再生管控机制。以超常规战略集中解决绝对贫困问题之后，相对贫困常态化管控将是中国 2020 年之后的贫困治理重心。相比开发扶贫与保障扶贫结合的绝对贫困破解机制，推进效率与公平均衡导向的初次分配制度改革、完善政府再分配机制、发展公益慈善等第三次分配方式，形成对区域失衡、分配不公的管控调节，将是相对贫困治理的制度要义。此外，重视贫困脆弱性较强的相对贫困人口再次落入绝对贫困的风险。基于对贫困脆弱性显著人口的精准识别，做好对相对贫困与绝对贫困双向转化的动态管控，抑制绝对贫困再生风险。

专栏 5 - 1

农户产业链融入的测度及影响因素：基于凉山彝区乡村调研

2017 年 8 月与 2018 年 7 月，课题组先后前往地处四川大凉山地区的凉山州甘洛县、西昌市开展彝区贫困村户生计调查，调研主题之一是农户产业融入的测度及影响因素。调研人员深入甘洛县、西昌市几个彝族村落进行农户访谈，形成反映农户生计选择及脱贫状态的混合截面数据，据此分析不同贫困程度、不同家庭结构的彝区农户生计偏好的选择，以及其他哪些因素也同时对选择偏好产生影响。

一、贫困程度与产业链融入的测度和研究方法

1. 贫困程度的主观测度及其修正

首先进行农户贫困程度的指标测度。学界一般基于收入与财产指标对家庭进行由贫到富的排序，从最低的 1/5 到最高的 1/5 进行分层以刻画贫困程度。由于收入调查困难，课题组拟通过村户主观自评方法确定其贫困程度的五个层级，再用客观的收入指标将村户分为五层，与主观自评的相对贫困分层比较，验证主观自评的精准性。然后，通过计算客观收入指标的加权平均值确定该地区的收入平均值，从而划分深度贫困户及一般贫困户。

具体而言，考虑到家庭收入调查的信息失真与认知差异，我们主要选用主观自评指标测度农户的贫困程度。课题组在调研中发现，相比透露收入信息，农户倾向于评价本户在全村的相对贫困程度或相对经济地位，且能对周边农户的相对贫困程度及生计状况做出评价。通过对抽样农户的面对面访谈及问卷信息整理，获得样本农户相对贫困程度的主观自评值，将其分别标记为"非常贫困""较为贫困""中等""中等偏上""一般贫困"，分别赋值 1~5，形成农户相对贫困程度及其动态变化的数据基础，据此进行统计描述。

另外，我们采集农户的家庭收入以及财产、福利信息，形成农户相对贫困程度的客观测度指标，用于对主观自评指标进行佐证与适度修正。具体为，选择并依据客观的收入指标，将样本农户按相对贫困程度排序（由低到高），参照主观自评体系中的分层占比，对农户收入指标进行分层赋值（1~5）。若农户收入指标的分层赋值与主观自评的分层赋值一致，则主观自评分层赋值

的真实性得到确认；若与之不一致，则引入房产存量指标，对自评指标与收入指标的相对真实性进行比较评判，房产指标偏向哪类指标，则确定选择这类指标赋值。最终我们得到了经过修正的全部样本农户的相对贫困程度分层赋值（1~5）。

2. 产业融入的界定与测度

产业链融入，其内涵是以市场为导向、以效益为中心，对农业和农村经济进行专业化生产、一体化经营、社会化服务和企业化管理，形成贸工农一体化，产加销"一条龙"的经营方式和产业组织形式。农户产业链融入的目的是使农民真正得利，农户融入产业链，即使农户经营的产业与当地支柱产业高度融合，实行产加销一体化，使农民不仅能获得生产环节的效益，而且能分享加工、流通环节的利润，使得农产品的生产与市场流通有效地结合起来，适应社会发展，促进当地经济建设，实现自身的跨越式发展。

我们选用农户的生计方式指标对农户产业链融入进行测度，通过对抽样农户的面对面访谈和问卷整理，获得样本农户目前的生计状况，并将其划分为"完全融入""基本融入""部分融入""没有融入"四维，由于外出打工比较特殊，因此单独分组，所以分别赋值为0~4，形成农户产业荣誉及其动态变化的数据基础，据此进行统计描述。

二、样本统计分析

1. 样本农户相对贫困程度的分层测度取值

基于前面提出的相对贫困测度方法，采集样本农户主观自评与收入及资产信息，按照主观自评由贫到富将农户排序，划分为五个层级，即"非常贫困""较为贫困""中等""中等偏上""富裕"，分别赋值1、2、3、4、5，计算分层占比，如表5-4第（1）列所示。

引入客观的收入指标对主观自评的真实性进行佐证。首先，按收入由低到高将农户排序，直接选用主观自评的分层占比将其划分为五个层级，确定各层收入区间，进行标准化赋值，如表5-4第（3）列所示。将每个农户的主观分层赋值与收入赋值相对比，若一致，则视为佐证一致；若不一致，则有待资产指标的判断。计算佐证通过率（佐证样本数与总样本数之比）与未通过率，如表5-4第（2）列所示。

表 5 – 4   样本农户相对贫困程度主观自评的佐证

(1)		(2)		(3)	
基于自评的相对贫困程度测度		主观自评指标佐证〔用(3)佐证(1)〕		基于收入的相对贫困程度测度	
自评分层	主观分层占比（%）	佐证通过率（%）	未通过率（%）	收入分层（千元）（按分层占比决定）	分层占比（按主观分层占比设定）（%）
1（非常贫困）	11.76	75.00	25.00	(0, 3)（标准化为1）	11.76
2（较为贫困）	24.26	90.91	9.09	[3, 6)（标准化为2）	24.26
3（中等）	38.24	69.23	30.77	[6, 10)（标准化为3）	38.24
4（中等偏上）	21.32	75.86	24.14	[10, 15)（标准化为4）	21.32
5（富裕）	4.41	66.67	33.33	[15, 35)（标准化为5）	4.41

表 5 – 4 中处于相应自评分层的农户，若分层未通过收入指标的佐证，则引入房产指标判断主观自评与收入指标的相对真实性。依据房产价值由低到高将样本农户排序，直接选用主观分层占比将其分为五个层级，由此确定各层的资产价值区间，进行标准化赋值。将未通过佐证的样本农户的主观分层赋值和客观收入赋值与资产赋值作对比，将二者中更为接近资产赋值的指标确定为最终的相对贫困程度。最终每个样本农户的相对贫困程度均取得了修正后的测度值，并计算修正后的分层占比，结果如表 5 – 5 所示。

表 5 – 5   考虑客观指标修正后的样本农户相对贫困程度分层   单位：%

相对贫困程度分层	原主观自评分层占比	修正后分层占比
1（非常贫困）	11.76	10.29
2（较为贫困）	24.26	24.26
3（中等）	38.24	33.82
4（中等偏上）	21.32	27.21
5（一般贫困）	4.41	4.41

注：平均数为 2.91，中位数为 3，标准差为 1.046。

基于修正后的样本农户相对贫困程度分层测度值，计算中位数、均值和标准差等统计指标，发现农户相对贫困程度基本呈正态分布，反映了样本农户相对贫困测度的合理性。

2. 样本农户产业融入链的分层测度

基于上述生计方式测度方法，采集样本农户目前的生计方式，将生计方式中待业零工、自给自足这一类对于本地经济发展没有影响的生计方式视为"没有融入",将务农(但是将农产品送入加工厂或者卖出)这类对于本地经济起到一定作用但是存在产业链上中下游脱节的生计方式视为"部分融入",将小规模工商自营这类对于本地经济和产业融入产生较大作用但是存在合作组织服务层次低、产业规模小、经济实力弱、辐射带动能力差的缺陷的生计方式视为"基本融入",将当地产业项目、生产科技园这类对于本地经济和产业融入产生极大影响且使得产加销一体化的生计方式视为"完全融入",并分别赋值为1、2、3、4。由于外出打工行为特殊,既没有对于本地经济起到一定作用,同时造成人才流失,因此赋值为0。具体如表5-6所示。

表5-6 样本农户产业链融入测度分层

融入程度	测度值	数量(户)	占比(%)
0(打工)	0	36	26.47
1(没有融入)	1	20	14.71
2(部分融入)	2	35	25.74
3(基本融入)	3	26	19.12
4(完全融入)	4	19	13.97
合计		136	100.00

3. 影响因素分析

第一,初始贫困深度与产业链融入关系。农户初始贫困深度不同,融入产业链的程度不同,如表5-7所示。

表5-7 初始贫困深度与产业链融入关系

融入程度	初始贫困深度				
	1(非常贫困)	2(较为贫困)	3(中等)	4(中等偏上)	5(一般贫困)
0(打工)	3户	1户	14户	17户	1户
	21.43%	3.03%	30.43%	45.95%	16.67%
1(没有融入)	8户	11户	1户	0	0
	57.14%	33.33%	2.17%	0	0
2(部分融入)	2户	18户	13户	2户	0
	14.29%	54.55%	28.26%	5.41%	0
3(基本融入)	1户	3户	15户	5户	2户
	7.14%	9.09%	32.61%	13.51%	33.33%

续表

融入程度	初始贫困深度				
	1（非常贫困）	2（较为贫困）	3（中等）	4（中等偏上）	5（一般贫困）
4（完全融入）	0	0	3 户	13 户	3 户
	0	0	6.52%	35.14%	50%
合计	14 户	33 户	46 户	37 户	6 户
	10.29%	24.26%	33.82%	27.21%	4.41%

如表 5-7 所示，农户融入乡村产业链的比例与农户家庭收入大体上呈正相关关系，非常贫困和较为贫困的农户或许出于经济资源缺乏等原因，融入产业链时面临更大的阻碍。同时我们发现，富裕农户劳动力大都外出务工，但是这部分农户一旦留在乡村，劳动力融入产业情况较好。

第二，家庭人力资本与产业链融入关系。家庭人力资本拥有程度不同，产业链融入程度也不同，如表 5-8 所示。

表 5-8 家庭人力资本与产业链融入关系

融入程度	人力资本			
	1（人力资本层次低）	2（人力资本层次较低）	3（中等）	4（人力资本层次高）
0（打工）	17 户	12 户	7 户	0
	53.13%	23.53%	15.91%	0.00%
1（没有融入）	7 户	12 户	1 户	0
	21.88%	23.53%	2.27%	0.00%
2（初步融入）	6 户	12 户	14 户	3 户
	18.75%	23.53%	31.82%	33.33%
3（基本融入）	1 户	10 户	13 户	2 户
	3.13%	19.61%	29.55%	22.22%
4（完全融入）	1 户	5 户	9 户	4 户
	3.13%	9.80%	20.45%	44.44%
合计	32 户	51 户	44 户	9 户
	23.53%	37.50%	32.35%	6.62%

从表 5-8 可以看出，农户融入乡村产业链的程度与家庭人力资本丰富度成正比，即人力资本层次越高，农户越有可能融入乡村产业链。

第三，家庭经济资源与产业链融入关系。具体如表 5-9 所示。

表5-9　　　　　　　　　　家庭经济资源与产业链融入关系

融入程度	经济资源			
	1（资源少）	2（资源较少）	3（一般）	4（资源丰富）
0（打工）	20 户	12 户	4 户	0
	50.00%	20.69%	15.38%	0.00%
1（没有融入）	8 户	10 户	2 户	0
	20.00%	17.24%	7.69%	0.00%
2（初步融入）	10 户	20 户	4 户	1 户
	25.00%	34.48%	15.38%	8.33%
3（基本融入）	1 户	11 户	10 户	4 户
	2.50%	18.97%	38.46%	33.33%
4（完全融入）	1 户	5 户	6 户	7 户
	2.50%	8.62%	23.08%	58.33%
合计	40 户	58 户	26 户	12 户
	29.41%	42.65%	19.12%	8.82%

从表5-9可以看出，农户融入产业链的程度与家庭经济资源的丰富程度呈正相关关系，即家庭经济资源越丰富，农户融入乡村产业链的程度越深。

第四，家庭社会资本与产业链融入关系。具体如表5-10所示。

表5-10　　　　　　　　　　家庭社会资本与产业链融入关系

融入程度	社会资本				
	1（社会资本少）	2（社会资本较少）	3（一般）	4（社会资本较多）	5（社会资本多）
0（打工）	5 户	17 户	12 户	2 户	0
	50.00%	37.78%	22.64%	8.33%	0.00%
1（没有融入）	3 户	8 户	7 户	2 户	0
	30.00%	17.78%	13.21%	8.33%	0.00%
2（初步融入）	1 户	13 户	15 户	5 户	1 户
	10.00%	28.89%	28.30%	20.83%	25.00%
3（基本融入）	1 户	5 户	13 户	6 户	1 户
	10.00%	11.11%	24.53%	25.00%	25.00%
4（完全融入）	0	2 户	6 户	9 户	2 户
	0.00%	4.44%	11.32%	37.50%	50.00%
合计	10 户	45 户	53 户	24 户	4 户
	7.35%	33.09%	38.97%	17.65%	2.94%

从表 5 - 10 可以看出，农户的产业链融入程度与其家庭的社会资本丰富度存在正相关关系，即家庭的社会资本更丰富，农户融入产业链的可能性越大。

三、变量设定

1. 因变量

课题组调研员（贺立龙、陈天然）把农户目前的生计方式作为农户是否融入产业链的因变量。农户的生计方式为现代农业生产的取值为 1，为传统自给或零工农业取值为 0。

2. 自变量

相对贫困程度是决定农户能否融入产业链的关键变量。将修正后的相对贫困主观自评分层取值设定为计量分析中的相对贫困测度指标。在融入产业链中，该变量为 0 - 1 变量，一般贫困取值为 1，深度贫困取值为 0。在讨论融入难度的计量分析模型中，该变量为分层顺序变量，即非常贫困、较为贫困、中等、中等偏上，一般贫困，分别取值 1、2、3、4、5（见表 5 - 11）。调查发现，农户收入主要由务农收入、工资收入和商业收入三部分组成，其中农业收入所占比例极小，因此仅考虑将商业收入占比和工资收入占比纳入自变量考察。

表 5 - 11 变量界定

变量名称	变量含义
初始贫困程度（$X1$）	深度贫困 = 1，较为贫困 = 2，中等 = 3，中等偏上 = 4，富裕 = 5
家庭支柱人力资本（包括学历、技能、是否参加过培训）（$X2$）	人力资本欠缺 = 1，人力资本一般 = 2，人力资本较好 = 3，人力资本丰富 = 4
家庭经济资源（包括经营资金、农用地、原宅基地、其他）（$X3$）	经济资源欠缺 = 1，经济资源一般 = 2，经济资源较好 = 3，经济资源丰富 = 4
家庭社会资本（包括熟人帮扶、干部帮助、信息获取）（$X4$）	社会资本极欠缺 = 1，社会资本较为欠缺 = 2，社会资本一般 = 3，社会资本较好 = 4，社会资本丰富 = 5
政府扶贫政策效果（$X5$）	有益于生产自给（外出打工、务农、零工）= 0，有益于现代农业生产（小规模工商，当地公司）= 1
基础设施及产业环境效果（$X6$）	有益于传统生产自给 = 0，有益于现代农业生产 = 1

家庭支柱的人力资本和家庭的经济资源、社会资本关系到家庭所选择的生计方式。我们用家庭支柱的学历、技能、是否参加过培训这 3 个变量间接衡量家庭支柱的人力资本的充足程度；用经营资金、农用地、原宅基地、其他家庭资源这 4 个变量间接衡量家庭的经济资源的充足程度；用与村干部关系的紧密

度、与亲朋邻里关系良好程度这2个变量间接衡量家庭的社会资本情况。

政府的扶贫政策和基础设施及产业环境的偏好也会对家庭所选择的生计方式和融入产业链的难度产生影响，因此我们还引入扶贫政策及基础设施和产业环境偏好作为自变量。

四、计量结果分析

1. 计量模型

$y = -0.5397 - 0.5862X1 - 0.5082X2 + 0.5683X3 + 0.3167X4 + 0.0074X5 - 0.2014X6$

2. 实证结果分析

第一，农户产业链融入未体现出政策和产业环境支持贫困农户的精确性。实证结果显示，"扶贫政策"以及"基础设施和产业环境"对农户产业链融入的影响不显著，这反映出农户产业链融入与该地扶贫政策及基础设施和产业环境有益于哪种生计方式关系不大，产业链融入程度深的农户并未比产业链融入程度浅的农户表现出明显受益于扶贫政策与基础设施和产业环境。所以，扶贫政策以及基础设施和产业环境并未有效地帮助农户进行产业链融入，制约了农户产业链融入的成效。

第二，初始贫困程度未体现出对农户产业链融入的正向影响。初始贫困程度对于农户产业链融入存在显著的负向影响，其中外出打工的影响很重要。外出打工相对于本地村民收入要高，但是并没有对农户产业链融入产生任何的正面影响，反而成为产业链融入的障碍。

第三，农户产业链融入的影响因素。实证结果表明，农户产业链融入的程度主要受家庭特征的影响。家庭人力资本、经济资源、社会资本均对农户产业链融入存在显著的正向影响，可能是由于受教育程度高的家庭更容易获得信息、更富有市场开放理念、更容易接受新的改革理念，因此家庭更愿意去进行产业链融入。同时，当家庭拥有经济资源和社会资本更多的时候，家庭拥有更多的资本进行产业链融入的转变，以及有更多的渠道获得各种金融政策以及产业链融入的信息，更有利于融入产业链，包括上游的技术培训、科技研发，以及下游的加工、销售。

五、结论与政策启示

农户产业链的融入程度受制于初始贫困程度、家庭人力资本、家庭经济资源以及家庭社会资本，上述结论对进一步提高农户产业链融入的精准性和有效性提供了政策启示。

一是发展特色产业，创建特色品牌，促进产业链条延伸和第一、第二、第三产业融合，提高农产品深加工水平；引育龙头企业，发展各类专业合作组织，健全社会化服务体系，鼓励返乡创业。

二是构建农业产业链信息共同平台与风险补偿机制，扩大农业保险，降低产业链融资风险。

三是加大对规模农户技术投入的补贴，推广农业先进技术和农业科技培训，加强农业科技创新人才培养和教育投入。

四是构建农村金融服务链，完善财政投入稳定增长机制和财政转移支付长效机制，强化信贷扶贫政策和业务宣传，消除信息不对称，做好农户信贷引导，解决产业链参与的资金难题。

专栏 5 - 2

返贫测度及影响因素：基于甘洛县贫困村户调研数据的分析

脱贫质量不高不稳定，贫困的阴影就会再次侵袭，疾病、上学、残疾、自然灾害等都可能使已脱贫群众返贫。做到"脱贫不返贫"，是落实精准扶贫，切实提高脱贫攻坚质量的必然要求，也是保证脱贫攻坚成果不受损害、圆满完成目标任务的内在需要。

识别返贫风险，稳定脱贫效果，预防返贫问题发生。解决问题的前提是发现问题，精准识别返贫风险，将返贫"扼杀在摇篮之中"是减缓返贫多发的有效方法之一。正如致贫原因的多样性一样，返贫的表现也可能是多方面的，诸如收入降低、生活环境恶化、重大疾病发生、生计方式退化等都属于返贫范畴。精准识别返贫风险，瞄准返贫表现精准帮扶，稳定脱贫效果，预防脱贫又返贫是打赢脱贫攻坚战的要点。兼顾多维致贫因素，测量农户的贫困脆弱性有助于实现稳定的可持续脱贫，具有一定的返贫风险防范能力。

我们提出相对返贫的度量体系，结合 Logistic 模型设计返贫风险的多维量化框架，并将之应用于四川凉山深度贫困地区的实证检验。基于此构建返贫风险的长效管控机制。

一、返贫的主观测度与修正

返贫在概念上与脱贫相对，表现为脱贫后的再度贫困，即贫困深度的不减反增。与贫困程度的测度类似，绝对返贫在现实评估时难以界定统一的指标，因此我们引入"相对返贫"的概念，将主观自评和家庭收入的客观测度相结合，评估脱贫家庭"相对返贫"的情况。

具体而言，主观自评上，通过对抽样农户的访谈与问卷信息整理，将主观自评的相对贫困程度划分为五个层次：贫困、较贫困、一般、较富裕、富裕，分别赋值为 1~5。比较近 3 年前后抽样家庭的相对贫困程度主观自评值，评定家庭贫困深度的变化情况：若 3 年后自评值相对 3 年前自评值降低，则认定为贫困深度主观加深（主观恶化）；若自评值不变，认定为贫困深度主观不变（主观不变）；若升高，认定为贫困深度主观降低（主观优化）。

客观测度上，家庭收入水平分层为（1000，3000）、[3000，6000）、[6000，10000）、[10000，20000）、[20000，50000）五个区间，单位为元且分别赋值为 1~5，形成农户家庭近 3 年收入的动态变化的数据基础。比较近 3 年前后的家庭收入变化：若 3 年后家庭收入指标相对于 3 年前家庭收入指标降低，认定为贫困深度客观加深（客观恶化）；若处于同一区间，认定为贫困深度客观不变（客观不变）；若层次升高，认定为贫困深度客观降低（客观优化）。

基于个体之间认知上的差异，主观自评结果与客观收入变化测度结果可能存在不一致的情况。我们认为收入指标更具有可控性及客观说明性，因此采用客观测度评定结果来佐证主观自评结果。两项指标结果一致的，直接认定为最终评定结果；一个指标显示为贫困深度不变，另一个指标显示为贫困深度加深的，最终评定为相对返贫；一个指标显示为贫困深度降低，另一个指标一方显示为贫困深度加深的，以客观测度结果为最终评定结果。最终评定结果赋值为：相对返贫为 1，相对未返贫为 0。评定情况如表 5-12 所示。

表 5-12　　　　　　　　　客观测度与主观评定结合修正结果评定

主观评定		客观返贫	客观未返贫	
		客观恶化	客观不变	客观优化
主观返贫	主观恶化	1	1	0
主观未返贫	主观不变	1	0	0
	主观优化	1	0	0

二、研究方法及模型建立

我们基于抽样调研的农户数据，首先进行农户的贫困类型以及相关扶贫政策下返贫现象的统计分析，即：（1）确定样本农户相对贫困程度的分层测度值；（2）识别样本农户贫困类型，计算不同贫困类型农户的相对返贫概率，观察何种类型的贫困农户具有较高的返贫风险；（3）收集样本农户所获得的扶贫政策支持，计算不同政策类型支持下农户的返贫概率，以观察不同扶贫政策的有效性和可持续性；（4）考察样本农户所处的经济环境支持的生计倾向，计算不同生计倾向农户的返贫概率，以观察不同生计倾向所带来的扶贫效率。然后，构建计量模型，考察农户相对返贫的其他生计影响因素。

对农户家庭的返贫状况以及各项微观指标进行调查统计，采用 Logistic 模型对导致返贫的影响因素进行回归分析。Logistic 二元回归模型的具体形式为：

$$p_i = F(Z_i) = F(ax + b) = \frac{1}{1 + e^{-2i}} = \frac{1}{1 + e^{-(a+bx_i)}}$$

式中，p_i 为事件发生概率，F 为事件发生的概率分布函数，a、b 为待估计系数，x_i 为影响因素（$x_i = 1, 2, \cdots, n$），e 为 2.718。

y 为农村家庭返贫状态，且将返贫家庭赋值为 $y = 1$，未返贫则为 $y = 0$。设 $y = 1$ 的概率为 p，其分布函数和模型基本形式为：

$$f(y) = p^y(1-p)^{1-y}; \quad y = 0,1$$

$$p_i = F(Z_i) = \left(a + \sum_{j=1}^{n} b_j X_{ij}\right) = \frac{1}{1 + e^{-Z_i}} = \frac{1}{1 + e^{-(a+\sum_{j=1}^{n} b_j X_{ij})}}$$

式中，p_i 为家庭返贫现象发生的概率，i 为调研家庭的编号，b_i 为返贫影响因素编号，n 为返贫影响因素个数，X_{ij} 为模型自变量，a 为模型截距。

三、变量设定及数据来源

1. 自变量设定

对于致贫因素，基于研究视角不同而结论各异，获取收入的能力、良好的教育和健康的身体、社会歧视等多维因素都会诱致贫困现象的发生。我们结合生计风险理论和相关研究，对农户家庭健康、教育、所掌握的经济资源和社会资本等微观指标进行测度，对脱贫农户家庭微观指标的选取和定义如表 5 - 13 所示。

表 5 – 13 变量界定

变量	变量含义及赋值
健康状况（X_1）	家庭成员是否残疾或患有影响劳动的慢性疾病（1 = 2 人及以上，2 = 只有户主患疾，3 = 除户主外其他成员患疾，4 = 无人患疾）
抚养比（X_2）	具体值，抚养比 = 劳动人口/家庭总人口
家庭支柱受教育程度（X_3）	户主的学历（1 = 文盲，2 = 小学，3 = 初中，4 = 中专/高中，5 = 大专及以上）
家庭支柱技能掌握（X_4）	家庭主要劳动人口劳动技能的掌握情况（1 = 无，2 = 有经验，3 = 特殊技能，4 = 现代经营）
初始贫困深度（X_5）	家庭三年前经济状况（1 = 贫困，2 = 较贫困，3 = 一般，4 = 较富裕，5 = 富裕）
经济资源（X_6）	家庭经营资金可得与否；农用地多少；宅基地是否可流转；是否有其他家庭资源（1 = 满足 1 项，2 = 满足 2 项，以此类推）
信贷供给（X_7）	家庭是否得到信贷支持（1 = 完全无知，2 = 没得到，3 = 得到部分，4 = 全部满足需求）
社会资本（X_8）	家庭拥有的有利于生计社会资源，包括有无熟人关照在外务工或拥有当地产业；有无干部帮助选择生计；是否常出门在外，信息灵通；是否经常看电视、上网以获取信息（1 = 满足 1 项，2 = 满足 2 项，以此类推）

健康状况、抚养比制约着家庭劳动生计，而受教育程度和劳动技能掌握影响着劳动生产力和收入稳定。首先，选择家庭健康状况，即存在残疾、慢性病、重病的人口数作为反映农户医疗负担的自变量；选择抚养比，即除未成年和老年（退休或不再工作）家庭成员外的劳动人口与家庭总人口数量比作为反映生计负担的自变量。其次，选择户主受教育程度作为家庭支柱文化水平的自变量，选择家庭主要劳动人口的劳动经验或受培训经验作为家庭支柱技能掌握的考察变量。

农户的原有经济基础也是影响返贫的重要因素。我们选取农户 3 年前的收入状况作为初始贫困深度的衡量指标，该变量为分层顺序变量，即非常贫困、较为贫困、中等、中等偏上、富裕；我们设定家庭经营资金可得与否、农用地多少、宅基地可流转与否以及其他家庭资源作为农户家庭经济资源情况的衡量指标。另外，我们还考察了农户获得信贷支持的情况，作为农户自由经济资源的补充。

我们用与村干部关系的紧密度、与亲朋邻里关系良好度以及信息获取便利性和丰富性等指标表示农户的社会关系网络或社会资本情况，它们也是影响农户生计资本稳定的因素。

2. 数据来源

使用的样本农户数据是课题组对凉山州甘洛县团结乡瓦坪村及罗马村入户调研所得。调研采取抽样选择村户开展面对面访谈的方法获取样本农户相关数据信息。采集有效样本农户数据 137 份，构成本次用以经验实证分析的样本数据系列。

四、描述性统计

基于前面提出的相对返贫测度方法，将相对返贫赋值为 1，未返贫赋值为 0。分别计算主观自评和客观收入测度结果的分层占比，将指标降低视作返贫，将指标不变或升高视作未返贫，即主观相对返贫对应主观恶化，主观相对未返贫包括主观不变和主观优化两种情况。

由于两组数据测度返贫分层占比不一致，此时引入家庭收入水平变化的客观指标，对主观自评的真实性进行佐证：比较主观自评与客观测度的返贫结果判定，若两者结论一致，视为佐证通过，定为最终返贫认定结果；若两者结论不一致，视为佐证未通过，分情况判断最终认定结果（见表 5-14）。

表 5-14　　　　　　　样本农户相对返贫情况主观自评的收入佐证　　　　单位：%

基于主观自评的相对返贫测度（1）		主观自评收入指标佐证[用（2）佐证（1）]		基于收入变化的相对返贫测度（2）	
自评趋势分层	主观分层占比	佐证通过率	未通过率	收入变化分层	客观分层占比
主观返贫	6.57	66.67	33.33	客观返贫	10.22
主观未返贫	93.43	93.75	6.25	客观未返贫	89.78

计算佐证通过率与未通过率：主观返贫的佐证通过率为样本中主客观皆被认定为返贫的家庭数占主观返贫家庭数的比例，主观未返贫的佐证通过率为样本中主客观皆未返贫的家庭数占主观未返贫家庭数的比例。

处于相应自评分层的农户，若分层未得到收入指标的佐证，则分情况判定最终认定结果，分析客观测度结果能否指导并覆盖主观自评结果。根据表 5-14，佐证未通过的情况包括以下四种。

第一，主观恶化，客观不变。贫困是主体的主观感知和客观经济水平共同作用的结果，与购买力相对于需求的饱和程度有关。由于通货膨胀的客观存在以及生理需求的发展，3 年前后收入水平相当不等价于购买力水平相当，也不等价于收入相对于需求的饱和程度相当，因此有理由认为此主观自评的贫困程度具有合理性，将该情况认定为相对返贫。

第二，主观恶化，客观优化。由于农户有一定可能在道德风险下倾向于认为自己较贫穷，因此，此情况下客观指标具有更高的说明性和指向性，认定为相对未返贫。

第三，主观不变，客观恶化。农户对整体经济水平的认知具有局限性，个体的心理差异导致自评结果可能具有较大的偏差，可能耻于承认家庭贫困状况深化。课题组认为，在该种情况下客观测度结果具有更高的指导意义，因此认定为相对返贫。

第四，主观优化，客观恶化。也认定为相对返贫。

根据以上认定结果，整理并统计样本数据，计算修正后的分层占比结果，如表 5 - 15 所示。

表 5 - 15　　　　　　　客观指标修正后的相对返贫分层占比　　　　　单位：%

分层	原主观自评分层占比	修正后的分层占比
相对返贫	21.17	11.68
相对未返贫	78.83	88.32

1. 贫困类型与相对返贫关系分析

根据贫困类型与返贫人数做统计分析，得出结论：病残因素与文化技能欠缺最有可能导致贫困；缺少产业或市场以及文化技能欠缺较易导致返贫。

群众面临的致贫原因不同，返贫的概率也不同。不同致贫原因人数分布如表 5 - 16 所示。不同贫困类型分别为：1——病残致贫；2——文化技能欠缺；3——生存条件恶劣；4——缺少资金资源；5——缺少产业或市场。

表 5 - 16　　　　　　　　　　不同致贫原因人数分布

项目	1	2	3	4	5
人数（人）	64	50	26	42	15
占比（%）	46.72	36.50	18.98	30.66	10.95

注：样本总量为 137，占比 = 人数/137；允许选择多种类型。

从表 5 - 16 可以看出，病残致贫、文化技能欠缺与缺少资金资源是导致贫困的主要因素，在样本中分别占到 46.72%、36.5% 与 30.66%。其中，病残致贫的有 64 户，占比近一半，反映出家庭支柱的健康状况与家庭贫困程度紧密关联。每种贫困类型与返贫与否的关系如表 5-17 所示。

表 5-17　　　　　各贫困类型中返贫人数与未返贫人数分布情况

项目	1	2	3	4	5
总人数（人）	64	50	26	42	15
客观返贫（人）	15	16	7	5	5
未返贫（人）	49	34	19	37	10
返贫人数占比（%）	23.44	32.00	26.92	11.90	33.33

注：根据各贫困类型中客观返贫的人数统计得出。未返贫人数 = 总人数 −（客观）返贫人数，返贫人数占比 =（客观）返贫人数/总人数。

从表 5-17 可以看出，病残致贫或者由于文化技能欠缺以及缺少产业或市场而导致贫困时，返贫概率较高，分别为 23.44%、32.00%、33.33%。因缺少产业或市场而没有发展机会导致贫困的总人数虽然最少，仅 15 人，但脱贫后再次返贫的比例最高，为 33.33%。文化技能受群众自身水平的影响，短时间内难以提升，因此在此贫困类型下表现出高返贫率。因缺少资金资源而贫困的人数有 42 人，占到样本数的 30.66%，但通过解决资金问题从而使群众脱贫的成果最为稳固，42 人中只有 11.90% 的人口返贫。总的看来，各类脱贫措施均比较有效，返贫率均小于 50%。

导致群众贫困的主要有身体病残与文化技能水平有限等内在因素，也有缺少资金资源等外在因素。同时，当由于病残或文化技能欠缺致贫时，返贫风险较高。从分析结果还可以看出，通过解决资金问题来使群众脱贫是较为有效的一种途径。

2. 扶贫政策与相对返贫关系分析

根据扶贫政策与返贫人数做统计分析，得出结论：医疗救助惠及大多数群众；接受教育培训后返贫风险依然较高。

贫困群众享受的各种扶贫政策不同，返贫风险也不同。扶贫政策类型分别有：1——低保或特困供养；2——医疗救助；3——住房救助；4——搬迁；5——生产就业（具体）；6——教育培训（具体）；7——生态或灾后重建。享受不同政策的人数分布如表 5-18 所示。

表5-18 享受各类政策的人数分布

项目	1	2	3	4	5	6	7
人数（人）	54	102	57	11	13	15	6
占比（%）	39.42	74.45	41.61	8.03	9.49	10.95	4.38

注：样本总量为137，占比=人数/137；允许选择多种类型。

从表5-18可以看出，群众享受到的扶贫政策主要有低保或特困供养、医疗救助以及住房救助等。其中，医疗救助政策的惠及面最大，137人中有102人享受到了这一政策，占比为74.45%；低保或特困供养与住房救助也很常见，分别占到了39.42%和41.61%。享受到的扶贫政策不同，各对象返贫风险也有所差异。不同政策惠及的群众中返贫人数与未返贫人数的比例如表5-19所示。

表5-19 各扶贫政策中返贫与未返贫人数分布

项目	1	2	3	4	5	6
总人数（人）	54	102	57	11	13	15
客观返贫（人）	8	25	10	2	2	6
未返贫（人）	46	77	47	9	11	9
返贫人数占比（%）	14.81	24.51	17.54	18.18	15.38	40.00

注：根据不同政策类型中客观返贫的人数统计得出，未返贫人数 = 总人数 - （客观）返贫人数，返贫人数占比 = （客观）返贫人数/总人数。

从表5-19可以看出，所有政策类型中，返贫人数占比最多的对应政策类型为教育培训，达到40%，说明在对贫困群众进行脱贫培训后，由于基础不牢，重返贫困的概率较大；因灾而贫的群众在生态移民或灾后重建后，几乎不会再次返贫，肯定了国家的灾后重建工作效果；惠及面最广泛的三种政策中，低保或特困供养、住房救助对应的返贫概率较低，分别为14.81%、17.54%，享受医疗救助政策的对象返贫概率最高，为24.51%，侧面证明了由病残致贫返贫概率较高的结论。

7种政策类型中，绝大多数群众都享受到了低保、医疗救助、住房救助等政策，医疗救助惠及面最广。低保或特困供养、住房救助、搬迁、生产就业以及生态或灾后重建的扶贫效果较好，返贫人数占比均低于20%；医疗救助和教育培训等政策效果相对较弱。

3. 经济环境所支持的生计倾向与相对返贫关系分析

根据经济环境所支持的生计倾向与返贫人数做统计分析，得出结论：务农与外出打工占生计倾向主导；生计倾向为务农对应的返贫概率较高。

调查对象所处的经济环境不同导致客观条件支持的生计倾向不同，最终返贫情况可能不同。各种生计倾向的人数分布如表5-20所示。经济环境所支持的生计倾向有：1——外出打工；2——务农；3——小规模的工商自营；4——当地产业公司或项目；5——待业零工。

表5-20　　　　　　　　各种生计倾向的人数分布

项目	无	倾向1	倾向2	倾向3	倾向4	倾向5
人数（人）	24	55	73	17	3	3
占比（%）	17.52	40.15	53.28	12.41	2.19	2.19

注：样本总量为137，占比=人数/137；允许选择多种类型。

从表5-20可以看出，超半数对象的生计倾向为务农，占比为53.28%；其次为外出打工，占比为40.15%，外出打工是除务农以外首选的生计手段。另有17.52%的调查对象没有明确的生计倾向，12.41%的调查对象选择了小规模的工商自营，只有极少数的调查对象选择融入当地产业公司或项目以及待业零工，占比均为2.19%。各生计倾向类型中返贫与未返贫人数分布如表5-21所示。

表5-21　　　　　　　各生计倾向类型中返贫与未返贫人数分布

项目	无	倾向1	倾向2	倾向3	倾向4	倾向5
总人数（人）	24	55	73	17	3	3
客观返贫（人）	3	22	16	3	0	0
未返贫（人）	21	33	57	14	3	3
返贫人数占比（%）	12.50	40.00	21.92	17.65	0.00	0.00

注：根据不同生计倾向中客观返贫的人数统计得出。未返贫人数=总人数-（客观）返贫人数，返贫人数占比=（客观）返贫人数/总人数。

从表5-21可以看出，生计倾向为外出打工的55人中，返贫人数22人，占比为40.00%，为所有倾向类型中最高的；其次为务农人口中返贫人数，占比为21.92%，返贫比率也较高，因此应警惕务工及农业经营可带来的规模性返贫风险。小规模工商自营返贫比率较低，为17.65%；无明确生计倾向的对象中，返贫比率为12.50%；倾向为当地产业公司或项目和待业零工的人数较少，返贫比率为0。

根据上述分析，经济环境所支持的生计倾向中务农与外出打工占主导，这是贫困地区群众最传统的两种倾向。这两种倾向对应的返贫比率都较高,与目前我国贫困地区知识技能匮乏的现状有关。倾向于小规模的工商自营、融入当地产业公司或项目以及待业零工的返贫率较低。

五、回归结果与结论

基于以上方法和模型,对返贫概率及相关返贫因素进行计量分析,结果如表 5 - 22 所示。

表 5 - 22 农户返贫概率与相关返贫因素的实证结果

自变量	系数	p 值	标准差	z 值
学历	- 0.68 **	0.03	0.32	- 2.15
技能	0.09	0.75	0.28	0.32
健康	0.17	0.42	0.21	0.81
家庭社会资本	- 0.13	0.62	0.25	- 0.49
抚养比	- 0.24	0.81	0.99	- 0.24
经济资源	0.47 *	0.10	0.29	1.63
初始贫困深度	0.43 ***	0.01	0.18	2.45
信贷供给	0.64 **	0.03	0.29	2.20
常数项	- 2.27 *	0.06	1.20	- 1.88

注: *** 、 ** 、 * 分别代表在1%、5%、10%的显著性水平上显著。

1. 农户学历与返贫概率呈显著的负相关关系

从表 5 - 22 可以看出,农户学历与农户返贫概率呈负相关关系,这恰好与我们的先验预期相符合;同时,根据较小的 p 值可以得出这种负相关关系确实是显著的。由此,农户的教育程度越高,其面临的返贫可能性越小。为文化程度相对较低者提供更好更多的接受教育的机会,可以降低返贫风险。

2. 初始贫困深度与返贫概率呈显著正相关关系

初始贫困深度与农户返贫概率呈显著正相关关系,即初始贫困深度越大,农户返贫可能性越高。原因可能是初始贫困深度农户面对风险时的脆弱性更大,故初始贫困深度越大,其返贫概率越高。

3. 信贷供给与返贫概率呈显著正相关关系

信贷供给与返贫概率呈显著正相关关系,即信贷供给越大,农户返贫概率也随之增大。信贷供给可分为正规信贷供给和非正规信贷供给。正规信贷供给并没有实现对贫困农户的精准供给,对农户提供的信贷供给越多反而增加了其债务负担。非正规信贷供给主要表现为向亲朋邻里借贷，过多的非正规借贷可能导致农户自力更生能力下降，其面对返贫风险时的应对能力则相对较弱，故而信贷供给与农户返贫呈显著正相关关系。因此，应高度重视"因债返贫"。

专栏 5-3

哪类农户会因扶贫陷入"福利陷阱"：
不同贫困深度地区的考察

脱贫攻坚取得了决定性成就，但是仍有部分贫困户存有"等、靠、要"的精神贫困现象，坐等帮扶，缺乏内生动力，有的"坐在墙根晒太阳，等着别人送小康"，陷入"福利陷阱"。有些低收入者甚至抛弃工作依靠救助生活，缺乏摆脱贫困的主动性和积极性，实质上属于"自愿性贫困"。课题组调研员（贺立龙、王馨悦和马路欣）通过对四川省不同地区贫困村户的调查，识别村户"福利陷阱"是否存在，揭示其影响因素，以期找到破解之策。

对于每个样本家庭，我们以家庭有劳动能力但未参与劳动人数/家庭有劳动能力人数作为被解释变量，衡量家庭陷入"福利陷阱"的程度，该变量值越大则陷入"福利陷阱"情况越严重。自变量中包括家庭初始贫困程度以及家庭特征变量。相对贫困测度作为自变量时，不对四种类型贫困家庭做区分，对于每一个样本，根据已测结果"非常贫困""较为贫困""中等""中等偏上""相对富裕"，分别赋值1、2、3、4、5。家庭人口特征中，家庭总人口关乎家庭支出，负担人口制约生计，病残人口、就学人口影响福利收入、家庭支出和劳动力的就业积极性。与干部关系紧密度以及与亲朋好友关系良好度属于社会资本，影响贫困人口就业信息的取得，以及其可获得经济支持的程度。商业收入占比与工资收入占比通过工作性质的区别影响就业积极性。户主受教育程度影响人口素质以及对扶贫政策的理解。

使用的样本农户数据是课题组前往四川省凉山彝族自治州深度贫困乡村和秦巴山区一般贫困乡村调研所得。通过抽样选择村户，开展面对面访谈的方法，获取样本农户数据信息，共采集样本农户数据177份，作为以经验实证分析的样本数据系列。

采用多元线性回归方法，进行村户是否陷入"福利陷阱"影响因素的实证分析。实证结果表明，贫困家庭的户主受教育程度、就学人口、相对贫困程度、非商业收入占比都对该家庭陷入"福利陷阱"的程度有显著影响，由此得到的结论与启示如下。

第一，"福利陷阱"与户主受教育程度呈正相关关系。贫困农户户主受教育程度越高，其家庭陷入"福利陷阱"的可能性反而越高，这可能意味着这类农户有利用扶贫政策主动获取扶贫福利的能力，这种倾向在一般贫困地区村户中的影响比在深度贫困地区更大。

第二，就学人口对陷入"福利陷阱"的影响在不同地区有分化。在深度贫困地区，由于扶贫政策的摊薄效应，家庭就学人口的增加会给家庭带来相对更大的经济压力，也会迫使家庭中的劳动力去寻求就业机会，或者取得其他收入，支持家庭成员的就学，因此其反而规避了"福利陷阱"。一般贫困地区由于助学政策的支持和其他扶贫政策的供给，就学人口的增加会给家庭带来福利收入，即就学人口越多，家庭因此而得到的福利收入越多。其家庭劳动力寻求就业的积极性不会更高，因此更可能会陷入"福利陷阱"。

第三，非商业收入占比对陷入"福利陷阱"可能性影响的分化。在深度贫困地区，非商业收入占比越高，即其工资性收入或者土地农业经营性收入的占比越高，其家庭劳动力必须越要投入到工作和农业生产经营中去，其陷入"福利陷阱"的可能性也随之降低。在一般贫困地区，非商业收入占比越高，意味着其家庭接受扶贫政策的帮扶力度也越大，取得福利收入的可能性越高，其家庭陷入"福利陷阱"的可能性也越高。

第四，相对贫困程度对陷入"福利陷阱"可能性的正相关性。相对贫困程度越高，其陷入"福利陷阱"的可能性会相对越大。在深度贫困地区和一般贫困地区都表现出，随着相对贫困程度的改善，家庭摆脱"福利陷阱"的机会或者避免落入"福利陷阱"的可能性更大。

从中国方案到全球启示：
精准扶贫的制度优势及影响力

新中国成立 70 多年来，中国共产党领导中国人民推进反贫困事业的伟大征程，特别是党的十八大之后通过实施精准扶贫方略取得了脱贫攻坚的全面胜利。在中国共产党成立 100 周年的重要时刻，中华民族迎来历史性解决绝对贫困问题、全面建成小康社会的伟大荣光，彰显出"中国之制"的强大优势与显著效能。

科学揭示与阐释中国精准扶贫方略赖以成功的政治优势与制度优势，强化中国特色脱贫攻坚道路自信、理论自信、制度自信、文化自信，一方面有助于在面对复杂严峻的新形势以及贫困性质新变化的情况下，进一步运用中国特色反贫困理论，优化精准治贫方略，发挥党的领导的政治优势与社会主义制度优势，接续推进巩固脱贫攻坚成果与乡村振兴有效衔接，推动贫困治理现代化；另一方面有助于弘扬宣传脱贫攻坚精神，总结提炼减贫治理的中国样本，以中国智慧和中国方案引领全球反贫困征程，增强中国在国际发展与减贫领域的全球话语权。

6.1 中国特色社会主义精准扶贫制度优势与脱贫效能

贫穷不是社会主义，社会主义要消灭贫穷。[①] 消除贫困、改善民生、实现共同富裕，是社会主义的本质要求。[②] 绝对贫困问题的历史性解决，是中国特色社

---

① 《邓小平文选》（第 3 卷），人民出版社 2001 年版，第 116 页。

② 习近平：《在河北省阜平县考察扶贫开发工作时的讲话》，引自《做焦裕禄式的县委书记》，中央文献出版社 2015 年版，第 15 页，

会主义制度优势与治理效能的一次集中体现，它向全球展现了中国共产党治国理政的卓越智慧。精准扶贫"中国之治"的独特优势，是中国共产党领导的政治优势与中国特色社会主义制度优势的叠加。精准扶贫方略的"中国之制"，呈现出发展减贫的路径特征、精准扶贫的施策逻辑，并将市场化脱贫与调节不平等以抑制贫困结合，实现了市场决定与政府作用发挥的有效协同。

6.1.1　绝对贫困问题的历史性解决证明"中国之制"的有效性

中国历史上第一次消除绝对贫困，成为全球第一个实现《联合国 2030 年可持续发展议程》减贫目标的发展中国家，证明了中国特色社会主义制度对解决人类绝对贫困问题的有效性。

只有社会主义制度才能从根本上解决摆脱贫穷的问题。[①] 中国改革开放以来的扶贫开发历程分为两个阶段。第一阶段，通过建立社会主义市场经济体制，实施《国家八七扶贫攻坚计划》与农村扶贫开发，在 21 世纪初解决了全民温饱和全国整体贫困问题，1981～2013 年中国减贫人口数量占全球减贫人口数量的比例超过 70%，极端贫困人口在全球占比由 20 世纪 80 年代的 43% 降至 2010 年的 13%。[②] 但在第一阶段的后期，扶贫开发边际效能持续下降，"以当时的扶贫标准，贫困人口减到 3000 万人左右就减不动了"[③]，到 2012 年存在约 1 亿人的绝对贫困人口，须探寻更为精准有效的扶贫制度与策略。在第二阶段，党的十八大之后实施精准扶贫、精准脱贫方略，充分发挥执政党领导的政治优势和社会主义制度优势，在解决绝对贫困问题上取得决定性成就，现行标准下农村贫困人口脱贫、贫困县"摘帽"、区域整体脱贫的历史性目标基本实现。按照国务院扶贫办的数据，中国绝对贫困人口数量从 2012 年底的 9899 万人减少到 2019 年底的 551 万人，贫困发生率由 10.2% 降至 0.6%。

中国解决绝对贫困问题彰显了中国特色社会主义制度在全球发展减贫上的显著优势。《联合国 2030 年可持续发展议程》设定了到 2030 年消除极端贫困、

---

① 《邓小平文选》（第 3 卷），人民出版社 1993 年版，第 208 页。
② 世界银行：《世界发展指标》，2013 年 4 月 17 日；联合国：《千年发展目标 2015 年报告》，2015 年 7 月 6 日。
③ 习近平：《在决战决胜脱贫攻坚座谈会上的讲话》，新华社，2020 年 3 月 6 日。

让所有人的生活达到基本标准的目标，但全球总体减贫速率放缓，引发了国际社会对 2030 年人类消除贫困目标能否如期实现的担忧，而中国提前 10 年实现《联合国 2030 年可持续发展议程》的减贫目标，为全球消除贫困目标的实现注入了动能与信心。按照世界银行测算的人均日支出 1.9 美元的国际贫困标准，1978 年以来中国减少贫困人口约 8.5 亿人，对全球减贫贡献率超过 70%；联合国开发计划署发布的《2019 年人类发展报告》指出，中国人类发展指数从 1990 年的 0.501 跃升至 2018 年的 0.758，增长 51.1%，是唯一从"低人类发展水平"跃升到"高人类发展水平"的国家，为解决人类不平等问题作出巨大贡献；联合国秘书长古特雷斯指出，中国精准扶贫是"帮助最贫困人口、实现 2030 可持续发展议程宏伟目标的唯一途径"[①]。

6.1.2　精准扶贫制度效能集中表现于脱贫的进度、质量与效率

中国解决绝对贫困问题的制度效能不仅体现在脱贫进度上，还体现在质量、效率与经济动能上，表现为绝对贫困问题解决的系统性、根本性与稳健性，相应的评价指标体系不仅包括脱贫规模及速度、贫困发生率降低等总量与进度指标，还包括贫困地区（人口）脱贫退出的内生动力、可持续性、经济效率等质量与效率及动能指标。

从评价方法看，贫困户脱贫标准设定与质量考评突破"收入贫困线"单一标准，逐渐纳入住房医疗及生活保障、文化教育及人力资本、精神脱贫及主观获得感、金融及生产生活资产、社会资本与信息网络及市场机会可得性、社会福利与公共政策及发展权利的多维标准，集中反映为"一超、两不愁、三保障"[②] 及饮用水安全指标；贫困村（县）退出标准及质量测度也从贫困发生率指标拓展到集体经济与公共设施拥有度，即"一低、五有"或"一低、三有"指标[③]。上述贫困对象脱贫退出的识别与度量方法，从单维的收入标准转向以能

① 林鄂平、高原：《联合国秘书长盛赞中国精准减贫方略 期待中国持续发挥领导作用》，载于《经济日报》2017 年 10 月 9 日。
② 按照国家实施的贫困对象退出验收评价指标及标准，贫困户脱贫"一超"指超过现行的扶贫（收入）标准，"两不愁"指不愁吃、不愁穿，"三保障"指义务教育、基本医疗和住房安全有保障。
③ 贫困村退出"一低"指贫困发生率低于 3%，"五有"指有集体经济、硬化路、卫生室、文化室、通信网络；贫困县摘帽"一低"指贫困发生率低于 3%，"三有"指乡有标准中心校、达标卫生院、便民服务中心。

力为内核的结构化标准，还引入内生动力与精神脱贫、脱贫稳定性与返贫风险防控等可持续性标准，并强化了对村户脱贫退出真实性及质效的考核要求，从而在"到人到户"层次上强化了绝对贫困问题解决的考核"硬约束"。随着脱贫攻坚进入收官阶段，中国脱贫退出的成效普查与工作考核愈加重视对收入脱贫层次的核算、对"三保障"实效的考评、对农户脱贫生计平稳性及其可耐受外生冲击（如疫情）的评价、对脱贫施策效率及经济性的评估，① 如国家脱贫攻坚普查、重视收入略高于建档立卡户的群体的生计稳定以及各地扶贫资金使用效率。

从现实成效看，中国精准扶贫的制度效能体现在脱贫退出的质量、效率与经济动能上。

第一，建档立卡农户实现了收入与"三保障"多维脱贫，返贫风险可控。2013～2019 年，832 个贫困县农民人均可支配收入由 6079 元增加到 11567 元，年均增长 9.7%，高于全国 2.2 个百分点；建档立卡户人均纯收入由 2015 年的 3416 元增加到 2019 年的 9808 元，年均增幅 30.2%；农户"两不愁"质量水平明显提升，"三保障"问题总体解决。② 工资性收入和生产经营性收入占比上升，转移性收入占比逐年下降，自主脱贫能力提高；返贫人口逐年减少，从 2016 年的 60 多万人减少到 2017 年的 20 多万人，再减少到 2018 年的几万人、2019 年的几千人。③ 2000 多万贫困患者得到分类救治，近 2000 万贫困群众享受低保和特困救助供养，2400 多万困难和重度残疾人拿到了生活和护理补贴。④ 但要看到，脱贫成果仍有波动，一些乡村医疗与用水安全存在质量短板，疫情和灾情对务工增收与产业脱贫有冲击，政策配置失衡引发局部"福利效应"与"悬崖效应"。

第二，贫困地区脱贫退出质量提升，内生动能增强。贫困地区生产生活条件明显改善，10.8 万所义务教育薄弱学校办学条件得到完善，农网供电可靠率达到 99%，深度贫困村通宽带比例达到 98%，960 多万贫困人口通过易地扶贫搬迁摆脱生存困境；⑤ 贫困区域发展活力增强，产业扶贫、电商扶贫、光伏扶

---

① 扶贫资源配置要考虑投放到贫困人口的精准性、给贫困人口带来的减贫效果及对其工作积极性的影响。

② 习近平：《在决战决胜脱贫攻坚座谈会上的讲话》，新华社，2020 年 3 月 6 日。

③ 《国务院扶贫办：2019 年返贫人口已减至几千人 脱贫质量越来越高》，环球网，2020 年 3 月 12 日。

④ 习近平：《在全国脱贫攻坚总结表彰大会上的讲话》，新华社，2021 年 2 月 25 日。

⑤ 习近平：《在决战决胜脱贫攻坚座谈会上的讲话》，新华社，2020 年 3 月 6 日。

贫、旅游扶贫取得可持续成效，脱贫奔小康与乡村振兴有序衔接；通过扶贫搬迁、生态扶贫，生态环境质量得到提升。中国共产党领导的政治优势与社会主义制度优势，保证了精准扶贫"真扶贫、扶真贫"的实效，打破"戴贫困县帽子的越扶越多"的救济依赖。全国 832 个贫困县全部退出，"三区三州"贫困堡垒全部攻克。建档立卡户内生脱贫动力提升，90% 以上得到产业扶贫和就业扶贫支持，2/3 以上靠外出务工和产业脱贫，工资性收入和生产经营性收入占比上升，转移性收入占比逐年下降。① 随着疫情防控常态化，应加大对弱质性和高风险性种养业的技术支持，有序推进贫困地区尤其是"三区三州"的旅游业开发，积极应对和防控政策退出后的产业失败与密集返贫风险。

第三，以党建促脱贫政治动能得到充分激发，各级党组织扶贫治贫能力得到提升，党在农村的执政基础得到巩固。25.5 万个驻村工作队、290 多万名县级以上党政机关和国有企事业单位干部驻村扶贫，② 围绕脱贫攻坚与乡村振兴，构筑起常态、系统、长效的乡村治理体系。

但应当指出，中国解决绝对贫困问题的制度效能评价还缺乏反映脱贫均衡性、隐性贫困、生计脆弱性的考核指标，由此制约着对结构化、高质量脱贫的综合成效评价以及返贫风险度量。在全面小康与相对贫困治理时代，对反贫困制度优势与效能的评价将更为强调制度运行效率与市场动能激发的均衡，重视贫困群体获得感、幸福感等主观指标的应用，并在全球视野下审视中国减贫制度与方案的比较优势。

6.1.3　精准扶贫"中国之制"彰显贫困治理的国际比较优势

中国共产党的领导为脱贫攻坚赋予强大的政治动能。相比其他发展中国家与新兴市场国家，"中国之制"在解决绝对贫困问题上产生了更为全面系统的脱贫成效，表现出显著的国际比较优势。

马克思主义政党的领导与社会主义制度是中国解决绝对贫困问题的制度优势保障。2019 年诺贝尔经济学奖获得者阿比吉特·V. 班纳吉（Abhijit V. Banerjee, 2013）认为，并没有确凿证据表明西方多党民主制是发展减贫的最佳体制，无

---

① ② 习近平：《在决战决胜脱贫攻坚座谈会上的讲话》，新华社，2020 年 3 月 6 日。

论是自由市场还是民主制，都未必能立竿见影解决发展中国家的贫困难题；相比代议制民主国家的减贫表现，一些并非所谓民主政体的国家反而表现出更好的增长减贫绩效。印度、印度尼西亚、巴西等多党轮流执政的资本主义新兴市场国家在增长减贫及不平等调节上取得了一定成果，但因陷入"选票政治"、追求短期政绩，缺乏政府主导和统一连贯的扶贫战略，导致减贫施策碎片化、政策反复摇摆，制约绝对贫困问题的根本解决。一些实证研究（Bourguignon et al. ,2003；Ahluwalia，2011）表明，经济增长不一定带来国民福利增进。例如，巴西、墨西哥在城市化和城乡二元结构变更的过程中也经历过高速增长，但在此期间贫民窟也在大都市周围形成并蔓延开来。

与资本主义多党制国家相比，中国坚持共产党的统一领导，实行多党合作，以广大人民群众共同富裕为核心使命，依托中国共产党的政治动员力量与社会主义市场经济的资源配置动能，发挥集中力量办大事的体制优势，采取超常规扶贫战略，实现了对绝对贫困问题的根源性、系统性解决。中国共产党是代表人民群众整体利益的使命型政党，不是代表部分利益的掮客型政党。习近平指出，中国共产党人从党成立之日起就确立了为天下劳苦人民谋幸福的目标，这是党的初心。① 中国共产党的领导是中国特色社会主义制度的本质特征，坚持党的领导，发挥社会主义制度集中力量办大事的优势，是解决绝对贫困问题的最大政治优势。中国共产党充分发挥理论优势、政治优势、组织优势、制度优势、密切联系群众的优势，特别是坚持民主基础上集中和集中指导下民主的结合，既避免了扶贫战略决策的盲目性、非理性，又避免了西方政府"互相牵扯、议而不决、决而不行"的弊端，保持了党在领导全面脱贫中的团结统一和蓬勃动力。

中国发挥社会主义制度优势，坚持共同富裕，实现增长减贫、结构化脱贫与不平等调节减贫的机制耦合，相比印度"有增长、缺平衡"和巴西"重分配、弱增长"的非均衡减贫模式，表现出更为全面系统的发展脱贫成效，相比撒哈拉沙漠以南非洲地区的"援助扶贫"模式，体现出贫困治理的制度长效性。中国扶贫成效与减贫贡献显著优于其他发展中国家与新兴市场国家。根据世界银行的统计数据，1981 年世界贫困发生率高达 41.9%（中国、印度、印度尼西亚

---

① 习近平：《在中央政治局常委会会议审议〈关于二〇一六年省级党委和政府扶贫开发工作成效考核情况的汇报〉时的讲话（2017 年 3 月 23 日）》，引自《习近平扶贫论述摘编》，中央文献出版社 2018 年版。

明显高于世界平均水平），经过中国等人口大国减贫的努力，2019 年世界贫困发生率降至 9.7%，减少了 32.2 个百分点，其中，中国的贫困发生率从 1981 年的 88.3% 降至 2019 年的 0.6%，减少了 87.7 个百分点，减贫 8.53 亿人，在世界各国中减少幅度最大；印度尼西亚的贫困发生率从 1984 年的 70.3% 下降至 2019 年的 9.4%，减少了 60.9 个百分点，减贫 1.66 亿人；印度的贫困发生率从 1983 年的 53.9% 降至 2019 年的 10%，减少了 43.9 个百分点，减贫 1.13 亿人。中国与印度尼西亚、印度等国相比，最初贫困发生率最高，但后期贡献了最大份额的减贫人口，成为过去 30 多年全球发展脱贫的主要引擎。按照世界银行国际贫困标准，我国减贫人口占同期全球减贫人口的 70% 以上，在全球贫困依然严峻背景下，提前 10 年实现《联合国 2030 年可持续发展议程》减贫目标。[①] 从多维减贫成效的国际比较看，联合国开发计划署发布的 2019 年度《全球多维贫困指数》报告显示，中国的多维贫困指数为 0.016，低于印度（0.128）、南非（0.025）等金砖国家，也低于越南（0.028）、印度尼西亚（0.019）等东南亚发展中国家。

中国对绝对贫困问题的解决，以及脱贫退出的质量、效率与经济动能，证明了中国特色社会主义在推进人类发展脱贫中的制度优越性，证实了邓小平关于社会主义可以更好地消除贫困的论断——"在世界上我们算贫困的国家，就是在第三世界，我们也属于比较不发达的那部分。我们是社会主义国家，社会主义制度优越性的根本表现，就是能够允许社会生产力以旧社会所没有的速度迅速发展，使人民不断增长的物质文化生活需要能够逐步得到满足。按照历史唯物主义的观点来讲，正确的政治领导的成果，归根结底要表现在社会生产力的发展上，人民物质文化生活的改善上。如果在一个很长的历史时期内，社会主义国家生产力发展的速度比资本主义国家慢，还谈什么优越性？"[②]

6.2　精准扶贫的中国经验、全球启示及国际影响力

中国以精准扶贫方略解决了困扰中华民族几千年的绝对贫困问题，向全球

---

① 《白皮书：中国提前 10 年完成联合国减贫目标》，新华社，2021 年 4 月 6 日。

② 《邓小平文选》（第 2 卷），人民出版社 1994 年版，第 128 页。

展现了中国扶贫之治的优势、智慧与经验。当前应积极主动发挥脱贫攻坚的政治文化功能，突出中国扶贫的道路自信，精准揭示中国制度优势，做好中国减贫制度文化的世界展示，以提升国家形象、增进国际话语权。通过科学总结、有效宣传与交流展示，将中国特色社会主义扶贫事业赖以成功的政治优势与制度优势，转化为减贫、民生、人权领域的全球话语权优势，倡建反贫困的人类命运共同体。

6.2.1 中国精准扶贫方略成功之源的总结与阐释

中国对绝对贫困问题的历史性解决，是中国特色社会主义制度优势向国家治理效能转化在人类反贫困事业进展上的重大标志性成就——这一制度优势及其治理效能，源自以人民为中心追求发展脱贫的反贫困制度取向、市场决定与政府功能发挥有机耦合的反贫困制度体系，实现了绝对贫困的系统消除、返贫风险的制度管控、全面小康社会相对贫困的长效治理，根本上取决于中国共产党的集中统一领导。

中国共产党领导是中国特色社会主义最本质的特征和最大优势。[①] 健全总揽全局、协调各方的党的领导制度体系，把党的领导落实到国家治理各领域、各方面、各环节，这是党领导人民进行革命、建设、改革最宝贵的经验，也是中国历史性解决绝对贫困问题、推进贫困治理能力与治理体系现代化的根本政治保证。

第一，中国共产党人基于对绝对贫困问题复杂矛盾的科学认知，致力于系统解决这一矛盾的制度取向，是马克思辩证唯物主义与历史唯物主义在当代中国的创造性运用。马克思将人的贫困视为生产方式的贫困——可能表现为生产力发展不足导致的普遍贫困，如小农生产对生产集聚、分工协作及科学应用的排斥，[②] "只同生产和社会的狭隘的自然产生的界限相容"而陷入"平均化贫困""普遍平庸"[③]；也可能表现为社会化大生产背景下由资本主义对抗性质支

---

① 习近平：《中国共产党领导是中国特色社会主义最本质的特征》，载于《求是》2020 年第 14 期。
② 《马克思恩格斯选集》（第 1 卷），人民出版社 1974 年版，第 693 页。
③ 《资本论》（第一卷），人民出版社 2004 年版，第 872～873 页。

配的无产者贫困化，如原始积累剥夺小农土地使之"成为需要救济的贫民"①，资本主义农业进步造成农业工人退步，"随着资本的积累而恶化"②。此外，贫困问题不是静态、单一的贫困痼疾，而是动态、复杂的矛盾集合，如马克思所描述的，"在社会的衰落状态中，工人的贫困日益加剧；在财富增进的状态中，工人的贫困具有错综复杂的形式"③。

　　按照历史唯物主义观点，推动生产力和人的发展是判断一种制度优越的标准。马克思与恩格斯指出，"代替那存在阶级对立的资产阶级旧社会的，将是这样一个联合体，在那里，每个人的自由发展是一切人的自由发展的条件"④，通过发展生产力"为一个更高级的、以每个人的全面而自由的发展为基本原则的社会形式创造现实基础"⑤。习近平指出，"中国特色社会主义是不是好，要看事实，要看中国人民的判断，而不是看那些戴着有色眼镜的人的主观臆断。中国共产党人和中国人民完全有信心为人类对更好社会制度的探索提供中国方案"⑥。以中国共产党领导为政治保证的精准扶贫行动扭转了形式主义扶贫趋向，相比其他发展中国家与新兴市场国家，表现出更系统、彻底的脱贫成效。

　　第二，绝对贫困问题的根本解决，离不开中国特色社会主义反贫困制度建构及治理体系建设——这一"制度化"减贫治贫逻辑，体现了马克思以生产关系变革消除贫困的思想。马克思将贫困归因于生产条件的丧失，即劳动能力"缺乏实现劳动能力的客观条件"，"完全被排除在对象的财富之外"，即使个别人打拼脱贫，但多数人难以改变贫困，只有通过生产关系变革，如"在协作和对土地及靠劳动本身生产的生产资料的共同占有的基础上，重新建立个人所有制"⑦，才能打破贫困积累，实现人的全面自由发展。中国特色精准扶贫制度及贫困治理体系是中国特色社会主义制度和国家治理体系的组成——对其的建构是一场制度集成创新过程，只有做到系统集成、协同高效，由单一制度建设上升为系统性、整体性、协同性的制度体系建设，才能在解决绝对贫困问题上"行得通、真管用、有效率"。习近平指出，中国特色社会主义制度是一个严密

① 《资本论》（第一卷），人民出版社 2004 年版，第 830 页。
② 《马克思恩格斯文集》（第 5 卷），人民出版社 2009 年版，第 743 页。
③ 《马克思恩格斯文集》（第 1 卷），人民出版社 2009 年版，第 122 页。
④ 《共产党宣言》，人民出版社 1964 年版。
⑤ 《马克思恩格斯全集》（第 23 卷），人民出版社 1972 年版，第 649 页。
⑥ 习近平：《在庆祝中国共产党成立 95 周年大会上的讲话》，新华社，2016 年 7 月 1 日。
⑦ 《马克思恩格斯选集》（第 1 卷），人民出版社 1995 年版，第 269 页。

完整的科学制度体系，"我们无论是编制发展规划、推进法治建设、制定政策措施，还是部署各项工作，都要遵照这些制度，不能有任何偏差"，要"抓紧制定适应国家治理体系和治理能力现代化急需的制度、满足人民对美好生活新期待必备的制度"①。集成性反贫困制度体系正是这一"必备制度"。

第三，中国特色社会主义制度的生命力在于其实践性和与时俱进的创新品格，即通过改革推动制度的自我完善和发展，将社会主义制度优势转化为贫困治理效能。邓小平提出："我们的制度将一天天完善起来，它将吸收我们可以从世界各国吸收的进步因素，成为世界上最好的制度。"② 习近平指出："中国特色社会主义制度是具有鲜明中国特色、明显制度优势、强大自我完善能力的先进制度。"③ 正是中国特色社会主义制度不断创新的理论品格，推动中国扶贫制度不断因应时代要求和反贫困事业的内生诉求变化，由区域扶贫开发走向精准扶贫，由集中性解决绝对贫困问题走向常态化进行贫困长效治理，在扶贫治贫方略转型升级中，不断推进贫困治理能力与治理体系现代化。

6.2.2　倡建减贫人类命运共同体，竞争国际话语权，提升国家形象

中国脱贫攻坚取得的巨大成就，已得到全球认可，对全球产生了积极的"溢出效应"，如联合国秘书长古特雷斯所言，精准减贫方略是帮助最贫困人口实现 2030 年可持续发展议程目标的唯一途径。通过实施精准扶贫方略，中国历史性地解决了绝对贫困问题，彰显了社会主义的本质要求及制度优越性，为中国倡建人类命运共同体提供了脱贫攻坚伟大成就的现实支撑。脱贫攻坚成为中国特色社会主义道路自信、理论自信、制度自信、文化自信的生动写照，丰富了对外传播的话语体系，拓宽了外交工作的领域范围，增强了向世界说明中国的话语权。

中国提前完成联合国减贫目标的伟大成就与中国在国际扶贫领域的话语权分配极不匹配，这是掌握话语权的欧美国家抱守西方民主体制及自由主义信条，

---

① 习近平：《坚持和完善中国特色社会主义制度推进国家治理体系和治理能力现代化》，载于《求是》2020 年第 1 期。

② 《邓小平文选》（第 2 卷），人民出版社 1994 年版，第 337 页。

③ 习近平：《在庆祝中国人民政治协商会议成立 65 周年大会上的讲话》，人民出版社 2014 年版。

对中国特色社会主义制度优势以及中国减贫模式成效进行选择性忽视的结果，也与中国对自身精准扶贫方略的智慧、方案及其制度优势缺乏系统性阐释与宣传有关。①

在中国历史性解决绝对贫困问题的重要时代节点，应突出扶贫的中国道路自信，精准揭示中国精准扶贫方略的成功之源，科学阐释中国解决绝对贫困问题的政治优势与制度优势，发挥中国特色社会主义减贫的制度影响力，倡建反贫困的人类命运共同体，积极争取减贫、民生与人权领域的全球话语权。增强中国在人类发展减贫领域的国际领导力，进一步提升国家制度文化形象。

一是系统总结与精准阐释中国特色社会主义扶贫事业赖以成功的制度优势，将其转化为减贫、民生、人权领域的全球话语权优势，引领人类命运共同体建设。中国精准扶贫取得的伟大成就凸显出五大贫困治理优势，即中国共产党领导的政治优势与组织优势，社会主义市场经济的制度优势以及集中力量办大事的体制优势，中央统筹、地方主导、区域协作的资金投入与人才动员优势，超常规方式推进脱贫攻坚的战略优势，以及普惠与精准结合、开发与保障结合的综合施策优势。

二是推动党建与脱贫攻坚的内生融合与功能强化，巩固社会主义在乡村的经济基础，发挥脱贫攻坚对青少年的爱国主义教育功能。脱贫攻坚伟大斗争，锻造形成了"上下同心、尽锐出战、精准务实、开拓创新、攻坚克难、不负人民"的脱贫攻坚精神。② 脱贫攻坚精神，是中国共产党性质宗旨、中国人民意志品质、中华民族精神的生动写照，是爱国主义、集体主义、社会主义思想的集中体现。③ 通过新媒体宣传、校园教育、思政课堂、党建等多元渠道，建构符合时代特征、常态化运行的减贫文化宣传体系，打造脱贫攻坚爱国主义实践教育平台，推出一批能够反映减贫规律、有科学性、富含教育启迪意义的学术及文化成果。通过通识教材增编、大学生实习平台建设、全国学生赴贫困地区交流体验活动，充分发挥脱贫攻坚事业承载的爱国主义教育和中华民族凝聚力提升功能。

---

① 欧美国家和国际组织习惯于在现有国际秩序和欠发达国家不完整经济基础上"嫁接"区域市场经济和民主政治，辅之以改善基础设施和福利的发展援助。但在摆脱贫困上，亚非拉等发展中国家难以走发达国家的老路，而是必须生发出基于自身发展实践的扶贫路径。中国的减贫制度安排及方略为之提供了参考与借鉴。

②③ 习近平：《在全国脱贫攻坚总结表彰大会上的讲话》，新华社，2021 年 2 月 25 日。

　　三是在国际上借助与新兴经济体及发展中国家的文化交流，尤其是通过"一带一路"国际合作，聚焦减贫共同使命与焦点话题，倡建开放合作的减贫交流平台，融入全球减贫文化话语圈与国际语境，展示中国贫困治理思想与智慧，讲好中国减贫故事，倡建人类发展与减贫命运共同体，展现中华民族包容性、人本性的减贫观。

　　四是抓住人类发展减贫这一主题，与发展中国家以及发达国家展开制度文明对话，展现中国共产党领导和社会主义制度的优势，以及有效市场与有为政府结合的减贫智慧，提升中国特色社会主义制度在人类发展与人权保障领域的影响力与话语权。通过发布《中国的减贫行动与人权进步》白皮书、邀请境外媒体参加政府组织的扶贫采访活动、与联合国等全球机构共同举办减贫与发展高端论坛等方式，在倡建人类命运共同体的框架理念下，将中国减贫的社会主义优势转化为中国制度的形象力量，向全球展示与传播。

参考文献

一、中文

[1]《马克思恩格斯全集》(第 16 卷),中共中央马克思恩格斯列宁斯大林著作编译局译,人民出版社 1972 年版。

[2]《马克思恩格斯全集》(第 1 卷),中共中央马克思恩格斯列宁斯大林著作编译局译,人民出版社 1972 年版。

[3]《马克思恩格斯全集》(第 23 卷),中共中央马克思恩格斯列宁斯大林著作编译局译,人民出版社 1972 年版。

[4] [德] 卡尔·马克思:《1844 年经济学——哲学手稿》,中共中央马克思恩格斯列宁斯大林著作编译局译,人民出版社 1963 年版。

[5] [德] 卡尔·马克思:《政治经济学批判大纲》(草稿),刘潇然译,人民出版社 1978 年版。

[6] [美] 阿马蒂亚·森:《贫困与饥荒》,王宇、王文玉译,商务印书馆 2001 年版。

[7] [美] 阿瑟·刘易斯:《二元经济论》,北京经济学院出版社 1991 年版。

[8] [美] 道格拉斯·C. 诺思、约翰·约瑟夫·瓦利斯、巴里·R. 韦格斯特:《暴力与社会秩序——诠释有文字记载的人类历史的一个概念性框架》,杭行、王亮译,格致出版社 2013 年版。

[9] [美] 纳克斯:《不发达国家的资本形成问题》,谨斋译,商务印书馆 1966 年版。

[10] [美] 西奥多·W. 舒尔茨:《改造传统农业》,梁小民译,商务印书馆 2006 年版。

[11] [美] 约瑟夫·阿洛伊斯·熊彼特:《经济分析史》(第 2 卷),杨敬年译,商务印书馆 1992 年版。

[12] [瑞] 西斯蒙第:《政治经济学新原理》,何钦译,商务印书馆 1997 年版。

[13] [瑞] 西斯蒙第:《政治经济学研究》,胡尧步、李直、李玉民译,商务印书馆 1989 年版。

[14] [英] 阿瑟·塞西尔·庇古:《福利经济学》,金镝译,商务印书馆 2007 年版。

[15] [英] 大卫·李嘉图:《政治经济学及其赋税原理》,郭大力译,商务印书馆 1962 年版。

[16] [英] 马尔萨斯:《人口原理》,朱泱、胡企林、朱和中译,商务印书馆 1992 年版。

[17] [英] 亚当·斯密:《国民财富的性质和原因的研究》(下卷),郭大力、王亚南译,商务印书馆 1981 年版。

[18] [英] 约翰·穆勒:《政治经济学原理》(下),朱泱、赵荣潜、桑炳彦译,商务印书馆 1991 年版。

[19] 蔡昉、都阳:《迁移的双重动因及其政策含义——检验相对贫困假说》,载于《中国人口科学》2002 年第 4 期。

[20] 蔡亚庆、王晓兵、杨军、罗仁福:《我国农户贫困持续性及决定因素分析——基于相对和绝对贫困线的再审视》,载于《农业现代化研究》2016 年第 1 期。

[21] 常瑞、金开会、李勇:《深度贫困地区农业产业资本形成推动乡村振兴的路径探究——基于凉山州脱贫乡村产业发展视角》,载于《西南金融》2019 年第 1 期。

[22] 陈宗胜、沈扬扬、周云波:《中国农村贫困状况的绝对与相对变动——兼论相对贫困线的设定》,载于《管理世界》2013 年第 1 期。

[23] 邓维杰:《精准扶贫的难点、对策与路径选择》,载于《农村经济》2014 年第 6 期。

[24] 傅帅雄:《深度贫困地区扶贫开发思考——以四川凉山彝族自治州为例》,载于《云南民族大学学报(哲学社会科学版)》2018 年第 7 期。

[25] 高帆:《中国农业弱质性的依据、内涵和改变途径》,载于《云南社会科学》2006 年第 5 期。

[26] 高明、唐丽霞:《多维贫困的精准识别——基于修正的 FGT 多维贫困测量》,载于《经济评论》2018 年第 2 期。

[27] 郭佩霞：《论民族地区反贫困目标瞄准机制的建构》，载于《贵州社会科学》2007 年第 12 期。

[28] 哈维·莱宾斯坦：《经济落后与经济增长》，NYJ. Wiley 1957 年版。

[29] 郝红波：《代表委员谈产业扶贫，结合市场是难点也是关键点》，中国经济网，2017 年 3 月 8 日。

[30] 何欣、朱可涵：《农户信息水平、精英俘获与农村低保瞄准》，载于《经济研究》2019 年第 12 期。

[31] 贺立龙、郑怡君、胡闻涛、於泽泉：《易地搬迁破解深度贫困的精准性及施策成效》，载于《西北农林科技大学学报（社会科学版）》2017 年第 6 期。

[32] 贺立龙、朱方明、刘丸源：《结构视角下的深度贫困研究进展》，载于《经济学动态》2020 年第 2 期。

[33] 贺立龙、朱方明：《精准扶贫的一个经济学解释》，载于《经济研究参考》2019 年第 15 期。

[34] 贺立龙：《乡村振兴的学术脉络与时代逻辑：一个经济学视角》，载于《四川大学学报（哲学社会科学版）》2019 年第 5 期。

[35] 贺雪峰：《精准治理的前提是因地制宜——精准扶贫中的四个案例》，载于《云南行政学院学报》2020 年第 3 期。

[36] 黄国武、仇雨临、肖喻心：《深度贫困地区健康扶贫研究：以四川凉山州分级诊疗为例》，载于《中央民族大学学报（哲学社会科学版）》2018 年第 5 期。

[37] 黄薇：《医保政策精准扶贫效果研究——基于 URBMI 试点评估入户调查数据》，载于《经济研究》2017 年第 9 期。

[38] 贾玉娇：《论深度贫困地区的高质量脱贫》，载于《人民论坛·学术前沿》2018 年第 14 期。

[39] 蒋南平等：《中国农民工多维返贫测度问题》，载于《中国农村经济》2017 年第 6 期。

[40] 梁鲲飞、左停、王琳瑛：《贫困区技能扶贫运行困境分析——基于能力贫困的视阈》，载于《中央民族大学学报（哲学社会科学版）》2018 年第 3 期。

[41] 李俊杰、耿新：《民族地区深度贫困现状及治理路径研究——以"三区三州"为例》，载于《民族研究》2018 年第 1 期。

[42] 李棉管：《J 县开发式扶贫的瞄准机制研究》，浙江省社会学学会 2006 年年会暨理论研讨会论文，2006 年 9 月。

[43] 李棉管：《技术难题、政治过程与文化结果——"瞄准偏差"的三种研究视角及其对中国"精准扶贫"的启示》，载于《社会学研究》2017 年第 1 期。

[44] 李实、古斯塔夫森：《八十年代末中国贫困规模和程度的估计脱贫》，载于《中国社会科学》1996 年第 6 期。

[45] 李伟、冯泉：《金融精准扶贫效率实证分析——以山东省为例》，载于《调研世界》2018 年第 4 期。

[46] 李小云：《冲破"贫困陷阱"：深度贫困地区的脱贫攻坚》，载于《人民论坛·学术前沿》2018 年第 4 期。

[47] 李艳军：《农村最低生活保障目标瞄准机制研究——来自宁夏 690 户家庭的调查数据》，载于《现代经济探讨》2011 年第 11 期。

[48] 李艳军：《农村最低生活保障目标瞄准研究——基于代理财富审查（PMT）的方法》，载于《经济问题》2013 年第 2 期。

[49] 李永友、沈坤荣：《财政支出结构、相对贫困与经济增长》，载于《管理世界》2007 年第 11 期。

[50] 刘冬梅：《对中国二十一世纪反贫困目标瞄准机制的思考》，载于《农业技术经济》2001 年第 9 期。

[51] 刘俊文：《农民专业合作社对贫困农户收入及其稳定性的影响——以山东、贵州两省为例》，载于《中国农村经济》2017 年第 2 期。

[52] 龙玉其：《老年相对贫困与养老保险制度的公平发展——以北京市为例》，载于《兰州学刊》2018 年第 11 期。

[53] 卢世菊、江婕、余阳：《民族地区旅游扶贫中贫困人口的相对剥夺感及其疏导研究——基于恩施州 5 个贫困村的调查》，载于《学习与实践》2018 年第 1 期。

[54] 吕梁山、潘瑞编著：《马克思〈詹姆斯·穆勒〈政治经济学原理〉一书摘要〉研究读本》，中央编译出版社 2013 年版。

[55] 罗森斯坦—罗丹：《大推动理论的注释》，引自拐华德·埃利斯主编《拉丁美洲的经济发展》，圣马丁出版社 1961 年版。

[56] 牛胜强：《多维视角下深度贫困地区脱贫攻坚困境及战略路径选择》，载于《理论月刊》2017 年第 12 期。

[57] 潘文轩：《积极防范与化解产业扶贫风险》，载于《学习时报》2018 年 3 月 9 日。

[58] 沈扬扬、Sabina Alkire、詹鹏：《中国多维贫困的测度与分解》，载于《南开经济研究》2018 年第 5 期。

[59] 盛伟、廖桂蓉：《深度贫困地区经济增长的空间关联与减贫的外溢效应——以西藏和四省藏区为例》，载于《财经科学》2019 年第 2 期。

[60] 史志乐、张琦：《少数民族深度贫困地区脱贫的绿色减贫新构思和新路径》，载于《西北民族大学学报（哲学社会科学版）》2018 年第 3 期。

[61] 孙春雷、张明善：《精准扶贫背景下旅游扶贫效率研究——以湖北大别山区为例》，载于《中国软科学》2018 年第 4 期。

[62] 孙群力、朱良华：《精准扶贫背景下财政专项扶贫资金的使用效率评价——基于广西 54 个贫困县的实证分析》，载于《经济研究参考》2017 年第 41 期。

[63] 童星、林闻钢：《中国农村贫困标准线研究脱贫》，载于《中国社会科学》1994 年第 3 期。

[64] 汪三贵、陈虹妃、杨龙：《村级互助金的贫困瞄准机制研究》，载于《贵州社会科学》2011 年第 9 期。

[65] 王汉杰、温涛、韩佳丽：《深度贫困地区农村金融与农户收入增长：益贫还是益富？》，载于《当代财经》2018 年第 11 期。

[66] 王建康：《支农资金使用中的农民需求瞄准机制研究》，载于《兰州学刊》2010 年第 11 期。

[67] 王韬、底僤鹏：《发展中国家财政分权下的减贫政策瞄准机制研究》，载于《管理学报》2010 年第 5 期。

[68] 王增文、邓大松：《倾向度匹配、救助依赖与瞄准机制——基于社会救助制度实施效应的经验分析》，载于《公共管理学报》2012 年第 4 期。

[69] 王祖祥、范传强、何耀、张奎、王红霞：《农村贫困与极化问题研

究——以湖北省为例脱贫》，载于《中国社会科学》2009年第6期。

[70] 威廉·刘易斯：《经济增长理论》，上海三联书店1990年版。

[71] 吴乐：《深度贫困地区脱贫机制构建与路径选择》，载于《中国软科学》2018年第7期。

[72] 吴雄周、丁建军：《基于成本收益视角的我国扶贫瞄准方式变迁解释》，载于《东南学术》2012年第5期。

[73] 吴雄周、丁建军：《精准扶贫：单维瞄准向多维瞄准的嬗变——兼析湘西州十八洞村扶贫调查》，载于《湖南社会科学》2015年第6期。

[74] 吴雄周：《精准扶贫：基于"三权"视角的扶贫多维瞄准和多步瞄准融合研究》，载于《农村经济与科技》2018年第3期。

[75] 熊惠平：《基于穷人信贷权的小额信贷瞄准机制及其偏差研究》，载于《新金融》2006年第12期。

[76] 熊惠平：《农村新型金融组织建设深层障碍的新解读——以农村小额信贷对贫困农户"瞄而不准"为视角》，载于《未来与发展》2013年第5期。

[77] 徐伍达：《西藏打赢深度贫困地区 脱贫攻坚战的路径选择》，载于《西南民族大学学报（人文社会科学版)》2018年第5期。

[78] 徐月宾、刘凤芹、张秀兰：《中国农村反贫困政策的反思——从社会救助向社会保护转变脱贫》，载于《中国社会科学》2007年第3期。

[79] 闫菊娥、高建民、杨晓玮、廖胜敏：《贫困线测算方法与实证》，载于《统计与决策》2018年第22期。

[80] 杨舸：《流动人口与城市相对贫困：现状、风险与政策》，载于《经济与管理评论》2017年第1期。

[81] 杨光：《壮大农村集体经济助力脱贫攻坚》，载于《农民日报》2017年2月21日。

[82] 杨龙等：《农业产业扶贫的多维贫困瞄准研究》，载于《中国人口资源与环境》2019年第2期。

[83] 翟振芳：《我国农村扶贫瞄准机制研究》，东北大学硕士学位论文，2008年。

[84] 张建斌、徐世明：《农户参与农村产业扶贫项目的阻滞因素分析——基于内蒙古自治区X旗的实地调研》，载于《内蒙古财经大学学报》2017年第5期。

［85］张建华、杨少瑞：《反贫困随机对照实验研究新进展》，载于《经济学动态》2017年第3期。

［86］张明皓、豆书龙：《多维视角下深度贫困地区脱贫攻坚困境及战略路径选择》，载于《中国行政管理》2018年第4期。

［87］张润君、张锐：《社会治理视角下西北深度贫困地区脱贫攻坚研究——以临夏回族自治州为例》，载于《西北师大学报（社会科学版）》2018年第6期。

［88］张彦、孙帅：《论构建"相对贫困"伦理关怀的可能性及其路径》，载于《云南社会科学》2016年第3期。

［89］郑长德：《深度贫困民族地区提高脱贫质量的路径研究》，载于《西南民族大学学报（人文社科版）》2018年第12期。

［90］郑长德：《论民族地区的贫困与反贫困》，载于《西南民族大学学报：人文社会科学版》1997年第3期。

［91］周扬等：《中国县域贫困综合测度及2020年后减贫瞄准》，载于《地理学报》2018年第8期。

［92］朱冬亮：《贫困"边缘户"的相对贫困处境与施治》，载于《人民论坛》2019年第7期。

［93］朱梦冰、李实：《精准扶贫重在精准识别贫困人口——农村低保政策的瞄准效果分析》，载于《中国社会科学》2017年第9期。

［94］朱姝、冯艳芬、王芳、曾小洁：《粤北山区相对贫困村的脱贫潜力评价及类型划分——以连州市为例》，载于《自然资源学报》2018年第8期。

［95］左停、徐加玉、李卓：《摆脱贫困之"困"：深度贫困地区基本公共服务减贫路径》，载于《南京农业大学学报（社会科学版）》2018年第2期。

［96］左停、赵梦媛、金菁：《突破能力瓶颈和环境约束：深度贫困地区减贫路径探析——以中国"四省藏区"集中连片深度贫困地区为例》，载于《贵州社会科学》2018年第9期。

二、英文

［1］Acar A., Anil B., Gursel S., "Mismatch between Material Deprivation and Income Poverty: The Case of Turkey", *Journal of Economic Issues*, 2017, 51 (3): 828–842.

［2］ Ahluwalia M. S. , "Prospects and Policy Challenges in the TwelfthPlan", *Economic and Political Weekly*, 2011, 46 (21): 88 – 105.

［3］ Akinyemi F. O. , "Geographic Targeting for poverty Alleviation in Nigeria: A Geographic Information System (GIS) Approach", icaci. org, 2001.

［4］ Alkire S. , Foster J. , "Counting and Multidimensional Poverty Measurement", *Journal of Public Economics*, 2011, 95 (7): 476 – 487.

［5］ Alkire S. , Santos M. E. , "Measuring Acute Poverty in the Developing World: Robustness and Scope of the Multidimensional Poverty Index", *World Development*, 2014, 59 (1): 251 – 274.

［6］ Annoni P. , Weziak-Bialowolska D. , "A Measure to Target Antipoverty Policies in the European Union Regions", *Applied Research in Quality of Life*, 2016, 11 (1): 181 – 207.

［7］ Anwar T. , Siddiqui R. , "Prevalence of Relative Poverty in Pakistan [with Comments]", *The Pakistan Development Review*, 2005, 44 (4): 1111 – 1131.

［8］ Atkinson A. B. , "On the Measurement of Inequality", *Journal of Economic Theory*, 1970, 2 (3): 244 – 263.

［9］ Atkinson A. B. , "On the Measurement of Poverty", *Econometrica*, 1987, 55: 749.

［10］ Azad M. A. K. , Masum A. , Munisamy S. , Sharmin D. , "Efficiency Analysis of Major Microfinance Institutions in Bangladesh: A Malmquist Index Approach", *Quality & Quantity*, 2016, 50 (4): 1525 – 1537.

［11］ Azariadis C. , "The Economics of Poverty Traps, Part one: Complete Markets", *Journal of Economics Growth*, 1996, 1 (4): 449 – 496.

［12］ Bahiigwa G. "Right Target, Wrong Mechanism? Agricultural Modernization and Poverty Reduction in Uganda", *World Development*, 2005, 33 (3): 481 – 546.

［13］ Bane M. J. , Ellwood D. "Slipping Into and Out of Poverty: The Dynamics of Spells", *The Journal of Human Resources*, 1986, 21 (1): 1 – 23.

［14］ Banerjee A. V. , Newman A. , "Poverty, Incentives, and Development", *American Economic Review*, 1994, 84 (84): 211 – 215.

［15］ Barham V. , Boadway R. , Marchand M. , et al. , "Education and the Poverty Trap", *European Economic Review*, 1995, 39 (7): 1257 – 1275.

[16] Barry B. , *Social Exclusion*, *Social Isolation and the Distribution of Income*, CASE Paper No. 12, Centre for Analysis of Social Exclusion, London School of Economics, 1998.

[17] Beck T. , Demirguc-Kunt A. , Levine R. , *Finance*, *Inequality*, *and Poverty*: *Cross-Country Evidence*, Social Science Electronic Publishing, 2005.

[18] Bellù L. , Liberati P. , "Impacts of Policies on Poverty: Relative Poverty Lines", IDEAS Working Paper Series from RePEc, 2005.

[19] Ben Naceur S. , Zhang R. , "Financial Development, Inequality and Poverty: Some International Evidence", Imf Working Papers, 2016.

[20] Besley T. , Coate S. , "Workfare vs. Welfare: Incentive Arguments For Work Requirements In Poverty Alleviation Programs", *American Economic Review*, 1992, 82 (1): 249 – 261.

[21] Besley T. , Kanbur R. , "The Principles of Targeting", in M. Lipton & J. Van der Gaag (Eds.), "Including the Poor", Washington, DC: The World Bank, 1993.

[22] Besley T. , Kanbur R. , "The Principles of Targeting", Policy Research Working Paper Series from The World Bank, No. 385, 1990.

[23] Betti G. , Verma V. , "Fuzzy Measures of the Incidence of Relative Poverty and Deprivation: A Longitudinal and Comparative Perspective", *Adv. Appl. Stat*, 2009, 12 (12): 235 – 273.

[24] Betti G. , Verma V. , "Fuzzy Measures of the Incidence of Relative Poverty and Deprivation: A Multi-dimensional Perspective", *Statistical Methods and Applications*, 2008, 17 (2): 225 – 250.

[25] Bigsten A. , Shimeles A. , "Poverty Transitions and Persistence in Ethiopia: 1994 – 2004", *World Development*, 2008, 36 (9): 1559 – 1584.

[26] Bingswanger H. P. , Khandker S. R. , Rosenzweig M. R. , "How Infrastructure and Financial Institutions Affect Agricultural Output and Investment in India", Policy Research Working Paper, No. 163, 1989.

[27] Birdsall N. and Londono J. L. , "Asset Inequality Matters: An Assessment

of the World Bank's Approach to Poverty Reduction", *The American Economic Review*, 1997, 87（2）: 32 –37.

［28］Blank R. M. , "Presidential Address: How to Improve Poverty Measurement in the United States", *Journal of Policy Analysis and Management*, 2008, 27 （2）: 233 –254.

［29］Bokosi F. K. , "Household Poverty Dynamics in Malawi: A Bivariate Probit Analysis", *Journal of Applied ences*, 2007, 7 （2）: 258 –262.

［30］Booth A. , "Poverty and Inequality in the Soeharto Era: An Assessment", *Bulletin of Indonesian Economic Studies*, 2000, 36 （1）: 73.

［31］Bourgignon F. , "Absolute Poverty, Relative Deprivation and Social Exclusion", Villa Borsig Workshop Series, 1999.

［32］Bourguignon, François, "The Growth Elasticity of Poverty Reduction: Explaining Heterogeneity Across Countries and Time Periods", in *Growth and Inequality*, Cambridge: MIT Press, 2003.

［33］Bradshaw J. , Finch N. , "Overlaps in Dimensions of Poverty", *Journal of Social Policy*, 2003, 32 （4）: 513 –525.

［34］Brady D. , Burroway R. , "Targeting, Universalism, and Single-Mother Poverty: A Multilevel Analysis Across 18 Affluent Democracies", *Demography*, 2012.

［35］Brady D. , "Rethinking the Sociological Measurement of Poverty", *Social Forces*, 2003, 81 （3）: 715 –751.

［36］Brady D. , "Structural Theory and Relative Poverty in Rich Western Democracies, 1969 – 2000", *Research in Social Stratification and Mobility*, 2006, 24 （2）: 153 –175.

［37］Brandy D. , "The Welfare State and Relative Poverty in Rich Western Democracies, 1967 –1997", *Social Forces*, 2005, 83 （4）: 1329 –1364.

［38］Bridgen P. , Meyer T. , "Divided Citizenship: How Retirement in the Host Country Affects the Financial Status of Intra-European Union Migrants", *Ageing & Sieocty*, 2019, 39 （3）: 465 –487.

［39］Brown C. , Ravallion M. , Dominique V. D. W. , "A Poor Means Test? Econometric Targeting in Africa", *Journal of Development Economics*, 2018: 134.

[40] Bulte E. , Xu L. , Zhang X. , "Post-disaster Aid and Development of the Manufacturing Sector: Lessons from a Natural Experiment in China", *European Economic Review*, 2018: 441 –458.

[41] Burkhauser R. V. , Smeeding T. M. , Merz J. , "Relative Inequality and Poverty in Germany and the United States Using Alternative Equivalence Scales", *Review of Income and Wealth*, 1996 (4): 381 –400.

[42] Cantó O. , "Climbing out of Poverty, Falling Back in: Low Income Stability in Spain", *Applied Economics*, 2002, 34 (15): 1903 –1916.

[43] Cao S. et al. , "Development and Testing of a Sustainable Environmental Restoration Policy on Eradicating the Poverty Trap in China's Changting County", *PNAS*, 2009, 106 (26): 10712 –10716.

[44] Cao, Mengtian et al. , "The Influence Factors Analysis of Households' Poverty Vulnerability in Southwest Ethnic Areas of China Based on the Hierarchical Linear Model: A Case Study of Liangshan Yi Autonomous Prefecture", *Applied Geography*, 2016, 66 (1): 144 –152.

[45] Cerioli A. , Zani S. , "A Fuzzy Approach To The Measurement Of Poverty", Paper Presented at the Income and Wealth Distribution, Inequality and Poverty, Berlin, Heidelberg, 1990.

[46] Chakravarty S. R. , D'Ambrosio C. , "An Axiomatic Approach to the Measurement of Poverty Reduction Failure", *Economic Modelling*, 2013, 35: 874 –880.

[47] Cheli B. , Lemmi A. , "A 'Totally' Fuzzy and Relative Approach to the Multidimensional Analysis of Poverty", *Economic Notes by Monte Dei Paschi Di Siena*, 1995, 24 (1): 115 –134.

[48] Chen X. , "Status Concern and Relative Deprivation in China: Measures, Empirical Evidence and Economic and Policy Implications", *China – an International Journal*, 2016, 14 (1): 151 –170.

[49] Cho, Yoonyoung and Ruthbah, Ummul H. , "Does Workfare Work Well? The Case of the Employment Generation Program for the Poorest in Bangladesh", IZA Discussion Paper, No. 11473.

[50] Coady D. , Hoddinott G. J. , "Targeting Outcomes Redux", *The World*

Bank Research Observer, 2004, 19 (1): 61 – 85.

[51] Coady, David P. , Parker, Susan W. , "Targeting Performance under Self-selection and Administrative Targeting Methods", *Economic Development and Cultural Change*, 2009, 57 (3): 559 – 587.

[52] Coady, D. , Grosh, M. , Hoddinott, J. , "Targeting Outcomes Redux", *The World Bank Research Observer*, 2002, 19 (1): 61 – 85.

[53] Conning, Jonathan, Kevane, Michael, "Community-Based Targeting Mechanisms for Social Safety Nets: A Critical Review", *World Development*, 2002, 30 (3): 375 – 394.

[54] Dang H. A. H. , Lanjouw P. F. , "Welfare Dynamics Measurement: Two Definitions of a Vulnerability Line and Their Empirical Application", *Review of Income and Wealth*, 2017, 63 (4): 633 – 660.

[55] David B. , Fofack H. , "Geographical Targeting for Poverty Alleviation: An Introduction to the Special Issue", *The World Bank Economic Review*, 2000, 14 (1): 129 – 145.

[56] Desai M. , Shah A. , "An Econometric Approach to the Measurement of Poverty", *Oxford Economic Papers*, 1988, 40 (3): 505 – 522.

[57] Du Y. , Park A. , Wang S. , "Migration and Rural Poverty in China", *Journal of Comparative Economics*, 2005, 33 (4): 688 – 709.

[58] Duclos J. , Grégoire P. , "Absolute and Relative Deprivation and the Measurement of Poverty", *Review of Income & Wealth*, 2002, 48 (4): 471 – 492.

[59] Duncan G. J. , Gustafsson B. , Hauser R. , Schmauss G. , Messinger H. , Muffels R. , Ray J. – C. , "Poverty Dynamics in Eight Countries", *Journal of Population Economics*, 1993, 6 (3): 215 – 234.

[60] Dutrey A. P. , *Successful Targeting? Reporting Efficiency and Costs in Targeted Poverty Alleviation Programmes*, Geneva, Switzerland: United Nations Research Institute for Social Development, 2007.

[61] Dzanku F. M. , "Transient Rural Livelihoods and Poverty in Ghana", *Journal of Rural Studies*, 2015, 40: 102 – 110.

[62] Elbers C. , Fujii T. , Lanjouw P. , et al. , "Poverty Alleviation through Ge-

ographic Targeting: How Much does Disaggregation Help?", *Elsevier B. V.*, 2007, 83 (1): 198 – 213.

[63] Ellis-Jones J. , "Land Care, and Sustainable Livelihoods in Hillside and Mountain Regions", *Mountain Research and Development*, 1999, 19 (3): 179 – 190.

[64] Emran M. S. , Hou Z. , "Access to Markets and Rural Poverty: Evidence from Household Consumption in China", *Social ence Electronic Publishing*, 2013, 95 (2): 682 – 697.

[65] Erenstein O. , Hellin J. , Chandna P. , "Poverty Mapping based on Livelihood Assets: A Meso-level Application in the Indo-Gangetic Plains, India", *Applied Geography*, 2010, 30 (1): 112 – 125.

[66] Fan Mingming, Li Yanbo, Li Wenjun, "Solving one Problem by Creating a Bigger One: The Consequences of Ecological Resettlement for Grassland Restoration and Poverty Alleviation in Northwestern China", *Land Use Policy*, 2015, 42 (5): 124 – 130.

[67] Fan S. , Hazell P. , "Returns to Public Investments in the Less-Favored Areas of India and China", *American Journal of Agricultural Economics*, 2001, 83 (5): 1217 – 1222.

[68] Fan S. , Zhang L. , Zhang X. , "Reforms, Investment, and Poverty in Rural China", *Economic Development and Cultural Change*, 2004, 52 (2): 395 – 421.

[69] Filandri M. , Struffolino E. , "Individual and Household in-work Poverty in Europe: Understanding the Role of Labor Market Characteristics", *European Societies*, 2019, 21 (1): 130 – 157.

[70] Fisher M. G. , "On the Empirical Finding of a Higher Risk of Poverty in Rural Areas: Is Rural Residence Endogenous to Poverty?", *Journal of Agricultural & Resource Economics*, 2005, 30 (2): 200 – 201.

[71] Forster J. E, "Absolute Versus Relative Poverty", *American Economic Review*, 1998, 88 (2): 335 – 341.

[72] Foster J. E. , Shorrocks A. F. , "Subgroup Consistent Poverty Indexes", *Econometrica*, 1991, 59 (3): 687 – 709.

[73] Foster J. , Greer J. , Thorbecke E. , "A Class of Decomposable Poverty

Measures", *Econometrica*, 1984, 52 (3): 761 –766.

［74］ Foster J. , "On Economic Poverty: A Survey of Aggregate Measures", *Advances in Econometrics*, 1984, 3: 215 –251.

［75］ Fosu A. K. , "The Effect of Income Distribution on the Ability of Growth to Reduce Poverty: Evidence from Rural and Urban African Economies", *American Journal of Economics & Sociology*, 2010, 69 (3): 1034 –1053.

［76］ Franklin S. I. , "Aid, Growth and Poverty", *Medicine, Conflict and Survival*, 2016, 32 (3): 249 –250.

［77］ García-Pérez C. , González-González Y. , Prieto-Alaiz M. , "Identifying the Multidimensional Poor in Developed Countries Using Relative Thresholds: An Application to Spanish Data", *Social Indicators Research*, 2017, 131 (1): 291 –303.

［78］ Ge Y. , Yuan Y. , Hu S. , et al. , "Space-time Variability Analysis of Poverty Alleviation Performance in China's Poverty-stricken Areas", *Spatial Statistics*, 2017, 21 (B): 460 –474.

［79］ Gerschenkron A. , *Social Attitudes, Entrepreneurship and Economic Development*. Palgrave Macmillan UK: Economic Progress, 1987.

［80］ Glauben T. , Herzfeld T. , Rozelle S. , et al. , "Persistent Poverty in Rural China: Where, Why, and How to Escape?", *World Development*, 2012, 40 (4): 784 –795.

［81］ Grosh M. E. , Baker J. L. , "Proxy Means Tests for Targeting Social Programs: Simulations and Speculation", Working Paper, The World Bank, Washington, DC, No. 118, 1995.

［82］ Gustafsson B. , Nivorozhkina L. , "Relative Poverty in Two Egalitarian Societies: A Comparison Between Taganrog, Russia During the Soviet Era and Sweden", *Review of Income & Wealth*, 1996, 42 (3): 321 –334.

［83］ Hadna A. , Kartika D. , "Evaluation of Poverty Alleviation Policy: Can Conditional Cash Transfers Improve the Academic Performance of Poor Students in Indonesia?", *Cogent Social Sciences*, 2017, 3 (1): 1295548 ［DOI］.

［84］ Halleröd B. , "Sour Grapes: Relative Deprivation, Adaptive Preferences and the Measurement of Poverty", *Journal of Social Policy*, 2006, 35 (3): 371 –390.

［85］ Hansen B. E. , "Sample Splitting and Threshold Estimation", *Economet-rica*, 2000, 68 (3): 575 –603.

［86］ Hick R. , "Poverty as Capability Deprivation: Conceptualising and Meas-uring Poverty in Contemporary Europe", *European Journal of Sociology*, 2014, 55 (3): 295 –323.

［87］ Hick R. , "The Capability Approach: Insights for a New Poverty Focus", *Journal of Social Policy*, 2012, 41: 291 –308.

［88］ Hick R. , "Three Perspectives on the Mismatch between Measures of Mate-rial Poverty", *The British Journal of Sociology*, 2015, 66 (1): 163 –172.

［89］ Hirschman A. O. , *The Strategy of Economic Development*, Yale University Press, 1958, 50 (4): 1331 –1424.

［90］ Hoddinott J. , *Targeting: Principles and Practices Technical Guide*, Wash-ington, DC: The International Food Policy Research Institute, 1999.

［91］ Hossain M. S. , Khan M. A. , "Financial Sustainability of Microfinance In-stitutions (MFIs) of Bangladesh", *Developing Country Studies*, 2016, 6 (6): 69 –78.

［92］ Houssou N. , Zeller M. , "To Target or not to Target? The Costs, Benefits, and Impacts of Indicator-based Targeting", *Food Policy*, 2011, 36 (5): 627 –637.

［93］ Hua Xiaobo, Yan Zhong, Zhang Yili, "Evaluating the Role of Livelihood Assets in Suitable Livelihood Strategies: Protocol for Anti-poverty Policy in the Eastern Tibetan Plateau, China", *Ecological Indicators*, 2017, 78 (7): 62 –74.

［94］ Huang J. , Wu S. , Deng S. , "Relative Income, Relative Assets, and Happiness in Urban China", *Social Indicators Research*, 2016, 126 (3): 971 –985.

［95］ Iceland J. , "Why Poverty Remains High: The Role of Income Growth, Economic Inequality, and Changes in Family Structure, 1949 –1999", *Demography*, 2003, 40 (3): 499 –519.

［96］ Jackson S. , Sleigh A. C. , Wang G. J. , et al. , "Poverty and the Eco-nomic Effects of TB in Rural China", *Int J Tuberc Lung Dis*, 2006, 10 (10): 1104 – 1110.

［97］ Jalan J. , Ravallion M. , "Geographic Poverty Traps? A Micro Model of

Consumption Growth in Rural China", *Journal of Applied Economics*, 2002, 17（4）: 329 - 346.

［98］Jetin B. , "Reduction of Absolute Poverty, Increase of Relative Poverty, and Growing Inequalities: A Threat to Social Cohesion", in B. Jetin & M. Mikic （Eds. ）, *ASEAN Economic Community: A Model for Asia-wide Regional Integration?* , New York: Palgrave Macmillan US, 2016.

［99］Jose G. M. , Ravallion M. , "The Pattern of Growth and Poverty Reduction in China", *Journal of Comparative Economics*, 2010, 38（1）: 2 - 16.

［100］Kakwani N. , Prakash B. , Son H. , "Growth, Inequality, and Poverty: An Introduction", *Asian Development Review*, 2000, 18（2）: 9 - 13.

［101］Kanbur S. M. R, "Targeting, Transfers and Poverty", *Economic Policy*, 1987, 2（4）.

［102］Karine B. , Laurent B. , Pascal A. , "The Role of Stable Housing as a Determinant of Poverty-related Quality of Life in Vulnerable Individuals", *International Journal for Quality in Health Care*, 2015, 27（5）: 356 - 360.

［103］Kenworthy L. , "Do Social-Welfare Policies Reduce Poverty? A Cross-National Assessment", *Social Forces*, 1999, 77（3）: 1119 - 1139.

［104］Khalily B. , Khaleque A. , Badruddoza S. , *Impact of regulation on the cost efficiency of microfinance institutions in Bangladesh*, London: Palgrave Macmillan, 2014.

［105］Khanam D. , Mohiuddin M. , Hoque A. , et al. "Financing Micro-entrepreneurs for Poverty Alleviation: A Performance Analysis of Microfinance Services Offered by BRAC, ASA, and Proshika from Bangladesh", *Springer & UNESCO Chair in Entrepreneurship*, 2018, 8.

［106］Kidd S. , "*The Political Economy of Social Protection in Asia*", Social Protection for Informal Workers in Asia, 2016: 120 - 171.

［107］Klasen S. , "Economic Growth and Poverty Reduction: Measurement and Policy Issues", *Oecd Development Centre Working Papers*, 2005, 500（3 - 4）: 702.

［108］Klasen S. , "Economic Growth and Poverty Reduction: Measurement Issues using Income and Non-Income Indicators", *World Development*, 2008, 36

（3）：420－445.

［109］Krieger T. , Meierrieks D. , "Income Inequality, Redistribution and Domestic Terrorism", *World Development*, 2019, 116：125－136.

［110］Kundu, Amit, "Effectiveness of Microfinance Under SGSY Scheme to Reduce Poverty and Vulnerability of Rural Households：A Natural Experiment", *Journal of Financial Economics*, 2011, Ⅸ（3）：40－54.

［111］Labar K. , Bresson F. , "A Multidimensional Analysis of Poverty in China from 1991 to 2006", *China Economic Review*, 2011, 22（4）：646－668.

［112］Lanjouw P. , "Vietnam's Evolving Poverty Index Map：Patterns and Implications for Policy", *Social Indicators Research*, 2017.

［113］Laurence, Smith E. D. , "Assessment of the Contribution of Irrigation to Poverty Reduction and Sustainable Livelihoods", *International Journal of Water Resources Development*, 2004, 20（2）：243－257.

［114］Lee Y. S. , Oh J. Y. , Min K. H. , Lee S. Y. , Kang K. H. , Shim J. J. , "The Association between Living below the Relative Poverty Line and the Prevalence of Chronic Obstructive Pulmonary Disease", *Journal of Thoracic Disease*, 2019, 11（2）：427－437.

［115］Leonard T. , Di W. , "Is Household Wealth Sustainable? An Examination of Asset Poverty Reentry After an Exit", *Journal of Family and Economic Issues*, 2014, 35（2）：131－144.

［116］Liu Y. H. , Xu Y. , "A Geographic Identification of Multidimensional Poverty in Rural China under the Framework of Sustainable Livelihoods Analysis", *Applied Geography*, 2016, 73（8）：62－76.

［117］Liu Y. Q. , Zhang F. Z. , Liu Y. , Li Z. G. , Wu F. L. , "Economic Disadvantages and Migrants' Subjective Well-being in China：The Mediating Effects of Relative Deprivation and Neighbourhood Deprivation", *Population Space and Place*, 2019, 25（2）：12.

［118］Liu Y. S. , Liu J. L. , Zhou Y. , "Spatio-temporal Patterns of Rural Poverty in China and Targeted Poverty Alleviation Strategies", *Journal of Rural Studies*, 2017, 52：66－75.

［119］ Liu Y. , Guo Y. , Zhou Y. , et al. , "Poverty Alleviation in Rural China: Policy Changes, Future Challenges and Policy Implications", *China Agricultural Economic Review*, 2018, 10 (2): 241 – 259.

［120］ Lo K. , Xue L. , Wang M. , "Spatial Restructuring through Poverty Alleviation Resettlement in Rural China", *Journal of Rural Studies*, 2016, 47 (Pt. B): 496 – 505.

［121］ Ludi E. , Slater R. , "Using the Sustainable Livelihoods Framework to Understand and Tackle Poverty", *Briefing Note for the Poverty-Wellbeing Platform*, London: ODI, 2008.

［122］ Mack J. , Lansley S. , *Poor Britain*, London: George Allen & Unwin, 1985.

［123］ Madden D. , "Relative or Absolute Poverty Lines: A New Approach", *Review of Income and Wealth*, 2000, 46 (2): 181 – 199.

［124］ Maitra S. , "The Poor Get Poorer: Tracking Relative Poverty in India Using a Durables-based Mixture Model", *Journal of Development Economics*, 2016, 119: 110 – 120.

［125］ Martinetti E. C. , "A New Approach to Evaluation of Well-Being and Poverty by Fuzzy Set Theory", *Giornale degli Economisti e Annali di Economia*, 1994, 53: 367 – 388.

［126］ Michalek A. , Vybostok J. , "Economic Growth, Inequality and Poverty in the EU", *Social Indicators Research*, 2019, 141 (2): 611 – 630.

［127］ Miller S. M. , Roby P. , "Poverty: Changing Social Stratification", in Townsend, P. ed. , *The Concept of Poverty*, London, Heinemann, 1971.

［128］ Moller S. , Bradley D. , Huber E. , Nielsen F. , Stephens J. D. , "Determinants of Relative Poverty in Advanced Capitalist Democracies", *American Sociological Review*, 2003, 68 (1): 22 – 51.

［129］ Murgai R. , Ravallion M. , Dominique V. D. W. , "Is Workfare Cost-effective Against Poverty in a Poor Labor-surplus Economy?", *The World Bank Economic Review*, 2015, 30 (3): 413 – 445.

［130］ Myrdal. G. , *Economic Theory and Underdeveloped Regions*. London:

Duckworth, 1957.

[131] Müller J. , Neuhäuser C. , "Relative Poverty", in P. Kaufmann, H. Kuch, C. Neuhaeuser, & E. Webster (Eds.), *Humiliation*, *Degradation*, *Dehumanization*: *Human Dignity Violated* , Dordrecht: Springer Netherlands, 2011.

[132] Nelson R. R. , "A Theory of the Low-Level Equilibrium Trap in Underdeveloped Economies", *The American Economic Review*, 1956, 46 (5): 894 – 908.

[133] Neutel M. , Heshmati A. , "Globalisation, Inequality and Poverty Relationships: A Cross Country Evidence", Iza Discussion Papers, 2006.

[134] Nicholls A. L. , R. Zeckhauser, "Targeting Transfers through Restrictions on Recipients", *American Economic Review*, *Papers and Proceedings*, 1982, 72 (2): 372 – 378.

[135] Nielsen L. , "Global Relative Poverty", IMF Working Papers, 2009, 9 (93): 1.

[136] North D. C. , "Institutional Change and Economic Growth", *The Journal of Economic History*, 1971, 31 (1): 118 – 125.

[137] Norton A. , M. Foster, *The Potential of Using Sustainable Livelihoods Approaches in Poverty Reduction Strategy Papers*, London: Overseas Development Institute, 2001.

[138] Notten G. , "How Poverty Indicators Confound Poverty Reduction Evaluations: The Targeting Performance of Income Transfers in Europe", *Social Indicators Research*, 2016, 127 (3): 1039 – 1056.

[139] Park A. , Wang S. , Wu G. , "Regional Poverty Targeting in China", *Journal of Public Economics Volume*, 2002, 86 (1): 123 – 153.

[140] Payne R. , "Poverty Does Not Restrict a Student's Ability to Learn", *Phi Delta Kappan*, 2009, 90 (5): 371 – 372.

[141] Pham A. T. Q. , Mukhopadhaya P. , "Measurement of Poverty in Multiple Dimensions: The Case of Vietnam", *Social Indicators Research*, 2018, 138 (3): 953 – 990.

[142] Qi D. , Wu Y. , "Child Poverty in China – A Multidimensional Deprivation Approach", *Child Indicators Research*, 2014, 7 (1): 89 – 118.

[143] Qin C. , Chong T. T. L. , "Can Poverty be Alleviated in China?", *Review of Income and Wealth*, 2018, 64 (1): 192 – 212.

[144] Ravallion M. , "On the Welfarist Rationale for Relative Poverty Lines", The World Bank, 2008.

[145] Ravallion M. , Chen Shaohua, "Is Transient Poverty Different? Evidence for Rural China", *Journal of Development Studies*, 2000, 36 (6): 82 – 99.

[146] Ravallion M. , Chen Shaohua, "China's (uneven) Progress Against Poverty", *Journal of Development Economics*, 2007, 82 (1): 1 – 42.

[147] Ravallion M. , Chen S. H. , "Weakly Relative Poverty", *Review of Economics and Statistics*, 2011, 93 (4): 1251 – 1261.

[148] Ravallion M. , Chen S. , "Measuring Pro-poor Growth", *Economics Letters*, 2003, 78 (1): 93 – 99.

[149] Ravallion M. , "A Comparative Perspective on Poverty Reduction in Brazil, China, and India", *World Bank Research Observer*, 2011, 26 (1): 71 – 104.

[150] Ravallion M. , "A Poverty-Inequality Trade Off?" *The Journal of Economic Inequality*, 2005, 3 (2): 169 – 181.

[151] Ren G. , Pan X. , "An Individual Relative Deprivation Index and Its Curve Considering Income Scope", *Social Indicators Research*, 2016, 126 (3): 935 – 953.

[152] Rogers S. , "Betting on the Strong: Local Government Resource Allocation in China's Poverty Counties", *Journal of Rural Studies*, 2014, 36 (10): 197 – 206.

[153] Roling N. , Zeeuw H. de, "Improving the Quality of Rural Poverty Alleviation", Improving the Quality of Rural Poverty Alleviation, 1983.

[154] Rosenstein-Rodan P. N. , "Problems of Industrialization in Eastern and South-eastern Europe", *Economic Journal*, 1943: 202 – 211.

[155] Sadler M. A. , "Escaping Poverty: Risk-Taking and Endogenous Inequality in a Model of Equilibrium Growth", *Review of Economic Dynamics*, 2000, 3 (4): 704 – 725.

[156] Saito M. , Kondo N. , Oshio T. , Tabuchi T. , Kondo K. , "Relative Dep-

rivation, Poverty, and Mortality in Japanese Older Adults: A Six-Year Follow-Up of the JAGES Cohort Survey", *International Journal of Environmental Research and Public Health*, 2019, 16 (2): 9.

[157] Sati V. P., Vangchhia L., "Sustainable Livelihood Approach to Poverty Reduction", *Springer Briefs in Environmental Science*, 2017, 10. 1007/978 – 3 – 319 – 45623 – 2 [DOI].

[158] Sen A., "Poverty: An Ordinal Approach to Measurement", *Econometrica*, 1976, 44 (2): 219 – 231.

[159] Sen A., "Poor, Relatively Speaking", *Oxford Economic Papers-New Series*, 1983, 35 (2): 153 – 169.

[160] Sen A. K., *Commodities and capabilities*, Amsterdam: North-Holland, 1985.

[161] Shrestha R., Huang W. C., Gautam S., Johnson T. G., ,, "Efficiency of Small Scale Vegetable Farms: Policy Implications for the Rural Poverty Reduction in Nepal", *Agricultural Economics*, 2016, 62 (4): 181 – 195.

[162] Skoufias E., Vincenzo Di M., "Conditional Cash Transfers, Adult Work Incentives, and Poverty", *Journal of Development Studies*, 2008, 44 (7): 935 – 960.

[163] Smith J. W., "Spending on Safety Nets for the Poor: How Much, for How Many? The Case of Malawi", Africa Region Working Paper, No. 11, 2001.

[164] Soltani A. et al., "Poverty, Sustainability, and Household Livelihood Strategies in Zagros, Iran", *Ecological Economics*, 2012, 79: 60 – 70.

[165] Sorrocks A. F., "Revisiting the Sen Poverty Index", *Econometrica*, 1995, 63 (5): 1225 – 1230.

[166] Spicker P., "Why Refer to Poverty as a Proportion of Median Income?", *Journal of Poverty & Social Justice*, ,, 2012, 20 (2).

[167] Stephen Kidd, "Targeting the Poorest: An Assessment of the Proxy Means Test Methodology", https://www. researchgate. net/publication/271326663_Targeting_ the_Poorest_An_assessment_of_the_proxy_means_test_methodology, 2011.

[168] Stephen K., et al., "Exclusion by Design: An Assessment of the Effectiveness of the Proxy Means Test Poverty Targeting Mechanism", ESS-Working Paper,

No. 56, 2017.

［169］Stephen K., Whitehouse E., "Pensions and Old Age Poverty", https: //www. researchgate. net/publication/255540811_PENSIONS_AND_OLD_AGE_POVERTY.

［170］Stewart K., Roberts N., "Child Poverty Measurement in the UK: Assessing Support for the Downgrading of Income-Based Poverty Measures", *Social Indicators Research*, 2019, 142（2）: 523 – 542.

［171］Stiglitz J. E., "Economic Organization, Information, and Development", in Chenery, H. and Srinivasan, T. N. （eds.）, *Handbook of Development Economics*, North Holland: Elsevier Science Publishers, 1998.

［172］Suppa N., "Towards a Multidimensional Poverty Index for Germany", *Empirica*, 2018, 45（4）: 655 – 683.

［173］Thandika Mkandawire, T., "Transformative Social Policy and Innovation in Developing Countries", *The European Journal of Development Research*, 2007, 19（1）: 13 – 29.

［174］Thompson, B., "Empirical Likelihood-Based Inference for Poverty Measures with Relative Poverty Lines", *Econometric Reviews*, 2013, 32（4）: 513 – 523.

［175］Thongdara R., Samarakoon L., Shrestha R., Ranamukhaarachchi S. L., "Using GIS and Spatial Statistics to Target Poverty and Improve Poverty Alleviation Programs: A Case Study in Northeast Thailand", *Applied Spatial Analysis and Policy*, 2012, 5（2）: 157 – 182.

［176］Townsend P., "Poverty in the United Kingdom", A Survey of Household Resources and Standards of Living, Harmondsworth, Penguin Books, 1979.

［177］Townsend P., "Introduction: Concepts of Poverty and Deprivation", *Journal of Social Policy*, 1979, 15（4）: 499 – 501.

［178］Trommlerová S. K., Klasen S., Le Mann O., "Determinants of Empowerment in a Capability Based Poverty Approach: Evidence from The Gambia", *World Development*, 2015, 66: 1 – 15.

［179］Tshitangoni M., Okorie A., Francis J., "Performance of Poverty Alleviation Projects in South Africa: The Case of Vhembe District in Limpopo Province",

Scientific Research and Essays, 2011, 6 (5): 1005 – 1012.

[180] Van den Bosch K., Callan T., Estivill J., Hausman P., Jeandidier B., Muffels R., Yfantopoulos J., "A Comparison of Poverty in Seven European Countries and Regions Using Subjective and Relative Measures", *Journal of Population Economics*, 1993, 6 (3): 235 – 259.

[181] Wang Y., Chen Y., "Using VPI to Measure Poverty-Stricken Villages in China", *Social Indicators Research*, 2017.

[182] Wang Y., Qian L., "A PPI-MVM Model for Identifying Poverty-Stricken Villages: A Case Study from Qianjiang District in Chongqing, China", *Social Indicators Research*, 2017, 130 (2): 497 – 522.

[183] Ward P. S., "Transient Poverty, Poverty Dynamics, and Vulnerability to Poverty: An Empirical Analysis Using a Balanced Panel from Rural China", *World Development*, 2016, 78 (2): 541 – 553.

[184] Watts H. W., "An Economic Definition of Poverty", in D. P. Moynihan (eds.), *On Understanding Poverty*, New York: Basic Books, 1968.

[185] Whelan C. T., Layte R., Maitre B., Nolan B., "Income, Deprivation, and Economic Strain, An Analysis of the European Community Household Panel", *European Sociological Review*, 2001, 17 (4): 357 – 372.

[186] WijesiriM., Yaron J., Meoli M., "Assessing the Financial and Outreach Efficiency of Microfinance Institutions: Do Age and Size Matter?", *Journal of Multinational Financial Management*, 2017, 40: 63 – 76.

[187] World Bank, "'Extreme Poverty' to Fall Below 10% of World Population for First Time", https://www.theguardian.com/society/2015/oct/05/world-bank-extreme-poverty-to-fall-below-10-of-world-population-for-first-time, 2015.

[188] Xu D., Peng L., Liu S., et al., "Influences of Migrant Work Income on the Poverty Vulnerability Disaster Threatened Area: A Case Study of the Three Gorges Reservoir Area, China", *International Journal of Disaster Risk Reduction*, 2017, 22: 62 – 70.

[189] Yakut-Cakar B., Erus B., Adaman F., "An Inquiry on Introducing a Minimum Income Scheme in Turkey: Alternating between Cost Efficiency and Poverty

Reduction", *Journal of European Social Policy*, 2012.

[190] Yu Jiantuo, "Multidimensional Poverty in China: Findings Based on the CHNS", *Social Indicators Research*, 2013, 112 (2): 315 –336.

[191] Zadeh L. A., "Fuzzy Sets", *Information and Control*, 1965, 8 (3): 338 –353.

[192] Zarocostas J., "Poverty Reduction Policies Targeting Poor People are not Enough, UN Warns", *BMJ British Medical Journal*, 2010, 341 (sep08 2): c4933 [DOI].

[193] Zhou Y., Guo Y., Liu Y., et al., "Targeted Poverty Alleviation and Land Policy Innovation: Some Practice and Policy Implications from China", *Land Use Policy*, 2018, 74 (5): 53 –65.

[194] Zhu N., Luo X., "The Impact of Migration on Rural Poverty and Inequality: A Case Study in China", *Agricultural Economics*, 2010.

图书在版编目（CIP）数据

精准扶贫的瞄准机制与施策效率：中国证据及启示 /
贺立龙等著. —北京：经济科学出版社，2021.6
　ISBN 978 - 7 - 5218 - 2392 - 9

　Ⅰ. ①精…　　Ⅱ. ①贺…　　Ⅲ. ①扶贫 - 研究 - 中国
Ⅳ. ①F126

　中国版本图书馆 CIP 数据核字（2021）第 031694 号

责任编辑：初少磊　赵　蕾　杨　梅
责任校对：齐　杰
责任印制：李　鹏　范　艳

精准扶贫的瞄准机制与施策效率
——中国证据及启示
贺立龙等 / 著
经济科学出版社出版、发行　新华书店经销
社址：北京市海淀区阜成路甲 28 号　邮编：100142
总编部电话：010 - 88191217　发行部电话：010 - 88191540
网址：www. esp. com. cn
电子邮箱：esp@ esp. com. cn
天猫网店：经济科学出版社旗舰店
网址：http://jjkxcbs. tmall. com
北京季蜂印刷有限公司印装
710 × 1000　16 开　25 印张　410000 字
2021 年 9 月第 1 版　2021 年 9 月第 1 次印刷
ISBN 978 - 7 - 5218 - 2392 - 9　定价：98.00 元
（图书出现印装问题，本社负责调换。电话：010 - 88191510）
（版权所有　翻印必究　举报电话：010 - 88191586
电子邮箱：dbts@ esp. com. cn）